Wilfried von Bredow · Thomas Noetzel

Politische Urteilskraft

W0172012

VERLAG FÜR SOZIALWISSENSCHAFTEN

Wilfried von Bredow
Thomas Noetzel

Politische
Urteilskraft

VS VERLAG FÜR SOZIALWISSENSCHAFTEN

Bibliografische Information der Deutschen Nationalbibliothek
Die Deutsche Nationalbibliothek verzeichnet diese Publikation in der
Deutschen Nationalbibliografie; detaillierte bibliografische Daten sind im Internet über
<http://dnb.d-nb.de> abrufbar.

1. Auflage 2009

Alle Rechte vorbehalten
© VS Verlag für Sozialwissenschaften | GWV Fachverlage GmbH, Wiesbaden 2009

Lektorat: Frank Schindler

VS Verlag für Sozialwissenschaften ist Teil der Fachverlagsgruppe
Springer Science+Business Media.
www.vs-verlag.de

Das Werk einschließlich aller seiner Teile ist urheberrechtlich geschützt. Jede
Verwertung außerhalb der engen Grenzen des Urheberrechtsgesetzes ist
ohne Zustimmung des Verlags unzulässig und strafbar. Das gilt insbesondere
für Vervielfältigungen, Übersetzungen, Mikroverfilmungen und die Einspei-
cherung und Verarbeitung in elektronischen Systemen.

Die Wiedergabe von Gebrauchsnamen, Handelsnamen, Warenbezeichnungen usw. in diesem
Werk berechtigt auch ohne besondere Kennzeichnung nicht zu der Annahme, dass solche
Namen im Sinne der Warenzeichen- und Markenschutz-Gesetzgebung als frei zu betrachten
wären und daher von jedermann benutzt werden dürften.

Umschlaggestaltung: KünkelLopka Medienentwicklung, Heidelberg
Druck und buchbinderische Verarbeitung: Krips b.v., Meppel
Gedruckt auf säurefreiem und chlorfrei gebleichtem Papier
Printed in the Netherlands

ISBN 978-3-531-15978-2

Inhalt

1 Das Konzept

Politische Urteilskraft ist die quantitativ nicht exakt ermittelbare Fähigkeit eines Menschen, politische Sachverhalte möglichst angemessen in ihren allgemeinen Aspekten und in ihren Auswirkungen auf sein eigenes Leben zu erkennen, entsprechende Schlussfolgerungen aus dieser Lageanalyse zu ziehen und, wenn es denn nötig wird, sein eigenes Handeln daran auszurichten. Diese Fähigkeit gründet auf verschiedenen Eigenschaften und ist letztlich eine in Ausnahmefällen intuitive, meistens aber über Erfahrungen und Lernen angeeignete Lebenskunst. Unter politisch düsteren Umständen, etwa in totalitären Regimen und Diktaturen, kann sie zur Überlebenskunst werden.

Dies ist ein ziemlich weiter Begriff von politischer Urteilskraft. Erst im Dreiklang von *Erkennen-Urteilen-Handeln* zeigen sich die methodische Geschicklichkeit, die inhaltliche Stärke und die normative Gradlinigkeit politischer Urteilskraft. Man darf sich politische Urteilskraft freilich nicht als eine intellektuelle und moralische Stärke vorstellen, die man analog zur Muskelstärke in Fitness-Studios kräftigen kann. Insofern hat der überlieferte, durchaus ehrwürdige Begriff der *Urteilskraft* auch etwas leicht Komisches. Denn allzu schnell verbinden sich mit dem Wort *Kraft* quasi automatisch (wenn auch nicht unter Physikern, die haben sehr spezielle Vorstellungen darüber, was Kraft ist) körperbezogene Gedankenverbindungen: Wenn jemand kräftig ist, dann hat er gut ausgebildete Muskeln, und wenn jemand, etwa als Sportler, kräftiger werden möchte, dann gibt es für ihn oder für sie ausgetüftelte Trainingsprogramme, und manchmal noch dazu ein paar chemische Keulen.

Zwar lassen sich die verschiedenen Komponenten politischer Urteilskraft trainieren. Das ist sogar eine wichtige, eigentlich sogar die allerwichtigste Aufgabe politischer Bildung und Weiterbildung. Dass die Institutionen und Theorien politischer Bildungsarbeit häufig wie eine Art kognitives und moralisches Fitness-Studio aufgezogen sind, stellt allerdings ein Problem dar. Denn politische Urteilskraft umfasst neben manchen handwerklichen Aspekten auch eine besondere Kunstfertigkeit. Man eignet sie sich nicht quasi linear an.

Ebenso ist vor der Gedankenverbindung „politische Urteilskraft = treff-
sichere Kritik" an den politischen Verhältnissen zu warnen. Kritik, um Friedrich Theodor Vischer zu paraphrasieren, versteht sich immer von selbst. Sie
ist ein durch nichts zu ersetzendes Verfahren im Zuge der Urteilsbildung.
Aber erstens ist die Frage der Treffsicherheit von Kritik ihrerseits immer nur
kritisch zu beurteilen. Und zweitens geht vor allem die Vorstellung, dass die
politische Urteilskraft umso kräftiger ist, je heftiger die Kritik sich äußert, in
die Irre. Nichts gegén politische Kabarettisten, wirklich nicht, aber bei ihnen
findet sich im Durchschnitt nicht mehr politische Urteilskraft als bei ihrem
Publikum.

Zu dem Dreiklang Erkennen-Urteilen-Handeln kommt ein vierter Begriff hinzu, der sie gewissermaßen umschließt: *Verantwortung*. Politische
Urteilskraft und alle ihre Komponenten konstituieren und üben die individuelle Verantwortung. Nur Individuen verfügen über sie. Es mag ein kollekti-
ves Gedächtnis geben (obgleich das vielleicht auch nicht mehr als eine Metapher ist); eine kollektive politische Urteilskraft gibt es nicht. Gerade im
Verhältnis des einzelnen zu den verschiedenen Gruppen, Organisationen
oder sonstwie durch eine kollektive Identität geprägten Gemeinschaften muss
sich, will der einzelne Würde und Übersicht behalten, seine politische Urteilskraft bewähren - unangesehen aller Arbeitsteilungen in geistigen und
politischen Angelegenheiten. So ist das jedenfalls in Gesellschaften, in denen
die Menschenrechte, etwa in Gestalt der *Universalen Deklaration der Menschenrechte* von 1948, zum unveräußerlichen Gut der Individuen gehören.

Unser Konzept der politischen Urteilskraft ist also selbstverständlich
normativ. Was zunächst einmal soviel besagen soll wie: Wir möchten die
Möglichkeiten erkunden, sie zu stärken. Aber Normen auf dieser Ebene sind
nicht einfach als *benchmarks* vorzustellen, mit deren Hilfe politisches Verhalten sich eindeutig in die Kategorien ‚richtig' oder ‚falsch' einordnen ließe.
Soziale Kontexte und Zeitumstände spielen bei einer fairen Beurteilung politischen Verhaltens anderer Menschen eine wichtige, zuweilen die entscheidende Rolle, und beides genau zu durchdringen, ist vor allem nachträglich
nicht einfach. Der Vorteil, den jemand, der im Nachhinein urteilt, eben deshalb für sich in Anspruch nimmt, erweist sich so häufig als zwiespältig. Das
stört uns an dem Optimismus und der nicht selten damit verbundenen Überheblichkeit vieler Erinnerungs-Manager. Zur angemessenen Beurteilung der
politischen Urteilskraft von Menschen in Gegenwart und Vergangenheit
braucht es seinerseits politische Urteilskraft.

1.1 Urteilen und Entscheiden

Das Gehirn, als das für das Urteilen entscheidende Organ, kann man zwar auch trainieren, jedoch erfolgt dies auf völlig andere Weise als bei jeder Art von Körper-Training. Und, das am Rande, die berühmt-berüchtigten Bewusstseinserweiterungen über Drogen verschiedener Art mögen in einzelnen Fällen trotz aller Risiken und Gefahren, die mit ihrer Einnahme verbunden sind, vielleicht unerwartete und bizarre Eindrücke jenseits der Pforten der Wahrnehmung erlauben - die Urteilskraft stärken sie gewiss nicht.

Ein Urteil ist ein Akt der Entscheidung. Beide Begriffe erscheinen weitgehend identisch. Indes gibt es doch einen begrifflichen Unterschied zwischen dem Urteilen als einem möglicherweise längere Zeit in Anspruch nehmenden Vorgang der kritischen Bestandsaufnahme und Prüfung von Sachverhalten, Feststellungen und Behauptungen einerseits und der am Ende dieser Prüfzeit erfolgenden Entscheidung andererseits. Am Ende des Urteilens, wie lang und schwierig dieser Vorgang auch ist, steht die Entscheidung.

- Das Urteil eines Gerichts in einem Strafprozess läuft erstens auf die Entscheidung über den Sachverhalt der Straftat und das Ausmaß der Täterschaft in den Grenzen von schuldig und unschuldig hinaus sowie zweitens auf die Entscheidung über das Strafmaß - ein *rechtliches* Urteil.

- Das Urteil des Paris war die Entscheidung darüber, welche ihm als das schönste weibliche Wesen erschien. Leider war dieses *ästhetische* Urteil mit einem ziemlichen Mangel an politischer Urteilskraft verbunden und zeitigte deshalb höchst verhängnisvolle Folgen.

- Das Urteil des Viersternekochs morgens auf dem Markt ist die Entscheidung darüber, was er aus dem Angebot der Gemüse-, Geflügel- und Fischhändler für sein Restaurant kauft. Dabei leiten ihn Vorstellungen darüber, was saisonal besonders angemessen ist, wie es um die Frische des Angebots steht und vielleicht auch, sei es aus Geschmacks- oder aus politischen Motivationen heraus, ob die landwirtschaftlichen Erzeugnisse aus biodynamischem Anbau stammen oder nicht. Ein *sinnliches* Urteil.

- Das Urteil des Wählers am Tag der Bundestagwahl manifestiert sich in seiner Entscheidung darüber, welchem Kandidaten und welcher Partei er seine Stimme gibt. Oder ob er der Wahl fernbleibt. Ein *politisches* Urteil, nicht unbedingt ein absichtsvolles, aber jedenfalls in seinen Konsequenzen.

Urteilen läuft immer aufs Entscheiden hinaus. Dafür gibt es, je nach dem Handlungsfeld, bestimmte und manchmal nicht ganz so bestimmte Kriterien. Ausgedrückt in der Sprache des Philosophen Volker Gerhardt (2007, 217):

> Im Recht muss Recht gesprochen werden nach dem geltenden Gesetz; in der Moral hat sich jeder nach Grundsätzen zu richten, die für ihn selbst verbindlich sind, auch wenn andere ihnen nicht genügen. In beiden Bereichen bedarf es der Urteilskraft, um zu erkennen, ob die gemeinte Regel und der besondere Fall überhaupt zusammenpassen. Aber wenn Gesetz oder Grundsatz eine verbindliche Vorschrift machen, die für die gegebene Lage gilt, dann muss - entweder aus äußeren oder aus inneren Gründen - entsprechend gehandelt werden.

1.2 Urteilen - Entscheiden - Handeln

Wir möchten dieses freundlich-bestimmte Diktum des Philosophen versuchsweise mit einem Fragezeichen versehen. Zumindest können wir darauf verweisen, dass die direkte Linie vom Urteil zur Entscheidung zum Handeln (das auch ein Nichthandeln sein kann) keineswegs immer oder auch nur in der Mehrzahl der Fälle zu denselben Handlungen führt. Wenn es bei eindeutigen Gesetzen und höchst einsichtigen und weit bekannten moralischen Grundsätzen zu unterschiedlichen Beurteilungen der zu entscheidenden Sachverhalte kommt, dann mag das zwar auch an unterschiedlich ausgeprägter Urteilskraft liegen. Aber der Gegenschluss: bei gleich entwickelter Urteilskraft kämen alle Urteilenden immer unausweichlich zur selben Entscheidung und den gleichen Handlungen, der wäre doch viel zu voreilig.

Ganz besonders wäre er dann voreilig oder schlicht falsch, wenn wir unser Augenmerk von der Sphäre des Rechts weg- und auf die Sphäre der Politik hinlenken. Schon moralische Grundsätze haben die merkwürdige Eigenschaft, dass ihre Geltung mit Ausnahmen, Einschränkungen, heimlicher Opposition koexistiert. Selbst in Utopien, ja gerade in Utopien gibt es jenes dickflüssige Misstrauen aller gegenüber allen, dass sie heimlich anders denken oder handeln könnten, als es die eisern durchgesetzten moralischen Grundsätze verlangen. Keine Moral ohne Doppelstandard!

In der Sphäre der Politik aber, wo wir es mit Interessen und Werten der Akteure zu tun haben, mit ihren materiellen und ideellen Zielen und Wünschen, gibt es solche aus sich heraus verbindlichen Leitlinien und Grundsätze nicht. Urteilen, Entscheiden und das sich anschließende Handeln sind nicht von einer „wahren Theorie" her zu bestimmen, wie uns Ernst Vollrath (1977, 70) im Anschluss an Edmund Burke nachdrücklich verdeutlicht:

> Handeln von Menschen in der Welt ist seiner Modalität nach fatal, seiner Relation nach kontingent, seiner Qualität nach situativ und seiner Quantität nach partikulär, und durch die Handlungen in ihrer Pluralität gehen alle diese Charaktere in das Gewebe der Handlungen ein, jenes ‚Ganze', das nie objektiv-apriori vorliegt, sondern stets nur als Bezugsgeflecht von Konditionalität und Faktizität wirklicher Handlungen von Menschen in der Welt.

Das klingt ernüchternd, jedenfalls dann, wenn man ursprünglich der Assoziation Urteilskraft durch Urteils-Krafttraining ein Stück weit folgen wollte. Aber das ist ein Kalkül, das nur bei Nebensächlichkeiten aufgeht. Denn im geglückten politischen Urteil kommt immer auch eine spezifische Kunst zum Ausdruck. Politische Lagen angemessen zu erfassen und die eigenen Handlungsoptionen kritisch zu beurteilen sowie schließlich die - unter verschiedenen Gesichtspunkten - günstigste zu wählen, das ist viel mehr als das Ergebnis wissenschaftlicher Anstrengung. Geurteilt wird immer in lebensweltlichen Zusammenhängen. Deshalb kann es keine „Gesetze" des richtigen politischen Urteilens geben. Angemessenheit ist aber ein Gefühl, das weder zu lehren noch zu lernen ist. Allein das Schärfen der Wahrnehmung für die jeweiligen Situationsdeutungen und Lageansprüche kann geübt werden. Politische Urteilskraft ist so Kern einer Politologie der Empfindsamkeit.

1.3 Urteilskraft in der Sphäre der Politik

Kontingent, komplex, situationsbedingt, instabil und schwach sind die Adjektive, die auf das Handeln in der Sphäre der Politik (besonders) zutreffen. Politische Urteilskraft ist das Vermögen, den Auswirkungen dieser Eigenschaften etwas entgegenzusetzen. Neutralisieren kann sie sie freilich nicht. Politische Urteilskraft zeigt sich nicht zuletzt dann, wenn Menschen sich über die Bedingungen ihres Urteilens, Entscheidens und Handelns weitgehend im Klaren sind, wenn sie der Komplexität des Handlungszusammenhangs gerecht werden, wenn sie eine angemessene Vorstellung von ihren Handlungsoptionen haben und wenn sie diejenige auswählen, die am ehesten situationsgerecht ist und sich also „im Erfolg als das allgemein Gebotene erweist. Sie braucht die gleichermaßen sinnliche wie gedankliche Fähigkeit, im Singulären auf das Allgemeine vorzugreifen, das sie im Augenblick der Entscheidung noch nicht kennt. In ihr wirkt die individuell gesammelte Erfahrung, die persönlich zum Ausdruck kommen muss" (Gerhardt 2007, 418).

Die Sphäre der Politik ist im übrigen nicht eng einzugrenzen. Es geht dabei nicht nur um den Einfluss von Staat und politischen Institutionen der Gesellschaft auf die Menschen. Wir begreifen Politik handlungsbezogen als das Streben und die Notwendigkeit, eigenen Interessen und eigenen Wertvorstellungen Geltung zu verschaffen, oder strukturbezogen als das Verteilungsschema von Interessen und Werten in der politischen Gesellschaft. Damit unterstellen wir, dass so gut wie kein Bereich sozialen Handelns gänzlich politikfrei sein kann. Nur Eremiten haben nie etwas mit Politik zu tun. Aber schon in kleineren sozialen Zusammenhängen, in Familien, Vereinen, Klöstern, um nur drei Beispiele zu nennen, kann es zuweilen ziemlich politisch zugehen und wird deshalb politische Urteilskraft gebraucht.

Der Hinweis auf den Erfolg des Handelns im vorigen Absatz ist auf den zweiten Blick allerdings nicht ohne Zwiespältigkeit. Politische Urteilskraft umfasst nämlich nicht moralische Überlegenheit. Nach dem Urteilen über die Konstellation kann auch eine Handlungs-Entscheidung erfolgen, die, oberflächlich betrachtet, dem Urteil entgegensteht oder ihm nicht zu entsprechen scheint. Hier kommen menschliche Eigenschaften wie Mangel an Mut und Faktoren wie Besorgnis um die eigene Sicherheit (oder die der Familie) ins Spiel. Der Erfolg politischer Urteilskraft kann auch ganz unterschiedlich beurteilt werden, wobei auch die vergehende Zeit eine Rolle spielt. Was heute angemessen erscheint, mag in längerer Perspektive fatale Auswirkungen haben. Und was den Zeitgenossen als schwächlich oder verbohrt erscheint, wird von Späteren als weitsichtig gelobt. Hier spielt, in Extremfällen, auch die Frage des Opfers eine Rolle, der Einsatz des Lebens mit dem Ziel, eine verderbliche politische Entwicklung aufzuhalten. Auch für die nachvollziehende Analyse politischer Entscheidungen von Akteuren in der Vergangenheit braucht es politische Urteilskraft. Aber dabei geht es (nur) um die Rekonstruktion konservierter Entscheidungssituationen. Hier kann man gewiss manches falsch machen, aber das bleibt vergleichsweise harmlos.

Geht es indes um die Gegenwart und Zukunft, kann politische Urteilskraft über Leben und Tod entscheiden.

Schließlich ist in der eben zitierten Passage noch ein weiterer wichtiger Aspekte politischer Urteilskraft zur Sprache gebracht, das Gewicht von individuellen Erfahrungen.

1.4 Kleines Panorama unterschiedlicher Beispiele

Politische Urteilskraft brauchen also beileibe nicht nur Politiker, wenn es auch gut wäre, besäßen diese eine Menge davon. Alle Menschen, die in irgendeiner Weise von der Sphäre der Politik ergriffen werden, also in der Tat alle, benötigen solche Urteilskraft. Mangelt es daran, kommt es zu Fehlurteilen und falschen Entscheidungen für das eigene Handeln, was mehr oder weniger dramatischen Folgen zeitigen kann. Zuweilen grenzt der Mangel an politischer Urteilskraft ans Groteske.

Ohne Beispiele fehlt die Anschauung. Andererseits verwischen Beispiele auch klare Trennlinien. Das muss man in Rechnung stellen. Einige der Beispiele, die ausgewählt wurden, entstammen der Zeit des Beginns der nationalsozialistischen Herrschaft in Deutschland. Die zwölf Jahre NS-Herrschaft überschatten (nicht nur) die deutsche Geschichte des 20. Jahrhunderts, und sie wurden nach 1945 zu dem schwärzesten aller negativer Bezugspunkte für den Aufbau neuer sozialer und politischer Strukturen. Jegliche politische Legitimation nach 1945 bedurfte eines entsprechenden Passworts: „nicht nationalsozialistisch" im Westen und „antifaschistisch" in der sowjetsozialistisch aufgezogenen DDR. Politische Normen, politische Bildung, politische Urteilskriterien und politisches Verhalten in Deutschland stehen nach wie vor unter diesen Zeichen[1]. Das beeinflusst unmittelbar jedes hier entwickelte Konzept von politischer Urteilskraft.

Die ausgewählten Beispiele illustrieren in erster Linie Defizite oder problematische Aspekte politischer Urteilskraft in bestimmten historischen

---

[1] Mit dem Untergang von DDR und Sowjetsozialismus ist der in sich schillernde und für Zwecke der Propaganda gegen westliche Demokratie-Vorstellungen eingesetzte Antifaschismus zwar in den Hintergrund getreten, jedoch keineswegs verschwunden. Das ist auch kaum zu erwarten, weil in ihm angemessene und faire historische Wertungen unentwirrbar mit schiefen und aberwitzig verzerrten Deutungen verknotet sind. Ein Dokument dieses Sachverhalts auf hohem literarischen Niveau stellt der dreibändige Roman *Die Ästhetik des Widerstands* von Peter Weiß (1975 -1981) dar.

Situationen. Sie wurden aber nicht aus einem besserwisserischen Impuls ausgewählt, sondern um die Schwierigkeiten, ja manchmal die Dramatik der Konstellation plastisch hervortreten zu lassen.

1.4.1 „In zwei Monaten haben wir Hitler in die Ecke gedrückt"

Am 30. Januar 1933 wurde Adolf Hitler, formal korrekt, als neuer Reichskanzler auf die Weimarer Verfassung vereidigt, die zu zerstören eines seiner propagierten Ziele war. Die Geschichte der nacheinander zwischen 1930 und 1932 scheiternden Kabinette Brüning, Schleicher und Papen ist gut bekannt, ebenso die Geschichte der Berufung Hitlers durch den greisen Reichspräsidenten Hindenburg, der von seiner unmittelbaren Umgebung politisch gesteuert und manipuliert wurde.

An der Jahreswende 1932/33 machte Papen das Angebot, Hitler solle Reichskanzler in einem konservativen Kabinett werden, mit ihm selbst und Hugenberg als Vertretern der Deutschnationalen, mit der Unterstützung des Stahlhelms und der hinter ihnen stehenden Industrie- und Agrarkreise. Als das Kabinett stand, gehörten ihm neben acht konservativen Ministern nur drei Nationalsozialisten an. Das Amt des Vizekanzlers und die Ressorts Militär, Wirtschaft und Außenpolitik fielen den Konservativen zu.

> Der äußere Eindruck war der eines Koalitionskabinetts, in dem die nationalsozialistischen Ambitionen sicher abgedämmt werden konnten: ,Wir haben ihn (Hitler) uns engagiert', konnte Vizekanzler Papen als Initiator der Regierung im Blick auf seine eigene feste Verbindung zu Hindenburg triumphieren. Einem konservativen Kritiker, dem späteren Widerstandskämpfer Ewald von Kleist-Schmenzin, erklärte Papen: ,Was wollen Sie denn? Ich habe das Vertrauen Hindenburgs. In zwei Monaten haben wir Hitler in die Ecke gedrückt, dass er quietscht' (Bracher 1996, 213).

In Wirklichkeit, schreibt Karl Dietrich Bracher an gleicher Stelle, waren nicht die Nationalsozialisten, sondern ihre Partner eingezäunt worden. Deren Selbstbewusstsein beruhte auf einer völlig falschen Lagebeurteilung - und anders als sie wusste Hitler genau, was er wollte:

Als er gegen Hugenbergs Widerstand die neuerliche Auflösung des Reichstags durchsetzte, war die Front der Nichtnationalsozialisten im Kabinett schon zerbrochen. Das wiederholte sich nun von Kabinettsitzung zu Kabinettsitzung. Ein Widerstand auf dieser Ebene fand nicht statt, auch wenn die Nationalsozialisten erst wesentlich später die Mehrheit der Ministerposten besetzten.

1.4.2 Soll man als Jude emigrieren?

Das zweite Beispiel stammt aus dem Roman „Der Prinz der West End Avenue" von Alan Isler (1995). Die Handlung dieses gleichermaßen sehr melancholischen und sehr komischen Romans spielt in einem jüdischen Altersheim in Manhattan, und einer seiner Protagonisten ist Otto Korner (früher Körner), der, ein deutscher Jude im bürgerlichen Milieu, von den Nationalsozialisten in die Emigration getrieben wurde. Aber nicht dies allein, sondern auch sein damals gezeigter katastrophaler Mangel an politischer Urteilskraft, wurde zu seinem lebenslangen Trauma. Als nach der Machtergreifung die Wellen der Gewalt gegen die politischen Feinde des Regimes und die Juden nicht abebben, als der Boykott jüdischer Firmen sich immer weiter ausbreitet, diskutiert man auch in der Familie Körner darüber, wie es weitergehen soll. Isler beschreibt eine solche Familiendebatte am 3. April 1933 zwischen Otto, seiner Frau Meta, die den siebenjährigen Hugo neben sich sitzen hat, und Ottos Vater.

Und wo ist Otto Körner während dieser häuslichen Szene? Er lehnt am Bücherschrank, ganz Lässigkeit, eine Hand in der Tasche, die andere leicht auf einem ledergebundenen Band von Goethes Gesammelten Werken.

Meta kann sich nicht länger beherrschen. Sie appelliert an meinen Vater. „Sag ihm, dass wir alle weg müssen - du und Mutti auch. Lola und Kurt, meine Eltern, wir müssen alle raus!"

„Wirklich, Meta, lass Vater in Ruhe, er hat schon genug Sorgen." Mein nachsichtiger Tonfall ist nicht frei von Gereiztheit. „Wir können doch wohl nicht einfach alles liegen- und stehen lassen und zur Grenze rennen, bloß weil ein paar blödsinnige Rüpel hier verrückt spielen, wie?"

Der Vater pflichtet mir bei. „Noch ehe es Deutsche in Deutschland gab, gab es hier Juden."

„Und sowie es hier Deutsche gab, gab es auch Antisemitismus."

„Da siehst du - du sagst es ja selbst." Ich spreche, als hätte sie mir eine
Trumpfkarte zugespielt. „Antisemitismus ist nichts Neues in Deutschland.
Glücklicherweise haben wir heute Gesetze gegen so etwas."
„Gesetze? Was denn für Gesetze? Hitler ist das Gesetz. Streicher ist das Gesetz. Jüdische Richter werden öffentlich gedemütigt. Sie hängen uns auf der
Straße auf." Wir haben heute morgen von einem jüdischen Anwalt gehört, der
in Kiel von einer aufgebrachten Menge gelyncht worden ist. Sie wendet sich
wieder an meinen Vater. „Hat Otto dir das erzählt? Vor drei Tagen musste Hugo
in der Schule auf der Judenbank sitzen. Sie haben seinen Kopf mit dem Greif-
zirkel gemessen, eine Demonstration der Unterlegenheit dreckiger Juden..."
„Ich persönlich..." Ich trinke einen Schluck Tee und schnalze mit der Zunge.
„Ah, ausgezeichnet! Darjeeling?" Ich stelle die Tasse ab und nehme einen Band
Goethe hervor. „Ich persönlich rechne damit, jeden Augenblick eine öffentliche
Ankündigung aus dem Radio zu hören: General von So-und So oder von So-
und-So hat die Regierungsgewalt übernommen. Das ist eine Frage der Zeit." Ich
durchblättere das Buch, als suchte ich eine passende Stelle. Aus Metas Blick
spricht unverhohlene Verachtung. Doch sie sagt nichts mehr (Isler 1995, 295f).

Diese von seiner Frau durchschaute politische Blindheit und Selbstgefällig-
keit verbreitet Otto in den nächsten zwei Jahren in Artikeln für jüdische Zeitungen und Zeitschriften. Bis es zu spät ist, jedenfalls für seine Frau und
seinen Sohn, die von den Nationalsozialisten umgebracht werden. Otto entkommt und emigriert nach Amerika. Aber sein ganzes weiteres Leben liegt
die Frage wie ein Alb auf seiner Brust: „Wie viele Menschen außer meinem
eigenen Fleisch und Blut hab ich wohl auf dem Gewissen? Lauthals hätte ich
schreien sollen: „Juden, rennt um euer Leben!" (Isler 1995, 298).

1.4.3 Reichswehr und Nationalsozialismus: Große Nähe, samt Ambivalenz

Welcher General von So-und-So hätte denn 1933 gegen Hitler und die, die
ihm in den Sattel geholfen haben, die Regierungsgewalt übernehmen können? Die oben beschriebene Fehlkalkulation von Papen und seinen Mitstrei-
tern kam ja auch als Intrige gegen die Notverordnungs-Regierung des Gene-
rals von Schleicher in Gang. Hätte der von Hindenburg abservierte General
putschen sollen? Überlegungen dazu, aber doch sehr vage nur, gab es. Aber
so einfach wäre das nicht geworden, nicht zuletzt deshalb, weil Hitlers
Machtübernahme in der deutschen Öffentlichkeit durchaus mit lauter Zu-

stimmung aufgenommen wurde. Auch viele Menschen, die später selbst zu Opfern des neuen Regimes wurden, standen ihm zunächst begeistert bis abwartend-positiv gegenüber. Eine mehr begeisterte als abwartende Stimmung konnte man auch im Offizierskorps der Reichswehr konstatieren. In seiner fiktiv-historischen Biographie der Familie Hammerstein-Equord zählt Hans Magnus Enzensberger (2008, 108 f.) auf:

> „Die meisten Offiziere konnten dem Sog der ‚nationalen Revolution' nicht widerstehen. Unter ihnen waren Männer wie Claus von Stauffenberg (am 21. Juli 1944 erschossen), Henning von Tresckow (Selbstmord am 21. Juli), Werner Graf von der Schulenburg (1944 hingerichtet), Peter Graf Yorck von Wartenburg (1944 hingerichtet) und Albrecht Mertz von Quirnheim (am 21. Juli erschossen. Ludwig Beck (am 20. Juli erschossen) sollte 1932 auf Wunsch des Wehrministers Groener wegen ‚nationalsozialistischer Tendenzen' entlassen werden, was Hammerstein verhindert hat...Dem General von Hammerstein allerdings wird man keinerlei Sympathien für den Nationalsozialismus nachsagen können. Dennoch war seine Haltung nicht frei von Ambivalenzen und Fehleinschätzungen."

Der General von Hammerstein bekleidete seit 1930 den Posten des Chefs der Heeresleitung, die Reichswehr-Bezeichnung für die höchste Stellung innerhalb der Streitkräfte. Am 31. Januar 1934 schied er aus dem Amt und lebte, Ausnahme ist eine kurzzeitige Reaktivierung zu Beginn des 2. Weltkrieges, als General a. D. mit vielfältigen Beziehungen ins Ausland in Berlin.

Spätestens nach der Ausschaltung der SA-Führung durch Hitler am 30. Juni 1934, die diesem auch die Gelegenheit bot, eine Reihe unliebsamer Personen zu liquidieren, die mit dem so genannten Röhm-Putsch nichts zu tun hatten, darunter auch den General von Schleicher und seinen engsten Mitarbeiter, hatte Hammerstein nicht mehr die geringsten Illusionen über die Nationalsozialisten. Seine Kinder wuchsen in den Widerstand gegen den Nationalsozialismus hinein, und er scheint diese Bestrebungen, soweit er davon wusste, mehr als nur gebilligt zu haben.

Unter den Reichswehr-Offizieren, an der Spitze und auf niedrigeren Rängen, gab es wenige mit ausgeprägter politischer Urteilskraft, noch weniger, die die Werte und Normen der Weimarer Republik akzeptierten. Enzensberger (2008, 109) macht eine polemisch zugespitzte, aber gewiss bedenkenswerte Bemerkung im Anschluss an seine Aufzählung von Offizieren, die 1933/34 an die „nationale Revolution" der Nationalsozialisten glaubten, sich aber später zu Gegnern des Regimes entwickelten und in den Widerstand gingen: „Wer Leuten, die mit ihrem Leben bezahlt haben, aus ihren politischen Irrtümern einen Vorwurf macht, leidet an einer Form nachträglicher Besserwisserei, die von *moral insanity* nicht weit entfernt ist."

Da hat er wohl Recht. Aber er rührt damit auch zugleich an die empfindlichste Stelle eines normativen Konzepts politischer Urteilskraft.

1.4.4 Das Unternehmen Barbarossa

Bevor es am 1.9.1939 zum Krieg zwischen Deutschland und Polen kam, fand ein diplomatisches Ringen der europäischen Mächte um mögliche Bündniskonstellationen statt. Sowohl Großbritannien als auch Frankreich versuchten dabei schon im Mai 1939, die Sowjetunion als Verbündeten gegen Deutschland zu gewinnen. Diese Orientierung der beiden westeuropäischen Mächte stellte einen gewissen Kurswechsel in ihrer Außenpolitik gegenüber der Sowjetunion dar. Bis Mitte der 1930er Jahre war das Verhältnis der Siegermächte des Ersten Weltkrieges zur Sowjetunion deutlich gekennzeichnet durch den seit dem Sieg der bolschewistischen Oktoberrevolution das internationale System bestimmenden Konflikt antagonistischer Gesellschaftsordnungen. Der ideologisch und machtpolitisch fundierte Ost-West-Konflikt stand einer kohärenten Abwehr der politischen Neuordnungsansprüche Deutschlands, Italiens und Japans entgegen. Die Westmächte (einschließlich der USA) versuchten lange Zeit, durch Beschwichtigung der territorialen Ansprüche der faschistischen Staaten einen offenen militärischen Konflikt zu verhindern.

Erst nachdem Deutschland gezeigt hatte, dass es durch eine Politik des *Appeasement* nicht zu besänftigen war (Missachtung aller Absprachen nach dem so genannten „Münchener Abkommen"), bemühten sich insbesondere Frankreich und Großbritannien um die Bildung einer gegen Deutschland gerichteten Koalition. Im Vordergrund ihrer diplomatischen Bemühungen stand dabei die Verhinderung eines deutschen Angriffs auf Polen. Es zeigte sich bei den französisch-britisch-russischen Verhandlungen jedoch, dass die UdSSR nicht bereit war, eine Garantieerklärung gegenüber Polen abzugeben. Die polnische Regierung lehnte es daraufhin ab, der Roten Armee im Kriegsfall ein Durchmarschrecht durch Polen einzuräumen. Parallel zu ihren Verhandlungen mit Großbritannien und Frankreich intensivierte die sowjetische Außenpolitik ihre Kontakte zum nationalsozialistischen Regime. Nachdem die deutsche Regierung der russischen Führung mitgeteilt hatte, Deutschland sei bereit, die russischen Expansionsinteressen, die im wesentlichen Finnland, Litauen, Estland, Lettland, Ostpolen und Teile Rumäniens (Bessarabien) betrafen, anzuerkennen, kam es zwischen den beiden Mächten zu einer Annäherung.

Ersten Ausdruck fand diese in dem am 20.8.1939 abgeschlossenen Kreditabkommen, welches die sowjetischen Lieferungen von Lebensmitteln und Rohstoffen regelte. Im Gegenzug lieferte Deutschland Industrie- und Rüstungsgüter. Ebenfalls im August 1939 kam es zum Abschluss eines deutsch-sowjetischen Nichtangriffspakts. Dieser Pakt hatte ein geheimes Zusatzprotokoll, in dem Deutschland und die Sowjetunion die Aufteilung Polens beschlossen und ihre jeweiligen Interessensphären in Osteuropa definierten. Dieses Protokoll sprach Estland, Lettland, Finnland und Bessarabien dem Interessengebiet der Sowjetunion zu. Litauen wurde zuerst dem deutsche Einflussgebiet zugeordnet, jedoch kurze Zeit nach Niederlegung des geheimen Zusatzprotokolls gegen deutsche Gebietsgewinne in Polen ausgetauscht.

Die Voraussetzung für die Entstehung des Hitler-Stalin-Pakts war seine sozusagen jederzeit mögliche Auflösung bis hin zu einer militärischen Konfrontation Deutschlands und der Sowjetunion. Der Gedanke zu einem solchen Angriff war in der deutschen Führung schon länger gereift, denn bereits am 4.9.1936 hatte Hitler, in einer Denkschrift zur Rüstungspolitik, den Grundgedanken eines „unvermeidbaren" Krieges gegen Russland geäußert. Alle Bedenken, einen Zwei-Fronten-Krieg unmöglich gewinnen zu können, wurden im Sommer 1940 endgültig über Bord geworfen. Im Juli dieses Jahres informierte der Chef des Wehrmachtführungsstabes, Alfred Jodl, seine Mitarbeiter über den Beschluss der nationalsozialistischen Führung „zum frühestmöglichen Zeitpunkt durch einen überraschenden Überfall auf Sowjetrussland die Gefahr des Bolschewismus ein für alle Mal aus der Welt zu schaffen." Am 22.6.1941 begann dann der Krieg gegen die Sowjetunion unter dem Codenamen *Unternehmen Barbarossa*.

Die sowjetische Führung hatte eine ähnliche Wahrnehmung, was die Dauer und Zuverlässigkeit des deutsch-sowjetischen Nichtangriffspakts betraf. Auch sie ging von der Vorstellung aus, dass es notwendigerweise zu einem militärischen Konflikt mit Deutschland kommen würde. Trotz dieser prinzipiellen Wahrnehmung wurde Stalin durch den deutschen Angriff völlig überrascht. Bis zum Beginn des *Unternehmens Barbarossa* erfüllte die Sowjetunion ihre Vertragsverpflichtungen. Den angreifenden deutschen Divisionen rollten russische Züge mit Getreidelieferungen und Rohstoffen entgegen. Die politischen und militärischen Reaktionen der UdSSR zeichneten sich durch Hilflosigkeit und Chaos aus. So gelang es der Wehrmacht, ihren Überraschungsangriff bis an die Stadtgrenzen Moskaus zu tragen.

Doch die sowjetische Führung hätte es besser wissen können, war es dem sowjetischen Geheimdienst doch in den zwanziger und dreißiger Jahren gelungen, vor allem in Großbritannien und Deutschland Agenten in wichtigen Regierungsämtern anzuwerben, die unter anderem Hinweise auf den bevorstehenden deutschen Angriff lieferten. Der so genannte *Cambridge-Ring* um Kim Philby, Donald Maclean und andere und der deutsche Agent Richard Sorge wiesen schon unmittelbar nach der Entscheidung der deutschen Führung, den Angriff auf die Sowjetunion zu planen, auf diese Kriegsvorbereitungen hin. Allerdings schenkte Stalin diesen Berichten keinen Glauben. Vielmehr hielt er die Nachrichten für Desinformationsmaterial des britischen Geheimdienstes, der die Sowjetunion in einen Krieg mit Deutschland treiben wolle. Dass die englischen Agenten allesamt der Oberschicht beziehungsweise der oberen Mittelschicht der britischen Gesellschaft angehörten verstärkte das Misstrauen der sowjetischen Führung. Die Reaktion auf die gelieferten Informationen zur bevorstehenden Invasion bestand dann auch darin, die britischen Zuträger einer intensiven Überprüfung zu unterziehen. Dass der deutsche Journalist Richard Sorge ebenfalls über die Angriffspläne informierte, wurde mit dem Hinweis abgetan, Sorge gälte als ideologisch unzuverlässig. Hinzu kam, dass das Politbüro sich selbst wohl nicht eingestehen konnte, mit dem Setzen auf die deutsche Karte einen schweren Fehler begangen zu haben.

Diese Fehlbeurteilung hatte katastrophale Folgen und war bis zum Ende der Sowjetunion gut gehütetes Staatsgeheimnis.

Hier drängen sich einige Fragen auf: Welchen Zusammenhang gibt es zwischen der Struktur des politischen Entscheidungssystems und der Anfälligkeit für Fehlurteile? Sind totalitäre politische Systeme, Autokratien anfälliger für Fehlurteile der politischen Elite als Demokratien? Welchen Einfluss auf politische Entscheidungen haben individuelle kognitive Wahrnehmungsstrukturen? Welche Funktionalität hat das Leugnen unliebsamer Realität?

1.4.5 Appell von 18 Atomwissenschaftlern vom 12. April 1957

Unser nächstes Beispiel hat mit dem Nationalsozialismus nichts zu tun. Es gilt in der Geschichte der Bundesrepublik Deutschland als ein besonders lichter Moment zivilgesellschaftlicher politischer Urteilskraft. Der Appell von 18 deutschen Atomwissenschaftlern für den Verzicht der Bundesrepublik Deutschland auf Atomwaffen vom 12.4.1957 hatte seinerzeit in der durchaus hitzigen öffentlichen Debatte über Pläne, die Bundeswehr atomar zu bewaffnen, eine große Wirkung. Schließlich gehörten zu den Unterzeichnern so prominente Physiker wie Max Born, Otto Hahn, Werner Heisenberg, Max von Laue, Fritz Strassmann oder C. F. von Weizsäcker. Der Text des Appells ist sachlich-aufklärend gehalten und informiert im ersten Teil über die verheerenden Wirkungen von Atomwaffen auch kleineren Kalibers. Im zweiten Teil des Appells definieren sich die Unterzeichner ausdrücklich als Nichtpolitiker, die aber als Wissenschaftler auch eine Verantwortung für die möglichen Folgen ihrer wissenschaftlichen Tätigkeit haben. Aus dieser Verantwortung heraus argumentieren sie, dass es für „ein kleines Land wie die Bundesrepublik" am günstigsten wäre (nämlich als Schutz des Landes und als Förderung des Weltfriedens), „wenn es ausdrücklich und freiwillig auf den Besitz von Atomwaffen jeder Art verzichtet." Sie bekunden auch ihre Entschlossenheit, sich an der Herstellung, der Erprobung oder dem Einsatz von Atomwaffen nicht zu beteiligen.

Dieser Appell hat, wie man weiß, den damaligen Bundeskanzler Adenauer und vor allem den Verteidigungsminister Strauß ziemlich verärgert. In der Öffentlichkeit ist er hingegen überwiegend begrüßt worden. Die öffentliche Akzeptanz ihres Urteils haben die Atomwissenschaftler durch einen letzten Absatz noch erhöht. Und der lautet so: „Gleichzeitig betonen wir, dass es äußerst wichtig ist, die friedliche Verwendung der Atomenergie mit allen Mitteln zu fördern, und wir wollen an dieser Aufgabe wie bisher mitwirken."[2] Aus heutiger Perspektive erscheint der Appell zwiespältiger. Eine Atombewaffnung der Bundeswehr, bei welcher die nuklearen Waffensysteme allein der Entscheidungskompetenz der Bundesregierung unterstellt wären, war sowieso das Allerunwahrscheinlichste, selbst wenn einige deutsche

---

[2] Der Text des Appells ist abgedruckt bei: Klaus von Schubert (Hg.): Sicherheitspolitik der Bundesrepublik Deutschland. Dokumentation 1945-1977, Teil II. Bonn (Bundeszentrale für politische Bildung) 1978, S. 182f.

Politiker mit einem solchen Gedanken gespielt haben mochten. Und das
Plädoyer für den Ausbau der Atomenergie-Produktion zu friedlichen, d. h.
rein wirtschaftlichen Zwecken klang schon in den 1980er Jahren anachronis-
tisch. In der Bundesrepublik Deutschland jedenfalls. Heute könnten sich die
Machthaber in Teheran auf die Göttinger 18 berufen.

1.4.6 Nachrüstungs-Turbulenzen 1979-1987

1979 waren viele Hoffnungen, die sich ein paar Jahre zuvor am KSZE-
Prozess und der Ost-West-Entspannung festgemacht hatten, schon wieder
verflogen. Den Ost-West-Mächten, obgleich auf manchen nicht so gut sichtbaren Ebenen durchaus kooperativer geworden, drohte ein Rückfall in den
Kalten Krieg. Die USA und UdSSR rüsteten weiter auf, und durch die Einführung weitreichender Mittelstreckenraketen, die im Prinzip jeden Zielpunkt
in Westeuropa erreichen konnten, nicht aber die USA bedrohten, schien es
der Führung in Moskau zu gelingen, einen sicherheitspolitischen und strategischen Keil zwischen die NATO-Mitglieder diesseits und jenseits des At-
lantiks zu treiben. In dieser Situation fasste die NATO, nicht zuletzt auf Betreiben von Bundeskanzler Helmut Schmidt, ihren sogenannten Doppelbeschluss: Entweder würde die UdSSR in den nächsten vier Jahren ihre „eurostrategischen" Raketen (in der NATO-Terminologie SS 20 genannt) unschädlich machen oder die NATO würde ihrerseits nach Ablauf dieser Frist
mit nuklearen Waffensystemen gleicher Reichweite „nachrüsten".

Dieser Nachrüstungsbeschluss der NATO löste in den Folgejahren in
vielen westlichen Hauptstädten große Demonstrationen gegen die westliche
Position in diesem Raketenpoker aus. Nationale Friedensbewegungen ver-
netzten sich europäisch und transatlantisch und organisierten Kampagnen
gegen die zunächst ja noch gar nicht akute Stationierung von Pershing II-
Raketen und nuklear bestückten Marschflugkörpern. Die Argumentation der
Nachrüstungsgegner, die von den westlichen Kommunisten und kommunistischen „Frontorganisationen", aber auch von vielen Gruppierungen in den
Kirchen und im Bürgertum vertreten wurden, oft mit einer an Panik grenzen-
den Furcht vermischt, lief darauf hinaus, dass jegliche Art von Politik mit
nuklearen Mitteln gleichermaßen unmoralisch wie politisch desaströs sei.
„Lasst uns Schluss machen mit der Atombewaffnung, und zwar sofort und
bedingungslos", so kann man diese Haltung zusammenfassen.

Die sowjetische Führung war von den Protesten im westlichen Lager sehr angetan. Dass die Slogans der westlichen Friedensbewegungen auch unter der eigenen Bevölkerung Anklang finden könnten, das wurde zwar auch gesehen. Aber mit diesem Aspekt der Entwicklung würde man schon fertig werden. Jedenfalls versteifte sich die Haltung in Moskau, das Abrüstungsangebot im NATO-Doppelbeschluss wurde abgelehnt. Denn die Nachrüstung, dessen war man sich sicher, würde ja doch nicht stattfinden, weil der Widerstand dagegen im Westen zu stark war. Das Schicksal der Regierung von Helmut Schmidt, der 1982 nicht zuletzt an seiner eigenen, mehrheitlich friedensbewegt orientierten Partei scheiterte, schien das zu bestätigen.

1984 (ein Jahr mit einer schwarzen politischen Aura) begann die westliche Nachrüstung aber doch. Ein Jahr später rückte in Moskau Michail Gorbatschow an die Spitze der UdSSR, und im Dezember 1987 einigten sich die USA und die UdSSR auf die weitgehende Abrüstung ihrer eurostrategischen Waffen.

Ein Sieg hat viele Väter und Mütter. Der Vertrag über die Abrüstung der weitreichenden Mittelstreckenwaffen wurde 1987 allüberall - und mit Recht - als ein großer Schritt in Richtung auf den Abbau wechselseitiger Bedrohungen im Ost-West-Konflikt betrachtet. Dass dieser Konflikt selbst schon bald verblasst sein würde, ahnte damals allerdings kaum jemand.

Wer hat nun in den politischen Auseinandersetzungen politische Urteilskraft demonstriert? Helmut Schmidt, der als einer der ersten im Westen die Gefahr der nuklearstrategischen Abkoppelung Europas von den USA bemerkt und lautstark Alarm geschlagen hat? Die NATO-Gremien, die dieses seltsame *linkage* zwischen Ab- und Nachrüstung konstruierten und es mühevoll, aber dann doch erfolgreich über die Zeit retteten? Die Friedensbewegung und ihre Mitglieder, die in ihrer Mehrzahl schlicht und einfach einen Atomkrieg in Europa befürchteten, und zwar in unmittelbarer Zukunft? Die Moskauer Führung, die den Doppelbeschluss ignorieren zu können glaubte, weil die Öffentlichkeit des Westens polarisiert war?

1.4.7 Hessen vorn

Bei den Landtagswahlen in Hessen am 27. Januar 2008 ergab sich eine politisch neuartige Konstellation, weil fünf Parteien mit eigenen Fraktionen im Landtag vertreten waren - die neue Partei Die Linke, hervorgegangen aus

PDS und der sozialdemokratischen Absplitterung WASG, hatte neben den beiden großen (CDU und SPD) und den beiden kleinen Parteien (FDP und Die Grünen) den Sprung über die Fünfprozenthürde gerade eben geschafft. Die Zeit der Alleinregierung war jetzt für die CDU (42 Mandate) vorbei. Für eine Koalition mit der FDP (11 Mandate) reichte es nicht, denn die Mindestmehrheit, die im hessischen Landtag benötigt wird, beträgt 56 Mandate. Unter anderem wegen der polarisierenden Wirkung von Ministerpräsident Roland Koch (CDU) kam aber auch die rechnerisch mögliche Große Koalition nicht in Frage, auch nicht eine sogenannte Jamaika-Koalition aus CDU, FDP und den Grünen. Die SPD (42 Mandate) konnte aber auch mit den Grünen (9 Mandate) keine Regierung bilden, und die FDP verweigerte sich einer rot-grün-gelben Koalition. Blieb die Linke (6 Mandate). Die war (und ist) teil-stigmatisiert, einmal als SED/PDS-Nachfolgepartei, dann aber auch speziell aus sozialdemokratischer Sicht, weil der Parteivorsitzende der Linken ein ehemaliger Parteivorsitzender der SPD ist, - Oskar Lafontaine.

Wie bekannt, hat die Vorsitzende des Landesverbandes der SPD in Hessen, Andrea Ypsilanti, in dem verbal ziemlich brutalen personenbezogenen Wahlkampf, die Abwahl von Ministerpräsident Koch zu einem ihrer vordringlichsten Wahlziele gemacht. Sie hat sich allerdings auch darauf festgelegt, keinerlei Bündnis mit der Linken einzugehen. Das war ganz klug, wenn auch nicht ohne Risiko. Denn Stimmen für die Partei der Linken kommen in der Regel aus dem Pool, aus dem auch die Stimmen für die SPD kommen. Wenn nun die Linke an der Fünfprozenthürde scheitert, ein im Januar 2008 durchaus nicht unwahrscheinliches Szenario, dann wären damit Stimmen aus dem linken Pool verloren gegangen. Deshalb sollten Wähler, die mit dem Gedanken spielten, die Linke zu wählen, davon abgeschreckt werden und stattdessen SPD wählen. Außerdem legte sich die hessische SPD ein deutlich links von der Mitte angesiedeltes Wahlprogramm zu, um Wähler am linken Rand nicht an die Partei der Linken zu verlieren.

Das Problem war nur, dass die Linke eben nicht an der Fünfprozentürde scheiterte und dass die sich im Aufwind befindliche SPD dann doch nicht die CDU (die starke Stimmenverluste erlitt) überflügeln konnte. Das Wahlversprechen von Frau Ypsilanti erwies sich als Bumerang. Sie versuchte ein Ausweichmanöver, nämlich ein Regierungsbündnis mit den Grünen, das von der Linken gebilligt wird. Damit scheiterte sie aber, das erste Mal an der eigenen Courage und an einer einzigen „Dissidentin" in der SPD- Fraktion, das zweite Mal gleich an vier sozialdemokratischen Landtagsmitgliedern, die um keinen Preis eine Regierung stützen wollten, die von der Billigung der Linken abhängt. Deshalb gab es am 18. Januar 2009 erneut Landtagswahlen in Hessen, die von der CDU (kaum Stimmenzuwachs) und ihrem Wunsch-Koalitionspartner FDP (starker Stimmenzuwachs) gewonnen wurden. Die SPD verlor stark, die Grünen gewannen dazu, und die Partei der Linken kam wiederum, diesmal sogar ein wenig komfortabler, über die Fünfprozent-Hürde.

Dieser Wahlausgang interessiert hier aber nicht. Viel interessanter sind die Fragen nach politischer Urteilskraft. Man stößt dabei auf eine Menge Defizite: Die Wahlkampfakzente von Ministerpräsident Koch beruhten auf katastrophalen Fehleinschätzungen. Demgegenüber war das Wahlkampfversprechen der SPD („nicht mit der Linken") risikoreich, aber eigentlich vertretbar. Auch dass Frau Ypsilanti nach der Wahl die Linke einzubinden versucht hat, ist politisch sinnvoll gewesen - dem Vorwurf des Bruchs eines Wahlversprechens hätte sich mit kühlen Gründen begegnen lassen. Verständlich ist freilich, dass CDU und FDP unermüdlich auf diesen Punkt hingewiesen haben, denn die SPD managte den Übergang von der Position „nie mit den Linken" vor der Wahl zur Position „wir wollen regieren, und dazu brauchen wir die Billigung der Linken" auf sehr unprofessionelle Weise (was im übrigen auch mit der Konstellation nach den Bürgerschaftswahlen in Hamburg und mit der Figur des unglücklich agierenden Parteivorsitzenden Beck zu tun hatte).

Offenbar ist aber der Mangel an politischer Urteilskraft bei der Führung der hessischen SPD am deutlichsten im Umgang mit denjenigen SPD-Mitgliedern zu Tage getreten, die dem Umschwenken skeptisch gegenüberstanden. Sie sind auf klassische Funktionärsmanier marginalisiert, nicht etwa integriert worden. Eine kleine Farce spielte sich noch ab, als alle Ambitionen von Frau Ypsilanti schon verflogen und Neuwahlen beschlossen waren: Da trat die Ehefrau eines prominenten nordhessischen Kommunalpolitikers der SPD aus der Partei mit der Begründung aus, die Partei habe die „vier Abweichler" in den Reihen der eigenen Landtagsfraktion nicht gebührend abgestraft.

1.5 Zum Aufbau

Den Zusammenhang zwischen politischer Urteilskraft und einer nach unseren Vorstellungen funktionierenden Demokratie hat zuletzt Ingo Juchler (2005) in seiner verdienstvollen Habilitationsschrift hergestellt. Der Schwerpunkt seiner Überlegungen liegt auf der „normativen Grundlegung der Politikdidaktik", so der Untertitel. Es geht ihm um ein „normatives Bürgerleitbild für die politische Bildung", um einen Wissenskanon und um dessen Vermittlung im Politikunterricht. Auch unsere eigenen Reflexionen zur Stärkung politischer Urteilskraft rücken die politische Gesellschaft, in der wir leben, nicht aus dem Blickfeld, und die Vermittlungsaspekte schulischen oder akademischen Politik-Unterrichts werden von uns nicht außer acht gelassen. Jedoch setzen wir auf einer anderen Ebene an, wenn wir nach den Bedingungen der Möglichkeit und nach den geistesgeschichtlichen Traditionen politischen Urteilens fragen. Diesen beiden Fragen sind die ersten beiden Teile unserer Arbeit gewidmet.

Der *erste Teil* kreist um Kognitions-Aspekte. Exkursionen in die Landschaften der Neurophysik und -chemie und anderer neuer Wissenschaftszweige, in denen es darum geht, ob es letztlich angemessen ist, menschliche Entscheidungsfreiheit zu postulieren, gehören ebenso in diesen Teil wie die Analyse des Urteilens, die Frage nach der Rolle von Gefühlen in der Politik sowie den Möglichkeiten und Grenzen der Aufnahme und kritischen Verarbeitung von Informationen. In einem weiteren Kapitel dieses Teils wird danach gefragt, was die bis dahin gewonnenen Erkenntnisse für eine demokratische Bildung bedeuten.

Im *zweiten Teil* werden verschiedene Philosophien politischer Urteilskraft und ihre Traditionen, von Aristoteles bis Dewey und Rorty oder Habermas, näher untersucht und miteinander verglichen. Stichworte, um die es hier geht, sind u. a. Vernunft und Leidenschaft, Topologie vernünftigen Argumentierens, Aufklärung, Politik und Wahrheit, Erkenntnis und Interesse, die Notwendigkeit der Entscheidung, *common sense* und *common good*.

Wollte man eine Geschichte der politischen Urteilskraft schreiben, müsste man sich zuvor wirksam gegen Melancholien und Fatalismus wappnen, denn es würde in der Hauptsache eine düstere Geschichte des Versagens. Das ist keine neue Erkenntnis. Sozusagen immer schon hat es jede Menge teils gutwilliger, teils bösartiger Rezept-Angebote gegeben, die mit der ehrlichen oder vorgeschobenen Absicht erstellt wurden, politische Urteilskraft zu stärken, aber genau das Gegenteil bewirkten.

Der *dritte Teil* gibt deshalb einen Einblick in die Arsenale von Dummheitskulturen. Wunschdenken und Utopismen, die Begrenztheit von Ideologien und die blinden Flecken ideologischen Denkens, Fanatismus, Fundamentalismus, Populismus und die fatale Attraktivität von Verschwörungstheorien kommen hier zur Sprache.

Es wäre schön, könnte man vor dieser düsteren Folie die sich im *vierten Teil* anschließenden Überlegungen zu den Möglichkeiten und Grenzen einer politische Urteilskraft stärkenden Verhaltenslehre im hellen Licht der Eindeutigkeit erstrahlen lassen. Das ist aber nicht möglich. Stattdessen wird hier die ambivalente Gestalt von Zielvorstellungen, Werten und Mechanismen für politisches Verhalten in der demokratischen Gesellschaft kritisch analysiert. Das geschieht im übrigen nicht mit der Absicht, solche Ambivalenzen zu überwinden. Es sind nämlich gerade der gelassene Umgang mit solchen Ambivalenzen und die Fähigkeit, sie auszuhalten, denen politische Urteilskraft als eine ihrer grundlegenden Komponenten bedarf.

Kognition

In den ersten Kapiteln unseres Buches beschäftigen wir uns mit den individuellen und gesellschaftlichen Bedingungen politischer Urteilsbildung. Dass dabei zunächst auf die Möglichkeiten und Grenzen individueller Wirklichkeitswahrnehmung, Wirklichkeitskonstruktion, Informationsaufnahme und -verarbeitung eingegangen wird, ist dabei nicht nur der breiten neurowissenschaftlichen Diskussion über Urteilen, Entscheiden und Handeln geschuldet, obwohl gerade auch politikwissenschaftliche Betrachtungen ohne eine Auseinandersetzung mit diesem neuen erkenntnistheoretischen Paradigma nicht auskommen. Es wird sich herausstellen, dass Reflexionen zur politischen Urteilskraft durch naturwissenschaftlich orientierte Beobachtungen nicht zu ersetzen sind. Das Politische geht keinesfalls in neurologischen Determinismen auf. Vielmehr kann nur in einer gesellschaftswissenschaftlich angelegten Untersuchung gezeigt werden, wie die Bedingungen der Möglichkeit politischer Urteilskraft zu entfalten und wie die Menschen in ihren politischen Urteilen als gesellschaftlich bestimmte Wesen beschaffen sind. Dies wird erkenn- und nachvollziehbar in der semantischen Unterscheidung von Urteil und Vorurteil, der Nutzung von Informationen und Medien, von Gefühlskulturen und den Versuchen, Urteilskraft durch institutionelle Anstrengungen politischer Bildung zu kräftigen.

2 Urteilsfreiheit

Weist man dem Problem des Beurteilens politischer Sachverhalte Bedeutung zu, dann ist damit zwangsläufig die Vorstellung verbunden, Menschen seien überhaupt in der Lage, Urteile zu fällen. Und zwar nicht nur im Sinne der Faktizität zu beobachtender Urteile, die dann zu Entscheidungen und Handlungen führen. Eine kurze Überlegung zu dieser Trias zeigt, dass sich im Urteilen mehr ausdrückt als eine sinnliche Fähigkeit. Wollte man naturalistisch argumentieren, dann könnte „Urteilen" als „Unterscheiden" beschrieben werden. Unterscheidung wäre dann ein Synonym für Handeln und Verhalten schlechthin. Dass etwas geschieht, oder dass nichts geschieht, stellt an sich noch kein Problem dar. Auch Tiere führen Operationen des Unterscheidens durch, nehmen spezifische Nahrung an, lehnen andere Nahrung ab, erkennen Artgenossen usw. Auch solches Verhalten könnte mit Begriffen wie „Urteilen" und „Entscheiden" beschrieben werden. Allerdings ist eine solche semantische Übertragung von Begriffen, die das Handeln von Menschen beschreiben sollen, nicht sinnvoll.

Die Perspektive der Außenbeobachtung des Verhaltens von Akteuren stellt nämlich nur einen Aspekt der Untersuchung von Urteilen, Entscheiden und Handeln dar. Denn dass Lebewesen Verhaltensweisen ausführen, die als „Urteilen" bezeichnet werden können, ist eine triviale Feststellung. Von einer solchen Beobachtungsposition aus, die diese Ebene in den Blick nimmt, können Fragen gestellt (und mitunter auch beantwortet) werden nach den objektivierbaren Wahrnehmungsbedingungen, die richtige Urteile von Individuen und Kollektiven möglich machen. Wobei „richtig" als realitätsangemessen gilt. Schaut man sich unsere in der Einleitung präsentierten Beispiele politischer Urteilsbildung an, wird die Bedeutung solcher Beobachtungen deutlich, hatten doch die unangemessenen Beurteilungen politischer Sachverhalte oft tragische, ja lebensvernichtende Konsequenzen.

Solche Untersuchungen der Bedingungen der Möglichkeit politischer Entscheidungen sind wichtig (machen doch nur mittelmäßig Begabte ihre Fehler zweimal), reichen aber für eine politikwissenschaftliche Behandlung der Frage des Zusammenhangs von Urteilen, Entscheiden und Handeln aus zwei Gründen nicht aus. Erstens sind die naturalistischen Vorstellungen von Urteilen als sensuell inspirierte Unterscheidungen nicht ausreichend, um Handeln von Verhalten analytisch zu trennen. Beobachtet man aber alle Aktivitäten eines Akteurs als Verhalten, dann werden die Selbstwahrnehmungen dieser Akteure von vornherein als irrelevant für eine wissenschaftliche Auseinandersetzung zurückgewiesen. Denn Akteure beschreiben sich als Handelnde, indem sie etwa ihr „Verhalten" (Außenbeobachtung, Perspektive der Dritten-Person-Singular) als „Handeln" begründen und erklären (Innenbeobachtung, Perspektive der Ersten-Person-Singular).

An dieser Stelle wird auch der prinzipielle Unterschied zwischen tierischem Verhalten und menschlichem Handeln deutlich. Tiere können solche Begründungen nicht liefern. Das hat übrigens nichts mit der Richtigkeit oder Stichhaltigkeit solcher Gründe für die beschriebenen Handlungen zu tun. Aber dass überhaupt Gründe angeführt werden, verweist auf die Bedeutung dieser Binnenperspektive für den Zusammenhang von Urteilen, Entscheiden und Handeln. Zweitens verweist dieser Perspektivenwechsel auf die soziale Einbettung allen Handelns. Hier kommt eine normative Folie ins Spiel, vor deren Hintergrund die Diskussion politischer Urteilsbildung erst ihre eigentliche Brisanz entfaltet, geht doch der Handlung das Urteil voraus. Wobei in der Binnenperspektive gerade auch in der Reflexion von Zwängen die Freiheit zum Urteil und zum Handeln vorausgesetzt ist. Letztlich geht es dabei um die Frage nach der Rationalität politischen Handelns. Diese werthaltigen Aspekte setzen nun aber einen Begriff von „Freiheit" voraus, von Unterscheidungsfähigkeiten, die mehr sind als quasi physiologisch zu beschreibende Reiz-Reaktions-Ketten oder politische Determinismen.

2.1 Neuropolitologie?

Bei dieser Fundierung eines politisch sinnvollen Freiheits- und Verantwortungsbegriffs sehen sich heute Geistes- und Sozialwissenschaften, damit auch die Politikwissenschaft, durch die - nicht nur in den Augen rhetorisch begabter Mediziner - zur Einheitswissenschaft aufsteigenden Neurologie herausgefordert. Die Neurowissenschaften haben vor allem mithilfe der funktionellen Kernspintomographie, also der bildlichen Aufnahme von Gehirnaktivitäten, nachweisen können, dass zwischen Wahrnehmungen, Gefühlen, Urteilen, Entscheidungen und Handlungen einerseits und biochemischen

Reaktionen in spezifischen Hirnregionen andererseits feste Korrelationen existieren. Hier können Aktivitätsmuster beobachtet werden, noch bevor die jeweilige Person (das jeweilige Gehirn) von diesen ihren Wahrnehmungen, Gefühlen usw. selbst ein Bewusstsein ausgebildet hat. Im Gehirn und durch das Gehirn scheint immer schon alles beurteilt und entschieden zu sein, bevor im Bewusstsein dafür „Gründe" bereitgestellt werden. Ja, darüber hinaus belegen solche Experimente, dass bestimmte Gehirnareale nicht nur früher als das Bewusstsein auf Reize reagieren, sondern dass sie ihre Wahrnehmungen selbst erzeugen. Hier kommt dem „limbischen System" entscheidende Bedeutung zu. Und innerhalb dieses Systems sind dann wiederum die Amygdala und der Hippocampus wichtig:

Die Amygdala ist das Hauptzentrum für das Entstehen und die Kontrolle von Gefühlen und für emotionale Konditionierung. Sie registriert, in welcher Weise bestimmte Handlungen und Ereignisse positive oder negative Konsequenzen für den Organismus nach sich ziehen, und speichert dies ab. Beim Wiedererleben der Ereignisse werden diese Bewertungen aufgerufen, und wir erleben dies über Bahnen, die die Amygdala zur Großhirnrinde schickt, als positive oder negative Gefühle, das heißt als Antrieb oder Vermeidung. Der Hippocampus ist der Organisator des episodisch-autobiografischen Gedächtnisses und registriert den jeweiligen Kontext der Ereignisse. Amygdala und Hippocampus arbeiten arbeitsteilig, indem die Amygdala die eigentliche emotionale Bewertungsfunktion ausführt und der Hippocampus Details des Geschehens und dessen räumlichen und zeitlichen Kontext hinzu gibt. Der Hippocampus ist als Organisator des deklarativen Gedächtnisses auch verantwortlich für das Auftauchen bestimmter Motive, Wünsche, Absichten Gedanken und Vorstellungen beim bewussten Entscheidungsprozess. Diese Verkettung von Amygdala und Hippocampus ... hat zur Folge, dass beim Entstehen von Wünschen und Absichten das unbewusst arbeitende emotionale Erfahrungsgedächtnis das erste und letzte Wort hat, das erste Wort beim Entstehen unsere Wünsche und Absichten, das letzte bei der Entscheidung, ob das, was gewünscht wurde, jetzt und hier und so und nicht anders getan werden soll. Diese Letztentscheidung fällt ein bis zwei Sekunden, bevor wir diese Entscheidung bewusst wahrnehmen und den Willen haben, die Handlung auszuführen. Zwischen beiden Ereignissen können beliebig lange Perioden des bewussten Abwägens von Handlungsalternativen liegen, im einen Fall entscheiden wir spontan, - aus dem Bauch heraus -, während wir im anderen Fall monatelang Argumente hin und her wälzen. In beiden Fällen muss es jedoch zu einer Letztentscheidung kommen, bei der es auf die Passung zwischen bewussten kortikalen Handlungsintentionen mit dem Handlungsgedächtnis... und dem emotionalen Erfahrungsgedächtnis des limbischen Systems ankommt (Roth 2006, 13).

Nicht auf die bewusste Entscheidung kommt es also an. Vielmehr ist im Moment des Bewusstseins alles schon beurteilt und entschieden. Allenfalls die daraus folgenden Handlungen öffnen sich reflexiver Überprüfung. Amygdala, Hyppocampus und weitere Gehirnregionen, die hier nicht erwähnt worden sind, konstruieren ihre eigene Wirklichkeit, die sie gleichzeitig bewerten und entscheidungsreif machen. Insbesondere Untersuchungen von Schizophrenie-Patienten lassen erkennen, wie das Gehirn seine eigene Realität hervorbringt. Solche Patienten berichten etwa über „Befehle", die ihnen Stimmen von außen eingäben. Solche Stimmen gibt es aber nicht. Das kranke Gehirn halluziniert. Menschen, die unter solchen Krankheiten leiden, fühlen sich gerade nicht „frei", sondern beherrscht, und das werden sie auch, von ihrem eigenen Körper, ihrem Gehirn (Singer 2003, 32).

Ginge man nun davon aus, dass für die Analyse politischer Handlungen die Gestimmtheit der einzelnen Handelnden die entscheidende Grundlage wären, so müssten vor allem neuronale Prozesse untersucht werden. Eine Analyse politischer Urteilskraft könnte sich also, jedenfalls soweit sie sich auf das Individuum konzentriert, ganz den Neurowissenschaften anheim geben. Es entstünde so eine Naturwissenschaft politischer Entscheidungen. Untersuchungen mit Hilfe der oben erwähnten bildgebenden Verfahren haben beispielsweise gezeigt, dass es für Rechnen und Verhandeln spezifische Gehirnregionen gibt. Personen, die in Berufen tätig werden wollen, in denen es auf diese Fähigkeiten besonders ankommt, könnten durch einen Scan ihres Gehirns ausgewählt werden. Ähnliche Funktionsregionen lassen sich auch für viele andere Fähigkeiten lokalisieren. Gewerkschaftsführer, Arbeitgeberpräsidenten, die Bundeskanzlerin als neurologisch diagnostizierte Führungskräfte?[3] Soweit wird es wohl nicht kommen, unter anderem auch deshalb, weil sich politische Fähigkeiten eben nicht auf Einzelkompetenzen (Rechnen, Reden, Verhandeln) herunterbrechen lassen.

Die eigentliche Provokation, die für die Geistes- und Sozialwissenschaften von solchen neurobiologischen Szenarien ausgeht, besteht in der damit einhergehenden Neubewertung des Problems von Determinismus und Wil-

---

[3] Für diesen Hinweis und viele weitere Anregungen danken wir Dr. Michael Eckhardt, Neurologische Akutklinik Bad Zwesten.

lensfreiheit. Wenn es in den Individuen Urteils- und Entscheidungszentren gibt, die sich der bewussten Kontrolle entziehen, stehen nicht nur juristische Annahmen über die Adressierbarkeit von Schuld und Verantwortung auf dem Prüfstand. Von „Freiheit" im Sinne der Annahme, der einzelne kontrolliere seine individuellen Motive, Gründe und Ursachen für das eigene Handeln, könnte nicht mehr gesprochen werden. Allenfalls wäre neurologisch aufzuklären, warum es zu bestimmten Handlungen gekommen ist und zu anderen nicht. Wolf Singer, der auch zur Gruppe derjenigen Neurowissenschaftler zählt, die in den Ergebnissen der Hirnforschung die Grundlage eines neuen Menschenbildes angelegt sehen, plädiert dann auch als Konsequenz dieser willentlich nicht kontrollierbaren neuronalen Urteils- und Entscheidungsimperative für Toleranz gegenüber sozial unverträglichen, kriminellen, in ihrem Verhalten von den Regeln und Normen der Gesellschaft abweichenden Personen (Singer 2003, 33)[4]. Denn diese seien genauso wenig wie alle anderen Menschen für ihre Handlungen haftbar zu machen.

2.2 Bedingte Freiheit

An diesem Punkt wird die Bedeutung einer die Kontexte von Urteilsbildung, Entscheidungsfindung und Handlung untersuchenden Politikwissenschaft deutlich. So, wie der Neurologe die Prozesse in den neuronalen Netzwerken untersuchen muss, um verstehen zu können, warum ein Individuum so und nicht anders gehandelt hat, bedarf es einer Rekonstruktion der gesellschaftlichen und politischen Prozesse, um aufklären zu können, warum politische Entscheidungen so getroffen worden sind und nicht anders. Aber: dabei kommt man an den Selbstzeugnissen der Handelnden nicht vorbei. Und diese Selbstwahrnehmungen sind eben sehr viel mehr als nur Illusionen der Akteure über ihre Handlungen und deren Gründe.

---

[4] An dieser Stelle soll darauf hingewiesen werden, dass bei genauerem Hinsehen sich die Konsequenzen dieses neuen universalwissenschaftlichen Menschenbildes im Vergleich zur überwunden gehaltenen „alteuropäischen" Annahme von Willensfreiheit und Verantwortlichkeit bescheiden ausnehmen. Singer führt selbst aus, dass auch die nicht schuldfähigen und unadressierbaren Straftäter aufgrund der von ihnen ausgehenden Gefahren unter Umständen lebenslang interniert werden müssen. Im heutigen Strafrecht kennen wir eine solche Praxis als „Maßregelvollzug", der sich vom „Strafvollzug" nur graduell unterscheidet.

Handeln besteht letztlich aus der Produktion von Gründen des Handelnden. Diese Mobilisierung von Gründen schafft eine gesellschaftliche und politische Wirklichkeit, die mit keiner naturwissenschaftlichen Semantik überhaupt beschreibbar ist. Und hier helfen die Fortschritte in der Gehirnforschung nur sehr begrenzt weiter. Die Ergebnisse neurobiologischer Experimente beziehen sich zumeist auf einfachste Motivlagen und körperliche Bewegungen. Mit Handeln haben diese Experimente überhaupt nichts zu tun. Komplexe, über längere Zeit sich hinziehende Handlungszusammenhänge lassen sich nur in ihren Grundformen neurowissenschaftlich beschreiben, weil Handeln immer das Anführen von Gründen meint, das heißt die Reflexion über Ziele, Bedingungen, störende oder begünstigende Faktoren usw.

Handeln setzt damit Urteilen voraus. Wie komplex schon die neuronalen Netzwerke innerhalb des Gehirns auch sind, die zu analysierende Komplexität vergrößert sich erst richtig, wenn die Interaktionen der Gehirne der ihnen anhängenden Personen mit berücksichtigt werden müssen. Der Hinweis auf die notwendige materielle, elektrophysiologische und biochemische Basis jeder psychischen Aktivität führt zu nichts. Denn der Bogen zwischen der Beschreibung solcher nach naturwissenschaftlichen Gesetzen ablaufenden Prozesse und kulturellen Manifestationen kann nicht geschlagen werden. Der biologische Determinismus weist nicht über sich hinaus und erklärt keine gesellschaftlichen und politischen Tatbestände. Auch Disziplinen wie die Evolutionspsychologie ändern an dieser Tatsache der Eigenständigkeit und naturwissenschaftlich nicht reduzierbar kulturellen Eigenwilligkeit sozialer Interaktion nichts. So wird in einer viel beachteten Studie zur neurobiologischen Begründung des Altruismus danach gefragt, „wie die Güte" in die Welt gekommen sei (Dugatkin 2008). Aber schon ein oberflächlicher Blick auf die kulturellen Manifestationen von Altruismus zeigt, dass von einem intersubjektiv und interkulturell feststellbaren Maßstab der Güte anderen gegenüber nicht geredet werden kann. Was sich aber sozial und politisch in vielfältigen und ganz unterschiedlichen institutionellen Arrangements manifestiert, kann offensichtlich nicht biologisch determiniert sein.

Bleibt immer noch das Problem der Begründung einer normativen Kritik politischer Urteilskraft. Wenn Individuen und Netzwerke nicht anders können als sie können, dann gibt es keinen Ansatzpunkt für Kritik. Was bleibt, ist ein fatalistischer Umgang mit dem kausal definierten Notwendigen. Aber die Individuen haben immer wieder selbst auch die Wahrnehmung, „frei" zu sein, als Ausdruck ihrer selbstreferenziellen Gehirn-Aktivität. Für den Hirnforscher ist dieses Selbstbild eine Illusion, die darauf beruht, dass das Gehirn seine materiellen Prozesse selbst gar nicht beobachten kann. Der Determinismus ist mithin nicht an sich selbst zu beobachten, sondern nur beim Blick auf den anderen. Der Neurologe schaut immer aus der Dritten-Person-Perspektive auf Urteilen, Entscheiden, Handeln und sieht nur notwendige Abläufe:

> ... Zutreffend ist ... die konsensfähige Feststellung der Neurobiologen, dass alle Prozesse im Gehirn deterministisch sind und Ursache für die je folgende Handlung der unmittelbar vorangehende Gesamtzustand des Gehirns ist. Falls es darüber hinaus noch Einflüsse des Zufalls gibt, etwa durch thermisches Rauschen, dann wird die je nachfolgende Handlung etwas unbestimmter, aber dadurch noch nicht dem „freien Willen" unterworfen (Singer 2003, 33).

Offensichtlich geschieht in dieser neurowissenschaftlichen Sicht auf die Freiheit des Menschen eine Verschiebung der Beobachtungspositionen. In der Perspektive der ersten Person Singular, des „Ich", beschreiben sich Menschen (sieht man von den oben kurz erwähnten Krankheitssymptomen ab) als „frei", wie sich bei Entscheidungen immer wieder zeigt. Bestimmte Bücher werden gelesen, andere nicht. Das eine Studienfach wird dem anderen vorgezogen. Ehen werden geschlossen, fortgesetzt oder beendet, und bei all diesen Handlungsketten spielt das Selbstbewusstsein, prinzipiell frei zu sein, eine große Rolle. Selbst wenn die Betroffenen in Zwangslagen das Bewusstsein haben, nicht „frei" handeln zu können, entsteht dieses Bewusstsein von Unfreiheit überhaupt nur vor der Kontrastfolie potentieller Freiheitsfähigkeit. Beobachten nun Neurowissenschaftler dieselben Urteile, Entscheidungen, Handlungen, dann stoßen sie auf physiologische, deterministisch ablaufende Prozesse, deren genaue Untersuchung im besten Fall die Handlungen der Individuen als Verhalten erklärt. Dieser Determinismus ist allein der Beobachtungsposition, der Dritten-Person-Singular geschuldet und nicht „objektive" Sachlage.

Aber mehr noch: selbst aus dieser Beobachtungsposition kann gesehen werden, dass Individuen über Handlungsoptionen verfügen. Es bedarf gar keines Perspektivenwechsels, um auf die Realität dieser potentiellen Urteils-, Entscheidungs- und Handlungsalternativen zu stoßen. Mit Blick auf diese nicht zu leugnenden Verhaltensalternativen und Handlungsmöglichkeiten, von denen die Akteure Rechenschaft ablegen können (ein Stück Kuchen zu

essen oder es dem Gast zu überlassen), schreibt Gerhard Roth, der zu den
Wegbereitern der neurowissenschaftlichen Wende gehört, in seinem Buch
„Persönlichkeit, Entscheidung und Verhalten":

> Es bestehen Optionen zum Beispiel hinsichtlich A oder B, weil physische Fak-
> toren außerhalb von mir und psychische Faktoren in mir sowohl A als auch B
> zulassen. Die Tatsache jedoch, dass ich schließlich A und nicht B tue, ist in dem
> Augenblicke, in dem ich A tue, determiniert, das heißt, alle äußeren und inneren
> Umstände führen zu A und nicht zu B In dem Maße, wie bei der Festlegung
> meine eigenen Motive eine Rolle spielen und nicht purer Zufall, ist es *meine*
> Entscheidung. Dies ist übrigens unabhängig davon, ob alle meine Motive und
> Ziele mir bei der Entscheidung bewusst waren, denn wenn unbewusste und be-
> wusste Motive und Ziele übereinstimmen, das heißt kongruent sind, dann merke
> ich das daran, dass ich auch in größerem Abstand meine Entscheidung billige
> (Roth 2008, 327).

Neurowissenschaftler leiten aus solchen Feststellungen die Forderung ab, im
Rahmen von Sozialisationsprozessen im Elternhaus, in der Schule und anderen Bildungsorten das emotionale Gedächtnis und das autobiografische Erfahrungsgedächtnis so plastisch zu halten, dass es Sensibilität für Optionen
bewahrt. Plädoyers gegen Dogmatismus, Scheuklappen und sonstige Eineng-
ungen werden hier neurowissenschaftlich begründet. Wer sollte etwas dagegen einzuwenden haben? Roths Hinweis auf Optionen korrespondiert mit
einem normativ gehaltvollen Begriff von Freiheit, die immer überhaupt nur
als bedingte Freiheit vorstellbar ist. Schon Hegel hat in einer berühmten
Stelle seiner „Phänomenologie des Geistes" darauf hingewiesen, dass es
einen Begriff der absoluten Freiheit nicht geben kann. Freiheit ist immer
bedingt (Bieri 2001). Urteilskraft zeigt sich dann gerade darin, diese Bedingungen freier Entscheidung reflektieren zu können (Habermas 2004). Diese
Bedingtheit - und das ist der nun relativ bescheidene Beitrag der Neurowissenschaften zum Thema Freiheit - hat physiologische, materielle Kontexte.
Vor allen Dingen aber soziale, kulturelle, geistige.
　　An dieser Stelle kann nun eine Brücke geschlagen werden zwischen den
nicht zu leugnenden Erkenntnissen der Gehirnforschung und der Politikwissenschaft. Einer Untersuchung politischer Urteile, der Motive und Ziele politischer Entscheidungen und Handlungen kommt deshalb Bedeutung zu, weil
es um die Diskussion von Optionen geht. Entscheidungsfreiheit als Voraus-

setzung einer Kritik der Urteilskraft setzt nicht nur beim Individuum an, sondern auch bei der Gesellschaft. Politisches Urteilen ist auf Öffentlichkeit bezogen. Die Strukturen dieser Öffentlichkeit sollten so beschaffen sein, dass Optionen offen gehalten werden. Dogmatismus und Fundamentalismus, Denkverbote - gerade auch im Rahmen so genannter politischer Korrektheit - verengen den Raum des Sagbaren, damit des Urteilens, Entscheidens und Handelns. Gerade weil Handeln in der Mobilisierung von Gründen besteht, diese Begründung immer intersubjektiv angelegt ist und diese Begründungsarbeit sprachlich vonstatten geht, sind die jeweiligen Vokabularien und Sprachspiele das auch neurowissenschaftlich nicht hintergehbare, ungemein politische Fundament der Freiheit. Deshalb sind literarische Zeugnisse so wichtige Grundlagen und Manifestationen politischen Handelns. Politikwissenschaftlich wird die Perspektive der Außenbeobachtung (Dritte-Person-Perspektive) mit der Innenbeobachtung (Erste-Person-Perspektive) verbunden und auf die Gesellschaft hin erweitert. Kausalitätsanalysen und Freiheitsreflexionen zusammen machen den Gegenstand der Untersuchung politischer Urteilskraft aus, ihrer Möglichkeiten und Grenzen.

3 Informationsverarbeitung und Mediennutzung

Im vorhergehenden Kapitel haben wir in der Auseinandersetzung mit Erkenntnissen der Hirnforschung gezeigt, dass Urteilsfreiheit immer bedingt ist und es - normativ gesprochen - darauf ankommt, die Kontexte dieser Bedingtheit zu reflektieren. Die neurologischen Abläufe stellen dabei nur einen (physischen/materiellen) Bedingungsrahmen unter vielen anderen (situativen, kulturellen, ökonomischen, politischen und anderen) dar[5]. Das Planen einer Handlung besteht aus mehr oder minder gelungenen Überlegungen zu den jeweiligen Möglichkeiten und Grenzen, Widerständen, begünstigenden Faktoren usw. Die Wahrnehmung von Optionen setzt eine gewisse Sehschärfe für die Handlungskontexte voraus. Folgerichtig nimmt die Frage nach der Bedeutung von Informationen über die Handlungsbedingungen für die Herausbildung politischer Urteilskraft im Rahmen solcher Kausalitätsüberlegungen besonderen Raum ein.

Dabei ist zunächst zu klären, was unter „Informationen" sinnvollerweise verstanden werden soll. Einige eher kurzschlüssig angelegte Analysen zur Bedeutung von „Wissen" in modernen Gesellschaften verweisen auf die Herrschaftsausübung durch eine sogenannte „Info-Elite". Hier soll nun nicht die analytische Kompetenz solcher Diagnosen diskutiert werden. Allerdings löst die in modischen Fundamentalsoziologien neu entdeckte Vielzahl von Gesellschaftsformaten (Wissensgesellschaft, Erlebnisgesellschaft, Risikogesellschaft u. a.) eine gewisse Skepsis aus. Wir bezweifeln nämlich, dass es jemals Gesellschaften ohne Wissen, Erlebnisse oder Risiken gegeben hat. Wichtiger für unsere Untersuchung zur politischen Urteilskraft ist der Hinweis auf die Macht, die aus den Informationen erwächst. Offensichtlich ist die Vorstellung weit verbreitet, es gebe einen essentiellen Kern an Wissen/Information, den man wie einen Schatz besitzen und verwalten kann, indem man etwa andere an ihm teilhaben lässt oder von seiner Nutzung ausschließt. Das Problem mit einer solchen essentialistischen Definition von Information besteht nun darin, dass eine allgemeine Akzeptanz des Werts

---

[5] Determinierend sind diese hirnorganischen Bedingtheiten nur in der Beobachtung des Hirnforschers.

von Informationen - ganz im Gegenteil zum Goldschatz - nicht existiert[6]. Um die Bedeutung von Informationen für die Freiheit politischen Urteilens ermessen zu können, ist ein Informationsbegriff nötig, der die Funktionen von Informationen - und nicht deren Inhalte - betont.

Gregory Bateson hat in seiner bahnbrechenden Schrift „Ökologie des Geistes" diese Funktion von Informationen als einer der ersten für die Anthropologie und Soziologie fruchtbar gemacht. Dort heißt es lapidar: „Information, im technischen Sinne, ist das, was gewisse Alternativen ausschließt." „Information" wird als relationales Ereignis verstanden. Danach gewinnt jede Information ihre Bedeutung erst durch eine Unterscheidung von etwas anderem. Es gibt also keine Informationen „an sich". Bateson verdeutlicht diesen Zusammenhang mit Blick auf einen einfachen kybernetischen Mechanismus:

> Die Maschine mit einem Regler wählt den Zustand des Fließgleichgewichts nicht; sie hindert sich daran, in irgendeinem anderen Zustand zu verbleiben; und in all den kybernetischen Systemen dieser Art werden regulierende Eingriffe durch Unterschiede hervorgebracht. Im Jargon der Ingenieure wird das System durch Fehler aktiviert. Der Unterschied zwischen einem gegenwärtigen und einem bevorzugten Zustand aktiviert die regulierende Reaktion. Der Terminus technicus „Informationen" kann vorläufig als irgendein Unterschied, der bei einem späteren Ereignis einen Unterschied ausmacht, definiert werden (Bateson 1985, 488).

Die Funktion von Informationen kann Gewinn bringend überhaupt nur im Rahmen von systemischen Abläufen untersucht werden, markieren Informationen doch Unterschiede in der Zeit. Informationen teilen Prozesse (Handlungen/Verhalten) in ein *vorher* und *nachher*. In solchen Zusammenhängen kann man danach fragen, welche Unterschiede von wem gemacht werden, welche Logik diesen Unterscheidungen zu Grunde liegt, welche Unterschiede diese Unterscheidungen hervorrufen[7].

---

[6] Geld ist, was gilt, das heißt, was allgemein als Zahlungsmittel akzeptiert wird. Eine solche allgemeine Akzeptanz von Informationen als Information (unabhängig von dem jeweiligen Inhalt) gibt es nun allerdings nicht.

[7] Wir werden im Kapitel über das Verhältnis von Politik und Wahrheit zeigen, dass viele - etwa von Journalisten - mit Mühe zusammengetragene Fakten mitunter keine Unterschiede machen, also in unserem Sinne gar keine Informationen sind. Mögen sie auch in so genannten „Informationssendungen" präsentiert werden.

Weiter kann danach gefragt werden, wie spezifische Systeme Unterschiede operationalisieren. So kann untersucht werden, warum ganz bestimmtes „Tatsachenwissen" eben keine Unterschiede macht, während anderes „Tatsachenwissen" Unterschiede macht. Neben seinen analytischen Aufgaben erfüllt dieser Begriff der Information als Unterschied, der einen Unterschied ausmacht, auch normative Ansprüche. Er macht es möglich, die unübersehbare Zahl von Informationsangeboten kritisch zu überprüfen, ob sie wirklich Unterschiede setzen, etwa das Handeln von Akteuren verändern. Auch an diesem Punkt stoßen wir wieder auf den schon im zweiten Kapitel angesprochenen Perspektivendualismus. In der Außenbeobachtung kann die Funktion von Informationen relativ einfach beschrieben werden. Aus der Binnenperspektive des handelnden Akteurs stellt sich der Vorgang erheblich komplizierter dar. Informationen als Aufforderung zur Unterscheidung lösten Irritationen aus und stellt eine Zumutung dar, geht es letztlich dabei doch immer um das Annehmen oder Abweisen von Unterschieden und damit um Entscheidung. Bewirken Informationen Unterschiede, führt das zu Veränderungen. Informationen irritieren damit Kommunikation (Luhmann 1997, 1088).

3.1 Irritation des politischen Systems

Dieser systemtheoretische Informationsbegriff stammt aus naturwissenschaftlichen Zusammenhängen und beschreibt die Regulierungsvorgänge, die innerhalb von Organismen und Maschinen ablaufen. Seine Übertragung auf politikwissenschaftliche Fragestellungen ist nicht ganz ohne Probleme, dennoch aber sehr erhellend. In ihren politischen Handlungen stehen die Individuen vor dem Problem, vielfältige Informationsangebote verarbeiten zu müssen. Für den einzelnen und für Gruppen, Gemeinschaften und Gesellschaften stellt dabei die Möglichkeit, Informationen durch schriftliche Fixierung über die Zeit zu transportieren und auch räumliche Begrenzungen zu überbrücken, eine große Herausforderung dar. Diese ständige Konfrontation mit Informationszumutungen, die neue Unterscheidungen möglich und nötig machen, stellt nicht erst seit der Verbreitung elektronischer Medien Urteilskraft auf die Probe, sind doch nicht alle Unterschiede funktional oder - um ein anderes Vokabular zu benutzen - sinnvoll.

In der Gutenberg-Galaxis, wie Marshall McLuhan (1995) das Zeitalter genannt hat, in welchem der Buchdruck zum Leit- und Schlüsselmedium wurde, haben sich die Angebote der Irritation politischer Kommunikation drastisch erhöht. Wenige Jahre nach der Erfindung des Buchdrucks wurden in Europa 20 Millionen Bücher publiziert. Das waren zwar vor allem Bibeln, religiöse Traktate, die wieder entdeckten griechischen und römischen Klassiker. Aber Kommunikationszumutungen gingen von diesen Büchern allemal aus. Im 16. Jahrhundert erschienen in Europa ungefähr 200.000 unterschiedliche Buchtitel. Theologische Schriften erzielten die höchsten Auflagen (Luther war *der* Bestsellerautor seiner Zeit). Die durchschnittliche Auflagenhöhe jedes Titels betrug etwa 1500 Exemplare. Ein Jahrhundert später war die Gesamtzahl aller in Europa neu erschienenen Bücher auf circa 180 Millionen Exemplare angewachsen.

Die Informationszumutung wurde durch die im 17. Jahrhundert sich durchsetzenden Zeitungen noch größer. Während des 18. Jahrhunderts wurden knapp 3 Millionen verschiedene Buchtitel produziert, insgesamt etwa 1,5 Milliarden Exemplare. Allein in den deutschen Ländern wurden vor der Französischen Revolution zwischen 2 und 5 Millionen Bücher pro Jahr gedruckt (Wimmer 2002, 238).

Die so entstehenden öffentlichen Einblicke in dieses und jenes wirken mit ihren Variationskaskaden immer neuer möglicher Unterscheidungen auch als Belastung. Robert Burton beschrieb zu Beginn des 17. Jahrhunderts in seiner heute noch aktuellen und packenden Schrift zur „Anatomie der Melancholie" (Oxford 1621) den Schrecken der Irritationen:

Ich höre und sehe, was im Ausland geschieht, wie andere hasten, eilen, sich plagen und schinden in Stadt und Land. Fern halte ich mich den Händeln und Prozessen, den Eitelkeiten des Hofes und Intrigen der Politik und verlache alle, weil ich nicht in Unruhe sein muß, daß mein Verfahren eine schlechte Wendung nimmt, daß die Schiffe untergehen, das Korn und Vieh verdirbt und der Handel leidet. Ich habe nämlich kein Weib und keine gut oder schlecht geratenen Kinder, für die ich zu sorgen hätte. Als bloßer Beobachter der Geschicke und Abenteuer anderer Menschen kommt es mir vor, als spielten sie ihre Rollen in einem unserer Theater. Tagtäglich höre ich neueste Nachrichten und landläufige Gerüchte über Kriege, Seuchen, Feuer, Überschwemmungen, Diebstähle, Morde, Massaker, Meteore, Kometen, Geister, Wunder, Erscheinungen, über belagerte und eroberte Städte in Frankreich, Deutschland, der Türkei, Persien, Polen, von Aushebungen und Kriegsvorbereitungen, Schlachten und Gefallenen, über

Zweikämpfe, Schiffsuntergänge, Piraterie und Seeschlachten, von Friedens-
schlüssen, Bündnissen, Kriegslisten und neuen Mobilmachungen, wie sie diese
stürmischen Zeiten erzeugen. Ein großes Durcheinander von Schwüren, Wünschen, Klagen, Edikten, Petitionen, Prozessen, Gesetzen, Proklamationen und
Beschwerden kommt uns täglich zu Gehör. Neue Bücher erscheinen Tag um
Tag, Pamphlete, Flugschriften, Geschichten, ganze Kataloge mit den unterschiedlichsten Titeln, neue Paradoxa, Meinungen, Schismen, Ketzereien, Kontroversen in der Philosophie, Theologie usw. Eben erreichen uns Neuigkeiten
über Hochzeiten, Maskenspiele, Mummenschanz, Lustbarkeiten, Jubiläen, Ge-
sandtschaften, Turniere, Trophäen, Triumphzüge, Gelage, Wettkämpfe, Thea-
terstücke, dann wieder wie nach dem Umbau eines Bühnenbildes Nachrichten
von Verrat, Betrügereien, Räubereien, Schurkenstreichen aller Art, Trauerfei-
ern, Beerdigungen, vom Ableben der Herrscher, von neuen Entdeckungen und
Expeditionen, von mal komischen, mal tragischen Ereignissen. Heute erfahren
wir etwas über Erhebungen in den Adelsstand und militärische Beförderungen,
morgen über Absetzungen und dann wieder über neue Ehrungen. Einer wird
freigelassen, der andere ins Gefängnis geworfen; einer kauft, der andere ruiniert
sich, jener hat Erfolg, sein Nachbar macht bankrott; hier Hülle und Fülle, dort
Hunger und Not; einer hastet zu Fuß, der andere reitet. ...Zweimal jährlich stra-
pazieren wir unser Genie und bieten die Ergebnisse feil, wobei die enormen Anstrengungen rein gar nichts bewirken. Und wenn nicht die ... schleunige Reform stattfindet und die Narrenfreiheit durch königlichen Erlaß und energisches
Durchgreifen eingeschränkt wird, geht alles ad infinitum so weiter. Wer aber ist
ein solcher literarischer Vielfraß, daß er alles, was auf den Markt kommt, zur
Kenntnis nehmen könnte. Wie schon jetzt werden wir uns mit einem immensen
Chaos von Büchern, einem solchen erstickenden Durcheinander herumschlagen
müssen, daß uns die Augen vom Lesen und die Finger vom Umblättern schmer-
zen (Burton 1988, 20).

Diese Klage aus dem 17. Jahrhundert hat an Aktualität im Grunde nichts
eingebüßt. Ein Blick in die uns durch die Medien angebotenen Informationen
über die Welt und unsere Stellung in ihr bestätigt den Eindruck eines riesigen
Durcheinanders. Daran verzweifeln nicht nur Individuen. Die anflutenden
Ideen zwingen auch das politische System zu großen Selektions- und
Restabilisierungsleistungen. Wobei gerade die Schriftlichkeit ein rasches
Vergehen der jeweils neuen Unterscheidungsvorschläge verhindert.

    Kulturell ist das Problem der Destabilisierung herkömmlicher Unter-
scheidungsweisen durch Variation noch größer, weil Ideen potentiell un-

sterblich sind[8]. Versuche, Selektion über Zensur zu betreiben, gibt es zwar immer wieder, sie sind aber weitgehend erfolglos. Auf das zunehmende Informationsangebot reagierten die politischen Systeme in Europa verstärkt seit dem späten 18. Jahrhundert mit einem tiefreichenden Umbau. Es kam zum Aufbau von Selektionsstrukturen für diese neuen Öffentlichkeiten.

Über Fraktionsbildungen in den Parlamenten strukturieren sich *peu à peu* Parteien und über Parteipresse, Parteiverlage Teilöffentlichkeiten heraus, die die Ideenzumutungen filtern, zu Entscheidungsvorlagen verdichten, um das politische System zu entsprechenden Entscheidungen zu veranlassen. Die Informationsflut wird durch diese Kanalisierung von Relevanz in der Parteipresse - überparteiliche Zeitungen entstehen zum großen Teil erst recht spät, Mitte des 20. Jahrhunderts - vom Zentrum des politischen Systems, dem Staat ferngehalten. Das politische System gibt der Gesellschaft grundlegende Beschreibungsformeln vor, wobei die Polarisierung in „rechts" und „links" bis weit ins 20. Jahrhundert hinein Öffentlichkeit strukturell an das politische System koppeln konnte (Wimmer 2000).

Gleichzeitig verfügen die Individuen mit der ideologischen Strukturierung der Gesellschaft durch die Parteien über tief ansetzende und griffähige Selektionsinstrumente im Umgang mit den Ideen. Die Restabilisierungsleistung der politischen Systeme des westlich-atlantischen Projekts der Moderne besteht also darin, dass die massenmedial angebotenen Variationen und die bewirkten Irritationen von Kommunikation durch Ausweitung politischer Beteiligung systemfunktional kanalisiert werden. Liberale, repräsentative Demokratie wird durch das Ausbilden von Parteien und Verbänden zur Form der Zulassung von Irritationen bei Sicherung von Selektion. Das verhindert ein unmittelbares Zuschütten des politischen Systems durch Ideen.

Genau dieses Maß an Demokratisierung hat den Systemen des Sowjet-Sozialismus gefehlt. So lässt sich etwa das Scheitern der Systeme des so genannten *realen* Sozialismus auch als Mangel an Variationsangeboten in der politischen Kommunikation dieser Systeme deuten, als Mangel an gesellschaftlichem und politischem Pluralismus, an Diskussionen, an Öffentlichkeit, an bürgergesellschaftlichen Strukturen. Allerdings sind Variationen ja immer Irritationen des Systems und seiner Kommunikation. Variationen

---

[8] Der Wiener Politikwissenschaftler Hannes Wimmer hat zurecht darauf hingewiesen, dass systemtheoretisch die politische Bedeutung des Nichtvergessenkönnens und der Archivierung von Variationsangeboten weitgehend unerforscht ist.

setzen Selektionsprozesse frei, verbrauchen also vielfältige Systemressourcen und münden in der Notwendigkeit einer Restabilisierung des Systems, wenn die Variation sich nicht als so verhängnisvoll erweist, dass das System genau diese Restabilisierung nicht mehr schafft und untergeht. Damit lässt sich das Scheitern des realen Sozialismus, ironisch genug, auch als ein Zuviel an Variation deuten. Denn das Vermeiden von irritierenden Kommunikationen gelingt politischen Systemen spätestens seit der Entwicklung der auf massenhafte Kommunikation zielenden Techniken nicht mehr. Auch die sowjetsozialistischen Regime schafften das nicht, trotz Medienzensur und des Einsatzes von Störsendern an der Grenze.

Dass die Irritation von Kommunikation zwar immer neue Selektions- und Restabilisierungsschritte auslöst, aber trotzdem problematisch bleibt, zeigt sich gerade heute angesichts von Öffentlichkeiten, für die solche alten Selektionsmechanismen immer weniger greifen und die bei zunehmender Kommunikation durch elektronische Medien immer stärker den Eindruck der Hysterisierung machen. Fehlgeschlagene Selektion kann man daran ablesen, dass mit der Ausweitung der Fernsehprogramme, dem Ausbau des Internet, dem Anschwellen von Netzkommunikation auch eine Zunahme des Obskurantismus einhergeht, wie er sich etwa in den im Web grassierenden politischen Verschwörungstheorien bemerkbar macht. Die Schwäche der Selektionsmechanismen zeigt sich auch in der kurzfristigen Dominanz von Stimmungen, die populistische Parteien nutzen, die dann allerdings wiederum schnell als Variationsfilter versagen. Man kann hier von Event-Selektionen sprechen, die mitunter dazu führen, dass der Ausfall von Fernsehgeldern für Fußballvereine oder angebliche Fehlleistungen von Eishockey-Schiedsrichtern zu politischen Themen werden. Die Ausdehnung der Telekommunikation fordert das politische System - nicht nur der westlichen Demokratien - heraus, ohne dass jetzt schon genauer absehbar wäre, was unter solchen neuen Bedingungen politische Restabilisierung bedeutet.

3.2 Digitale Revolutionierung politischer Urteilskraft?

Die Entwicklung des Internet ist immer wieder aber auch mit Hinweis auf eine Stärkung politischer Urteilskraft positiv beschrieben worden. So gilt das angeblich schwer zu kontrollierende Netz als Raum der Freisetzung kreativer Intelligenz, von Innovationen und Visionen sowie als Möglichkeit, politische

Meinungen ohne staatliche Zensur zu verbreiten. Dieses Argument besitzt zumindest für autokratische politische Systeme und Diktaturen eine gewisse Plausibilität. Es finden sich aber auch politische Beobachter, die sich durch das Internet eine Steigerung demokratischer Teilhabe in den liberaldemokratischen Systemen westlichen Musters erhoffen. In diesem Zusammenhang wird auf die unüberschaubar große Zahl von schon bestehenden Diskussionsgruppen, Blogs, Informations-Verteilern und andere Vernetzungsformen hingewiesen.

Zuweilen scheint auch durch die Verstärkung elektronischer Kommunikation zwischen Verwaltung und Bürgern die Offenheit der Exekutive für Bürgeranliegen größer zu werden. Allerdings bedürfen diese positiven bis manchmal enthusiastischen Sichtweisen gerade vor dem Hintergrund des rapide zunehmenden Informationsangebots einer erheblichen Relativierung. Das wird schnell deutlich, wenn man sich mit dem Argument auseinander setzt, das Internet senke die Hürde einer politischen Beteiligung. Eher trifft zu, dass es gravierende Eintrittsschwellen besitzt. Der Umgang mit den neuen Medien setzt nicht nur einen gewissen Sachverstand voraus, sondern benötigt auch komplizierte technische Apparate, die nicht allgemein verbreitet sind. Auch die Vorstellung eines *freien* Zugangs ins Netz ist trügerisch. Der Zugriff auf Server kann kontrolliert werden. Die Optimierung von Sicherheit und Freiheit ist, wie die Diskussionen über Gesetzesänderungen im Zuge der Prävention und Bekämpfung von Terrorismus zeigen, keineswegs einfach, und nicht selten misslingt sie auf Kosten der Freiheit. Die Einrichtung von Datenleitungen unterliegt politischen und ökonomischen Einflüssen, wie sich nicht nur in undemokratischen politischen Systemen immer wieder zeigt. Darüber hinaus ist die Form der Kommunikation schon in ihrer Grundstruktur sehr selektiv, denn alle Informationen müssen in einen binären Code (0/1) gefasst werden. Was in diese Form nicht passt, wird nicht mehr wahrgenommen. Unentschiedenheit kennt das *World Wide Web* nicht (Lyotard 1986).

Im Zusammenhang mit Überlegungen zum Verhältnis von Informationen, Wissen und Medien besteht aber bereits im Informationsangebot an sich das eigentliche Problem. Die elektronischen Medien rechtfertigen ihre Expansion mit dem Wert von Informationen schlechthin. Alles soll nach Möglichkeit gezeigt und gewusst werden; allein die Masse der möglichen Informationen wird zum Qualitätsstandard. Die technische Möglichkeit, diese Medienereignisse in Realzeit global zu transportieren und damit potentiell alle Individuen dieser Erde zu Zuschauern bestimmter Ereignisse zu machen, erhöht die Informationsflut gewissermaßen von Tag zu Tag. Was haben etwa die mit den US-amerikanischen Truppen während des Irak-Kriegs 2003 vorrückenden Journalisten unablässig und zeitgleich zum Kampfgeschehen an Informationen produziert, was heute noch von Belang wäre? Wichtig war vor allem, dass ständig Neues angeboten wurde. Die massenmedial verbreiteten Informationen operieren damit an der Unterscheidung alt/neu (Luhmann 1996). Welche weiteren Unterscheidungen sich daran anknüpfen lassen, bleibt offen. Über den Sinn einer solchen Differenzierung in alt und neu könnte, müsste politische Urteilskraft befinden. Das politische Urteil bezieht sich aber auf Öffentlichkeit und wird in dieser erst hervorgebracht. Doch insbesondere die neuen elektronischen Medien privatisieren auch den Informationsgebrauch. Der Gebrauch politischer Urteilskraft setzt aber neben individuellen Haltungen einen öffentlichen Raum voraus, indem sie sich entfalten kann:

> Die schiere Masse öffentlich verfügbarer Informationen besagt gar nichts über die Qualität des Öffentlichen, nichts über den Zustand der öffentlichen Urteilskraft. Nicht die Menge, sondern die Struktur und die Ordnung der Informationen, der sie orientierende und plausibilisierende Kontext der Urteile und Bewertungen, begründen eine qualitative Öffentlichkeit. Ein Kulturmanagement, das der Rekonstruktion ihrer Urteilskraft verbunden ist, hätte sich auch dafür einzusetzen, dass sich die Unterscheidung zwischen einer authentischen Öffentlichkeit „und der durch Öffentlichkeitsarbeit dargestellten Öffentlichkeit" (Alexander Kluge) unter dem Vergrößerungs- und Vergröberungsglas der Medienprozesse nicht völlig verwischte (Guggenberger 1999, 110).

Ob die Rekonstruktion politischer Urteilskraft durch Kulturmanagement erreicht werden kann, scheint uns doch sehr fraglich zu sein. Zumal kulturkritische Hinweise auf die Probleme und Gefährdungen, die mit der Nutzung von elektronischen Medien verbunden sind, zwar durchaus stimmig daherkommen, aber - wie jede kulturkritische Geste - sich im Allgemeinen verlieren. Wichtiger für die Beantwortung der Frage nach den Bedingungen der Möglichkeit politischer Urteilskraft heute ist die Auseinandersetzung mit den Herausforderungen und Zumutungen der Informationsflut und wie mit den virtuellen Medienwelten umgegangen werden könnte.

3.3 Bildung!?

Informationen erhalten überhaupt nur durch Auswählen Sinn. Die individuelle Voraussetzung für solche Selektionsleistungen ist Bildung, die in ihrer strukturierenden Funktion offensichtlich stärker verloren geht, als dem, der sich um Urteilskraft sorgt, lieb sein kann. Und das ist jetzt nicht als allgemeiner kulturkritischer Seufzer gemeint.

> Nur um der zerstreuenden und verwirrenden Vielheit zu entfliehen, sucht man Allheit; um sich nicht auf eine leere und unfruchtbare Weise ins Unendliche hin zu verlieren, bildet man einen, in jedem Punkt leicht übersehbaren Kreis; um an jeden Schritt, den man vorrückt, auch die Vorstellung des letzten Zwecks anzuknüpfen, sucht man das zerstreute Wissen und Handeln in ein geschlossenes, die blosse Gelehrsamkeit in eine gelehrte Bildung, das bloss unruhige Streben in eine weise Thätigkeit zu verwandeln (Humboldt, 1794/1960, 238).

Humboldt beschreibt am Ende des 18. Jahrhunderts die Aufgaben, die Bildung gerade angesichts der Informationsflut der elektronischen Medien zu erbringen hätte. Dabei geht es um die Transformation zerstreuter Informations- und Neuigkeitspartikel in ein der Orientierung dienendes Wissen. Doch genau diese Konzentration und Orientierungsfunktion wird Bildung heute nur noch von wenigen zugetraut. Vielmehr herrscht ein Klage-Ton vor, und es wird die Apokalypse westlicher Bildungsgeschichte beschworen (Liessmann 2006). Das liest sich durchaus mit angenehmem Schaudern und ruft Zustimmung derjenigen hervor, die heute in Bildungsinstitutionen tätig sind. Aber solches Klagen kann und darf das letzte Wort bei der Beschäftigung mit dem Zusammenhang von Information, Wissen, Medienentwicklung und politischer Urteilskraft nicht sein. Jeremiaden reißen mit, führen aber zu nichts. Demgegenüber ist eine gelassene Stellungnahme sympathischer, angemessener und hilfreicher, wenn sie sich in pragmatischer Perspektive mit den Chancen und Risiken der neuen Informationstechnologien auseinander setzt und die Freiheitsräume einer eigenständigen Themen- und Problemkonstruktion betont (Sandbothe 2005). Um die Möglichkeiten der medialen Polytextualität zu nutzen, ist wiederum reflektierende Urteilskraft nötig. Um die steht es prekär, aber Verdammungen verkleinern keine Gefahren.

Was am Schluss bleibt, ist die Haltung der verwunderten Beobachtung, die schon Robert Burton angesichts der Medienstars seiner Zeit melancholisch beschrieben hat:

> ...solange sie eigene und neue Ideen vortragen; aber wir weben immer noch am selben Stoff, flechten wieder und wieder dasselbe Seil, oder wenn wir tatsächlich auf etwas Neues verfallen, dann ist es nur eine Kinderei - Tand, den Hohlköpfe zu Papier bringen, damit andere Hohlköpfe ihn lesen - und wer könnte solche Erfindungen nicht machen. Denn der muß in der Tat einen seichten Geist besitzen, der in diesen Kritzelzeiten nicht wenigstens das eine oder andere zusammenpfuscht. Fürsten lassen ihre Armeen defilieren, die Reichen protzen mit ihren Häusern, Soldaten mit ihrer Mannhaftigkeit, die Gelehrten schreien ihre Kinkerlitzchen aus, und alle müssen hören und lesen, ob sie wollen oder nicht: Und was auf das Papier einmal er gesudelt, verlangt ihn allen zur Kunde zu bringen, die vom Backofen und Schöpfteich kehren, so Knaben wie Vetteln (Horaz). Inmitten solcher Galanterie und solchen Elends, umgeben von Frohsinn, Stolz, Verwirrung und Sorgen, Einfalt und Schurkerei, Offenheit und Anstand, Gerissenheit und Gaunertum in allen möglichen Schattierungen friste ich meine ganz und gar zurückgezogene Existenz. Wie ich immer gelebt habe, so lebe ich weiter und überlasse mich ganz der Einsamkeit und meinen privaten Kümmernissen. Nur manchmal habe ich mir - um der Wahrheit die Ehre zu geben - wie Diogenes, der die Stadt, und wie Demokrit, der den Hafen aufsuchte, dadurch Unterhaltung und Kurzweil verschafft, daß ich herumspazierte und die Augen offen hielt. Dabei konnte ich nicht umhin, die eine oder andere Beobachtung zu machen, und zwar nicht wie sie, um über das Verhalten der Menschen zu spotten oder sie auszulachen, sondern eher mit gemischten Gefühlen (Burton 1988, 21).

Es kann also nicht um übelnehmende Überheblichkeit angesichts allgegenwärtiger Dummheitskulturen gehen, sondern um eine Haltung, ohne die politische Urteilskraft nicht auskommt: die Pflege des gemischten Gefühls. Oder anders formuliert: um Ironie als Tugend.

4 Vorurteile und Urteile

Es gibt eine bedingte Freiheit zum Urteil. Einerseits ist das, wenn man so will, eine beruhigende Feststellung, weil damit auf - wie auch immer begrenzte - Handlungsmöglichkeiten hingewiesen wird. Wenn alles schon beurteilt, wenn alles schon entschieden wäre, gäbe es weder etwas zu urteilen noch zu entscheiden. Nur das Unentschiedene muss entschieden werden. Urteile dienen der Vorbereitung der Entscheidung. Andererseits stellt sich damit das Problem, richtige Urteile von falschen zu unterscheiden.

Im folgenden sollen ideengeschichtliche Verläufe im Nachdenken über das Urteilen skizziert werden; daran schließt sich eine Diskussion immer wiederkehrender Probleme bei der Identifizierung von Fehlurteilen an. Wobei wir es hier nicht nur mit erkenntnistheoretischen Fragestellungen zu tun haben. Vorurteile als Synonym strukturell falschen Urteilens gelten nicht nur als falsch im Sinne einer unzutreffenden Abbildung der Wirklichkeit, sondern darüber hinaus auch als unmoralisch, gewissermaßen als Charakterfehler des Urteilenden, der gefälligst alles daran setzen solle, sich und seinen Charakter zu verbessern.

4.1 Vorurteilstheorien[9]

4.1.1 Fehlurteil und Autorität

Ideengeschichtlich hatte das Vorurteil schon immer einen schweren Stand. Der Stoiker Cicero (106 bis 43 v. Chr.) versuchte als einer der wichtigsten antiken Autoren eine Abgrenzung von Urteilen und Vorurteilen. Das Vorurteil gilt ihm als heikler Ausdruck schlecht begründeter Meinung, die auf zu schneller Zustimmung und auf oberflächlichen Überlegungen beruhe. Der Begriff des Vorurteils wird hier zum Synonym von übereilten, überstürzten, voreiligen Entscheidungen. Die abwertende Stellungnahme zum Vorurteil

---

[9] Wir folgen in diesem Kapitel dem dem Begriff „Vorurteil" gewidmeten Abschnitten im Historischen Wörterbuch der Philosophie, Bd.11, Sp. 1250-1268, Darmstadt 2001.

gründet sich vor allem auf erkenntnistheoretische Überlegungen. Der Wahrheit kommt man nicht nur nach Cicero nicht nahe, wenn man sich ihr überhastet nähert. In solcher Kritik drückte sich eine theoretisch gefasste lebenspraktische Erfahrung aus, nach der Handlungen erst reiflich überlegt begonnen werden sollten.

Die Unterscheidung zwischen Urteil und Vorurteil fußt bis heute zu einem großen Teil auf der Phänomenologie des Entscheidens. Auf der Grundlage des Zusammenhangs von Wahrheitsfindung, Methoden der Wahrheitserkundung und Aussagenlogik schwingt in der Verdammung des schlechten, weil zu schnell gefassten Urteils oft auch juristisches Denken mit, welches sich - ganz im phänomenologischen Muster - als gelungene Praxis des Zusammenhangs von Urteilen, Entscheiden und Handeln darstellt. Das Vorurteil ist als Präjudiz, als schlechte Rechtsfindung anzusehen. In diesem Zusammenhang geht es auch immer um die Figur des Richters, der vorverurteilt und dessen Fehlurteil gefolgt wird, weil er Autorität besitzt. Die Ätiologie falscher Urteile setzt also doppelt an: Die falsche Entscheidung des Richters beruht auf Übereilung. Diese falsche Hast und die sich in ihr offenbarende Oberflächlichkeit bilden die Grundlage für darauf aufbauende weitere Fehlurteile, die sich auf die Autorität des Richters berufen.

Im Diskurs über Urteile und Vorurteile verbanden sich damit schon in der römisch-rechtlichen Tradition Fehlurteile und Autorität. Der gute Richter muss alles hinterfragen - gerade auch seine eigene Urteilsfindung - und darf sich nicht auf die Weisheit angeblicher Autoritäten verlassen. Er muss die ihm vorgelegten Fälle prüfen und dabei das Ansehen, also den gesellschaftlichen Stand von Anklägern, Angeklagten und Zeugen unberücksichtigt lassen, will er ein wirklich richtiges Urteil fällen. Gerade die letztgenannte Forderung weist weit über ihre Zeit hinaus. Verbanden sich doch im antiken Menschenbild gesellschaftliche Stellung und Annahmen über die Tugendhaftigkeit von Individuen zu einer Art strukturellem Vorurteil, das zu überwinden jenseits zeitgenössischen Wirklichkeitshorizontes lag.

4.1.2 Kognitive Purifizierung

Zu diesen epistemologischen und juristischen Bedeutungsinhalten kam in der frühen bürgerlichen Gesellschaft dann noch verstärkt eine Reflexion psychologischer Erkenntnishindernisse hinzu, wobei unter psychologischen Aspekten vor allen Dingen kognitive Störfaktoren gerechnet werden. In den Trug-bildlehren[10] dieser Zeit, also des 17. und 18. Jahrhunderts, steht die Untersu-chung der Irrtumsanfälligkeit im Zentrum. Dabei wird für die Begrenzungen des Verstandes eine ähnliche Diagnose gestellt wie für andere unausgeschöpfte Möglichkeiten des menschlichen Körpers. So wie die größ-ten Optimisten aufklärerischen Denkens eine Verlängerung des menschli-chen Lebens bis nahe an die Grenze zur Unsterblichkeit für möglich hielten, unter der Voraussetzung vernünftiger sozialer und individueller Lebensfüh-rung, so gilt auch der Verstand als diätetisch formbar. Erst der gesellschaftli-che Fortschritt macht die Überwindung falscher Beurteilungen möglich. Der natürliche, sich selbst überlassene Verstand bedarf der Anleitung, der Auf-klärung und der Erleuchtung, um sich der vielfältigen erkenntnisfördernden Mittel überhaupt bedienen zu können. Die Untersuchung von Urteilen und Vorurteilen wird damit zu einer psycho-hygienischen Aufgabe der Medizin, die in dieser Zeit langsam zur Universalwissenschaft aufsteigt.[11]

Erkenntnistheorie, Rechtsfindungsüberlegungen und Psychologie sind sich also bis dahin in einem einig: Vorurteile sind Erkenntnishindernisse. Descartes (1596 bis 1650) verschärft die Anforderungen an die Urteilskraft und betont, dass Beweisführung einen völlig vorurteilslosen Verstand erfor-dert. Nur ein universaler Zweifel kann solche Vorurteilslosigkeit des Geistes herbeiführen. Dahin kommen nur diejenigen, die sich der von ihm angeleite-ten Purifizierung ihres Verstandes unterziehen. Immer wieder muss das Ver-nunftvermögen kontrolliert und auf seine Werthaltigkeit hin geordnet wer-den. Descartes entwirft hier eine Metatheorie der Erkenntnis, die die ständige Überprüfung der erkenntnisfördernden Instrumente in das Zentrum ihrer Überlegungen stellt. Man könnte es so formulieren: Diese Form der Erkennt-nistheorie prüft ständig die Sauberkeit ihrer Brillengläser, die immer und immer wieder poliert werden, ohne dass jemals wirklich hindurch geblickt wird.

---

[10] Beispielhaft soll auf die Idolenlehre Francis Bacons hingewiesen werden: idola tribus, idola specus, idola fori, idola theatri.

[11] Und wie fast immer, wenn in dieser Zeit von Therapie die Rede ist, drängt sich die Diätetik ins Bild. Eine Verbindung von Stärkung der Urteilskraft und gesunder Körperlichkeit wird bis heute von dem einen oder anderen Kritiker gesellschaftlicher und persönlicher Urteilskraft ins Feld geführt: Georges Ohsawa, Die fernöstliche Philosophie im nuklearen Zeitalter. Das einzige Prinzip zur Über-lebenschance: besondere Urteilskraft durch natürliche Ernährung, Hamburg, 7. Aufl. 1976.

Bei solcher Purifizierung/Polierung müssen insbesondere alle nicht argumentativ überprüfbaren Einflüsse, also unmittelbare Sinneseindrücke und -äußerungen sowie Gefühle ausgeschlossen werden. John Locke weist in seinem wirkungsreichen „Essay concerning human understanding" (1689) auf die seiner Meinung nach wichtigsten Blockaden der Vernunftentfaltung hin. Ausgehend von der Vorstellung, dass der menschliche Verstand prinzipiell frei sei und zu richtigen Urteilen fähig, entwickelt Locke eine Kategorienlehre, aus der heraus er eine Art Verhaltenslehre des Urteilens, Entscheidens und Handelns ableitet. Über die bis dahin vorliegenden Theorien der Vorurteilentstehung hinausgehend, begreift er Urteilen als besondere habituelle Leistung. Zwar geht es auch ihm vor allem um logische, widerspruchsfreie Aussagen, aber zu diesen kommt man nicht nur auf dem Papier. Zu richtiger Urteilsbildung gehört etwa auch die Fähigkeit, alle Argumente geduldig anhören zu können. Dies sei mit dem Ertragen von Widerspruch verbunden, auch das eine habituelle Kompetenz. Es müsse akzeptiert werden können, dass alle, die argumentieren, Wahrheitsansprüche erheben. Gleichmut gegenüber den von allen Seiten erhobenen Wahrheitsansprüchen steigt zu einer Haupttugend entfalteter Urteilskraft auf. Und immer wieder gilt es, sich selbst kritisch auf seine eigenen Prinzipien hin zu überprüfen. Allerdings wird die Zwiespältigkeit aller Aufforderungen nach Purifizierung des Denkens, die sich bis heute immer wieder im Diskurs über Urteile und Vorurteile artikulieren, deutlich. Denn Gleichgültigkeit gegen alle Wahrheitsansprüche ist nicht nur ein Gebot der Vorurteilslosigkeit, sondern ein Problem in der Triade Urteilen, Entscheiden, Handeln. (Das wird sich noch genauer am Ende unserer Untersuchung zur politischen Urteilskraft im Zusammenhang mit einer Diskussion des Kulturrelativismus zeigen). Am Ende seiner Argumentationslehre in Form einer Verhaltensempfehlung kommt Locke zu dem Ergebnis, dass Vorurteile der Unfähigkeit entspringen, Wirklichkeit differenziert wahrzunehmen, und dem Wunsch geschuldet sind, schnell zu „allgemeinen Gesetzen" zu gelangen.

Was bei Locke noch schwach ausgebildet ist, prägt den sich an seine Erkenntnispsychologie anknüpfenden Diskurs. Vorurteile sind Ausdruck unmündigen, kindlichen Denkens, dem die Vollkommenheit des entwickelten Vernunftvermögens fehlt. Entwicklung und Stärkung der Urteilskraft wird zu einem Erziehungsprogramm, wobei schon im Begriff der Erziehung die gegen die Widerspenstigkeit der zu Erziehenden notfalls aufzuwendende

Kraft anklingt. Erziehung setzt einen Erzieher voraus, also jemanden, der über vorurteilslose Urteilskraft schon verfügt.

Rousseau schließt sich hier an, wenn er in seinem „Contrat Social" (1762) darauf verweist, dass die allgemeine Vernunft nicht irren kann, aber gesellschaftlich und individuell nicht zum Zuge kommt, weil schlechter Wille Vernünftigkeit verhindert. Vorurteile entstehen also aus einem Spannungsverhältnis zwischen Verstand und Willen. Schlechter Wille wird zum Synonym für Denkfaulheit und allgemeine Verlotterung. Der Wille, überhaupt nicht zu urteilen, Vernunft nicht wirken zu lassen, sich bequem seinen sinnlichen Neigungen hinzugeben oder unkritisch der Autorität der Lehrer zu folgen, lässt Vorurteile entstehen. Andere Autoren erweitern die Pathologie der Sinne durch die Beschreibung der Neigung zu Tradition und Aberglauben. Dumme und Schwache kleben an Fanatismus und Dogmatismus. Andere sind unfähig, den (nur scheinbar klugen) Moden zu entkommen und halten beispielsweise unbesehen die Antike für vorbildhaft, sind verliebt in die eigenen Argumente, auch wenn die zu gar nichts taugen.

4.1.3 Systematisierungen

Viele weitere Manifestationen der Krankheit zum Fehlurteil lassen sich anführen. Die Vorurteilslehren bemühen sich um Begriffsdefinitionen, Beschreibung der Arten von Vorurteilen, Klassifikationen nach Ursachen von Vorurteilen, Anlässen und Heilmittel gegen sie. J. A. Fabricius (1668 bis 1736) etwa nennt Vorurteile die „verderbten Hauptneigungen des Ehrgeizes, der Begierde einen großen Beyfall zu bekommen, der Unleidlichkeit des Widerspruchs, der Zanksucht, der Belehrungssucht alle Leute auf seine Meinung zu bringen, des Geldgeizes in dem Brotneide" und schließt weitere Klassifizierungen und Systematisierungen an (Fabricius 1752, Bd. 3, 656).

Zu den verbreiteten Einteilungen gehören: Vorurteile der Autorität, Vorurteile der Übereilung, Vorurteile des übermäßigen Vertrauens, Vorurteile des übermäßigen Misstrauens. Nach ihrem Sitz klassifiziert man Vorurteile des Willens, beziehungsweise des Wünschens, der Neigung und des Verstandes beziehungsweise des Erkenntnisvermögens. Charakterfehler wie Selbstliebe, Ehrsucht, Genusssucht und Habsucht verzerren das Urteil. Des weiteren werden die Ursachen und Anlässe der Vorurteilsentstehung untersucht. Hierbei fällt insbesondere das oberflächliche „Meinen" als Verursacher auf.

Alle Diagnosen sind in einem einig: Zu urteilen oder nicht zu urteilen, richtig zu urteilen oder falsch zu urteilen, das ist immer eine Willensäußerung. Der starke Wille zeigt sich darin, Autoritäten nicht blindlings zu folgen, seinen Sinnen zu misstrauen und unverdrossen so lange zu prüfen, bis die inneren Gründe der Wahrheit tief und deutlich durchschaut sind. Das ist anstrengend, und die Unerzogenen und Schwachen vermeiden diese Qual. Vorurteile sind damit Ausdruck eines faulen Verstandes. Wenn es aber einen Willen zum Nicht-Benutzen des Verstandes gibt, dann ist auch der Einsatz der Vernunft vor allen Dingen eine Willensangelegenheit und folglich eine endgültige Befreiung von schlechten Urteilen durch die richtige Willenserziehung möglich.

Dies wiederum setzt nicht nur beim Erzieher eine Missbilligung - wenigstens Mäßigung - der Affekte als Leitinstanzen des Urteilens, Entscheidens und Handelns voraus. Auch der urteilsschwache Zögling muss dahin kommen, in ständiger Selbsterforschung seine faulen Willens- und Verstandesteile zu erkennen und zu bekämpfen. Nur am Rande sei erwähnt, dass solche Vorurteilstheorien mit einer Kaskade von selbst erzeugten Unterscheidungen fertig werden müssen. Wenn also ein Mittel gegen übereiltes Urteilen die Zurückhaltung beim Urteilen ist, aber durchaus mit der Faulheit verwechselt werden kann, überhaupt zu urteilen, wird die Unterscheidung von richtiger und falscher Zurückhaltung wichtig.

Ähnlich ist es mit vielen anderen Teilen der dargestellten Vorurteilstheorien. Etwa dem Zweifel, der einerseits als Heilmittel gegen Vorurteile empfohlen wird, der aber andererseits in seiner Form als methodischer, universaler Zweifel wiederum Ursache der Vorurteilsentstehung ist. Wie ist richtiger Zweifel, eklektischer Zweifel von falschem Zweifel zu unterscheiden? Die Antwort ist immer dieselbe: gehörige Aufmerksamkeit, sorgfältige Prüfung, Urteilsenthaltung. Womit der Streit von neuem beginnt. Auch die Unterscheidung von Vorurteilen als Ausdruck von Einzelirrtümern einerseits und systematisierten Vorurteilen in Form von Prinzipien, Grundsätzen, generellen Maximen andererseits, aus denen dann Einzelurteile fließen, führt nicht weiter (Schneiders 1983).

4.1.4 Moralisierung und Funktionalität

Im 17. Jahrhundert erfolgt im Vokabular der Verfemung und Ausmerzung von Vorurteilen eine Begriffsverschiebung: Vorurteile sind danach nicht nur schlechte Urteile und Ausdruck von Unvernunft, sondern unmoralisch. Schließlich wird der Verdacht, es mit Vorurteilen zu tun zu haben, allgegenwärtig. D'Holbach stellt 1770 in seinem „Essai sur les préjugés" kategorisch fest: „toutes les opinions religieuses et politiques des hommes ne sont que des préjugés." Womit der radikale Vorurteilskritiker ein schönes Beispiel liefert für die vorschnelle Generalisierung, die Locke und andere doch gerade als Ausdruck von Vorurteilen kritisiert hatten. Der Versuch, gegen Vorurteile vorzugehen, zeigt nicht immer Urteilskraft. Aus diesen Aporien der Logik kann eine sich mit der Frage der richtigen und falschen Urteile beschäftigende Erkenntnistheorie nicht befreien.

Kant systematisiert schließlich die bis dahin aufgelaufenen Vorurteilsanalysen und weist nach, dass Vorurteile in ihrer Vorläufigkeit eigentlich gar keine Urteile sind. Vielmehr haben wir es mit einem Ausdruck von Feigheit und Faulheit im Selbstdenken zu tun. Kant stellt also die Abrechnung mit dem Vorurteil von Logik vorläufig-endgültig auf Psychologie und Anthropologie um, deren Probleme er in einer transzendentalen Reflektion der Bedingungen der Möglichkeit, Urteile zu treffen, lösen will. Den vorurteilsbehafteten Menschen fehlt die Disziplin, ihr Denken auf die Flüchtigkeit ihrer Sinnlichkeit zu überprüfen. Der Verstand kann diese individuelle Sinnlichkeit erst zu dauerhaften Urteilen kommen lassen, wenn die individuellen Urteile mit den Urteilen der anderen Menschen verglichen werden und aus einem allgemeinen Standpunkt ableitbar sind. Die Entwicklung der Urteilskraft wird damit schon bei Kant zu einem gesellschaftlichen Projekt. Urteile sind dann gerechtfertigt, wenn sie verallgemeinerbar sind.

Schon in den erkenntnistheoretischen Diskussionen hatten sich immer wieder Stimmen zu Wort gemeldet, die darauf verwiesen, dass Vorurteile als Anfang eines Urteilsprozesses, als „Hypothesen" und „Präsumptionen" durchaus sinnvoll und gut seien. Hier knüpft dann im 20. Jahrhundert Gadamer an, der in seiner Epoche machenden Schrift „Wahrheit und Methode" eine Art Rehabilitation des Vorurteils als Ausgangspunkt aller Urteile betreibt.

Allerdings trieb diejenigen, die sich von den Vorteilen so einfach nicht verabschieden wollten, etwas ganz anderes an als hermeneutische Überlegungen. Als Antwort auf den allumfassenden Vorurteils-Vorwurf D'Holbachs stellt Friedrich II. lakonisch fest: „Les préjugés sont la raison du peuple". Dem für dumm gehaltenen Volk wurde Urteilskraft allenfalls nur in ihrer verzerrten Form als Vorurteil (Aberglaube) zugetraut.

Die von den Vorurteilskritikern vorgetragenen Angriffe auf Tradition und Autorität riefen aber auch Gegenstimmen auf den Plan, die insbesondere vor dem Hintergrund religiöser Orientierungen so einfach auf die Prägekraft des Überkommenen nicht verzichten wollten. Im Rahmen konfessioneller Kritik an Kritikern vermeintlich unentwickelter Urteilskraft verwiesen diese Anhänger der Tradition auf die Legitimität von Vorurteilen. Sie operierten nicht mit Unterscheidung Urteil/Vorurteil, sondern legitime Vorurteile/illegitime Vorurteile. Hieran wiederum knüpften diejenigen an, die die Veränderung einer erkenntnistheoretischen Kritik an Vorurteilen hin zu einer volkspädagogischen, potentiell alles erfassenden Gesellschaftskritik aus Gründen politischer Funktionalität misstrauisch beobachteten. Desinformation kann funktional sein. Friedrich II jedenfalls, in jungen Jahren Verfasser eines Pamphlets gegen Machiavelli, veranlasste 1777 die preußische Akademie der Wissenschaften und Künste, ein Preisausschreiben aufzulegen, in dem die Frage beantwortet werden sollte, „ob es nützlich sein kann, das Volk zu hintergehen" (Adler 2007). Solche Überlegungen verlieren mit der Durchsetzung auf Massenpartizipation ausgerichteter politischer Systeme nur scheinbar ihre Rechtfertigungsbasis. Die Demokratie - das zeigt schon die Geschichte Athens - bedarf einer spezifischen Urteilsfähigkeit der in ihr Lebenden.

4.2 Prekäre Rehabilitierung des Vorurteils

Beispielhaft kann für diese Spannung von Urteile und Vorurteil, die durch die aufklärerische Philosophie zu Gunsten der moralischen Auszeichnung des Urteils gelöst werden soll, das Werk eines jener gar nicht so seltenen, praktische politische Tätigkeit und distanzierte schriftstellerische Reflexion verbindenden Autoren zitiert werden, der Mitte des 18. Jahrhunderts sich mit den Vor- und Nachteilen der Vorurteile beschäftigte. Freiherr von Moser widmet in seinen „Beherzigungen", einem politischen Ratgeberbuch für den alltäglichen Gebrauch, mehrere Abschnitte dem Nachdenken über Vorurteile. Zwar teilte er die aufklärerische Position eines verächtlichen Herabsehens auf Vorurteile und ihre Träger, wobei ihm die Vorurteile sektiererischer Religionen, der Völkerschaften und des Nationalstolzes besonders gefährlich erschienen (Moser 1761, 29), aber gleichzeitig betonte er auch die prinzipiell mögliche soziale und politische Angemessenheit von Vorurteilen (Moser 1761, 46):

> Es ist billig und wird jedem vernünftigen Menschen zur Pflicht, sich von so vielen Vorurtheilen loszumachen, als nach dem innern Gehalt seiner Seelenkräfte möglich und nach seinen äußeren Verhältnissen räthlich und nöthig ist. ... Die Vernunft läßt, nach dem Ausspruch des weisen Fontenelle, das Vorurtheil alles das thun, was der Mühe nicht werth ißt, daß sie es selbst verrichte. Bey so weniger Vernunft, als die mehresten Menschen besitzen, müssen sie also so viele Vorurtheile behalten, als sie zu haben gewohnt seynd. Sie vertreten bey ihnen die Stelle der Vernunft und was ihnen auf dieser Seite abgeht, dessen werden sie auf der Seite der Vorurtheile schadlos gehalten.

Heute kann man eine solche Rechtfertigung des Vorurteils so jedenfalls nicht mehr vornehmen. Das Bild einer fundamentalen Gleichheit aller Menschen verträgt sich nicht mit der Vorstellung, nicht alle seien zu gleicher Vernunftentwicklung fähig. Auch der Glauben an eine über allen schwebende Vernunft, die sich listig auch gegen Widerstände durchsetzt, ist uns abhanden gekommen. Gleichwohl bleibt ein Gran Weisheit übrig. Etwa, dass Vorurteile zwar zu überwinden sind, diese Überwindung aber weder restlos gelingen kann noch gelingen sollte. Weder Individuen noch Gruppen können ihr Verhältnis zur Umwelt ohne jeweilige Vorverständnisse, das heißt Vorurteile, erfolgreich gestalten. Es ist gerade die Aufgabe von Sozialisationsprozessen aller Art, die ihnen Unterworfenen mit einem Wahrnehmungsraster auszustatten, das die Ordnung der Wirklichkeit ermöglicht, weil diese nicht immer wieder neu erfunden werden kann. Keiner ist ohne Vorurteile. Sie stehen am Beginn jedes Verstehens, wie Hans-Georg Gadamer in seiner Verteidigung des Vorurteils als Voraussetzung jeder Hermeneutik, als Struktur des Verstehens, herausgearbeitet hat (Gadamer 1986, Bd. 1, 270). Individuen und Kollektive treten immer schon mit Urteilen ihrer Umwelt gegenüber. Wichtig ist nur, dass man diese Vorverständnisse erweiterbar oder sogar revidierbar hält. Urteilskraft stemmt sich also gegen zu frühe Urteils-Kristallisierungen.

4.3 Vorurteile als Haltung und Handlung

4.3.1 Vorurteile und Gewalt

Der erkenntnistheoretische Diskurs über die Unterscheidung von Vorurteilen und Urteilen kommt bis heute nicht recht vom Fleck. Aus diesem Grund und angesichts der verstörenden Verbindung von Modernität und Barbarei, die sich im 20. Jahrhundert vor allem in den Gewaltexzessen totalitärer Systeme zeigt, wendet sich das wissenschaftliche und politische Interesse sozialpsychologischen Erklärungen der Entstehung und Wirkung von Vorurteilen zu. Vorurteile gelten nun als spezifische, unerwünschte - weil per se gefährliche - Einstellungen der Individuen, die affektive, kognitive und konnotative Aspekte umfassen. Viele Autoren haben versucht, Skalen zur Erfassung und Messung von Vorurteilen zu entwickeln. Gordon W. Allports Skala (Allport 1954) etwa sieht fünf Stufen vor: 1. Verleumdung (feindseliges Reden, Beleidigungen), 2. Vermeidung (Kontakte zu abgelehnten Gruppen oder Individuen werden vermieden), 3. Diskriminierung (institutionalisierte Fernhaltung der Abgelehnten von politischer und gesellschaftlicher Teilhabe), 4. Körperliche Gewaltanwendung (mit einer Steigerung der Gewaltanwendung zunächst gegen Sachen, dann gegen Personen), 5. Vernichtung (Wüten des Mob, Genozid).

Bei diesen und ähnlichen Skalen ergeben sich wiederum vielfältige Unterscheidungsprobleme, etwa zwischen affektiven und kognitiven Einstellungen, aber die Einstellungsforschung bestimmt bis heute einen großen Teil der sozialpsychologischen Vorurteilstheorien (Brown 1995; Whitley 2006). Wobei Vorurteile immer im Zusammenhang negativer Handlungen stehen. Sie spielen „im privaten Alltag wie im öffentlichen Leben die Rolle von Katalysatoren für individuelle und kollektive Frustrationen und Aggressionen" (Benz 1996, 7).

Von hermeneutischen Grundstrukturen, Erfahrungen und Zirkeln, von Horizontverschmelzungen und Verstehen ist hier nicht mehr die Rede. Die moralische De-Legitimierung des Vorurteils als Synonym sozialschädlicher Haltungen ist damit abgeschlossen. Die Wirkung positiver Vorurteile, die ebenfalls erhebliche politische Bedeutung haben können, ist weniger untersucht worden. Das liegt auch daran, dass die Ursache in der Gewaltausübung gegen bestimmte Gruppen vor allem als Ausdruck solcher vorurteilsbehafteter Haltungen gilt. Offensichtlich schreckt die Beschäftigung mit dem Entsetzlichen so ab, dass dafür nur pathologische Erscheinungen als Ursachen akzeptiert werden können. Ob allerdings die Gewalt wirklich nur aus dem Vorurteil erwächst und nicht aus Interessen, Werten, spezifischen politischen Lagen, ist genau zu untersuchen und trägt zur eigentlichen Verunsicherung in der politischen Urteilsbildung bei. Vorurteile und ihre Träger können als politisch und rechtlich bekämpfbare, therapie- und bildungsfähige Objekte benannt und behandelt werden (Ihlenfeld 1987). Das Pathologische wird so in seiner Normalität (das ist kein Synonym für Beruhigung) unsichtbar (Schmölders 1997).

4.3.2 Stereotype

Eine Brücke von den (vorurteilsbestimmten) Wirklichkeitswahrnehmungen der Individuen zu ihren Haltungen und Handlungen versuchen Topologien zu schlagen, die sich mit dem Zusammenhang von Vorurteilsbildung und Stereotypen beschäftigen. Ganz bestimmte Wahrnehmungsformen gelten als Ausdruck von Vorurteilen. An dieser Stelle wird mit der Unterscheidung von „offensichtlichen" und „subtilen" Vorurteilen operiert. Solche Wahrnehmungsuntersuchungen verbinden sich mit psychodynamischen Theorien der Abwehr, Aggressionen, Frustrationen, Projektionen, Deprivationen und weiteren spezifischen sozialstrukturellen Lagen geschuldeten Wahrnehmungsverzerrungen. Genau genommen müsste nicht nur in diesem Zusammenhang von „Wahrnehmungsgebungen"[12] gesprochen werden, denn die Wahrnehmung der Individuen bildet eben nicht die innere und äußere Wirklichkeit ab. Theorien, die quasi immer noch erkenntnistheoretisch orientiert an der Unterscheidung richtiger Beurteilungen von falschen (etwa vorurteilsbehafteten) Urteilen arbeiten, laufen deshalb ins Leere.[13] Vielmehr kommt es darauf an, die individuellen und kollektiven Realitätskonstruktionen mit ihren jeweiligen Bedeutungszuschreibungen zu untersuchen. Im Rahmen solche Analysen können dann auch sozialpsychologische Ansätze wichtig seien.

---

[12] Für diesen Hinweis danken wir Mathias Heinemann, Oberarzt, Hartwaldklinik I, Bad Zwesten.

[13] Hier fällt eine für das Nachdenken über politische Urteilskraft wichtige Beobachtung an. Die Schwäche vieler Vorurteilstheorien korrespondiert mit der Vehemenz ihrer unmittelbaren gesellschaftlichen Interventionsabsicht. Diese Aktivitätsorientierung lässt Theorien zu Kampfbegriffen werden und als Theorien scheitern (Wolf 1979).

Neben der Analyse von Persönlichkeitstypen spielen die gesellschaftlichen Bedingungen und Auswirkungen von Vorurteilsbildungen eine große Rolle. Sozialwissenschaftliche Fragestellungen nach der sozialen Identität, dem Verhältnis von gesellschaftlicher Exklusion und Inklusion und der Entstehung vorurteilsbehafteter Identität in der individuellen Sozialisation stehen im Mittelpunkt der Diskussionen. Trotz dieser sinnvollen Hinwendung zum Spannungsverhältnis von Urteil und Vorurteil bleibt aber das Problem bestehen, dass hier ein philosophisches Projekt auf sozialpsychologischer Schiene zur Rehabilitierung des Urteils gegenüber dem Vorurteil neu begründet werden soll. Demgegenüber kommt es darauf an, spezifische Verhaltensweisen in ihrer sozial schädlichen Formen zu untersuchen, egal ob sie Ausdruck von Vorurteilen oder Urteilen sind. Hält man aber Stigmatisierung, Diskriminierung, Gewalttätigkeit für die Wirkungen von Vorurteilen, wird die Argumentation zirkulär. Vorurteile bringen Gewalt hervor. Wer gewalttätig ist, hat Vorurteile. Solche Diagnosen führen letztlich nur zu bildungspolitischen Therapievorschlägen, deren Halbwertszeit in aller Regel gering ist, und vernachlässigen eine Untersuchung des Zusammenhangs der pathologischen Normalität gesellschaftlicher und politischer Herrschaft.

So steht am Ende unseres Blicks auf die Unterscheidung von Urteil und Vorurteil die Feststellung, dass eine Vielzahl von modernen sozialwissenschaftlichen Vorurteilstheorien mit der Diskussion erkenntnistheoretischer Fragen brechen, aber gleichzeitig versuchen, die Ende des 18. Jahrhunderts sich durchsetzende moralische De-Legitimierung des Vorurteils mit den Mitteln moderner empirischer Wissenschaft zu wiederholen. Vorurteile, das weiß ja jeder, darf man eigentlich nicht haben. Aber ob man deshalb schon weiß, was das Urteil vom Vorurteil unterscheidet, wird weiter zu diskutieren sein.

5 Gefühle

Nicht erst seit die Neurowissenschaften ihre Erkenntnisse über die Bedeutung von Gefühlen für die Entscheidungen und das Verhalten von Individuen einer breiteren Öffentlichkeit bekannt gemacht haben, hat sich die politische und politikwissenschaftliche Diskussion über das Verhältnis von „Leidenschaften und Interessen" (Hirschmann 1984) intensiviert. Wobei in der Gegenüberstellung von Gefühlen, die als problematisch gelten (Leidenschaften), und den Resultaten kluger Abwägung der eigentlichen egoistischen Intentionen (Interessen) sich ein etwas schiefer Dualismus zeigt, der den politikwissenschaftlichen Diskurs zur Bedeutung von Gefühlen bestimmt. Denn in der Hauptströmung des politischen Denkens der Gegenwart wird in der Regel unterstellt, politische Akteure seien rational, und zwar in dem Sinne, dass sie mit dem geringstmöglichen Mitteleinsatz den größtmöglichen Nutzen erreichen wollen.

Zu diesem dominierenden Strang wissenschaftlicher Beurteilung individueller und kollektiver Handlungen gehören folgerichtig Theorien, die diese jeweilige „rationale Wahl" der Handelnden in den Mittelpunkt stellen. Weil und insofern alle Beteiligten von ihrer egoistischen Vernunft geleitet werden, kann man sie auch verstehen, in ihrem privaten Verhalten, bei ihren ökonomischen Entscheidungen und eben auch, wenn sie politisch handeln.

„Gefühle" kommen in solchen Analysen nur als Störungsmomente vor, weil aus solcher Perspektive die Neuzeit, die Moderne gekennzeichnet ist von der umfassenden Rationalisierung aller Lebensbereiche. Folgen einzelne Personen und Gruppen einer solchen Rationalitätsunterstellung nicht, wird dieses Beurteilungsraster irritiert und seine Anhänger reagieren unwirsch. Zwar gibt es in der Soziologie und Ökonomie Versuche, Emotionen - wie Liebe und Hass - im Rahmen solcher Rationalitätsüberlegungen zu klären, aber überzeugend gelingt das selten (Schnabel 2006). Demgegenüber gibt es in der Politikwissenschaft schon seit längerem Ansätze, zu einer politischen Soziologie der Emotionen zu kommen (Klein, Nullmeier 1999). Dabei geht es darum, zentrale politische Kategorien wie Macht und Herrschaft auch als Ausdruck individueller und kollektiver Gefühlskonstruktionen zu deuten.

Es existiert also ein Konflikt in den grundsätzlichen Analyseschemata des Politischen zwischen Sichtweisen, die politisches Handeln als Manifestation strategischer Rationalität verstehen und solchen, für die sich in den „Gefühlen" politische und gesellschaftliche Asymmetrien ausdrücken. Bei der Beobachtung dieses Streites über die Bedeutung der Gefühle fällt auf, dass die eigentliche Brisanz der Auseinandersetzungen aus einer Dichotomie resultiert, die über eine Abschätzung der Dynamik von Gefühlen für die Trias Urteilen-Entscheiden-Handeln weit hinausgeht.

Dass Menschen sich von Gefühlen leiten lassen, ist eine triviale Feststellung und beschreibt nicht mehr als eine jener neurobiologischen Bedingungen des Handelns, von denen schon im Kapitel über Urteilsfreiheit die Rede war. Was dort gesagt wurde, gilt auch für den Zusammenhang von Fühlen und Handeln. Die neurologischen Strukturen stellen den materiellen, physiologischen Rahmen dar, in dem sich Personalität überhaupt nur ausdrücken kann. Diese Feststellung gilt nun aber für alle physiologischen Prozesse. So benötigt jeder Mensch Sauerstoff zum Überleben, und das Vorhandensein von Sauerstoff setzt Grenzen der Handlungsfähigkeit, ohne allerdings Handlungen als solche zu determinieren. Gerade weil die Bedeutung von Gefühlen über jeden naturwissenschaftlichen Notwendigkeitszusammenhang hinausgeht, ist die Untersuchung politischer Urteilskraft mit Blick auf Gefühle als Beweggründe des Handelns, also als Emotionen, auf der empirischen Ebene ein wichtiger Untersuchungsgegenstand.

Schauen wir noch einmal auf die im ersten Kapitel zitierten Beispiele für Urteilsstärke und Urteilschwäche, so tritt der jeweilige Gefühlsaspekt deutlich hervor. Ja, dass oft - und für den späteren Analytiker irritierend - wider besseren Wissens Gefühlen gefolgt worden ist, stellt für die Erklärung von Urteilsbildung und Handlung eine beträchtliche Herausforderung dar. Manchmal, aber keineswegs immer, stellen sich die von Gefühlen geleiteten Handlungsweisen als angemessen heraus. Doch diese Zusammenhänge kann man durch genaue, von dem richtigen Maß an Empathie getragene Beobachtungen aufhellen.

Der politikwissenschaftliche Streit um die Bedeutung von Gefühlen bezieht aber seine Sprengkraft weniger aus solchen empirischen Untersuchungen, vielmehr aus der falschen Gegenüberstellung von „Gefühlen" und „Verstand".

5.1 Gefühlsschwärmerei

Und dieser fehlkonstruierte Dualismus wird häufig zu Gunsten der „Gefühle" aufgelöst. Es ist wohl auch kein Zufall, dass das relativ junge Interesse an der sozialwissenschaftlichen Bedeutung von Gefühlen vor allem im Rahmen von Forschungen entstanden und verstärkt worden ist, die sich mit den so genannten „neuen sozialen Bewegungen" beschäftigen. Man denke in diesem Zusammenhang etwa an Arbeiten zur Frauenbewegung (Maihofer 1995), zur Umweltbewegung (Pettenkofer 2006) und zur Friedensbewegung (Roth 2002). Die „Bewegungs-Forschung" zeichnet sich dabei nicht durchgängig, aber überwiegend durch eine tiefe Sympathie mit ihrem Gegenstand aus. Beispielhaft kann hier auf ein Buch hingewiesen werden, welches den Zusammenhang von Gefühlen und Urteilskraft nicht nur in das Zentrum seines Titels stellt, sondern darüber hinaus Partei ergreift für eine Stärkung des Gefühls gegenüber „rationalistischen Verengungen" (Meier-Seethaler 2001, 71).

Die schwerwiegendste Konsequenz, die sich aus der Weigerung ergibt, Emotionen am menschlichen Erkenntnisprozess teilnehmen zu lassen, betrifft allerdings die ethische Theorie und das praktisch moralische Handeln. Emotionsloses Denken führt immer zu partieller Wertblindheit, weil Wertqualitäten, von der einfachsten sinnlichen Qualitätswahrnehmung bis hin zu den höchsten menschlichen Werten, nur emotional und nicht ausschließlich rational wahrgenommen werden können…. Wir müssen diese Diagnose aber nicht nur für einzelne Vertreter rationalistischer Philosophie stellen, sondern auch für die gängige geistesgeschichtliche These, wonach am Beginn des abendländischen Denkens der Sieg des Logos über den Mythos stand. Eine solche Vorstellung ist aus einem doppelten Grund irreführend. Zum einen erweckt sie den Eindruck, als sei das mythische Denken der Völker ein bloßes Spiel der Einbildung und als solches für die Erkenntnis irrelevant. Diesen Irrtum hatte schon die wissenschaftliche Mythenforschung um die Jahrhundertwende korrigiert und Mythen als ernstzunehmende Quelle emotionaler Lebens- und Welterfahrung wieder entdeckt. Zum anderen erweist sich die angebliche Voraussetzungslosigkeit der rationalistischen Wissenschaft selbst als eine Illusion und damit als eine Art Mythos, was nicht nur für die Naturwissenschaften gilt, sondern ebenso für die harte Linie der Soziologie und der Wirtschaftswissenschaften, die ihre eigenen philosophischen Vorentscheidungen selten reflektieren (Meier-Seethaler 2001, 22f).

Meier-Seethalers „Plädoyer für die emotionale Vernunft" - so der Untertitel ihres viel beachteten und vielfach positiv rezensierten Buches - ist deshalb hier so ausführlich zitiert worden, weil sich an ihrer Argumentation beispielhaft die Abgründe eines unproduktiven Streites über die Bedeutung der Gefühle für politisches Handeln ablesen lässt. Offensichtlich transportiert der Begriff des Gefühls sehr viel mehr als den Hinweis auf Handlungsursachen und deren kulturelle Formung. Untrennbar gehört dazu auch eine spezifische Kritik an der Moderne und ihren ökonomischen, gesellschaftlichen und politischen Manifestationen. Nur so ist wohl zu erklären, wie schnell sich in solchen Positionsnahmen eine Brücke schlagen lässt von individualpsychologischen Überlegungen zur Erkenntnistheorie und Wissenschaftssoziologie, zur Kulturkritik und Mythenforschung. „Gefühle" sind hier nur noch eine Chiffre für ein besseres Leben jenseits der Zumutungen und Enttäuschungen, die die Gesellschaften des atlantischen Projekts der Moderne mit sich schleppen.

Zu diesem Arsenal der Modernitätskritik gehört, dass der Dualismus Vernunft/Emotion durchaus zu Recht mit dem Argument der Ganzheitlichkeit menschlichen Handelns zurückgewiesen, aber gleichzeitig aus dieser Einheit das Gefühl positiv hervorgehoben wird. Das ist schon deshalb problematisch, weil es sich bei den Begriffen „Vernunft" und „Emotion" um Perspektiven zur Beschreibung von Handlungen handelt. Die Trennung in Rationalität/Irrationalität sagt nämlich gar nichts über die Handlungsursachen als solche aus, sondern nur etwas über fremd- oder selbst zugeschriebene Gründe. Es gibt keinen „objektiven" Gegensatz von Vernunft und Emotion. Die positive Hervorhebung der Emotionalität gleicht also nicht eine bisher vorliegende wissenschaftliche und lebensweltliche Missachtung des „Gefühls" aus. Vielmehr korrespondiert eine solche positive Bezugnahme mit einer Idealisierung von Natur und Natürlichkeit. So gilt Emotionalität als ursprüngliche, angeborene Eigenschaft, welche sich als ethisch wertvoll von der kulturell konstruierten Vernunft als instrumenteller technischer Bemeisterungsfähigkeit unterscheidet. Dass die Unterscheidung von Natur und Kultur einer kulturelle, das heißt gesellschaftliche Leistung ist, wird in der Aufladung des Gefühls zur zivilisationskritischen Kategorie nur als Beschreibung sozialer und politischer Pathologien, als Ausdruck der zweckorientierten, ökonomisch und strategisch angelegten „Kolonialisierung" menschlicher Verhältnisse reflektiert.

Demgegenüber adelt sich das Gefühl als Beleg für die Authentizität der „fühlenden" Person, für die Echtheit, Unverstelltheit und Unmittelbarkeit ihres Handelns[14]. Auch an dieser Stelle fällt wiederum auf, dass die gesellschaftliche Konstruktion von Authentizitätskonzepten und Gefühlskulturen bei der Apotheose des Gefühls ausgeblendet wird. So kommt es nicht nur zu einer sehr problematischen positiven Bewertung des Gefühls an sich, sondern auch zu einer stillschweigenden Bevorzugung bestimmter Gefühle vor anderen. In diesem Zusammenhang wird oft das besondere Verhältnis von Frauen und Kindern zu ihren Gefühlen betont und damit unterstellt, sie besäßen zu ihnen einen authentischeren Zugang als Männer[15]. Im Zusammenhang mit einer Untersuchung politischer Urteilskraft erstaunt es schon, dass solche Widersprüche in der Privilegierung des „Gefühls" gegenüber dem „Verstand" nicht weiter durchdacht werden und die Brisanz einer unambivalenten Auszeichnung des Gefühls in den blinden Fleck der Beobachtung von Emotionen fällt. Denn dass in den diversen Verabschiedungen des westlichokzidentalen Rationalismus nur bestimmte Gefühle hervorgehoben werden, aber sich relativ wenig über Neid, Fanatismus, Wut, Sadismus usw. findet, gehört zu dieser Konstruktion eines romantischen Antimodernismus, für die die Rehabilitation des Gefühls nur Mittel ist zum Zwecke umfassender Gesellschaftskritik[16]. Allerdings ist die Frage nach der Bedeutung von Gefühlen für politische Urteilskraft analytisch und normativ zu wichtig, als dass man es sich so leicht machen darf.

---

[14] Bezeichnenderweise werden in diesem Dualismus die Gefühle dann - allen neurowissenschaftlichen Erkenntnissen zum Trotz - auch nicht dem Gehirn zugeordnet, sondern anderen Organen wie dem Herzen oder dem Bauch. Das ist ja nicht nur metaphorisch gemeint. Die Vernunftkritik entwickelt ihre eigene Physiognomie. Auch der romantische Antimodernismus konstruiert sich eine spezifische Körperlichkeit.

[15] Unter Hinweis auf den Selbstmord der Caroline von Günderode, die sich aus Liebeskummer tötete, heißt es bei Meier-Seethaler (2001, 69): „Nachdem sie sich anatomisch ins Bild gesetzt hatte, erdolchte sie sich auf einem ihrer täglichen Spaziergänge. Wie viel unsentimentaler wirkt dieser Tod als derjenige des jungen Werthers, den Goethe ersann!" Offensichtlich gibt es Fälle, in denen es besser, wertvoller, weil unsentimentaler ist, wenn man sich kalt seinen Gefühlen - bis hin zum Suizid - hingibt. Demgegenüber scheint das Verhalten des männlichen Protagonisten geradezu schwach, weinerlich, hysterisch zu sein. Werther fehlt Carolines ruhiger Heroismus. Allerdings bleibt undeutlich, wie denn bei aller Authentizität, Natürlichkeit und Unmittelbarkeit der Gefühle diese Gefühls-Qualifizierung in bessere und schlechtere überhaupt begründet werden kann. Es geht also gar nicht um Gefühle als solche, sondern immer um die wünschenswerten.

[16] Meier-Seethaler plädiert daher auch für „emotionale Vernunft", ohne recht deutlich zu machen, was das ist und wie sich das von vernünftiger Emotion, emotionsloser Vernunft und vernunftloser Emotion unterscheiden ließe.

5.2 Emotionen als politisches Problem

Die Schwierigkeiten, die Bedeutung von Gefühlen für politisches Urteil ab-
zuschätzen, beginnen schon mit der Feststellung, dass es wissenschaftlich
höchst umstritten ist, was überhaupt als Emotion gelten kann und wie diese
zu beschreiben ist:

> Anders als bei der klassisch naturwissenschaftlichen Reduktion psychischer
> Phänomene auf materielle Substrate und anders auch als bei der eher individual-
> psychologischen Deutung des Psychischen in der Psychosomatik, rücken im
> biosozialpsychischen Paradigma die Emotionen in den Theoriekonstruktionen
> und Forschungsdesigns in eine zentrale Position. Die Emotionen werden in
> funktionaler Beziehung gesehen zu biologischen Systemen (Nerven-, Hormon-
> und Immunsystem), zu psychischen Prozessen (Kognition, Motivation), zu so-
> zialen Strukturen (Kommunikationssysteme, historische und sozialepidemiolo-
> gische Verbreitung) und zu kulturellen Symbolsystemen (Vester 1991, 22).

Auch wenn es um eine Theorie der Gefühle geht, unterschreitet eine natur-
wissenschaftlich-materialistische Reduktion menschlichen Handelns und
Verhaltens das eigentliche Problemniveau. Wie schon im Abschnitt über die
neurowissenschaftlichen Aussagen zur Determiniertheit des menschlichen
Willens wird ebenso im Bereich der Emotionsforschung deutlich, dass die
physiologische Fundamentierung sozialer Tatbestände über die Beschreibung
von banalen Wirkungsmechanismen nicht hinauskommt. Dass sich Gefühle
als biologische Prozesse beschreiben lassen, die in jedem Menschen ablaufen, ist unbestreitbar, führt aber eben nicht sehr weit. Auch der Zusammenhang - und da ist die Verbindung zu Urteilskraft schon enger und wichtiger -
mit kognitiven Abläufen ist unbestreitbar und etwa in Lerntheorien und Di-
daktiken schon häufig formuliert worden.

Für eine politikwissenschaftliche Beobachtung von Gefühlen reicht das
alles nicht aus. Vielmehr kommt es hier auf die jeweilige gesellschaftliche
Kodierung von Handlungen als Ausdruck von Gefühlen an und deren jeweilige sozialen Ausformungen und Konsequenzen. Dazu gehören Fragen nach
der Rolle von Gefühlen für die Entstehung von Gruppen, kollektiven Zuge-
hörigkeitsvorstellungen, Abgrenzungen zu anderen Gruppen und entsprechende Konflikte. Damit verbunden sind ferner Fragen nach der Organisation
von Führung, der Funktion von Gefühlen beim Entstehen politischer Folge-

bereitschaft (Legitimation), der Markierung von Abweichung (Exklusion) und schließlich auch nach der sozialen, institutionellen, über die Generationen hinweg wirkenden sozialen Anschlussmöglichkeiten individuellen Handelns. Schon diese Aufzählung zeigt, dass es sich bei Gefühlen also um komplexe soziale Tatbestände handelt, mit großer politischer Bedeutung, die aber für eine Theorie der Urteilskraft nur fruchtbar zu machen sind, wenn man gefeit bleibt gegenüber der Versuchung, Gefühle kulturkritisch zum an sich besseren Teil des Menschen zu idealisieren.

5.3 Ein Fallbeispiel: Jenningers Scheitern

Gefühle als Gegenstand politischer Handlungen sind immer wieder im Zusammenhang mit der Barbarisierung des Politischen im 20. Jahrhundert untersucht worden. Insbesondere die totalitären Systeme gelten als Muster für die Konstruktion, die Instrumentalisierung und Wirkung von Gefühlen, etwa für die Aufstachelung der Bevölkerung bis hin zur Verfolgung und Ermordung unliebsamer Minderheiten.

Hier soll aber ein viel weniger dramatisches Beispiel für die soziale Produktion von Gefühlen und ihrer politischen Wirkung skizziert werden. Als der damalige Bundestagspräsident Philipp Jenninger während einer Gedenkstunde des Bundestages zum 50. Jahrestag der so genannten „Reichskristallnacht" Überlegungen anstellte zur Motivation derer, die Adolf Hitler 1938 die Gefolgschaft nicht verweigerten, die den Verbrechen zusahen oder sich an ihnen beteiligten, verließen etwa 50 Abgeordnete aus Protest den Plenarsaal. Jenninger wurde der Vorwurf gemacht, er bringe Verständnis für die Täter auf und beteilige sich so an einer Exkulpation der Deutschen und ihrer Geschichte. Der größte Teil der veröffentlichten Meinung missbilligte Jenningers Rede, der daraufhin vom Amt des Bundestagspräsidenten zurücktrat. Beschäftigt man sich mit den Gründen der Skandalisierung des Verhaltens von Jenninger und seinem Rücktritt, fällt auf, dass der Inhalt der Rede - trotz der Interpretationsbedürftigkeit einiger ihrer Passagen - eine solche Reaktion ganz und gar nicht nahelegt. Ignatz Bubis hat einige Jahre später große Teile von Jenningers Rede im Rahmen einer eigenen Ansprache vorgetragen, quasi als Test der politischen Urteilsfähigkeit der deutschen Öffentlichkeit, ohne ähnliche Erschütterungen auszulösen.

Auch Hinweise auf strategische politische Interessen der inner- und au-
ßerparteilichen Gegner Jenningers reichen zur Erklärung der Geschehnisse
während der Feierstunde und ihrer publizistischen Aufarbeitung nicht aus.
Aufschlüsse über die Motivation der Kritiker erhält man bei einem Blick auf
die öffentliche Meinung. Die Herausgeberin der „Zeit", Marion Gräfin Dönhoff, brachte ihre Ablehnung Jenningers mit den folgenden Worten dezidiert
zum Ausdruck:

> Der Redner hielt vielmehr ein deplaciertes pseudohistorisches Kolleg, in dem
> vor allem von den Deutschen vor und nach 1945 die Rede ist. Gut, dass er we-
> nigstens den erschütternden Bericht eines Augenzeugen von 1942 zitierte und
> eine Ansprache Himmlers im Oktober 1943, die einem heute noch Schauer über
> den Rücken jagt. Wenigstens dies war zur Sache gesprochen und gab eine Ah-
> nung von dem, was nach dem 9. November kam. Gar nicht zu fassen, wie ein
> Politiker so total danebengreifen kann. Es ist, als ob ein Pastor am Karfreitag
> versehentlich die Predigt zum Erntedankfest hält; oder so, als würde in einem
> Haus, in dem um ermordete Familienmitglieder getrauert wird, ein Exkurs über
> den geschichtlichen Prozess gehalten, anstatt Verzweiflung und Trauer der An-
> wesenden zu teilen. Jenninger wirkte als Redner gänzlich unbeteiligt und ohne
> jede Wärme. Er vermittelte keinerlei Empfindung. Da nützt es denn auch nichts,
> dass die Rede beim Nachlesen weniger Emotionen auslöst. Es bleibt die Frage:
> wie kann ein Politiker, der doch weiß, wie heikel dieses Thema ist, so bar jeden
> menschlichen Gefühls reden (Dönhoff 1988).

Dass Jenningers Rede als Provokation wahrgenommen wurde - schon bei
seinen ersten Worten verließen die ersten Abgeordneten unter lautem Protest
das Plenum - lag vor allem an seiner Vorrednerin, der damals schon hochbe-
tagten und kurze Zeit nach diesen Vorfällen verstorbenen Schauspielerin und
Theaterdirektorin Ida Ehre, die persönlich schwer unter nationalsozialistischer Verfolgung gelitten hatte. Viele Mitglieder ihrer Familie wurden in den
Vernichtungslagern ermordet; sie selbst überlebte ihre Haft im Konzentrati-
onslager gesundheitlich schwer gezeichnet. Ida Ehre hatte die Feierstunde
eingeleitet mit einer Rezitation von Paul Celans Gedicht „Todesfuge". Dieses
Gedicht konzentriert den Schrecken nationalsozialistischer Herrschaft in
solch tief wirkende Bilder und Metaphern, dass alle theoretischen Fassungs-
versuche dahinter als blass und emotional unangemessen wirken müssen.
Über die Wirklichkeit des Massenmordes erfahren wir bei Celan mehr als in
so mancher „Faschismustheorie".

Vor diesem Hintergrund waren Jenningers Worte in der Tat deplaciert, was (irrtümlicherweise) auch daran abzulesen zu sein schien, dass Ida Ehre - wie sie später erklärte - überwältigt durch die Erinnerung an ihre ermordeten Angehörigen Jenningers Ansprache weinend verfolgte, was wiederum viele Abgeordnete registrierten und als Reaktion auf die Rede des Bundestagspräsidenten deuteten, der sich ja gerade um ein eher theoretisches Verständnis bemühen wollte. Jenninger hatte den Rahmen der angemessenen Emotionalität angesichts der Barbarei des Nationalsozialismus verletzt. Mit den Inhalten oder Argumenten seiner Rede hatte das so gut wie überhaupt nichts zu tun. Hier war es nicht so sehr wichtig, was jemand sagt, sondern, wie er es sagt (Siever 2001). Emotionen werden in ihrer Angemessenheit oder Unangemessenheit zur Schnittstelle von Individuum und Gesellschaft. Darin liegt auch ihre politische Bedeutung, und diese geht über biologische und psychologische Relevanzzuschreibungen hinaus[17]. Politische Urteilskraft, politische Entscheidungen und politisches Handeln sind mehr als nur der Ausdruck personaler Idiosynkrasien.

5.4 Gefühle als Erkenntnis- und Urteilsquelle

Politisch bedeutsam sind Gefühle als Ursprung von Erkenntnis und Urteil politisch Handelnder. Eine Untersuchung politischer Urteilskraft beweist ihre Kompetenz in ihrer Anwendung auf sich selbst, in ihrer Selbstreflexion. Untersuchungen politischer Urteilskraft bringen also immer diesen Doppelcharakter zum Ausdruck. Dabei spielen Gefühle als Erkenntnisbegründungen eine große Rolle. Kant propagiert in seiner „Tugendlehre" eine Pflicht zur „teilnehmenden Empfindung". Es geht hier um Hilfsaffekte, das sind natürliche Neigungen, die eine sittliche Entscheidung befördern, wie zärtliche Rührungen, schmelzende Gefühle, Mitleid.

Nach Kant, der jeder „Empfindelei" ablehnend gegenüberstand, tragen solche zärtlichen Rührungen jedoch nicht zum Aufbau des moralischen Charakters bei. Dieser wird eher durch die „wackeren" oder „mutigen Rührungen" gestärkt und in Schwung gebracht. Kant denkt hier durchaus daran, dass

---

[17] An dieser Stelle wird deutlich, warum politisches Handeln sich oft den Vorwurf der Gefühlsleere zuzieht. Es ist letztlich mit diagnostischen und therapeutischen Kategorien der Individualpsychologie nicht zu erklären und zu bewerten.

Gefühle in Bewegung setzen, Kraft verleihen, Mut begründen. Zu diesen Energiequellen zählt er den Zorn und die Entrüstung. Er spricht von einem heiligen Schauer, auch von Gewalttätigkeit. Solche Kraft muss vorhanden sein, um zu einer sittlichen Entscheidung zu kommen und diese auch auszuführen. Zärtliche Affekte verfügen über solche dynamischen Anteile nicht. Das Mitleid bleibt passiv (Meier-Seethaler 2001, 74).

Im folgenden soll nun nicht über die Verbindung von sittlichem Urteil, sittlicher Entscheidung und ihrer notwendig als Zwang vorgestellten Realisierung nachgedacht werden. Produktiver für unsere Fragestellung bleibt der Hinweis auf das Gefühl als persönlicher Erkenntnisquelle. Für alle Handlungen gibt es den Maßstab der Angemessenheit und damit auch ein Gefühl für dieses Maß. Erkenntnistheoretisch gewendet heißt das, dass Gefühle eine wichtige Erkenntnisquelle sind. Die Qualität politischer Systeme, die Humanität politischer Herrschaft, Verhältnisse der Gerechtigkeit und Ungerechtigkeit (Shklar 1992) offenbaren sich dem Gefühl.

Beispielhaft kommt hier der Ausdruck „Fairness" ins Spiel. Was als gerecht wahrgenommen wird, hängt vom Gefühl ab, fair behandelt worden zu sein, wie John Rawls (2006) in seiner epochemachenden „Theorie der Gerechtigkeit" zeigt. Fairness kann man nicht messen; sie bildet sich auch nicht in Verfassungstexten und ähnlichen Dokumenten ab. Sie gehört zum Bestand regulativer Ideen, von Konventionen und Praktiken, für deren Kennzeichnung als angemessen Gefühle den Ausschlag geben. Die Kategorien für die Beurteilung greifen auf einen Bereich des Selbstverständlichen zurück. Der *common sense* ist eine wichtige Ressource politischer Urteilskraft, gerade weil sich in ihm Gefühle ausdrücken. Dabei wird unter *common sense* hier nicht die verkleidete und sozusagen handschmeichlerisch abgeschliffene kollektive Identität gemeint, sondern das individuelle, empathische und wohlabgewogene Urteil über das, was einem selbst, was anderen Menschen, was der Gemeinschaft zukommt und was nicht.

Bei der Trias Urteilen-Entscheiden-Handeln geht es immer um die Zuweisung von Bedeutung, damit um Begründungen. Diese kommen ohne emotionale Fundierung nicht aus. Es ist Teil der Sicherung der Urteilsfreiheit von einzelnen und Gesellschaften, solche Gefühle auszubilden. Zu den skeptischen Befunden der Möglichkeiten und Grenzen politischer Urteilskraft heute gehört die Feststellung, dass insbesondere die medial verstärkten Dummheitskulturen solche Empfindungsbereiche abstumpfen, auf deren Sensibilitätsentwicklung es gerade ankäme (Nullmeier 2006).

6 Politische Bildung

6.1 Ein Missverständnis

Zu Beginn seines Vortrags zum Thema „Demokratie, Partizipation und politische Bildung" auf der Tagung „Parteien und politische Kultur", die 2003 in Münster stattfand und sicherlich auch von seinem Amt mitgefördert wurde, berichtete Hans Walter Schulten, Leiter der Landeszentrale für politische Bildung in Nordrhein-Westfalen, von seinen Schwierigkeiten, Ausländern klarzumachen, was politische Bildung in der deutschen politischen Kultur bedeute. „Meine Erfahrung ist, dass der Begriff *Politische Bildung* bei unseren westlichen Nachbarn eher negativ als *parteipolitisch* besetzt ist. Und unsere östlichen Nachbarn assoziieren bei dem Begriff oft sofort Indoktrination im Rahmen eines totalitären Systems, das sie nicht wieder haben möchten" (Schulten 2003).

In Deutschland steht staatlich geförderte politische Bildung aber weder für Parteipolitik noch gar für Indoktrination, jedenfalls, wenn sie richtig angefasst wird. Dass es auch parteipolitische und Indoktrinations-Ausrutscher gibt, wer wollte das leugnen. Aber nimmt man die geltenden Konzepte der politischen Bildung hierzulande beim Wort, dann hat sie die Aufgabe, das Staatsbürgerwissen zu verbreitern und zu vertiefen und das Staatsbürgerbewusstsein zu aktivieren. Über Indoktrination kann das nur schief laufen.

Wir dürfen nicht so naiv sein und uns allzu sehr über dieses Missverständnis von politischer Bildung wundern. Eigentlich müssen (oder dürfen) wir uns darüber wundern, dass es bei uns eine dem unmittelbaren Zugriff von politischen Interessengruppen - seien es nun Parteien oder Verbände - entzogene politische Bildungsarbeit gibt. Der Grund dafür ist vor allem in der Gründungsphase der westdeutschen Demokratie nach 1945 zu finden. Der Schock der Niederlage und der darunter liegende Schock über die in den zwölf Jahren davor nur allzu bereitwillig mitgemachten totalitären Exzesse betäubte fürs erste (unter kräftiger Mithilfe der westlichen Alliierten) die Affinität für Indoktrinationen. An ihre Stelle trat ein wenig Unterschiede machender politischer Rundum-Skeptizismus. Ist eine solche Einstellung in einer Gesellschaft vorherrschend, lässt sich kein Staat mit ihr machen. Deswegen sollte politische Bildung (wie übrigens auch die Politikwissenschaft, die nach 1945 an vielen Universitäten als Fach neu etabliert wurde) neben der nachträglichen Aufklärung über den Nationalsozialismus und der Abwehr kommunistischer Ideologien als weitere Aufgabe die Erziehung zur Demokratie voranbringen.

Häufig wird politische Bildung auf ein (unterschiedlich benanntes) Unterrichtsfach in der Schule reduziert. Schülerinnen und Schüler sind zwar sehr wichtige, aber keineswegs die einzigen Adressaten politischer Bildungsarbeit. Schließlich sollen sie in die Gesellschaft und die Politik hineinwachsen und sich später gemeinwesen-gerecht verhalten können. Aber wenn je der Slogan vom lebenslangen Lernen uneingeschränkt gestimmt hat, dann hier, im Blick auf Gesellschaft und Politik. Deshalb braucht politische Bildung, will sie ihre Funktionen erfüllen, mindestens zwei Ansatz- und Handlungsebenen, die Schulen und die politische Öffentlichkeit.

6.2 Zwei Perspektiven

Die Erfahrungen, die Hans Walter Schulten mit dem Missverstehen seiner dienstlichen Bildungs-Aufgabe im Ausland gesammelt hat, machen indirekt deutlich, dass es mindestens zwei verschiedene (sich im Idealfall ergänzende) Funktions-Bestimmungen von politischer Bildung in modernen Gemeinwesen gibt, deren Legitimation mehr oder weniger direkt auf der Zustimmung und Partizipation ihrer Mitglieder beruht.

- Aus der Perspektive des Gemeinwesens, z. B. eines Staates, braucht es eine kollektive Identität, wenn es als politischer Akteur auftritt. Sie zu pflegen und den Menschen sichtbar zu machen, ist Aufgabe von politischer Bildung. Denn über die kognitive und affektive Verbreitung der grundlegenden Werte, Normen, Selbst- und Fremdwahrnehmungsmuster in dem und für das Gemeinwesen regeneriert und reproduziert es sich über die Zeit und erreicht so die nötige Stabilität, um als Akteur kollektive Interessen auch gegen Widerstände durchzusetzen.
- Aus der Perspektive der Individuen ist politische Bildung auch eine Übung, um sich die Möglichkeit einer kritischen Distanz gegenüber dem Gemeinwesen zu eröffnen, ohne sich seiner Mitgliedschaft in ihm zu entledigen. Nicht in allen Gemeinwesen ist dies in gleicher Weise mög-

lich, wie sich sofort einsehen lässt, wenn man verschiedene Herrschafts-
und Gesellschaftsordnungen Revue passieren lässt. Es gehört aber zu
den Grundregeln einer modernen Demokratie, dass diese kritische Distanz möglich sein muss.

Beide Perspektiven können einander in die Quere kommen. Im Idealfall er-
gänzen sie einander. Aber selbst dann tun sie es nicht automatisch, sondern
müssen in eine Balance gebracht werden. Der Staat und seine Institutionen
bauen Staatsbewusstsein auf, damit die Individuen ihre Pflichten gegenüber
dem Gemeinwesen möglichst ohne Murren und vielleicht sogar gerne erfüllen, vom pünktlichen Bezahlen der Steuern bis hin zum Einsatz des eigenen
Lebens in Ausnahmefällen (Katastrophen und Kriege). „Frage dich nicht,
was dein Land für dich tun kann, sondern frage dich, was du für dein Land
tun kannst!" Dieser so häufig zitierte Spruch von John F. Kennedy kann als
Motto für diese Perspektive auf politische Bildung stehen. Es ist auch ein
treffendes Motto für die philosophische Denkrichtung der Kommunitaristen
in Nordamerika.

Erhielte diese Sichtweise den Status der alleinigen Gültigkeit, dann
schliffen sich die demokratischen Werte des Gemeinwesens ziemlich rasch
an ihr ab und bekämen Risse und Sprünge. Dann ist es nicht mehr weit bis
zum „Die Gemeinschaft ist alles, der einzelne ist nichts." Schon allein deshalb braucht es in demokratischen Gemeinwesen ein starkes Gegengewicht.
Der einzelne darf und muss den Forderungen des Gemeinwesens wohlbe-
gründet auch mit „Nein" antworten können. Er muss sich auch gegen sie
schützen können, und zwar nicht anarchisch oder mittels Umgehung von
Recht und Ordnung, sondern in ihrem Rahmen. Die Geschichte des Rechts
auf Kriegsdienstverweigerung bietet eine gute Illustration für die langsame
Ausweitung dieser Perspektive. Wiederum: wenn im Falle der Wehrpflicht
alle jungen Männer durchgängig den Kriegsdienst verweigern würden, wäre
dies ein deutliches Zeichen mangelnden Staats- und Gemeinschaftsbewusst-
seins.

Es kommt also immer auf die Balance an.

6.3 Politische Bildung in der Bundesrepublik Deutschland

Überblicksdarstellungen zur Geschichte der politischen Bildung an den Schulen in Deutschland können schon allein deshalb als anregende Lektüre gelten, weil es hier seit dem Ende des 19. Jahrhunderts nach- und zuweilen auch nebeneinander fünf sehr verschiedene politische Regime mit jeweils sehr unterschiedlichen Versionen politischer Bildung gegeben hat. Im wilhelminischen Kaiserreich hatte die staatsbürgerliche Erziehung im Unterricht die Aufgabe, die Loyalität der Bevölkerung gegenüber Kaiser und Reich zu erhöhen und möglichst auch zugleich immun zu machen gegen die oppositionellen Forderungen z. B. der Sozialdemokratie (vgl. Juchler 2005, 86).

In der Weimarer Republik wurde der Versuch, staatsbürgerlich-demokratische Gesinnung zu erwecken und kognitiv zu füttern, nur ausnahmsweise als Aufgabe eines eigenen Fachs anzusehen, vielmehr zum allgemeinen Unterrichtsprinzip zu machen, zu einem Fehlschlag. Im Nationalsozialismus und, mit anderen Inhalten, in der DDR wurde die politische Erziehung an den Schulen zu einer Sache der Indoktrination und Manipulation unter dem Motto: Reih' dich ein.

In der Bundesrepublik wurde unter nicht ganz einfachen Bedingungen ein Neuanfang mit dezidiert anti-totalitärer Ausrichtung unternommen, also in scharfer Abgrenzung vom Nationalsozialismus und vom Sowjet-Sozialismus in der Ostzone und nach 1949 der DDR. Hauptakteure dieses Neuanfangs waren die westlichen Siegermächte, mit besonderem Nachdruck die Vereinigten Staaten. *Re-education*, also: Umerziehung sollte das politische Bewusstsein der Deutschen von nationalsozialistischen Vorstellungen frei machen und zugleich die Akzeptanz westlicher Werte sowie die Bereitschaft zur aktiven Mitarbeit beim Aufbau der Demokratie erhöhen. Die Konstituierung der politischen Bildung verlief so inhaltlich ganz parallel zur Einführung der Politikwissenschaft an den westdeutschen Universitäten (vgl. Lietzmann 1996). Es brauchte allerdings einige Zeit, ehe sich die deutschen Experten der politischen Erziehung von spezifischen Traditionselementen der deutschen politischen Kultur zu verabschieden begannen, etwa von der Konzentration auf den Staat als quasi ontologisches Wesen. Manche von ihnen versuchten zunächst, diese Traditionselemente von ihrer nationalsozialistischen Befleckung zu säubern, was aber nicht immer und eigentlich nie auf elegante Weise gelang. Ohne ihn in irgendeiner Weise besonders stigmatisieren zu wollen, kann man hier etwa auf Eduard Spranger[18] verweisen, dessen Schriften heute zu lesen eine echte Strafarbeit ist.

Jene oben schon erwähnten Überblicksdarstellungen zur politischen Bildung in der Bundesrepublik Deutschland widmen sich zu einem Großteil der Didaktik der politischen Bildung. Das ist insofern berechtigt, als das Spannungsfeld zwischen einer Gemeinwesen-orientierten und einer Individuum-orientierten politischen Bildung nicht auszuschalten ist. Wer es betritt, um als Lehrender politische Bildung (als Gemeinschaftskunde, Sozialkunde o. ä.) zu unterrichten, muss also mit diesen Spannungen geschickt umzugehen wissen. Der Nachteil der bemerkenswerten Produktivität der Politik-Didaktik (und nur auf diesem Feld kennen wir uns ein wenig aus, ob sich unsere Beobachtung auf die allgemeine Didaktik ausweiten lässt, wollen wir nicht entscheiden) besteht aber darin, dass es hier eine inzwischen schwer überschaubare Anzahl von Grundkonzepten gibt, die auf unterschiedliche Aspekte Wert legen. Beschäftigt man sich mit diesen Texten, kommt man sich ein wenig wie M. Hulot vor[19], der in die Ferien verreisen möchte, aber samt seinen Mitreisenden von der Bahnhofsansage immer auf einen Bahnsteig gelotst wird, wo gerade kein Zug abfährt.

6.4 Ein Manifest

Politische Bildung hat in Deutschland nach 1945 auf der Ebene der Schulen und der Erwachsenenbildung in der und für die politische Öffentlichkeit angesetzt. Für letztere sind u. a. auch eine ganze Phalanx von Institutionen und Organisationen zuständig, von den politischen Akademien der Kirchen und der parteinahen politischen Stiftungen bis zu den öffentlichen-rechtlichen Medien, die diesem Auftrag in ihrer Aufgabenbestimmung früher ein stärkeres Gewicht beigemessen haben, als sie es heute in der Konkurrenz zu den privaten Medien tun können oder wollen.

In der politischen Bildungsarbeit nehmen die verschiedenen Landeszentralen gemeinsam mit der Bundeszentrale für politische Bildung eine herausgehobene Stellung ein (vgl. Breit, Schiele 2004). Im Mai 1997 einigten sich die Leiter von Bundeszentrale und Landeszentralen für politische Bildung

---

[18] Vgl. etwa: Eduard Spranger: Der Bildungswert der Heimatkunde, Stuttgart 1952, 3. Aufl.

[19] Jacques Tati: M. Hulot macht Urlaub

auf ein „Münchner Manifest", in welchem die durch die neuen Herausforderungen zu Beginn des 21. Jahrhunderts veränderten Wirkungsbedingungen politischer Bildung in der Demokratie aufgezählt und neue Akzentsetzungen für die politische Bildungsarbeit gefordert werden.

Ausschnitte aus dem „Münchner Manifest" vom 26. Mai 1997

Der demokratische Rechtsstaat lebt vom mündigen Mitdenken und Mittun seiner Bürgerinnen und Bürger und ihrer Bereitschaft, sich selbst- und sozialverantwortlich ein Urteil zu bilden, in der Verfassung normierte Regeln und Werte zu respektieren und sich für sie zu engagieren. Demokratie muss in jeder Generation neu erworben werden: gerade in Deutschland aufgrund der Erfahrungen der jüngsten Geschichte. Politische Bildung im öffentlichen Auftrag leistet insbesondere hier einen fortdauernden und unverzichtbaren Beitrag zu persönlicher und gesellschaftlicher Orientierung sowie zur Entwicklung und Festigung demokratischer Einstellungen und Verhaltensweisen. Angesichts der umfassenden gesellschaftlichen, ökonomischen und technischen Veränderungen steht die politische Bildung vor neuen Aufgaben und Herausforderungen. Der Zukunftsorientierung der politischen Bildung kommt insbesondere vor dem Hintergrund sich verändernder Rahmenbedingungen eine große Bedeutung zu.

1. Politische Bildung im öffentlichen Auftrag arbeitet pluralistisch, überparteilich und unabhängig

...

2. Die Zentralen für politische Bildung fördern die politische Partizipation der Bürgerinnen und Bürger
Unsere moderne Gesellschaft im Umbruch - zumal in einem zusammenwachsenden Europa - fordert die Demokratiekompetenz der Bürgerinnen und Bürger auf eine besondere Weise heraus. Sie müssen sich auf Neues und Fremdes einlassen. Das gilt besonders für die Jugendlichen, die sich nicht in großer Zahl am politischen Leben beteiligen...Besonders Frauen sind nach wie vor zu wenig in der Politik vertreten. In vielen Projekten fördern die Zentralen daher das politische Engagement von Frauen...Nur eine Bürgerschaft, die auf qualifizierte Weise am Zustandekommen dessen teilhat, worüber entschieden wird, steht auch in Zeiten gesellschaftlicher Umbrüche zur Demokratie.

3. Die Zentralen für politische Bildung bereiten auf die globalen Zukunftsaufgaben vor

...

4. Die Zentralen für politische Bildung arbeiten für die Stabilität der Demokratie auch in wirtschaftlich schwierigen Zeiten

...

5. In den neuen Bundesländern hat die politische Bildung besondere Aufgaben

...

6. Die kritische Aufarbeitung der deutschen Geschichte ist eine zentrale Aufgabe der politischen Bildung

(Quelle: Aus Politik und Zeitgeschichte, B32/97 vom 1. August 1997, S.36-39)

In der Kunstgeschichte des 20. Jahrhunderts, die auch reich an „Manifesten" ist, drückt sich in diesen meist eine der Absicht nach avantgardistische Außenseiterposition aus. Davon kann hier beim „Münchner Manifest" keine Rede sein, was ja auch verständlich ist, denn hier geht es um eine gemeinsame Plattform parteipolitisch unterschiedlich eingefärbter Organisationen. Die aber alle ihren Auftrag, parteipolitisch unabhängig zu handeln, offensichtlich sehr ernst nehmen!

6.5 Bürgerbewusstsein zwischen Enthusiasmus und Resignation

Im Punkt sechs des „Münchner Manifests" erscheint einmal mehr der tief in das deutsche politische Bewusstsein eingeprägte schmerzliche Ausgangspunkt politischer Bildungsarbeit. Doch gehen wir noch einmal einen größeren Schritt in die Geschichte dieser spezifisch sich in Deutschland ausbildenden politischen Bildungsarbeit zurück.

Thomas Ellwein war, bevor er 1961 Professor für Politikwissenschaft in Frankfurt/M. wurde, mehrere Jahre der Leiter der Bayrischen Landeszentrale für politische Bildung gewesen. 1964 publizierte er ein bemerkenswertes und in gewissem Sinne bis heute ohne Nachfolge gebliebenes Buch „Politische Verhaltenslehre". Eines der ersten Unterkapitel darin heißt „Bürgerbewusstsein zwischen Enthusiasmus und Resignation". Hier findet man ein paar erstaunlich kritische und skeptische Anmerkungen über die institutionalisierte politische Demokratie-Bildungsarbeit, die mittels kritischer Aufarbeitung der deutschen Geschichte, speziell der des Nationalsozialismus, dafür sorgen soll, dass ‚so etwas' wie 1933 sich nicht wiederholen könnte.

In der jetzigen Bundesrepublik hatte man bisher fast 20 Jahre Zeit dazu, sich um hierorts mögliche Formen der Demokratie zu bemühen. Und wenn auch niemand das Ergebnis dieser Bemühungen ‚wissen' kann, so ist doch eines sicher, dass die große Mehrheit der Bürger der Bundesrepublik diese Staatsform bejaht. Ob dieses Bejahen ‚krisenfest' ist, ob es mit der Bereitschaft verbunden ist, für die Demokratie auch ‚einzutreten' und ähnliches mehr, gehört zu den gern gestellten Fragen. Das ist allerdings keine deutsche Besonderheit. Eine Besonderheit der Bundesrepublik ist es dagegen, dass in ihr seitens der Pädagogik der Anspruch erhoben wird, solche Fragen allmählich überflüssig zu machen (Ellwein 1964, 17).

Ellwein kritisiert vor allem den allzu hohen Anspruch, der mit dem Ideal des ‚politischen Menschen' verknüpft ist. Der normale Mensch sei aber, so meint er im Anschluss an Wilhelm Hennis, in normalen Zeiten doch eher ein unpolitischer Mensch. Und wenn die politischen Bildungs-Ideale das verantwortliche Handeln übermäßig betonen, läuft das oft auf eine Art Aktivitätskult hinaus.

Weniges erscheint fruchtloser als das Bemühen, andere zu politischer Aktivität zu führen. Aktionen lassen sich zwar veranstalten, Demonstrationen sind nicht einmal unbeliebt; kontinuierliche Mitarbeit wirkt hingegen offenkundig als Überforderung. Und im Ergebnis stehen sich sehr oft das enthusiastische Bildungsprogramm und die peinvolle Begegnung mit einer, der Aktivität des einzelnen sich keineswegs leicht öffnenden politischen Realität gegenüber. Die Wirkung der Realität ist dann nachhaltiger, und wir befinden uns wieder am Anfang, der seit eh und je durch den Ausruf gekennzeichnet ist: Ja, was soll ich denn da machen? (Ellwein 1964, 19).

Die Skepsis von Ellwein war damals gut begründet; die Lücke zwischen der politischen Bildungs-Rhetorik und den politischen Alltagserfahrungen wirkte sicherlich als ein dynamisierender Faktor für den sich anbahnenden Wertewandel in der Bundesrepublik. Politische Bildung hat lange das oben skizzierte Spannungsfeld zwischen der individuellen und der kommunitären Perspektive vernachlässigt. Sie hat damit auch trotz vieler brauchbarer Ansätze eine gewichtige Schwierigkeit politischer Urteilskraft unterschätzt, nämlich die Balance zu halten zwischen Eigensinn und Gemeinsinn. Für Juchler (2005, 136) drückt sich politische Urteilskraft vor allem auch darin aus, abwägen zu können zwischen dem eigenen interessegeleiteten Standpunkt und den Standpunkten anderer.

6.6 Politische Urteilskraft und politische Bildung

Kontingent, komplex, situationsbedingt, instabil und schwach sind die Adjektive, die auf das Handeln in der Sphäre der Politik (besonders) zutreffen. Politische Urteilskraft ist das Vermögen, den Auswirkungen dieser Eigenschaften etwas entgegenzusetzen, wobei politische Bildung hilfreich sein kann. Allerdings sind viele derjenigen, die sich in diesem keineswegs ganz kleinen intellektuellen Geschäftszweig tummeln, mit den Ergebnissen ziemlich unzufrieden. Weil es keine richtig befriedigende Antworten auf Ellweins „Anfangs-Frage" gibt, haben die Profis der Politischen Bildung immer mal wieder von ihrer „Krise" gesprochen. Hermann Giesecke (1997, 3) konstatierte zuletzt vor gut zehn Jahren eine „offensichtlich von keinem Kundigen geleugnete, wenn auch unterschiedlich gedeutete" Krise der politischen Bildung, die er an vier Trends festmachte: ihrer Politisierung, ihrer Moralisierung, ihrer Professionalisierung und ihrer Pädagogisierung. Damit hat er nun allerdings vier Säulen der politischen Bildung angesprochen, die man auch nicht wieder so einfach weghauen kann. Denn dann kracht womöglich das ganze Gebäude zusammen. Es lockt uns allerdings nicht, an dieser Krisen-Debatte teilzunehmen. In unserem Zusammenhang ist nur wichtig festzuhalten, dass sich die oben aufgezählten trübsinnigen Adjektive für das Handeln in der Sphäre der Politik mildern und sozusagen aufhellen lassen. Aber völlig neutralisieren kann man sie auch durch die beste politische Bildungsarbeit nicht.

Ideengeschichtlicher Rundblick

Eine Untersuchung politischer Urteilskraft kommt ohne Auseinandersetzung mit den ideengeschichtlichen Aspekten des Themas nicht aus. Menschheitsgeschichtlich beginnt die Entwicklung politischer Systeme mit der Konzentration bestimmter Machtressourcen jenseits familiärer Ordnung und Einordnung. Die Organisation von Clans zu größeren sozialräumlichen Verbänden bringt die Funktion des „Häuptlings" hervor, der die einzelnen Großfamilien zu einem nach außen einheitlich operierenden Verband zusammenfasst und der nach innen Konflikte zwischen den Clans reguliert. Dazu wird ihm Entscheidungsmacht übertragen.

Damit beginnt die Herausbildung eines politischen Systems als Ort anerkannter (legitimer) Machtausübung, wobei sich diese Funktion historisch immer stärker ablöst von inhaltlichen Bezügen und Rechtfertigungen. Bis zur Durchsetzung der bürgerlichen Gesellschaft nimmt der „Häuptling" (Fürst, König o.ä.) neben seinen politischen auch noch häufig religiöse Aufgaben wahr. Der Zusammenhang von Religion und Politik ist in fast allen Gesellschaften, gleichviel welche Gestalt sie auch immer haben mögen, sehr eng. Politische Herrschaft gründet sich oft auf außerpolitische Legitimationsquellen wie zum Beispiel göttliches Wollen oder bestimmte Abstammungslinien der Monarchen. Erst die moderne Politik sieht von solchen externen Rechtfertigungszusammenhängen ab. Demokratien schließlich basieren nur noch auf einem Willensakt (Volkssouveränität), der seine Begründung in sich selbst trägt.

Schon in mythologischen Zeiten finden sich in Zeugnissen von der Geburt des Politischen Reflexionen zur gelungenen oder misslungenen Ausfüllung der Herrschaftsrolle. Das sind meist Erzählungen über herausgehobene Haupt- und Staatsaktionen, die im Kern um kluge, verhängnisvoll falsche, listige usw. Handlungen der Helden kreisen. Erst relativ weit entwickelte gesellschaftliche und politische Verhältnisse in Asien und Europa bringen mehr oder weniger systematische Schriften zur Qualitätsmessung politischer Herrschaft hervor. Für Asien soll in diesem Zusammenhang nur an die

Schriften von Konfuzius erinnert werden, die sich auch als Fürstenerziehungsliteratur verstehen[20].

Für eine ideengeschichtliche Betrachtung über politische Urteilskraft hier und heute ist die griechische Antike wichtiger, weil dort - über die Fragen der Herrschererziehung hinaus - Probleme angesprochen wurden, die uns immer noch unmittelbar beschäftigen: das Verhältnis von Individuum und Gesellschaft, die Voraussetzungen und der Inhalt guter politischer Ordnungen, die Ressourcen demokratischer Herrschaft. Dabei kommt dem Begriff der *Phronesis* eine zentrale Bedeutung zu. Denn was politische Klugheit ist, ob eine Kunst oder wissenschaftlich erklär- und lehrbar, das bleibt bis heute umstritten. In den folgenden Kapiteln wird dieser Diskussionszusammenhang skizziert. Von der aristotelischen Definition politischer Klugheit führt der Weg über die Systematisierungsversuche von Kant bis hin zu jüngeren Vorstellungen darüber, wie politische Vernunft diskursiv hervorgebracht werden kann, sowie zu deren pragmatischen und dezisionistischen Gegenpositionen.

---

[20] Dazu: Pipers Handbuch politische Ideengeschichte, Bd. 1, Frühe Hochkulturen und europäische Antike, München 1988 und Eric Voegelin, Ordnung und Geschichte. Bd. 1, Die kosmologischen Reiche des alten Orients - Mesopotamien und Ägypten, München 1956/ 2002.

7 Klugheit: Aristoteles und die praktische Philosophie

Wenn man sich ein bisschen in den heutigen politischen und politikwissenschaftlichen Debatten umsieht, stellt man rasch fest, dass der Begriff der „Klugheit" keine große Rolle darin spielt. Zwar wird zunehmend, gerade in Wahlkampfzeiten (und die sind ja fast immer) über die von Sachbezügen ablenkende Personalisierung politischer Auseinandersetzungen geklagt. Aber gerade bei solcher vor allem über die Medien betriebenen Personalisierung fällt auf, dass bei der Zuschreibung von Charaktereigenschaften, bei der eher liebevollen oder eher bösartigen Beschreibung von Stärken und Schwächen des politischen Personals dessen Klugheit kaum diskutiert wird. Das könnte damit zu tun haben, dass von Mitgliedern der politischen Elite diese ohnehin selbstverständlich erwartet wird. Bei aller Selbstverständlichkeit wäre dann gleichwohl zu erwarten, dass in dem einen oder anderen Personenportrait auf die besondere Ausprägung dieser Eigenschaft hingewiesen würde. Doch solches Lob, oder das Beklagen eines vollständigen Fehlens, findet sich selten. Diese Geringschätzung der Klugheit liegt auf der Ebene individueller Zuschreibung hauptsächlich wohl daran, dass sie ohne längeres Nachdenken mit *Cleverness* gleichgesetzt wird. Und das heißt soviel wie mit allen Wassern gewaschen zu sein, bauernschlau, abgebrüht, auf den eigenen Vorteil bedacht (oder wenigstens den der eigenen Partei) und gerissen. Solchen Fähigkeiten zollt man zwar Bewunderung, aber doch nur widerwillig. Vor allem dann, wenn solche Klugheit gegen einen selbst gerichtet ist. Die Überlegenheit des Kontrahenten wird zur Kenntnis genommen, Verehrungen erspart man sich. Das Kompliment, ein *Cleverle* zu sein, ist allenfalls in den Augen der eigenen Parteifreunde nicht vergiftet.

Politikwissenschaftlich wird ohnehin Strukturen, Funktionen und Systemen mehr Bedeutung zugesprochen als Menschen, von denen einige Theorien behaupten, gar nicht mehr zu wissen, was das überhaupt sei, ein Mensch[21]. Strukturen, Funktionen und Systemen „Klugheit" zuzuordnen ist

---

[21] Es ist kein Zufall, dass mit der Erfahrung des Verlustes der Bedeutung individueller Haltungen und Handlungen, mit der Erfahrung der Irrelevanz menschlicher Existenz, wie sie im Zusammenhang mit

aber unmöglich. Doch ungeachtet aller struktur-funktionalen Einhegungen individueller Kalküle - es sind Menschen, die handeln. Aber die Erforschung der Bedingungen der Möglichkeit, politische Urteilskraft zu entfalten, kann ohne ein Nachdenken über Klugheit nicht gelingen.

7.1 Phronesis

Es ist kein Zufall, dass der philosophische Streit über Klugheit so alt ist wie die Philosophie selbst. In der griechischen Philosophie findet sich dafür das Wort *Phronesis*, was übersetzt werden kann mit Wissen, praktisches Wissen und Klugheit. Dabei verbindet sich das praktische Wissen mit den guten Wesenseigenschaften eines Menschen, den Tugenden. Von diesen gibt es vier: 1. Phronesis, 2. Gerechtigkeit, 3. Tapferkeit, 4. Selbstkontrolle.

Jede Tugend ist auch eine intellektuelle Disposition, damit wird das Wissen von diesen Tugenden und ihrer Praktizierung wichtig. Für Sokrates ist Phronesis die Form eines Wissens, das für handwerkliches Können und für Wissen schlechthin charakteristisch ist. Zu beachten ist dabei, dass Phronesis in die Lage versetzt zu überlegen, was getan werden soll. Klugheit ist also eine moralische Vorgabe. Nur die Frage nach dem „Sollen" ist es überhaupt wert, gestellt zu werden, denn was ohnehin geschieht, braucht nicht auch noch gefordert zu werden - damit bedarf es keines weiteren Nachdenkens.

Die Tugenden sind nützlich im Sinne der Verwirklichung eines Gutes, aber die Haltung, die jeder einzelnen Tugend entspricht, entfaltet ihre Nützlichkeit nur vollständig, wenn sie von vernünftiger Überlegung begleitet ist, eben von Phronesis. Diese ist deshalb eine Tugend an sich, die Tugend insgesamt oder wenigstens ein entscheidender Teil von jeder anderen. Gerech-

---

den industrialisierten Formen des Tötens im Ersten Weltkrieg und der totalitären Vernichtungspolitik bis Mitte des 20. Jahrhunderts gemacht wurden, Positionen des Antihumanismus sich entwickelten. Die Enttäuschungen angesichts der ausbleibenden Revolutionen haben daneben nicht nur im Marxismus zu einer Betonung der struktur-funktionalen Theorieelemente (Geschichte entwickelt sich in der Spannung von Produktionsverhältnissen und Produktivkräften) geführt und die handlungstheoretischen Aspekte (Geschichte ist das Ergebnis von Klassenkämpfen) in den Hintergrund gedrängt. Ähnliche Frustrationen der Post- 68er Generation haben sich dann in den unterschiedlichsten Spielarten von Systemtheorien ausgedrückt. Immer lautet das Fazit: es ist, wie es ist, es kommt, wie es kommt. Handlungsspielräume gibt es kaum. Damit sind Überlegungen zum klugen Handeln überflüssig.

tigkeit, Tapferkeit und Selbstkontrolle verlangen jeweils spezifische Handlungen, müssen also gekonnt werden. Alle Tugenden werden von der Phronesis begleitet. Durch sie verwandeln sich Dinge und Handlungen in Güter. In allen Tugenden steckt also ein gemeinsames intellektuelles Moment. Klugheit hat also durchaus etwas mit Wissen zu tun. Aber dieses wiederum beruht nicht ausschließlich und „wertfrei" auf instrumenteller Bemeisterung. Klugheit und Technik sind nicht synonym.

Die Phronesis ist nun aber - wie oben schon erwähnt - nicht nur notwendiger Teil jeder einzelnen Tugend, sondern selbst eine der vier Tugenden. Das Besondere an Phronesis ist, dass sie als praktisches Wissen in die Lage versetzt, Gutes und Schlechtes zu unterscheiden. Indem man sie praktiziert, indem man klug handelt, erwirbt man die Fähigkeit, darüber urteilen zu können, was zu tun ist und was nicht. Solche Urteilsfähigkeit kann aus sich selbst heraus menschliches Glück hervorbringen. Im heutigen Sprachgebrauch, geschult an volkspädagogischen Didaktikkonzepten, wird das „Orientierungswissen" genannt. Wer Orientierung besitzt, kann die Unterwelt der Kontingenzüberforderung verlassen (nur umdrehen darf man sich nicht, sonst erstarrt man zur Salzsäule, doch davon in einem anderen Kapitel mehr).

Allerdings schwingt in der Rede von der Tugend der Klugheit immer auch die Idee einer normativ nicht weiter bestimmten Technik mit. Phronesis im Sinne von „einen Gedanken fassen", Vernünftigkeit, der ausgezeichneten Fähigkeit zu denken, kann unterschiedlich nützlich sein. Große Klugheit kann auch zu schlechten Zwecken eingesetzt werden. Dann wird aus der Phronesis die *panurgia*, die große Lumperei. Aus der Zwickmühle der Unterscheidungen kommt also auch die „Klugheit" nicht heraus. Da geht es ihr wie dem „Urteil", das sich auch bei allen Begriffsanstrengungen vom „Vorurteil" nicht recht unterscheiden lässt. Dieses Dilemma geht auf die sokratische Analogie zwischen moralischem Wissen und technischem Wissen zurück. Der Versuch, gute von schlechter Klugheit zu unterscheiden, in dem beide in ein Verhältnis zur Wahrheit gesetzt werden, scheitert. Die Vorstellung, dass Phronesis ein Wissen sei, dass die Gegenstände direkt erkenne, also wahr sei, verlagert das Unterscheidungsproblem letztlich bloß auf eine andere Ebene, nämlich der der wahren oder unwahren Abbildung.

7.2 Unstetigkeit und Klugheit

Aristoteles geht schließlich einen anderen Weg, der für die Diskussion der Bedingungen der Möglichkeit, Urteilskraft zu entfalten, wichtig wird. Für ihn ist Klugheit immer mit Handeln verbunden. Am Ende der „Nikomachischen Ethik" heißt es:

> Ist es nicht bekanntlich so, dass beim menschlichen Handeln das Ziel nicht darin besteht, die einzelnen Dinge zu betrachten und zu erkennen, sondern vielmehr sie handelnd zu verwirklichen? (NE, II, 1103b26-110a12)

Handeln geht über das richtige Erkennen hinaus. Und damit muss Klugheit/Phronesis mehr sein als eine überlegene Spiegelungstechnik. Das hat durchaus auch ein erkenntnistheoretisches Moment, denn Überlegungen zum Handeln haben überhaupt nur dann einen Sinn, wenn etwas unbestimmt ist. Denn stünde alles schon fest, gäbe es keine Alternativen, dann wäre Handeln allein der Vollzug des Notwendigen. Dazu bedarf es aber keiner besonderen Überlegung, das schafft jeder Ochse. Zwar gibt es auch für den Menschen Situationen, in denen es allein auf den Vollzug des Notwendigen ankommt, das ihm von außen unausweichlich vorgegeben ist. Aber in solchen Situationen ist ihm schon ein Stück des Menschseins abhanden gekommen (als Sklave, als Gefangener, als reiner Befehlsempfänger).

> Niemand stellt Überlegungen über das an, was nicht anders sein kann oder was von ihm nicht anderes getan werden kann. Weil Wissen mit Beweis verbunden ist und bei Dingen, deren ursprüngliche Ursachen anders sein können, kein Beweis möglich ist (denn alle Dinge dieser Art können auch anders sein) und weil es unmöglich ist, Überlegungen anzustellen über Dinge, die notwendig so sind, wie sie sind, deshalb ist Phronesis nicht Wissen... da, was getan werden kann, anders sein kann... es bleibt also, dass sie eine wahre, mit Überlegungen verbundene Haltung ist, die zu Handlungen befähigt, die das für den Menschen Gute und Schlechte betreffen (NE, II, 1103a 14-33).

Zudem hat es die Phronesis im Unterschied zum theoretischen Wissen nicht ausschließlich mit dem Allgemeinen zu tun, das als Allgemeines erkannt werden muss, sondern mit dem Einzelnen, weil, was getan werden kann, immer etwas Einzelnes ist. Solche Klugheit hat es also gerade nicht mit der Formulierung von universalen Regeln zu tun, sondern muss immer im und für den Einzelfall entwickelt werden. In dieser Hinsicht unterscheidet sie sich auch von der Intuition, die die Prinzipien erfasst, von denen der Beweis seinen Ausgang nimmt. Und ebenso unterscheidet sie sich vom theoretischen Wissen, das eine Kombination von Wissen und Intuition ist.

Aristoteles geht damit auf Distanz zur platonischen Position zum moralischen Wissen, in der eine enge Verbindung von Wirklichkeitserkenntnis und moralischer Handlungsorientierung hergestellt wurde. Wissen bedeutete danach, den Urgrund des Seienden zu finden, das Urbild, die Uridee aller Güter zu erkennen. Aristoteles äußert sich skeptisch gegenüber der Möglichkeit, Antworten auf einzelne moralische oder philosophische Fragen durch philosophische Reflexion über erste Prinzipien zu gewinnen: „Wir philosophieren nicht, um zu erfahren, was ethische Werthaftigkeit sei, sondern um wertvolle Menschen zu werden." (NE, II, 2.) Und zwar immer - muss man hinzufügen - in konkreten Bezügen und Handlungssituationen. Nach Aristoteles enthält praktisches Wissen im Kern die Erkenntnis dessen, was hier und jetzt zu tun ist. Das setzt zwar ein bestimmtes Verständnis von und ein Streben nach dem richtigen Ziel voraus, doch konzentriert es sich eben nicht auf Gesinnungserforschung und -expression, erschöpft sich nicht im Wissen der letzten moralischen Gründe.

Weit gefehlt wäre es, Aristoteles damit für einen Denker zu halten, der über gar keinen Gesinnungs- oder Tugendbegriff verfügt hätte. Ganz im Gegenteil geht auch er davon aus, dass wir nur über Tugend zur richtigen Zielorientierung im Leben und Handeln gelangen. Er kennt fünf Tugenden:

> Es gelte die Annahme, dass die Grundformen, durch welche die Seele, bejahend oder verneinend, die Erkenntnis des Richtigen vollzieht fünf an der Zahl sind, nämlich: praktisches Können, wissenschaftliche Erkenntnis, sittliche Einsicht, philosophische Weisheit und intuitiver Verstand. Bloße Vermutung, das heißt bloße Meinung, gehört nicht hierher, weil sie uns täuschen kann (NE, VI, 1139b 15-16.).

Vieles von dem, was schon angesprochen worden ist, findet sich in dieser kurzen Passage wieder. Das praktische Können und die philosophische Weisheit sind Tugenden. Sie verhelfen allein aus sich heraus, ohne jede weitere Zweckbindung, zum glücklichen Leben (jedenfalls sahen das die alten Griechen so, sie kannten die Romane von Philip Roth noch nicht). Die Tugend verhilft zur Kenntnis des richtigen Ziels, während die Phronesis die richtige Schrittfolge zur Erreichung dieses Ziels bestimmt. Auch das stellte seinerzeit keine Revolution im philosophischen Diskurs dar. Bedeutsam und folgenreich wird das aristotelische Denken für eine Untersuchung politischer Urteilskraft, weil es dieses Handeln hin auf ein tugendhaftes Ziel (Schurkereien müssen ohnehin nicht weiter untersucht werden) keiner Regelhaftigkeit unterworfen sieht. Das Wissen, das man benötigt, ist immer von besonderer Art. In der Nikomachischen Ethik heißt es dazu:

> Nun ist der Satz: „nach der richtigen Planung handeln" allgemein anerkannt und sei (somit vorläufig) vorausgesetzt. Später soll dann darüber gesprochen werden, was das ist: „richtige Planung" und in welcher Beziehung sie zu den (ethischen) Wesensvorzügen steht. Über das eine möge hierbei im vorhinein Übereinstimmung festgestellt sein, dass von einer Untersuchung über ethische Fragen nur umrisshafte Gedankenführung, nicht aber wissenschaftliche Strenge gefordert werden darf. Wir haben es schon eingangs ausgesprochen, dass die Form der Untersuchung, die wir verlangen dürfen, dem Erkenntnisgegenstand entsprechen muss. Im Bereiche des Handelns aber und der Nützlichkeiten gibt es keine eigentliche Stabilität - übrigens auch nicht in Fragen der Gesundheit. Wenn dies aber schon bei übergreifenden Aussagen (in der Ethik) zutrifft, so kann Exaktheit noch viel weniger bei der Darstellung von Einzelfällen des Handelns vorhanden sein: diese fallen weder unter eine bestimmte „Technik" noch Fachtradition. Der Handelnde ist im Gegenteil jeweils auf sich selbst gestellt und muss sich nach den Erfordernissen des Augenblicks richten, man denke nur an die Kunst des Arztes und des Steuermanns (NE, II, 1104a7-9).

Richtiges praktisches Handeln kann nicht auf der Basis von festgesetzten Regeln erfolgen. Auch wenn wir berücksichtigen müssen, dass das Handeln des Arztes und des Steuermanns im vierten Jahrhundert v. Chr. ohne das technische Wissen auskommen musste, das heute zur Verfügung steht, bleiben beide Berufe bis heute mit einem „Können" verbunden, das sich theoretisch nicht definieren lässt und „Kunst" bleibt. Handeln behält nicht nur in diesem Kontext eine Unschärfe, die eine genauere Bestimmung nicht zulässt. Das ist auch mit den Methoden exakter Wissenschaft des 21. Jahrhunderts nicht weiter aufzuklären. Es kommt noch etwas anderes hinzu: Der aristotelische Begriff der Klugheit verweist auf Situationen, in denen Erfahrungen von Grenzen gemacht werden. Weder Arzt noch Steuermann sind letztlich die Herren ihres Geschicks. Klugheit besteht nun darin, die prinzipiell begrenzten Interventionsmöglichkeiten zu reflektieren. Hier schließt Aristoteles eine Philosophie der Mäßigung an, die dem Expansionismus eines wissenschaftlich angeleiteten Politikverständnisses fremd ist (Luckner 2005, 166). Handeln ist für Aristoteles nicht Erkenntnisobjekt der höchsten Klasse. Das sind Objekte, denen mit theoretischem Wissen begegnet werden kann, das sich mit dem Ewigen, dem Sein beschäftigt. Menschliches Handeln ist demgegenüber unstet. Da sich aber die Form des Wissens ihrem Untersuchungsgegenstand anpassen muss, führt ihn das Nachdenken über die Flüchtigkeit menschlicher Handlungen zum Verzicht auf exakte Erkenntnis. Das bedeutet jedoch keinesfalls, dass die Untersuchung menschlicher Handlungen ins beliebige Meinen abrutscht. Hier geht es nicht um proseminaristische Nettigkeiten des „finde ich nicht" oder „ich sehe es halt anders", des argumentativen Waffenstillstands. Es geht bei der Freisetzung von Klugheit eben nicht ums Räsonnieren, sondern ums Handeln. Im Handeln zeigt sich Klugheit oder auch nicht. Wissenschaftlich ist sie nicht einzuholen, die Praxis der Wissenschaft ist Theorie und eben nicht Handeln im Sinne des sich Zurechtfindens in einem offenen Möglichkeitsraum. Wissenschaft zielt gerade in ihren theoretischen Bemühungen auf Regelhaftigkeit - noch einmal betont -, das ist ihre Praxis (und das ist auch gut so).

Bei der Suche nach den normativen Orientierungen menschlichen Handelns sieht Aristoteles eine solche Regelhaftigkeit nicht.

7.3 Politische Klugheit

Die Frage, die sich einer politikwissenschaftlichen Analyse aufdrängt, bezieht sich auf den Raum des Politischen. Für Aristoteles ist es der Platz menschlicher Unstetigkeit.

Die zeitgenössische Politikwissenschaft (allein schon die Bezeichnung des Faches wäre für ihn ein Widerspruch in sich selbst) mit ihren Versuchen, sich als Kopie angeblich exakter Naturwissenschaften zu inszenieren, wäre ihm ganz unverständlich vorgekommen, weil sie die Unbestimmtheit menschlichen Handelns in Notwendigkeit umdeuten will.

Doch bei aller Bedeutung für die praktische Philosophie hat sich in der modernen, bürgerlichen Gesellschaft ein aristotelisches Verständnis des Politischen nicht durchgesetzt. In der Auseinandersetzung mit Konzepten der Phronesis/Klugheit als Teil der Unschärfe menschlichen Handelns zeigte sich die damit einhergehende Verunsicherung, der Schrecken der Kontingenz als zu groß. Er soll durch Versuche eingehegt werden, im politischen Handeln Regelhaftigkeiten zu entdecken und Gesetze (im normativen Sinne) aufzustellen, um dieses Handeln bewerten zu können. Regeln setzen aber die Formulierung eines Allgemeinen, eines Unhintergehbaren voraus.

Das Problem der Klugheit besteht darin, dass sie ohne instrumentelle Bezüge nicht zu denken ist. Das Streben des Tugendhaften drückt - neuzeitlich formuliert - ein besonderes Eigeninteresse aus. In den Bestimmungen und Grenzziehungen dieses Eigeninteresses liegt die Herausforderung für die Bewertung der Klugheit. Purer Egoismus, der die Übervorteilung anderer nicht scheut, kann einer moralischen Prüfung nicht standhalten. Klugheit wird dann zur Fähigkeit, andere zu „verladen". Politische Klugheit, die eben mehr ist als die Fähigkeit zur instrumentellen Kalkulation, gebietet es vielmehr, auch das Recht anderer, ihr jeweiliges Eigeninteresse zu verfolgen, mit den eigenen Absichten in Ausgleich zu bringen.

Das ist das große Projekt, das sich in der Sozialvertragstheorie ausdrückt. Nur wenn die anderen zu ihrem Recht kommen, habe ich die Chance, das auch für mich zu tun. Thomas Hobbes hat in seinem „Leviathan" gezeigt, wie Frieden nur als Ergebnis einer klugen Kalkulation individueller Interessen organisiert werden kann. Klugheit heißt hier, Überlegungen anstellen zu können, um die Schnittmenge der eigenen Interessen mit denen der anderen zu erkennen. Dabei geht es um Verallgemeinerungsfähigkeit der Prinzipien des eigenen Handelns:

> ...das oberste Prinzip der Tugendehre ist: handele nach einer Maxime der Zwecke, die zu haben für jedermann ein allgemeines Gesetz sein kann. Nach diesem Prinzip ist der Mensch sowohl sich selbst als auch anderen Zweck und es ist nicht genug, dass er weder sich selbst noch andere bloß als Mittel zu brauchen befugt ist... (Kant, 1798/ 1989, A. 30, S. 526).

Mit dem *kategorischen Imperativ* stellt Kant eine allgemeine Regel für die Entfaltung der Klugheit vor. Wie im Prozess der Verbreitung der Philosophie der Aufklärung aus der aristotelischen Annahme einer prinzipiellen Flüchtigkeit jeder Handlungssituation die Vorstellung wird, mithilfe eines Imperatives Regeln für solche Situationen entwickeln zu können, soll ein Beispiel verdeutlichen: In der gerade zitierten Tugendlehre behandelt Kant unter anderem die Frage, ob es erlaubt sei, in einem Brief höfliche Anreden zu verwenden, wenn wir gegenüber dem Adressaten gar keine Sympathie empfänden. Er prüft die Frage, ob wir es hier mit einer Lüge zu tun haben, die der moralischen Verdammung anheim fällt (weil Lügen ja nun gerade nicht als zu verallgemeinernde Maxime taugt). Nach längeren Überlegungen kommt er allerdings zu dem Schluss, dass die Höflichkeit im Brief keine Lüge darstellt. Denn es sei allgemein bekannt, dass es sich bei solchen brieflichen Anreden um eine Höflichkeit handelt, der tiefere Bedeutung (Authentizität) nicht zukommt. Wie alle wissen, bedeuten solche Briefformen nichts, alle wissen auch, dass in ihnen kein Wahrheitsanspruch erhoben wird, und deshalb dürfen sie benutzt werden.

In Kants Tugendlehre stoßen wir auf zahlreiche solcher und ähnlicher Gedankenexperimente. Immer geht es um Regeln und ihre Anwendung (Höffe 2005). Ob man damit im Bereich des Politischen weit kommt, wird an anderer Stelle - unter anderem im folgenden Kapitel über Wahrheit und Politik - behandelt werden. Ungeachtet solcher weiter zu führender Diskussionen kann aber festgehalten werden, dass die Moderne Fragen nach der Klugheit des politischen Handelns in Rechtsfragen zu verwandeln trachtet und damit für alle möglichen Einzelfragen, Konflikte, Problemlagen Regeln der Entscheidung formuliert. Der jeweilige Einzelfall wird auf seine Allgemeinheit hin untersucht, beurteilt, entschieden und behandelt. Für Klugheit im aristotelischen Sinne - und das ist nicht nur eine Beobachtung, die die Prozessverlierer machen - bleibt da wenig Raum. Und jetzt erklärt sich auch, warum die Klugheit aus dem politischen Diskurs verschwunden ist: Sie wird hier nicht gebraucht, weil sie in Wissenschaft und Recht aufgegangen ist.

Jenseits davon bleibt nur der Ausnahmezustand, vor dem alle Angst haben. Denn unter seinen Bedingungen richtig zu handeln, setzt genau jene Klugheit voraus, die sich nicht in Regeln fassen lässt. Politisches Handeln entkommt dem Problem der Klugheit nicht.

8   Aufklärung: Von Machiavelli zu Arendt

Für jede Beschäftigung mit den Bedingungen der Entfaltung von Urteilskraft ist Kants Kritik der Urteilskraft ein wichtiger Orientierungspunkt. Nun sollen im folgenden nicht allgemeine Überlegungen zur kantischen Erkenntnistheorie angestellt werden. Vielmehr geht es um die Darstellung des Stellenwertes von Wahrheit in der Politik, einer zentralen Unterscheidung in der Trias Urteilen-Entscheiden-Handeln.

8.1   Wird in der Politik gelogen?

Das ist eine merkwürdige Fragestellung, weil die Antwort doch offensichtlich ist. Selbstverständlich wird in der Politik, die wir hier annäherungsweise als das Feld bezeichnen, wo Gesellschaften ihre Haupt- und Staatsaktionen ablaufen lassen, gelogen. Wie überall sonst auch. In der Familie wird gelogen, zwischen Ehepartnern, im Sport und in den Kirchen. Über die so genannten „Kinderlügen" haben Psychologen und Pädagogen unzählige Arbeiten veröffentlicht. Und dass in der Wirtschaft einige nur den Bilanzen trauen, die sie selbst gefälscht hat, ist ein bekanntes und gerade in letzter Zeit schmerzlich aktuell gewordenes Bonmot. Marketingstrategen und Public-Relations-Manager haben aus den Lügen, welche die Werbung uns vorsetzt, ein einträgliches Geschäft gemacht.

Auch in der Wissenschaft, die mit Wahrheitsfragen nun tagtäglich umgeht, soll schon gelogen worden seien. Die allgegenwärtige Lügerei verweist aber nicht nur auf den moralisch bedenklichen Zustand von Institutionen und Teilsystemen unserer Gesellschaft. Unter den strategischen Handlungsmöglichkeiten, die dem Menschen zur Verfügung stehen, nimmt die Täuschung einen wichtigen Platz ein. Lügen, betrügen, verschleiern und verfälschen - das Leben im „als ob" gehört zu seiner Grundausstattung. Lügen ist also eine sehr menschliche Tätigkeit. Trotzdem bleibt die Lüge ein Skandal. Vor allem, wenn sie herauskommt.

Gerade an der politischen Lüge wird gemeinhin großer Anstoß genommen. Ganze Armeen publizierender Wahrheitssucher machen es sich zur Aufgabe, die Lügen in der Politik aufzudecken. Dass in der Politik besonders häufig gelogen werde, ist eines der vielen Vorurteile gegenüber diesem Metier, das im Ressentiment der Nörgler ohnehin als schmutziges Geschäft gilt. Nicht als einer der ersten und sicher nicht als einer der letzten stellte Friedrich Logau schon im 17. Jahrhundert fest:

Anders sein und anders scheinen/ anders reden, anders meinen,/ alles loben, alles tragen,/ allen heucheln, stets behagen,/ allem Winde Segel geben,/ Bös- und Guten dienstbar leben,/ alles tun und alles dichten/ bloß auf eigenen Vorteil richten./ Wer sich dessen will befleißen,/ kann politisch heuer heißen (Meier 1994, 50).

8.1.1 Wenn schon, dann konsequent und geschickt (Machiavelli)

Allerdings hat die Politik ihren schlechten Ruf nicht ganz zufällig erworben. Der Vater einer Politikwissenschaft als Wirklichkeitswissenschaft, Niccolo Machiavelli (1469 - 1527), stellt das Verhältnis von Wahrheit und Unwahrheit konsequent in den Dienst einer politischen, Interessen kalkulierenden Zweckrationalität. In seinem politischen Consulting-Longseller „Der Fürst" (1513) heißt es beispielsweise:

Ein kluger Fürst kann und darf sein Wort nicht halten, wenn er dadurch sich selber schaden würde oder die Gründe weggefallen sind, die ihn bestimmten, es zu halten. Wenn alle Menschen gut wären, wäre diese Vorschrift nicht gut; da sie aber schlecht sind und die Treue nicht halten würden, brauchst du sie ihnen auch nicht zu halten (Machiavelli 1513/1976, 104).

An dieser Passage wird deutlich, dass dem gerissenen Florentiner Realpolitiker Machiavelli die moralische Verwerflichkeit von Lug und Betrug selbstverständlich klar vor Augen steht. Schließlich gibt er zu, dass es besser wäre, wenn auf solche miesen Tricks im politischen Spiel verzichtet werden könnte. Und es muss schon ein sehr pessimistisches Menschenbild herhalten, um die Lüge vor dem eigenen Gewissen legitimieren zu können. Es sind dann immer die anderen, die zu den üblen Fouls greifen. Man selber würde gerne fair sein, aber der böse Kontrahent ließ einem keine Wahl als die, selber unmoralisch zu handeln. Weil alle schlecht sind, kann es sich der Gute nur in der Brüderlichkeitsreligion erlauben, gut zu bleiben. Doch Religionen bereiten den Menschen letztlich eben nicht auf diese, sondern auf eine andere Welt vor. Aber genau mit dieser Welt - und keiner anderen - hat es der Politiker zu tun.

Schaut man noch konzentrierter hin, bedarf es gar nicht dieser schwarzen Anthropologie, um die Lüge zu rechtfertigen. Sie ist einfach Bestandteil eines Arsenals strategischer Verhaltensweisen. Im Krieg etwa ist die Wahrheit das erste Opfer auf allen Seiten; gute Lügen sind dann sogar rühmlich. Rein technische Überlegungen schließen sich hier an. Die Lüge muss so beschaffen sein, dass sie geglaubt wird. Schlechte, nämlich unglaubwürdige Lügen, schlagen irgendwann furchtbar auf den zurück, der sie in die Welt gesetzt und verbreitet hat. Das Geschick des erfolgreichen Lügners bleibt immer gefährdet, immer prekär, denn er muss sich die eigenen Erfindungen ständig vergegenwärtigen und darf seine Lügengespinste nicht durcheinanderbringen, sonst verheddert er sich darin. Die Weltliteratur ist voll von Gestalten, denen die eigenen Lügen über den Kopf wachsen.

Wieviel leichter ist es, bei der Wahrheit zu bleiben! Richtig gute politische Lügner sind deshalb selten. Ausdrücklich lobte Machiavelli die alten Römer, die es bei ihrem Aufstieg vom Dorf zur Weltmacht und ihren ersten Gebietserweiterungen nicht am Betrug haben fehlen lassen. Es gilt der Grundsatz: Nur der unfähige politische Akteur lässt sich erwischen.

8.1.2 Um keinen Preis, nie! (Kant)

Immanuel Kant hätte für eine solche Differenzierung kein Verständnis gehabt. In seiner 1797 verfassten kurzen Notiz in „über ein vermeintes Recht aus Menschenliebe zu lügen" stellte er kategorisch fest:

> Wahrhaftigkeit in Aussagen, die man nicht umgehen kann, ist formale Pflicht des Menschen gegen jeden, es mag ihm oder einem anderem daraus auch noch so großer Nachteil erwachsen; und, ob ich zwar dem, welcher mich ungerechter Weise zur Aussage nötig, nicht unrecht tue, wenn ich sie verfälsche, so tue ich doch durch eine solche Verfälschung, die darum auch Lüge genannt werden kann, im wesentlichsten des Stücks der Pflicht überhaupt unrecht: das ist, ich

mache, soviel an mir ist, dass Aussagen (Deklarationen) überhaupt keinen Glauben finden, mithin auch alle Rechte, die auf Verträgen begründet werden, wegfallen und ihre Kraft einbüßen; welches ein Unrecht ist, dass der Menschheit überhaupt zugefügt wird (Kant 1797/1989, 638).

Weil die Lüge das allgemeine Sittengesetz des Sozialvertrags verletzt und asozial ist, muss sie immer verboten sein. Denn wenn sich das Lügen verallgemeinert, ist jeder menschlichen Gemeinschaft der Boden entzogen. Wenn gesellschaftliches Vertrauen in Misstrauen als Leitinstanz verwandelt wird, wird das Leben armselig, ekelhaft, tierisch und kurz, wie schon Thomas Hobbes wusste. Die Lüge verletzt Sozialität, sie legt die Axt an alle Formen menschlichen Zusammenlebens. Ausnahmen darf es deshalb nicht geben. So betont Kant an gleicher Stelle sogar, dass ich einem Mörder, der meinem Nachbarn nachstellt, auf dessen Frage, ob mein Nachbar zuhause sei, wahrheitsgemäß antworten muss. Selbst dem Mörder gegenüber darf die Menschen-Pflicht zur Wahrhaftigkeit nicht verletzt werden. Das gilt nach den Worten des Königsbergers gerade auch für die Politik, die sich dem Recht anpassen muss. Aber bleibt bei uns angesichts dieses rigiden Verbots nicht ein Unbehagen zurück? Und dieses Unbehagen wird noch größer, wenn wir uns anschauen, wie Kant den Zwang zur Wahrhaftigkeit gegenüber dem Mörder weiter begründet. Wer nicht bei der Wahrheit bleibt, greift so in die Wirklichkeit ein, dass er schließlich die Folgen seiner Intervention verantworten muss:

> Es ist möglich, dass, nachdem du dem Mörder, auf die Frage, ob der von ihm angefeindete zuhause sei, ehrlicherweise mit Ja geantwortet hast, dieser doch unbemerkt ausgegangen ist, und so dem Mörder nicht in den Wurf gekommen ist, die Tat also nicht geschehen wäre; hast du aber gelogen, und gesagt, er sei nicht zuhause, und er ist auch wirklich (obzwar dir unbewusst) ausgegangen, wo dann der Mörder ihm im weggehen begegnete und seine Tat an ihm verknüpfte: so kannst du mit Recht als Urheber des Todes des selben angeklagt werden (Kant 1797/1989, 639).

Kant stützt sich hier - und in weiterer Simulation dieses Falles, auf die wir nicht weiter eingehen wollen - auf das Argument, dass unsere Urteilskraft prinzipiell nicht ausreicht, um entscheiden zu können, ob die Notlüge wirklich effektiv ist. Es könne doch sein, so Kant in dem obigen Zitat, das wir mit den besten Absichten gelogen haben, aber gerade diese Unwahrhaftigkeit das

Verbrechen erst möglich macht. Gut gemeint, so könnte man weiter ausführen und so ganz nebenbei zu einem Leitsatz im Nachdenken über politische Urteilskraft kommen, reicht nicht aus, damit etwas auch gut wird.[22]. Da wir nie mit völliger Sicherheit entscheiden können, erscheint es danach am besten, bei der Wahrheit zu bleiben. So laden wir keine Schuld auf uns.

Die Begrenztheit der kantischen Ethik tritt an dieser Stelle deutlich hervor. Seine Ethik übersteigt nicht die Ebene der individuellen Pflicht. Bleibt der vom Mörder Gefragte bei der Wahrheit, so hat er seine Pflicht erfüllt. Aber hat er auch genug für seinen Nachbarn getan? Politisches Handeln geht über diese enge individuelle Pflichtenethik weit hinaus, weil Politiker eine andere Rolle ausfüllen müssen als die eines relativ unbeteiligten Nachbarn. Ja, ihr politisches Handeln ist vornehmlich auf einer anderen Ebene angesiedelt als der von individueller Ethik und folgt damit zwangsläufig auch anderen Unterscheidungen als denen der Moral. Dass die individuelle Ethik damit für sie nicht außer Kraft gesetzt ist, macht ihre Lage nicht leichter. Wer Politik macht, wird immer wieder in Situationen geraten, in denen er politisch das tun muss, was ihm als Mensch eigentlich verboten ist. Nur wenn er Glück hat, bleibt ihm diese Zumutung erspart.

Für die Lüge in der Politik bedeutet das nun, dass man zwar nicht lügen darf, im politischen Handeln aber manchmal ohne sie nicht auskommt. Dieser Doppelstandard ist nicht auflösbar. Hier hilft keine Logik weiter. Die Beobachtungen politischen Handelns werden ihrem Untersuchungsgegenstand auch nur dann gerecht, wenn sie sich von einer Moralisierung des Politischen befreien. Politik ist keine Wissenschaft und geht auch nicht im Recht auf, sondern ist letztlich eine Kunst. Dürfen Politiker lügen? Selbstverständlich - aber Lügen sind nicht einfach die Lösung, sondern müssen analytisch und normativ immer ein Problem bleiben.

8.2 Der Kampf um die Wahrheit (Arendt)

Geheimhaltung nämlich und Täuschung - was die Diplomaten Diskretion oder auch die arcana imperii, Staatsgeheimnisse, nennen -, gezielte Irreführungen und blanke Lügen als legitime Mittel zur Erreichung politischer Zwecke kennen

---

[22] Offenbar gibt es hier eine verschwiegene Parallele zwischen politischer und ästhetischer Urteilskraft, denn der von uns formulierte Leitsatz beruht auf einer sarkastischen Bemerkung Gottfried Benns über die Lyrikproduktion des einen oder anderen seiner Zeitgenossen.

wir seit den Anfängen der überlieferten Geschichte. Wahrhaftigkeit zählte niemals zu den politischen Tugenden, und die Lüge galt immer als ein erlaubtes Mittel in der Politik.

schreibt Hannah Arendt (1972, 8) in einem lesenswerten Essay über „Wahrheit und Lüge in der Politik", der hier auch zitiert wird, weil die Autorin einen anderen Begriff des Politischen prägt als Kant.

> Der Gegenstand dieser Überlegungen ist ein Gemeinplatz. Niemand hat je bezweifelt, dass es um die Wahrheit in der Politik schlecht bestellt ist... Lügen scheint zum Handwerk nicht nur des Demagogen, sondern auch des Politikers und sogar des Staatsmannes zu gehören. Ein bemerkenswerter und beunruhigender Tatbestand. Was bedeutet es für das Wesen und die Würde des politischen Bereiches einerseits, was für das Wesen und die Würde von Wahrheit und Wahrhaftigkeit andererseits? Sollte etwa Ohnmacht zum Wesen der Wahrheit gehören und Betrug im Wesen der Sache liegen, die wir Macht nennen? Welche Art der Wirklichkeit können wir der Wahrheit noch zusprechen, wenn sie sich gerade in der uns gemeinsamen öffentlichen Welt als unrichtig erweist, also in einem Bereich, der mehr als jeder andere dem gebürtlichen und sterblichen Menschen Wirklichkeit garantiert, weil er ihnen verbürgt, dass es eine Welt gab, bevor sie kamen, und geben wird, wenn sie wieder aus ihr verschwunden sind? Ist schließlich nicht Wahrheit ohne Macht nicht ebenso verächtlich wie Macht, die nur durch Lügen sich behaupten kann (Arendt 1972, 44)?

Hannah Arendts Überlegungen sind für uns vor allem aus einem Grund wichtig. In ihrem Denken steht das Politische im Zentrum von Macht und Herrschaft. Machterringung, Machtbehauptung und Machtverlust sind für sie die Stationen im politischen Raum. Im Ringen um die Fähigkeit, anderen seinen Willen auch gegen Widerstand aufzuzwingen oder sich gegen die Machtansprüche anderer zu wehren, kommt instrumentellem, technischem, strategischem Denken und Handeln entscheidende Bedeutung zu. Politik ist ein (ernsthaftes) Spiel um Macht. Welche Spielzüge gelungen sind, darüber entscheidet ihr Erfolg. Das gilt für alle Beteiligten ausnahmslos. Wer die Welt nach seinen Absichten (und seien es auch die besten und menschenfreundlichsten) verändern will, bedarf der Erzwingungsmacht und steht somit immer unter dem Primat der zweckrationalen Kalkulation, und die erlaubt nun einmal unter bestimmten Umständen eine Lüge.

Ganz nebenbei fallen in diesem Kontext wichtige Bemerkungen zur „Sozialstruktur der Lüge" (Böhme 1994) ab. Zum Betrug muss greifen, wer nicht souverän mit der Wahrheit umgehen kann. Die Lüge ist deshalb vor allem ein Instrument der ganz großen und der ganz kleinen Haie. Erstere können aus ihrer Machtfülle heraus lügen, dass sich die Balken biegen, aber niemand darf die Lüge als Lüge bezeichnen, sonst wird er bestraft. Solche Lügen sind Ausdruck der Repression. Letztere fühlen sich immer der Versuchung zu lügen ausgesetzt, weil sie aus der Defensive fechten und sich auf diese Weise einen Vorteil verschaffen möchten. Häufig haftet solchen Lügen etwas Ärmliches an, gerade ihre Offensichtlichkeit offenbart Not und Ohnmacht. Die schnell zusammen gezimmerte Unwahrheit drückt nicht selten Verzweiflung aus. Aber verzweifelte Politiker wählt niemand; selbst in Zeiten öffentlicher Beichte wirken sie zu erbärmlich für die Inszenierung der Macht.

Gerade in politischen Systemen, die ihre Legitimität aus der Zustimmung des Volkes beziehen, kann die professionelle politische Lüge nur funktionieren, wenn die Öffentlichkeit sie glauben will. Und es gehört zu den großen Verdiensten Hannah Arendts, auf die Bedeutung der Öffentlichkeit als Raum der Wahrheitsentstehung hingewiesen zu haben. Wer so mit dem Rücken zur Wand steht, dass er glaubt, nur noch mit dem Hinweis auf sein persönliches und wiederholt abgelegtes Ehrenwort seinen Glaubwürdigkeitsverlust kompensieren zu können, ist politisch am Ende; ihm wird auch das Ehrenwort nicht mehr abgenommen. Wer es abgibt, hatte es wohl nötig. Ganz im Gegenteil vermutet das Publikum hinter diesem Schwur nur die schwitzende Angst des überführten, das Erschrecken des „bleichen Verbrechers" (Nietzsche) über die Auswegslosigkeit seiner Lage.

Die Wirkung der Lüge setzt also Aufnahmebereitschaft der Belogenen voraus. Auch das hat schon Machiavelli gewusst. Parallelen zur entwickelten liberaldemokratischen Ordnung unserer Tage drängen sich auf. Da wird zwar mit dem Etikett der „Politik- und Parteienverdrossenheit" der ziemlich missverständlich so genannten „politischen Klasse" ein übles Leumundzeugnis ausgestellt, aber trotzdem werden die so Gescholtenen gewählt. Und bricht mal einer der Akteure mit den Ritualen der Scheinhaftigkeit, zeigt etwa eine Partei ehrlich, dass sie in bestimmten Fragen uneinig, ja zerstritten ist, so gilt sie als regierungsunfähig und unwählbar. Viele können offensichtlich auf den Eindruck innerparteilicher Geschlossenheit nur schwer verzichten, folgerichtig wird sie von den Parteien mal mehr, mal weniger erfolgreich inszeniert. Mit den Lügen ist es wie mit dem Tango - es gehören immer zwei dazu.

8.3 Lüge als Last

Erinnern wir uns noch einmal an einen Abschnitt aus dem Essay von Hannah Arendt über „Wahrheit und Politik". Sie fragte danach, was es für die Individuen und ihre politische Vergesellschaftung bedeutet, wenn der Raum der Öffentlichkeit keine Wahrheitserwartung mehr hervorbringt. Wie wachsen etwa Kinder in soziale Systeme der strukturellen Verlogenheit hinein? Die Autorin bezeichnet mit diesen Bemerkungen den Spannungsbogen, der sich über das Verhältnis von Lüge und Wahrheit (nicht nur) in der Politik erhebt.

Die Lüge bleibt deshalb etwas Verbotenes, weil ohne die Fiktion des Vertrauens keine Sozialität der Menschen, ja noch nicht einmal individuelle Identität entstehen und sich auf Dauer erhalten könnte. In der Unwahrheit, im Betrug verweigert der Täter seinem Gegenüber die Anerkennung als Mitmensch; der wird zu einer beliebig manipulierbaren Sache. Diese Verleugnung des Alter Ego korrespondiert mit einer weiteren in der Lüge angesiedelten Asymmetrie. Denn der Lügner muss geradezu die Wahrheitsgläubigkeit seiner Opfer voraussetzen. Gingen diese davon aus, dass gelogen und betrogen wird, so würde die Lüge ja ihre Absicht verfehlen. Die Lüge kann nie zur sozialen Norm werden, weil sie die Erwartung voraussetzt, dass es einen Verhaltenskodex der Ehrlichkeit gibt. Und gesellschaftliche Verknüpfungen können nur entstehen, wenn diese Erwartung nicht ständig enttäuscht wird. Wir können in der Welt nur überleben, weil wir davon ausgehen, uns auf uns selbst und auf andere verlassen zu können. Jedenfalls ist der Glaube daran unabweisbar notwendig für das Funktionieren von Gesellschaft. Im Positiven wie Negativen.

Die Lüge verletzt diesen Sicherheitsanspruch und entfaltet so eine asoziale oder gar anomische (gesellschaftsauflösende) Dynamik. Eine Gesellschaft, in der alle lügen, geht an ihren eigenen Paradoxien zu Grunde. Es wäre wie in dem klassischen Lügenparadox des Kreters, wonach ein Schiffbrüchiger an das Ufer einer ihm unbekannten Küste gespült wird. Der erste Mensch, den er trifft, gibt auf die Frage des Gestrandeten, wo er sei und wen er vor sich habe, die Antwort: „Auf Kreta. Ich bin Kreter. Aber seien Sie vorsichtig, alle Kreter lügen". Unser Schiffbrüchiger bleibt rat- und orientierungslos zurück, denn wenn diese Aussage gelogen ist, dann kann er sich nicht auf sie verlassen, obwohl sie wahr ist. Und wenn sie wahr ist, dann ist sie gelogen.

Bezieht das Individuum die Lüge auf sich selbst und stellt etwa über sich fest: „Alles, was ich sage, ist gelogen", bricht es zusammen, weil es sich in einem unlösbaren Problem verfangen hat. Epimenides (ca. 600 v. Chr.), von dem dieser Schrecken der Selbstverständlichkeit des Lügen stammt, soll aus Verzweiflung über die Unhaltbarkeit dieser Selbstaussagen in tiefen 57 jährigen Schlaf verfallen sein. Lügen, so lautet die Botschaft, führen zum Systemtod, individuell und gesellschaftlich.

Wem aber die Sorge um das allgemeine Wohl zur Aufgabe gemacht wurde, wie dem Politiker, der darf sich nun nicht so betriebsgefährdend verhalten. Vielleicht nimmt man ihm deshalb Lügen besonders übel, vielleicht ist auch deshalb die Glaubwürdigkeit von Politikern so gering. Auf die Frage, wem man denn am wenigsten vertraue, antworteten kürzlich die repräsentativ Befragten: „den Politikern". An zweiter Stelle der Misstrauens-Hitparade folgten Versicherungsvertreter. Diejenigen, die uns sichern sollen, stehen bei uns also nicht hoch im Kurs. (Aber das könnte auch mit dem Gefühl allgemeiner Verunsicherung zu tun haben und weniger mit der moralischen Beschaffenheit dieser Berufsgruppen.)

Wir können also festhalten, dass die Lüge verboten sein muss, damit sie funktionieren kann. Im Bereich des politischen Handelns entsteht hier aber trotzdem keine paradoxe Situation einer moralischen Verurteilung der Lüge, bei gleichzeitiger Praktizierung des Verbotenen. Denn es gibt (nicht nur) in der Politik nicht das Gebot, immer die Wahrheit zu sagen. Wobei wir hier zunächst noch einmal offen lassen, was das denn überhaupt sein kann: die Wahrheit. Niemand sagt immer *seine* Wahrheit, von *der* Wahrheit einmal ganz zu schweigen. Wir klären in der Regel unsere Mitmenschen nicht ständig über unsere „authentischen" Gefühle ihnen gegenüber auf, wir sagen nicht immer unsere Meinung. Denn das wäre oft unklug und häufig - denken wir an unsere Meinung über bestimmte Eigenschaften Dritter - unhöflich, verletzend, aggressiv. Nein, die Forderung nach permanenter Wahrhaftigkeit ist auch naiv, und Naivität gehört in der Politik zu den gefährlichsten Eigenschaften.

Was als allgemeine Moral unbestreitbar zu sein scheint - nicht zu lügen - ist im Raum des Politischen nur von begrenzter Relevanz. Nach dem bisher

Gesagten stellt sich nun endgültig die Frage, was denn Wahrheit in der Politik überhaupt ist oder sein kann.

8.4 Wahrheit in der Politik

Der Begriff „Wahrheit" verwies lange Zeit auf religiöse Offenbarung und/oder eine philosophische, erkenntnistheoretische Diskussion. Die Philosophen, die Weisheits- und Wahrheitsliebenden, versuchten durch die Anstrengung des Begriffs ein authentisches Abbild der Wirklichkeit zu gewinnen. Platon (ca. 428 - ca. 347 v. Chr.) hat das im siebten Buch seiner Abhandlung über den „Staat" in das berühmte Höhlengleichnis gekleidet.

Danach ist die größte Zahl der Menschen den gefesselten Bewohnern einer Höhle gleich, die dem Höhleneingang, damit der Sonne, den Rücken zukehren und in ihrer dunklen Welt allein durch ein hinter ihnen glimmendes Feuer Licht erhalten. So können sie die Vorgänge in der hinter ihrem Rücken liegenden Welt außerhalb der Höhle allenfalls als Schattenriss wahrnehmen. Die Welt ist diesen Höhlenmenschen einen Scherenschnitt, ein Schattenspiel. Sie nehmen die schwachen Abbilder der Wirklichkeit für diese selbst und machen sich so ihre Gedanken und Meinungen über das Flackern an der Wand. Erst dem mutigen Philosophen, der bereit ist, seine Höhle zu verlassen und sich dem hellen Licht der Wirklichkeit auszusetzen, gelingen wahre Aussagen, die im Gegensatz stehen zu den dämmrigen Meinungen der zurückgebliebenen Höhlenbewohner. Nach Platon hat nun dieser Philosoph die Pflicht, seine Mitmenschen über die Wahrheit aufzuklären und von ihren falschen Bildern zu erlösen (Platon 1973, 226). Für ihn gibt es folgerichtig die Wahrheit nur im Singular. Sie erhebt sich über die Beliebigkeit und Vielzahl der Meinungen.

Diese Sichtweise hat bis heute ihre überzeugten Anhänger. Die Unterscheidung von „wahr" und „unwahr" wird durch kluge Köpfe vorgenommen, kann quasi objektiv festgestellt werden. Politik steigt hier zur exakten Wissenschaft auf, und es kann sicheres Wissen über ihre „richtigen" oder „falschen" politischen Entscheidungen und Inhalte geben. Solche Verwissenschaftlichung des Politischen gewinnt über die Fortschritts-Selbstsicherheit der Aufklärung, die Erfindung des Materialismus, den Siegeszug der Naturwissenschaften insbesondere im 19. Jahrhundert, die Marx'sche Interpretation Hegels und die Vulgarisierung von Marx im so genannten „wissenschaft-

lichen Sozialismus und Kommunismus" eine Dynamik, zu deren Höhepunkt
schließlich die Wahrheitsdiktatur einer herrschenden Partei wird.
Dass das nicht funktioniert, hat nicht erst der Zusammenbruch des sogenannten „realen Sozialismus"[23] gezeigt. In den pluralistischen, atlantischen
Demokratien ist demgegenüber auch schon immer an etwas anderes erinnert
worden: „non veritas facit legem." Politik kennt keinen Unterschied zwischen der „Vernunftwahrheit" - wie Hannah Arendt sagt - und den Meinungen:

> Erst in der heutigen Welt sind die letzten Spuren dieses uralten Gegensatzes von
> philosophischer Wahrheit und bloßer Meinung verschwunden. Weder die
> Wahrheit der Offenbarungsreligionen, die der gelehrten Polemik des 17. und 18.
> Jahrhunderts noch so viel zu schaffen machten, noch die Wahrheit der Philoso-
> phen, die den Menschen als einzelnen, außerhalb der Gemeinschaft mit seines-
> gleichen, anspricht, geraten mit dem politischen Bereich in ernsthafte Konflikte.
> Was die Religionswahrheiten angeht, so hat die Trennung von Kirche und Staat
> sie zur Privatangelegenheit gemacht, und was die philosophische Wahrheit an-
> langt, so hat sie seit langem aufgehört, ihre Absolutheitsansprüche im Politi-
> schen geltend zu machen - es sei denn man nimmt die modernen Ideologien
> ernst und erklärt sie zu einem Religions- oder Philosophieersatz, was immerhin
> die Schwierigkeit hat, dass ihre Anhänger sie als rein politische Waffe verstehen
> und die Frage des Wahrheitsgehaltes ausdrücklich für irrelevant erklären. Es
> sieht also fast so aus, als sei der alte Konflikt endgültig beigelegt, und als sei
> damit der Streit zwischen Wahrheit und Politik verschwunden (Arendt 1972,
> 54).

Doch der Streit schwelt weiter. Heute wissen wir, dass Arendts Feststellung
über das Ende einer gefährlichen Verbindung von Wahrheitsfragen und politischem Streit verfrüht war. Fundamentalisten jeder Couleur beziehen einen
großen Teil ihrer Aggressivität und Brutalität aus der Sicherheit, im Besitz
der Wahrheit zu sein. Wer politische Auseinandersetzungen zu Wahrheitsfragen stilisiert und damit die Legitimität aller anderen, abweichenden Meinungen bestreitet, ist in der Regel verhandlungs- und kompromissunfähig.
Wahrheit ist eben nicht aushandelbar. Aushandeln gehört aber in den innersten Kern des Politischen.

---

[23] Ein wirklich kurioser Begriff!

Doch wollen wir uns hier nicht länger mit solchen Fundamentalismen beschäftigen; sie markieren Abgründe. Noch aus einem anderen Grund ist die Wahrheit nicht gänzlich aus dem Politischen verschwunden. Neben der oben beschriebenen *großen Wahrheit* von Sinn und Ziel spielen Auseinandersetzungen über richtige und falsche Tatsachendarstellungen in der Politik eine große Rolle (Arendt 1972, 54f). Über die Konstruktion von Wirklichkeit dringt die Unterscheidung „wahr/unwahr" wieder in das politische Handeln ein. Beispiele für diese Art der Produktion von „Tatsachenwahrheiten" sind Legion. Man denke nur an die Klitterung der Geschichte der KPdSU je nach politischer Wetterlage. Da gerät Leo Trotzki, der Gründer der Roten Armee und der Retter der bolschewistischen Revolution, unter Stalin zur Unperson und verschwindet einfach aus den Geschichtsbüchern dieser Revolution. Fotografien, die ihn zeigen, werden retuschiert. Ein anderes Beispiel, aus einem anderen politischen System: Bis heute findet in der Bundesgebiet Deutschland eine Debatte über die von regulären Wehrmachtsverbänden (und nicht von so genannten SS-Einsatzgruppen) begangenen Greueltaten an der Zivilbevölkerung der besetzten Gebiete eher verschämt statt. Ein weiteres Exempel: Die Flucht und Vertreibung der damaligen deutschen Minderheiten ist wiederum in Polen oder Tschechien bis heute mit einem Tabu belegt.

Politisch streiten heißt auch über Tatsachen streiten, bedeutet Wirklichkeit und Wahrheit zu konstruieren. Für unsere Fährtensucherin im unwegsamen Gelände von Lüge und Wahrheit, Hannah Arendt, ist mit diesem Streit um „Tatsachen" eine besondere Qualität verbunden (Arendt 1972, 72). Bei den „Vernunftwahrheiten" kann es eine Lüge, also eine bewusste Unwahrheit, nicht geben, weil es hier keine Folie des Wahren und Wirklichen gibt. Das reduziert zwar die Spannung zwischen solcher Wahrheit und dem Politischen nicht, aber verweist den Begriff der Lüge auf das Feld der Tatsachenbehauptungen beziehungsweise - ihrer Leugnung. Arendt verliert hier für einen Moment ihren Orientierungssinn, geht sie doch davon aus, dass es im Bereich der Tatsachen „elementare Daten" und „Unumstößlichkeit" gibt. Wir wissen über die wirkliche Rolle Trotskis Bescheid, wir kennen die Greueltaten der Wehrmacht, es kann kein Zweifel geben an der Brutalität der Vertreibung der Deutschen aus Ost- und Südosteuropa. Doch diese scheinbare Sicherheit für das Urteil über „wahre „und „unwahre" Aussagen verflüchtigt sich bei genauerem Nachdenken, denn Tatsachen wirken nicht als Tatsachen, sondern nur innerhalb eines Bedeutungsrahmens, der sie umgibt.

Tatsachen als solche bedeuten nichts, sind sozusagen erst einmal Roh-linge; erst im Kontext von Zuschreibungen werden sie zu Tatsachen geprägt. Auch dieser Sachverhalt soll an einem Beispiel verdeutlicht werden. Am Ende des vorletzten Jahrhunderts fahndete man innerhalb des Generalstabs der französischen Armee nach einem für Deutschland spionierenden Verräter in den eigenen Reihen. Schließlich galt der aus dem Elsass stammende Jude Alfred Dreyfus als der Täter. Dreyfus wurde zu langer Haft verurteilt. Ob-wohl sehr schnell deutlich wurde, dass er das Opfer einer Militär- und Justiz-intrige geworden war, dauerte es über ein Jahrzehnt, bis er freigelassen und halbwegs rehabilitiert wurde. Die zuständigen Militärrichter weigerten sich bis zum Schluss, ein Fehlurteil einzugestehen. Mehr noch: bis vor kurzem hielt der Geheimdienst der französischen Armee an der Meinung fest, Drey-fus sei doch der Verräter gewesen.

Wir als historisch geschulte Beobachter wissen es zwar besser. Aber versetzen wir uns für einen Augenblick in die Rolle von Geheimdienst und Militärrichter. Wir wären sozialisiert worden in die Vorurteilstruktur der Institution dieser Zeit, in ihren Antisemitismus, ihr Vertrauen in militärische Hierarchien und ihren Glauben an die Größe Frankreichs. Gäbe es dann für uns so etwas wie „elementare Daten", die die Unschuld des Hauptmanns bewiesen? Wäre es so, hätten wir ihn nicht verurteilt (vom Fall der verbre-cherischen Rechtsbeugung einmal abgesehen). Nein, Tatsachen an sich sind nur scheinbar objektiv und unbestreitbar; sie werden immer in einen Wahr-nehmungsrahmen hinein gebaut. Und auf den kommt es an.

Deshalb verpuffen die Bemühungen investigativer Journalisten sehr oft, die immer zur Tatsachenwahrheit vorstoßen wollen und dann feststellen müssen, dass diese ihre Wahrheit überhaupt nichts ändert. So gelangte wäh-rend des zweiten Golfkrieges (der UNO-Aktion zur Befreiung Kuwaits) ein deutscher Reporter nach Bagdad. Dort wollte er den Mythos entschleiern, die von den USA geführten Streitkräfte nähmen so genannte klinische Bombar-dierungen vor, unter der die irakische Zivilbevölkerung nicht sehr zu leiden hätte. Selbstverständlich stimmt diese Behauptung von den klinisch reinen, chirurgisch geführten Luftschlägen[24] nicht; wie in allen modernen Kriegen gehörte auch die Zivilbevölkerung des Irak zu den Hauptleidtragenden. Dem Reporter war es gelungen, Tatsachen festzustellen, die bisher geleugnet wor-den waren. Aber hat diese Recherche die Einstellung der damaligen Öffent-

---

[24] Auch bei medizinischen Metaphern in der Sphäre der Politik ist äußerste Skepsis angebracht.

lichkeit zu diesen Krieg verändern? Überhaupt nicht. Wer dem Golfkrieg schon vorher kritisch gegenübergestanden hatte, besaß jetzt zwar neues Argumentationsmaterial für seine Position. Wer aber den Krieg befürwortete, hatte das ohnehin schon getan mit dem ahnungsvollen Wissen, dass auch diesen sogenannten chirurgisch geführten Luftschlägen viele Zivilpersonen zum Opfer fallen würden. Das waren dann in dieser Sichtweise Kollateralschäden. Tatsachen gewinnen ihre Bedeutung erst, wenn sie *für uns* etwas bedeuten.

8.5 Systeme der Wahrheit - Systeme der Lüge

Wirklichkeit und Wahrheit werden produziert. Was *für uns* wahr und wirklich ist, hat mit unseren Interessen, Absichten, Bedürfnissen zu tun. Diese unsere Welt konstruieren wir vor allem mit und über die Sprache. Das gilt insbesondere für das Politische, dessen Feld sprachlich bestimmt wird. Hannah Arendt hatte dafür einen analytischen Spürsinn.

Wörter machen Politik. Der Machtkampf beginnt beim Streit um Begriffe, und dieser Streit wiederum strukturiert unsere Wirklichkeit. Einer der erfolgreichsten Sprachregler unter den bundesrepublikanischen Politikern war Kurt Biedenkopf, der als CDU-Generalsekretär Mitte der 1970er Jahre die Alternative formulierte „Freiheit oder Sozialismus". Der Begriff „Freiheit" wird hier in einen Gegensatz gebracht zum Begriff „Sozialismus", obwohl dessen Anhänger von sich behaupten, erst der Sozialismus verbürge die wahre Freiheit. Freiheit und Sozialismus seien also gar keine Gegensätze, sondern bedingten sich gegenseitig. Aber hat Biedenkopf mit seiner Umdefinition nun gelogen, oder auch nur die Unwahrheit gesagt? Sicherlich nicht, denn die Beziehung von Freiheit und Sozialismus wird erst semantisch überhaupt hergestellt. Der gewiefte Generalsekretär der CDU war einfach erfolgreicher in der Konstruktion von politischer Wirklichkeit als seine Konkurrenten; sein Verständnis von Sozialismus und Freiheit setzte sich weitgehend durch. Sprache konstruiert unseren Zusammenhang mit der Umwelt. Ein weites Betätigungsfeld finden hier Partei- und Regierungssprecher, die Werbefachleute und Image-Berater, die Redenschreiber, Spin-Doktoren und Public-Relation-Manager.

Diese sprachliche Konstruiertheit unserer Welt und unseres Sinns kann die Formen der staatlich systematisierten Wahrheits- und Lügenproduktion annehmen. Die düsteren Utopien von George Orwell, Ray Bradbury oder Aldous Huxley legen von dieser Wahrheitserfindung im Dienst der Herrschaftssicherung diktatorischer Regime Zeugnis ab. Wobei im 20. Jahrhundert in den Diktaturen von Faschismus, Nationalsozialismus, Bolschewismus, Stalinismus und anderer die Systematisierung der Lüge zu politischen Zwecken schon erschreckende Perfektion erreichte.

Aber die Offensichtlichkeit der Konstruktion von Wahrheit und Lüge untergräbt langfristig die Stabilität des Herrschaftsapparates, und eine noch so geschickte Abriegelung des Machtbereichs gegenüber abweichenden Konstruktionen richtet gegen den institutionalisierten Vertrauensverlust nichts aus. Alle Bemühungen, der eigenen Bevölkerung das Hören und Sehen von sogenannten „Feindsendern" zu verbieten oder neuerdings den Zugang zum Internet zu beschränken, sind letztlich vergebens. Das Bedürfnis nach abweichenden Meinungen, die es dann relativ leichter haben, ihren Wahrheitsanspruch anzumelden, hat sich auf die Dauer bisher immer durchgesetzt.

Selbstverständlich wird auch in den Systemen der totalitären Fiktionalisierung mit der Unterscheidung von wahr/unwahr operiert. Viele Individuen verlieren jedoch ihre Differenzierungskraft nicht, ihren Eigensinn (das heißt ihre eigene Unterscheidung wahr/unwahr). Vielmehr werden die vom System angebotenen Wahrheiten als Lügen durchschaut. Da man das aber nicht öffentlich sagen darf, produziert totalitäre Herrschaft eine politische Urteilskraft der Nischenexistenz, des Flüsterwitzes, der Anspielung, des spezifischen Codes. Die verkündeten Wahrheiten werden einfach nicht geglaubt; der Glaubwürdigkeitsverlust reduziert und kratzt die Legitimation des Regimes erheblich an. Die Erosion aller Hoffnungen, Erwartungen, Illusionen und des Vertrauens in die Erklärungen und Handlungen der Machthaber ist am Zusammenbruch der Herrschaftssysteme des „realen Sozialismus" entscheidend beteiligt[25].

Mit der Relativierung der Unterscheidung von Wahrheit und Lüge, die in allen politischen Systemen vorkommt - gerade auch, wenn die Lüge zur Wahrheit erklärt wird -, aber nicht überall im Sinne der Systemlogik funktioniert, stellt sich die Frage nach der Lüge in der Politik neu.

---

[25] Beispielhaft lässt sich das nachlesen in dem Roman „Der Turm. Geschichte aus einem versunkenen Land" von Uwe Tellkamp, Frankfurt/M. 2008.

8.6 Was ist denn eine Lüge?

Schon mit der verbreiteten Definition, wonach eine bewusste Unwahrheit eine Lüge sei, kommt man bei der Untersuchung des politischen Handelns nicht sehr weit. Denn dass die Wahrheitskonstrukteure insbesondere ihre eigene „Tatsachenwahrheit" bewusst verfälschen, kann kaum immer angenommen werden. Gerade was die scheinbar sicheren Fakten angeht, sitzen die Akteure oft vielfältigen Selbsttäuschungen auf. Die Erwartung, sie könnten prinzipiell zwischen der Wirklichkeit und ihren Fiktionen unterscheiden, schreibt den Wahrheitskonstrukteuren eine Kompetenz zu, die sie gemeinhin nicht haben.

Die bewusste Unwahrheit gehört gewiss zum Repertoire jedes Politikers (was nicht heißt, dass alle Politiker immer lügen), aber viel relevanter für eine Reflexion des Verhältnisses von Lüge und Wahrheit in der Politik ist das verbreitete Phänomen des Selbstbetrugs. Nicht nur das Publikum schätzt durchaus die kluge (richtige) Lüge, auch die politischen Akteure selbst entkommen häufig nicht ihrer Verführungskraft: Man glaubt die frisierten Zahlen der wirtschaftlichen Entwicklung nur allzu bereitwillig, bestätigen sie doch die Richtigkeit des Fünf-Jahres-Plans. Man ist eher an positiven Nachrichten über die Folgen der politischen Entscheidungen interessiert als an negativen. Man setzt eher auf hoffnungsvolle Zeichen als auf entmutigende und so weiter und so weiter.

Das ist keineswegs nur ein Problem des Totalitarismus. In Demokratien sehen sich die politischen Akteure gezwungen, ihre Handlungsfähigkeit gegenüber den komplexen Sachzwängen zu behaupten. Regierung und Opposition müssen ihre Zuständigkeit für alles und jedes anmelden. Wer seine Ohnmacht zugibt, hat kaum Aussicht darauf, gewählt zu werden. Phantasien über die eigene politische Größe, Selbsttäuschung über die eigenen Chancen und kesse Torheiten über die Machbarkeit von Politik überhaupt sind die Folgen einer solchen Erwartung des Publikums. Wahlkämpfe bieten ein reich bestücktes Untersuchungsterrain für die Konstruktionsart und die Wirkungen solcher Großsprechereien, Omnipotenz-Klingeleien und „Alles-wird-gut"-Ankündigungsprogrammen. Das populäre Schimpfen über die Unfähigkeit der „dort oben" ist aber nicht der Ausdruck eines Durchblickens durch solche Gespinste, es verstärkt vielmehr nur diese „objektive Lüge" (Benjamin) von der allgemeinen technischen Herstellbarkeit „wahrer" Politik.

Aber wollen wir als Wähler nicht gerade diese Zuständigkeitsbehauptung der Politiker hören, obwohl sie nicht stimmt? Weil in diesem Versprechen des Kümmerns und Handelns immerhin ein kleiner Trost liegt für unsere eigene Ohnmacht und Unsicherheit?

Wenn nämlich diese Allmachtvision erwartet wird, wenn wir also dieser Lüge folgen *wollen*, stellt sich abschließend die Frage nach dem Verhältnis von Politik und Wahrheit erneut und noch einmal anders.

Die ersten Beobachter einer modernen, nicht mehr auf festen Ständeordnungen, sondern auf der sozialen Dynamik des Auf- und Abstiegs basierender Gesellschaften haben bei der Beurteilung der Politiker jener Umbruchzeiten zunächst einfach die vorhandenen klassischen Kataloge der individuellen Tugenden auf das Amt des Politikers übertragen. Dann war sehr schnell geklärt - nicht nur bei Kant -, dass in der Politik nicht gelogen werden durfte. Gleichzeitig ließen sich andere Analytiker allerdings nicht überhören, die behaupteten, dass die Lüge im politischen Machtkampf sehr wohl und nicht zu knapp vorkommt und dass ihr Einsatz auch notwendig sein kann. Feinste Differenzierungen, wann denn nun gelogen werden darf und wann nicht, schlossen sich im Diskurs über Wahrheit und Lüge an. Aber irgendwie kam bei diesen Betrachtungen nichts heraus. Niklas Luhmann bringt diesen doppelten Beobachtungsblick auf die hübsche Formel von der „Ehrlichkeit der Politiker und der höheren Amoralität der Politik" (Luhmann 1994).

Diese Hinweise bestätigen unsere Überlegung über das Verbotensein der Lüge. Als Menschen ist Politikern das Lügen verboten. Aber handeln Politiker als Menschen in der Politik? Mit solchen theoretischen Betrachtungen hätten weder Kant noch Arendt viel anfangen können. Ging es ihnen doch um eine normative Grundlegung politischen Urteilens und Handelns. Wobei Hannah Arendt immer unterstrichen hat, dass diese Normativität einen spezifischen gesellschaftlichen Raum benötigt, um wirksam werden zu können. Im Gegensatz zu Kant ist ihr das Problem der Lüge ein gesellschaftliches Problem. Genau hier setzen dann Theorien an, die die Erhöhung der Rationalität in der Politik zu einer Aufgabe der Gesellschaftsveränderung erklären.

9 Diskursethik und politische Urteilskraft

Ein wichtiger Begriff für das Nachdenken über politische Urteilskraft ist „Rationalität". Vernunft liefert die Folie, vor der überhaupt erst geklärt werden kann, ob Urteilskraft geherrscht hat oder nicht. Vernunft ist allerdings nicht deckungsgleich mit Urteilskraft. Sie gehört jedoch zu deren Voraussetzungen. Ohne eine besondere denkerische Anstrengung, in der Gründe für Handlungen bestimmt werden, ist Urteilskraft allein auf Intuition und Geschmack, damit auf Ästhetik verwiesen. Insbesondere für eine Bestimmung politischer Urteilskraft, die immer auf mehr zielen muss als auf die Artikulation einer beliebigen Privatmeinung, reicht ein Geschmacksurteil als Begründung in der Regel nicht aus.

Hier entsteht eine Spannung, für deren Behandlung Kant wirkungsmächtige Kategorien entwickelt hat. Er stellt seinen kritischen Untersuchungen zur praktischen und theoretischen Vernunft eine „Kritik der Urteilskraft" zur Seite und verdeutlicht damit einen Unterschied. Dass zwischen diesen Begriffen eine Differenz liegt, wird für Kant in der Beschäftigung mit der Triade Urteilen - Entscheiden - Handeln deutlich. Wären Urteilskraft und Vernunft identisch, dann gäbe es kein Problem bei der Unterscheidung richtiger und falscher Urteile. Allein die Bedingungen für das Walten der Vernunft müssten gegeben sein. Wo nämlich Vernunft herrscht, dort gibt es nichts mehr zu beurteilen, ist doch ohnehin alles in der Unterscheidung vernünftig/unvernünftig eingerichtet. Unsicherheit in der Entscheidungsfindung und der darauf basierenden Handlung gibt es dann nicht mehr. Diese Vernunftlehre wird durch die betonte Moralisierung der Unterscheidung Vernunft/Unvernunft hermetisch ersticken. Nach Kant besteht eine Pflicht zum Vernünftigwerden der Individuen. Unvernunft stellt einen Charaktermangel dar.

Schon die alltagspraktisch unabweisbare Notwendigkeit, urteilen zu müssen, zeigt nicht nur, dass die Welt denn doch nicht so vernünftig eingerichtet ist, sondern auch, dass es über Vernunft hinaus noch etwas anderes geben muss, um einen Sachverhalt beurteilen zu können. Damit stoßen wir auf einen Aspekt von Urteilskraft, der sich Verallgemeinerungen entzieht (und das ist auch der Grund, warum Kant neben seinen kritischen Abhandlungen zur Vernunft der Urteilskraft einen besonderen Platz eingeräumt hat). Im Urteil geht es immer um die Beschäftigung mit einem Besonderen. Urteile beziehen sich immer auf konkrete einzelne Geschehnisse, Fälle, Situationen. Trotz dieser singulären Lageorientierung kommt aber dieses Vermögen, Besonderes zu beurteilen, wiederum ohne Vernunft nicht aus. Doch ist eine Bestimmung dessen, was „Vernunft" ist, schwierig. Zwar geht es zunächst nur um treffende Urteile über besondere Umstände, aber ohne Reflexion des Allgemeinen können solche Urteile nicht auskommen. Darüber hinaus geht es auch um die Verbindung dieser einzelnen vernünftigen Urteile.

Die Suche nach der Lösung dieser doppelten Aufgabe hat die Hervorbringung von Erkenntnistheorien nachhaltig bestimmt. Dabei bleibt bis heute die Vorstellung weit verbreitet, Vernunft und Urteilskraft seien als Tugend individuell bildbar. Vernunft wird damit zu so etwas wie einer persönlichen Kompetenz, die herangebildet werden kann und die man - entsprechend trainiert - ein Leben lang behält.

9.1 Urteilskraft und Verallgemeinerung

Für Kant ist die Entwicklung vernünftiger Urteile eine individuell zu lösende Aufgabe. Zu diesen kommt man nur, wenn man die Beschränkungen überwindet, die der eigenen Meinung oft anhängen. Vernünftige Urteile setzen also beim Individuum den selbstkritischen Umgang mit der eigenen Meinung voraus. Das ist, in Klammern gesagt, ein sehr schwieriges Geschäft. Gefordert wird die eigenhändig - oder eigenköpfig - vorgenommene Überprüfung der subjektiven Privatbedingungen der Urteilsbildung im Hinblick auf die Herstellung objektiver Aussagen.

Dazu sollen nach Kant drei Maximen des allgemeinen Menschenverstandes praktisch werden. Am Beginn muss die Bereitschaft stehen, den eigenen Verstand überhaupt einsetzen zu wollen. Diese „Maxime des Selbstdenkens" (auch Maxime der vorurteilslosen Denkart oder des Verstandes genannt) gibt sich nicht mit passiver, ungeprüfter Übernahme vorgesetzter Meinungen zufrieden. Damit beginnt der Prozess der Rationalisierung der Trias Urteilen, Entscheiden, Handeln.

Die Fähigkeit, sich seines Verstandes zu bedienen, zeichnet sich dadurch aus, dass sich über die subjektiven Privatbedingungen der Urteilsbildung hinweggesetzt werden kann und aus einer gedankenexperimentellen Prüfung der „allgemeine Standpunkt" über das eigene Urteil reflektiert wird. Diese Verallgemeinerung der eigenen Urteile wird nicht über ein psychologisches Hineinversetzen in andere erreicht, sondern durch ständige Suche nach den von allen zu akzeptierenden Prinzipien der eigenen, subjektiven Urteilsbildung.

Das Hervorbringen vernünftiger Urteile besteht also darin, die „Maxime einer solchen erweiterten Denkart" (Maxime des Denkens an der Stelle jedes anderen) immer wieder neu anzuwenden. Dadurch erreicht das Individuum in seiner Urteilsbildung die höchste Stufe der konsequenten Denkart oder der Vernunft („Maxime des mit sich selbst einstimmig Denkens"). Diese Stufe ist am schwersten zu erreichen - es braucht dazu die Verbindung und stetige Befolgung der ersten beiden Maximen.

Kant versucht also mit diesen drei Maximen die Bedingungen anzugeben, unter denen die individuellen Begriffe und Urteile Bedeutung und Wirklichkeitsbezug haben, wobei diese Wirklichkeit zwar jeweils eine individuelle Konstruktion ist, jedoch keine zufällige, subjektive Konstruktion, sondern eine notwendige, allgemeine, menschliche, das heißt eine, in der die Maximen des Selbstdenkens der Individuen praktisch werden. Die Stufenfolge der drei Maximen lässt sich deuten als Anstieg von der Aktivierung des Verstandes über die Entwicklung der Urteilskraft bis hin zur Durchsetzung der Vernunft als Prinzip der Verallgemeinerungsfähigkeit.

Gerade der letzte Aspekt reduziert die Unschärfe des Urteils als Geschmacksausdruck und versucht, Urteilen und Vernunft miteinander in Übereinstimmung zu bringen. Das Prinzip der Verallgemeinerungsfähigkeit ermöglicht für Kant einen kosmopolitischen Diskurs, an dem alle Menschen teilnehmen können. Er denkt hier aber nicht in konkreten institutionellen Arrangements. Der universale Diskurs, an dem sich zu beteiligen eine Pflicht der aufgeklärten Individuen ist, stellt für ihn einen vom einzelnen zu benutzenden „Probierstein" der Verallgemeinerungsfähigkeit seiner subjektiven Urteile (Kant 1793/1989, 226) dar.

9.2 Verallgemeinerung und Gemeinsinn

Hannah Arendt hat in einer Fragment gebliebenen Auseinandersetzung mit der politischen Philosophie Kants darauf hingewiesen, dass in der Maxime

des Denkens an der Stelle jedes anderen Menschen eine Idee des Gemein-
sinns steckt, die zur konkreten politisch-gesellschaftlichen Ausformung
drängt.

Man urteilt immer als ein Mitglied einer Gemeinschaft, geleitet von seinem ge-
meinschaftlichen Sinn, seinem *sensus communis*. Doch letztendlich ist man
Mitglied einer Weltgemeinschaft durch die einfache Tatsache, ein Mensch zu
sein; das ist unsere „weltbürgerliche Existenz". Wenn man urteilt und in politischen Angelegenheiten handelt, so soll man sich an der Idee, nicht an der Tat-
sächlichkeit des Weltbürger-Seins und damit auch des Weltbetrachter-Seins orientieren (Arendt 1998, 100).

Arendt kritisiert diese Position halbherzig, zeigt sich doch auch in ihrer Reflexion über das politische Urteilen ein Defizit bei der Verbindung von Ge-
meinsinnorientierung und politischen Ordnungen. Zwar betont sie - durchaus
in Übereinstimmung mit Kant - die Bedeutung der Öffentlichkeit für die
Erstellung eines Raums zur Hervorbringung gemeinsinnorientierter Urteile,
und die Athener Polis taucht auf der Hinterbühne als mögliche sozial-
räumliche Fassung einer solchen Öffentlichkeit auf. Die systematische Analyse eines solchen Raums fehlt jedoch auch bei ihr; Polis und Republik sind
ihre Metaphern und Blaupausen für die moderne Öffentlichkeit. Der Idee
einer prinzipiellen Grenzenlosigkeit der sich verallgemeinernden politischen
Urteilskraft fehlt fast jede institutionelle Orientierung.

So bleibt es bei der Vorstellung, dass die Hervorbringung vernünftiger
Urteile auf einem spezifischen individuellen Vermögen beruht. Urteilskraft
ist hier so etwas wie ein Gut, das erworben, verwaltet und vermehrt werden
kann, das man besitzt und dessen Besitz quasi global verbreitet werden kann.
An dieser Stelle zeigt sich ein Widerspruch in Arendts Denken. Sie will einerseits dem politischen Urteil seine Besonderheit der Unschärferelation,
dessen notwendig Unbestimmbares (im Sinne einer verallgemeinerbaren
Vernunft) belassen, aber gleichzeitig die Verallgemeinerungssystematik
Kants bewahren. Im Zusammenhang mit der Beschreibung diskursethischer
Positionen zeigt sich hier ein Grundproblem der Bestimmung dessen, was
politische Urteilskraft ist. Dabei stellt nämlich die Moralisierung der Ver-
nunftausübung ein Problem dar.

9.3 Kommunikative Vernunft

An Arendts Pathos in den Beschreibungen von Anforderungen an Räume der politischen Deliberation schließen Theorien des kommunikativen Handelns an, wie sie von Karl-Otto Apel und Jürgen Habermas entwickelt worden sind. Auch in diesen geht es um eine normativ gehaltvolle Theorie der Vernunft, die über interessegeleitete Klugheit hinausweist. Vernunft soll eben mehr sein als strategische Bemeisterungsfähigkeit. Es geht gerade *nicht* um die Perfektionierung instrumenteller Rationalität, welche alles zu Objekten subjektiver Interessendurchsetzung macht. Demgegenüber betont Habermas die intersubjektive Vernunft von Sprechhandlungen.

> Die kommunikative Vernunft läßt sich nicht, wie die instrumentelle, einer erblindeten Selbsterhaltung widerstandslos subsumieren. Sie erstreckt sich nicht auf ein selbsterhaltendes Subjekt, das sich vorstellend und handelnd auf Objekte bezieht oder auf ein bestanderhaltendes System, das sich gegen seine Umwelt abgrenzt, sondern auf eine symbolisch strukturierte Lebenswelt, die sich in den Interpretationsleistungen ihrer Angehörigen konstituiert und nur über kommunikatives Handeln reproduziert ... Die utopische Perspektive von Versöhnung und Freiheit ist in den Bedingungen einer kommunikativen Vergesellschaftung der Individuen angelegt, sie ist in den sprachlichen Reproduktionsmechanismen der Gattung schon eingebaut (Habermas 1981, 533).

Mit solcherart angelegten universalen Sprachpragmatik wird ein (letzter?) Versuch gemacht, der Unterscheidung von Vernunft/Unvernunft eine materialistische Begründung zu geben, also die moralische Aufladung des Vernunftbegriffs quasi empirisch zu begründen. Aus den gedankenexperimentellen „Probiersteinen" Kants, mit denen die allgemeine Vernunft ins Transzendentale verlagert wird, ist in den Theorien des kommunikativen Handelns eine auf gesellschaftliche und politische Realisierung dieses Vernunftpotenzials angelegte Praxis geworden.

Das heißt nun aber nicht, es ginge hier um eine quasi pluralistische Organisation partikularer Interessen. Vielmehr zielen sie auf eine Artikulation und Durchsetzung des schlechthin Vernünftigen. Die Kritik an unvernünftigen Verhältnissen ist - unter der Voraussetzung des Gelingens eines solchen Begründungsversuchs - dann nicht mehr Ausdruck eines kontrafaktischen „Idealismus", sondern empirische Grundlage von Gesellschaftskritik und von neuen Entwürfen vernünftiger gesellschaftlicher und politischer Verhältnisse. Auf die mit der Theorie des kommunikativen Handelns verbundenen vielfältigen erkenntnistheoretischen Probleme soll im Folgenden aber nicht eingegangen werden.

Im Rahmen unserer Beschäftigung mit politischer Urteilskraft genügt die Feststellung, dass mit der Emphase kommunikativer Vernunft die Brisanz des Beurteilens politischer Lagen in den Hintergrund tritt. Stattdessen geht es um die Vermessungen kommunikativer Verzerrungen, das heißt der Benennung von Defiziten realer Sprechhandlungen vor dem Hintergrund der in ihnen prinzipiell angelegten intersubjektiven Vernunft.

Dabei zeigt sich jedoch recht bald, dass eine derartige Verbindung von Vernunft und Gesellschaftskritik nicht genügend Anknüpfungspunkte bietet für differenzierte politische Urteile. Denn die normativen kommunikationstheoretischen Ansprüche an die defizitäre Realität sind einfach zu hoch.

Letzten Endes steht das Urteil über politische Sachverhalte in den diskursethisch angelegten Untersuchungen fest. Partikulare Interessen bestimmen die Auseinandersetzungen im politischen Raum, die kommunikative Vernunft kann ihre Phalanx nicht durchbrechen. Außerdem bleibt unklar, wie kommunikative Vernunft institutionelle Gestalt gewinnen kann. Neben der Forderung, bestimmte Regeln im Sprechen über politische Sachverhalte zu wahren und auf einen Konsens zu zielen, findet sich wenig, was einem politischen System an konkreten Veränderungsideen angetragen werden könnte. Das liegt daran, dass gerade auch in den Theorien kommunikativen Handelns Vernunft und Moral wiederum zusammenfallen und sich damit die Sphäre des Politischen, der Öffentlichkeit und des Rechts mit der Sphäre der Privatheit und der Moral weitestgehend überschneidet: Politik und Recht geben - im Blick auf das Allgemeine - an, was das Individuum darf (worauf es Rechte hat), die Moral bestimmt, was das Individuum soll (welche Pflichten es hat). Zwar überschneiden sich diese Bereiche in der Tat, aber das Trennende, die Unterschiede überwiegen. Die Moralisierung von Politik und Recht wirkt auch deshalb verhängnisvoll, weil sie die Selbstverantwortung des Einzelnen aufhebt und moralische Forderungen im Politischen totalisiert.

Habermas hat auf diese Überforderung des politischen Systems mit einer gewissen Veränderung seiner Theorie des kommunikativen Handelns reagiert und auf die Notwendigkeit hingewiesen, dass die posttraditionale, diskursiv, konsensual begründete Gestalt einer prinzipien-geleiteten Moral auf die Ergänzung durch positives Recht, also durch die Recht setzende

Macht der Politik angewiesen ist. Mögliche Spannungsbögen, die hier entstehen könnten - geht es doch im Politischen um die Balance und Regelung widerstreitender Interessen und nicht um die Durchsetzung von Vernunft -, werden geglättet durch die legitimationstheoretische Bindung des Rechts an Formen deliberativer Demokratie. Damit wird das Politische mit seinem Steuerungsinstrument, dem Recht, dann doch wieder Ausdruck diskursiver Rechtfertigung (Habermas 1991).

9.4 Wann darf geschossen werden?

Allerdings lässt es sich auch von Vertretern diskursethischer Positionen nicht leugnen, dass eine Regelung aller politischen Interessenkonflikte durch praktische - erst in allgemeiner Übereinstimmung sich voll rechtfertigende - Diskurse prinzipiell nicht möglich ist. Gleichwohl wendet sich Apel in einer scharfen Polemik gegen pragmatische Versuche, politische Urteile aus ihrem jeweiligen Kontext heraus zu begründen (siehe dazu Kapitel 11). Hier sieht er nichts als Regellosigkeit und Beliebigkeit in den Urteilsbegründungen. Stattdessen betont er noch einmal die Notwendigkeit, zu universalen Rechtfertigungen zu kommen:

> Eine transzendentalpragmatisch begründete Diskursethik kann aber auch das formal-prozedurale Prinzip angeben, nachdem alle situationsbezogenen, historisch revidierbaren Normen - z. B. Rechtsgesetze, aber auch internalisierbare Normen der Moralität - begründet werden sollten. Auch dieses Prinzip, welches seinerseits das Universalisierungsprinzip Kants als seinen formal-abstrakten Kern enthält, ist auf die geschichtlich bedingten Vorgaben der substantiellen Sittlichkeit angewiesen, aber es enthält zugleich, als regulative Idee, den Maßstab, an dem die geschichtlichen Vorgaben - z. B. solche der euro-amerikanischen Aufklärungsepoche - im Falle der Problematisierung gemessen werden können: den idealen Maßstab nämlich der durch argumentative Diskurse (nicht irgendwie *persuasiv!*) herzustellenden Konsensfähigkeit für alle Betroffenen (Apel 1988, 406).

Das Problem politischer Urteilskraft steckt hier in der Zusammenführung eines universalen, prozeduralen Vernunftbegriffs, der kontextuelle Rechtfertigungen nicht zulassen kann, mit historischen Bedingungen, die etwa das kantianische Projekt der transzendentalen Vernunft überhaupt erst möglich gemacht haben. Apel selbst polemisiert gegen den weiter unten ausführlicher zu diskutierenden Pragmatismus Deweys und Rortys mit dem Hinweis, zwischen diesem und der rücksichtslosen Betonung der eigenen Position, wie sie das nationalsozialistische Regime praktiziert habe, bestünde im Prinzip kein Unterschied (Apel 1988, 403). Verschärft wird dieser Anspruch noch dadurch, dass es in der Begründung des Urteils um argumentative Fundamente gehen soll, die gegen „Überredung" scharf abgegrenzt werden. Nun ist aber nicht zu leugnen, dass die Prinzipien des kommunikativen Handelns in einer Welt der strategischen Instrumentalität versagen. Auf die Fähigkeit, strategisch richtig zu urteilen, zu handeln und zu entscheiden, kann nun aber gar nicht verzichtet werden, will man etwa politisch dafür eintreten, dass schon vorhandene Räume der Diskurse (etwa gesetzliche Sicherungen freier Meinungsbildung, freier Assoziation) nicht beseitigt werden. Auch der Diskurstheoretiker kommt also ohne diese Fähigkeit zur Durchsetzung eigener Interessen gar nicht aus.

Apel stellt sich diesem Problem, indem er für solche Lagen auf eine Interimsethik zurückgreifen möchte. Er unterscheidet auf nicht sehr elegante Weise zwischen „Teil A" und „Teil B".

Während in Teil A der Ethik - gemäß der Intention einer transzendentalpragmatischen Letztbegründung - das Prinzip der Ethik in dem, vom Argumentierenden unbestreitbar vorausgesetzten und kontrafaktisch antizipierten Ideal einer idealen Kommunikationsgemeinschaft festgemacht sein muss, stellt sich im Teil B die Aufgabe, den kontrafaktischen Charakter der gleichwohl notwendigen Antizipation des Ideals als Problem einer geschichtsbezogenen Verantwortungsethik eigens zu berücksichtigen. Es ergibt sich also gewissermaßen die Notwendigkeit einer Interimsethik des Übergangs von den bestehenden Verhältnissen zur Realisierung der Anwendungsbedingungen der Diskursethik. Im Sinne einer Evolution der Moral geht es dabei z. B. um den Übergang von der routinemäßigen Anwendung der konventionellen Normen einer Binnenmoral von sozialen Selbstbehauptungssystemen zur institutionellen Realisierung der Anwendungsbedingungen des Diskusprinzips der Konfliktregelung auf allen Ebenen der menschlichen Interaktion (Apel 1988, 134 f).

Um die Anwendungsbedingungen der Diskursethik zu verteidigen, darf auch Gewalt eingesetzt werden! Denn Sicherung der konkreten historischen Formationen, die die diskursive Begründung politischer Verantwortung möglich machen, folgt einem Imperativ der (legitimen) Selbstbehauptung, deren strategische Rationalität Gewalteinsatz mitreflektiert. Das stellt auch Apel fest: Es sind Notlagen vorstellbar, in denen geschossen werden darf[26]. Für einen Diskurs über politische Urteilskraft ist mit solchen Überlegungen allerdings nicht viel zu gewinnen. Auf der individuellen Ebene, aus der Perspektive der ersten-Person-Singular, muss der Handelnde urteilen und entscheiden, ohne auf transzendentalpragmatische Begründungsfiguren zurückgreifen zu können. Das, was das Individuum hier benötigt, hat Max Weber Verantwortungsethik genannt, aber für die gibt es keine Regel.

Aus der Perspektive des sozialwissenschaftlichen Beobachters (dritte-Person-Singular) hilft das Modell der Interimsethik auch nicht weiter. Auf dieser Beobachtungsebene treten normative Vernunftdefinitionen ohnehin zurück und kontext-sensitives Verstehen macht den Kern des Urteils aus.

Aber auch im Bereich der Normen, der Sollensforderungen an politisches Urteilen ist es selbst nach Apel notwendig, „Urteilskraft und Klugheit situationsbezogen" (Apel 1988, 138) anzuwenden. Nur: woher kommen die Geltungsgründe für diese Anwendung, wenn praktische Diskurse noch nicht den Raum für Urteilsbildung bilden können? Mitunter soll sogar der Verzicht auf Diskurs ethisch geboten sein, und das Festhalten an der Forderung nach ihm gilt als unreife moralische Urteilskompetenz (Apel 1988, 139). Die einzige Grenze für das politische Urteil, die diskurstheoretisch eingezogen wird, bezieht sich darauf, dass Möglichkeiten zur zukünftigen Verwirklichung praktischer Diskurse nicht beschnitten werden dürfen. Aber selbst diese Langzeitperspektive verliert, wenn es um die Sicherung zukünftiger Diskursräume geht, ihre Leitfunktion. Denn man muss nicht lange überlegen, um sich eine Situation vor Augen zu führen, in der etwa das Verbot der Meinungsäußerung extremistischer Gruppen notwendig ist, um die praktischen Diskurse schützen zu können. Auch in diesem Fall bietet die Vorstellung einer allgemeinen Rationalitätserhöhung des Politischen durch seine Einfädelung in Diskurse nur einen begrenzten Beitrag zur Debatte über politische Urteilskraft.

Diese skeptische Sicht verstärkt sich noch, wenn man berücksichtigt, dass die wenigstens etwas Raum für die Unschärfe politischer Urteile lassende Interimsethik überhaupt nur in Gesellschaften eine Rolle spielen soll, die sich schon auf dem Weg zur postkonventionellen, d. h. diskursethischen Moralbegründung befinden. Apel und Habermas schließen hier an Überle-

---

[26] Das ist aber ein Standpunkt, den alle Konfliktparteien einnehmen.

gungen Kohlbergs (1981, 1995) an, der die moralische Entwicklung Heranwachsender als Reifung zur Befähigung diskursiver Begründungen (inklusive der Verallgemeinerungsbedingungen Kants) beschreibt.

Solcher Art entwickelte Individuen dürfen dann auch durchaus situationsbedingt aus der Praxis der Diskurse aussteigen. Urteilsvermögen ist dafür wichtig, aber in den Augen der Diskurstheoretiker eben nicht idiosynkratisch angelegt - wie in ihren Augen die aristotelische Phronesis -, sondern formalisiert und verallgemeinert in der Orientierung an der langfristigen Realisierung praktischer Diskurse. Habermas führt dazu in „Moralbewusstsein und kommunikatives Handeln" (Habermas 1983) aus, dass jede universalistische Moral auf Lebensformen angewiesen ist, die ihrerseits soweit rationalisiert sind, dass sie die kluge Anwendung allgemeiner moralischer Einsichten ermöglichen und Motivationen für die Umsetzung von Einsichten in moralisches Handeln fördern. Allein Lebensformen, welche in diesem Sinne einer universalistischen Moral entgegenkommen, erfüllen die notwendigen Bedingungen dafür, dass die Abstraktionsleistungen der Dekontextualisierung und der Demotivierung auch wieder rückgängig gemacht werden können.

Aber auch solche theoretisch erweiterten Überlegungen zur Verbindung von politischer Urteilskraft und Diskurstheorie führen nicht weiter. Es bleibt bei dem Verweis auf die Klugheit. Aber die beanspruchen alle, genau wie die Wahrheit. Wenn man für das Wirken praktischer Diskurse eine wie auch immer näher zu definierende notwendige gesellschaftliche Reife voraussetzt, dann immunisiert man zwar auf an den Baron Münchhausen erinnernde Weise Theorien des kommunikativen Handelns gegen Kritik. Der Frage nach politischer Urteilskraft wird man aber nicht gerecht.

Die Auseinandersetzung mit Theorien politischer Urteilskraft spielt bei Habermas nur implizit eine Rolle. Apel widmet sich dem ausführlicher, kommt aber über eine Kritik an den angeblich affirmativen Funktionen von Phronesis und pragmatischer Lageorientierung nicht hinaus. Das Problem bei beiden bleibt die Unbestimmtheit der situationsgerechten Entscheidung, des politischen Urteils in der kommunikativ machtverzerrten Gesellschaft. Wenn überhaupt erst auf der Stufe der Postkonventionalität die Freiheit zur Abweichung von der universalistischen Urteilshermetik auftritt, dann scheint damit das Problem des politischen Urteils in den Theorien des kommunikativen Handelns gelöst zu sein und deshalb zu verschwinden. Aber auch nur dort. Soviel Postkonventionalität, wie man braucht, um politische Urteilskraft zu einer allgemeinen gesellschaftlichen Ressource werden zu lassen, gibt es gar nicht.

10 Dezisionismus: Entscheidungen treffen

Der modellhafte Dreischritt Urteilen-Entscheiden-Handeln wird im politischen Alltag häufig genug durcheinander gewirbelt. Es kommt zum Beispiel gar nicht so selten vor, dass Entscheidungen im Grunde schon feststehen, aus welchen Gründen auch immer, bevor mit dem prüfenden Urteilen begonnen wird. Und die Entscheidung im Sinne eines Fazits nach der Beurteilung einer Situation oder Lage umfasst nicht unbedingt immer eine Entscheidung zum Handeln, es sei denn, jedes Verhalten eines Akteurs nach dem Abschluss der Lagebeurteilung wird als Handeln bezeichnet. Also auch das Nichthandeln, das zeitweise Aufschieben einer Handlung, das symbolische Handeln, das Simulieren von Handeln. Immerhin ist deutlich und wird auch in den persönlichen Erfahrungen der meisten von uns immer neu gespiegelt, dass Entscheiden und Handeln eng zusammenhängen, wohingegen zwischen dem prüfenden Urteilen und der Entscheidung durchaus längere Zeit vergehen kann, entweder als gewonnene Zeit oder als verlorene Zeit oder einfach nur Zeit ohne irgendein wertendes Adjektiv, wenn nämlich der Vorgang des Urteilens wegen der Schwierigkeiten, die dabei zu überwinden sind, einfach länger dauert. Dennoch ist klar, dass am Ende des Urteilens eine Entscheidung steht oder, wenn man den Blick vom Inhalt auf den Akteur verschiebt: der Entschluss.

10.1 Urteilen und Entscheiden in verschiedenen Lebensbereichen

Über den Akt des Entscheidens als den krönenden Abschluss einer Lagebeurteilung gibt es für verschiedene Lebensbereiche verschiedene Erzählungen und Rezepte.

- „Wir trauen uns", steht in etwas abgeplatteter Doppelbedeutung häufig auf Heiratsanzeigen in den Tageszeitungen. Dabei kommt es auch gar nicht so selten vor, dass Paare heiraten, die schon einige Zeit zusammenleben. Früher hieß es etwas blümerant[27] „Drum prüfe, wer sich ewig bindet"; aber offenbar hat sich an der Vorbereitung des Bindungs-Entschlusses formal kaum etwas geändert. Mit dem *ewig* wissen wir heute wenig anzufangen, aber das ist eine andere Geschichte. Einer Zeit des (gegenseitigen) Prüfens und Beurteilens folgt die Entscheidung: Wir trauen uns. Manchmal allerdings ist von Prüfen und Urteilen kaum etwas zu bemerken. Die Entscheidung gründet sich auf spontanere Eingebungen. Aber egal, ob es der Schmied von Gretna Green, der Standesbeamte im Kölner Gürzenich oder der Pfarrer einer Kirche ist, welcher die Entscheidung notifiziert - bei der Eheschließung zählt nur der (doppelte) Entschluss; die Erwägungen, die dazu geführt haben, bleiben unbefragt.

- Sportarten ohne Regeln haben sich nie lange gehalten. Wenn es in einem sportlichen Wettbewerb „um nichts geht" und die Spieler das Spiel vor allem als Gelegenheit betrachten, in ihrer Freizeit zusammen zu kommen, dann braucht es keinen Schiedsrichter. Aber sobald es eben doch „um etwas geht", um Ruhm, um Tabellenplätze, um Titel, um Medaillen, um Geld, sind Wettkämpfe ohne Schiedsrichter kaum vorstellbar. In Mannschaftswettbewerben wie Fußball oder Eishockey, wo oftmals die Fetzen fliegen, müssen die Schiedsrichter in kürzester Zeit Entscheidungen treffen: War der Spieler, der das Tor geschossen hat, vorher im Abseits oder nicht? Fiel der Stürmer im 16-m-Raum zu Boden, weil der Verteidiger ihn gefoult hat, oder spielte er „die Schwalbe"? Der Schiedsrichter kennt die Regeln und versucht, regelgerechtes von regelwidrigem Verhalten der Spieler zu unterscheiden. Die Anhänger der bestraften Mannschaft nehmen immer erst einmal automatisch an, der Schiedsrichter irrt. Manchmal haben sie recht, meistens nicht. Gleichviel: die Entscheidung des Schiedsrichters gilt (außer in Fällen nachweisbarer Bestechlichkeit, die es ja auch gegeben hat).

- Soldaten in unteren Führungsrängen und hinauf bis in die allerhöchsten Ränge üben das Beurteilen einer militärischen Lage ebenso wie die Entschlussfassung als logische Folgerung aus der Lagebeurteilung. Es gehört zu den militärischen Mythen, dass es dabei vor allem auf eine rasche und eindeutige Beschlussfassung ankäme, etwa nach dem Muster „Ein falscher Entschluss ist besser als gar keiner". In dieser Allgemein-

---

[27] Nicht etwa der Volksmund, sondern Friedrich Schiller hat diese Worte geprägt (in seinem „Lied von der Glocke").

heit kann der Satz gar nicht stimmen. Aber er strahlt eine tatkräftige Aura aus, und darauf kommt es den militärischen Entschluss-Mythologen gerade an.

▪ In der Betriebswirtschaftslehre gibt es eine beträchtliche Nachfrage nach Untersuchungen zu ökonomischen Entscheidungen und den Möglichkeiten ihrer Optimierung im Hinblick auf den wirtschaftlichen Erfolg (vgl. Bamberg, Coenenberg, Krapp 2008). Die hier verwendete Entscheidungstheorie dient also zur Evaluation von Entscheidungen und zur Verbesserung der Bedingungen für Entscheidungen mit anschließendem Erfolg. Untersuchungen gehen entweder normativ oder präskriptiv vor. Oder sie untersuchen anhand von Fallbeispielen den empirischen Entscheidungsprozess.

▪ In politischen Organisationen (Ämtern, Behörden, Ministerien usw.) sind wegen der Komplexität der internen Kompetenzaufteilung und der bürokratischen Arbeitsweise Lagebeurteilung und Handlungsentscheidung manchmal zum Nachteil der Zielerreichung voneinander getrennt. Um diese Nachteile auszugleichen, braucht es mehr Zeit, und das ist eine Ressource, die in der Politik, speziell der Außenpolitik eines Staates in Krisenzeiten, besonders knapp ist.

▪ Die Organisationssoziologie belehrt uns im übrigen darüber, dass jede Organisation sich schwer damit tut, Entscheidungen zu fällen, wenn diese auch Auswirkungen auf das eigene Wohl und Wehe haben können (also z. B. Verringerung des Personals, Auflösung der gesamten Organisation usw.). Derlei ist nicht unmöglich, wird aber nur gegen innere Widerstände entschieden. Manchmal können diese ziemlich heftig sein.

Die Entscheidungs-Theorie oder der Ansatz des *decision-making process* in den Sozialwissenschaften bilden den einen großen Zweig der systematischen Beschäftigung mit Entscheidungen. Allerdings wird in all diesen Zusammenhängen selbstverständlich nicht nur über die Entscheidung allein reflektiert, sondern es geht immer auch, zuweilen sogar ganz besonders um das zur Entscheidung hinführende Urteilen über die Lage. Im Ausdruck *Entscheidungsprozess* kommt genau dies auch zum Ausdruck. Der Ansatz, außenpolitisches Verhalten von Regierungen und den Ablauf bi- und multilateraler Beziehungen zwischen ihnen mithilfe der Analyse von Entscheidungsprozessen zu analysieren, hat eine beachtliche Erklärungskraft. Ein geradezu klassisches Fall-Beispiel für diesen Ansatz ist die Kuba-Raketen-Krise vom Herbst 1962.

10.2 Entscheidung und Norm

Der andere große Zweig systematischer Beschäftigung mit Entscheidungen ressortiert sozusagen in der praktischen Philosophie, wozu auch die politische Theorie gehört. Hier geht es um die Frage nach der normativen Begründungsnotwendigkeit von Entscheidungen plus anschließendem Handeln im Zusammenhang von Politik und dem Anspruch politischer Akteure auf Legitimität (= Anerkennungsfähigkeit) von Entscheidungen.

Die zentrale Figur, um die er sich rankt, war und ist als Person und als Denker im 20. Jahrhundert hoch umstritten, es ist Carl Schmitt. In einer jüngeren kleinen Studie zu Schmitt (Frasch 2006) wird er als *persona non grata* und als Faszinosum bezeichnet.

Was dies beides zusammen bedeutet, muss zunächst einmal geklärt werden. Carl Schmitt (1888-1985) ist einer der brillantesten Rechts- und Staatstheoretiker des 20. Jahrhunderts. Allerdings weist seine Biographie eine Reihe von Schatten auf. Schmitts scharfsinnige und manchmal sehr pointiert formulierte Schriften kritisieren die moderne liberale Demokratie und plädieren für eine unverhüllt-autoritäre Staatsherrschaft, eine Position, die ihn dazu verführte, ein paar Jahre lang die Natur des Nationalsozialismus zu verkennen und mit ihren Führern zu paktieren, teils aus persönlichem Ehrgeiz, teils wegen der Überschneidung politischer Ansichten. Ab 1937 war es damit zwar zu Ende, aber bis dahin hatte Schmitt so viele obskure Sätze niedergeschrieben und publiziert, dass er nach 1945 nicht wieder als Hochschullehrer an einer deutschen Hochschule lehren durfte. Seine geistige Wirkung wuchs dennoch ständig, und er wurde nicht nur in esoterischen katholisch-konservativen Zirkeln, sondern in weiten Kreisen der Rechts- und Sozialwissenschaften rezipiert. Allerdings besitzt die Schmitt-Rezeption in Deutschland eine Eigentümlichkeit - sie bekam ihre Dynamik nämlich mittels des Vehikels der Zurückweisung. Der folgte dann in vielen Fällen ein „es lohnt sich aber dennoch", und auf diese Weise gab es bald neben der kleinen Schar treuer Schmitt-Schüler und einer unermüdlichen Schmitt-*bashing*-Industrie eine bis in den Liberalismus und die Linke hineinwirkende

Schmitt-Rezeption, in der die spirituellen Verbindungslinien zu Carl Schmitt zuweilen sorgsam verputzt wurden. Selbstverständlich können wir diese biographischen Schatten nicht ignorieren, und aufhellen können wir sie auch nicht. Aber wir halten es hier mit Chantal Mouffe (2007, 11), die zu Beginn ihrer spannenden Untersuchung „Über das Politische" ihre Entscheidung, sich mit Carl Schmitt näher zu beschäftigen und gegebenenfalls sogar von ihm zu lernen, folgendermaßen begründet: „Ich denke allerdings, es sollte die intellektuelle Kraft eines Theoretikers und nicht seine moralische Qualität das Entscheidungskriterium sein, ob wir mit seinem Werk in Dialog eintreten müssen oder nicht."

Wenn wir also die moralischen Defizite der Person, so weit es geht, außer Acht lassen und uns ganz auf Schmitts Entscheidungsdenken konzentrieren, können wir zunächst festhalten, dass er von der Frage nach den Grundlagen des Geltungsanspruchs einer ursprünglich erst einmal nur *rechtlichen* Entscheidung ausgeht. In der Entwicklung des Souveränitätsbegriffs vom 18. zum frühen 20. Jahrhundert beobachtet er eine Verdrängung alles Persönlichen aus dem Legitimitätsmodell für den Staat und dessen Ersetzung durch die sachliche Geltung einer abstrakten Norm. Schmitt kritisiert diese Entwicklung in der Staatsrechtslehre und hält dem entgegen, dass keine juristische Entscheidung ohne ein Moment inhaltlicher Indifferenz vorstellbar ist, „weil der juristische Schluss nicht bis zum letzten Rest aus seinen Prämissen ableitbar ist, und der Umstand, dass eine Entscheidung notwendig ist, ein selbständiges determinierendes Moment bleibt" (Schmitt 1934,41).

Dieser Sachverhalt wird von Schmitt weiter zugespitzt. Die Entscheidung, jetzt nicht nur in der Jurisprudenz, sondern ebenso in der Politik, erhält, ist sie einmal gefallen, einen selbständigen Wert. Und dreht man dieses Argument noch etwas weiter, stößt man genau auf das, was im allgemeinen Dezisionismus genannt wird und etwa in *Meyers Lexikon online 2.0* knapp und etwas kryptisch so definiert wird: „philosophische oder politische Denkweise, die Entscheidung und Aktion aus sich selbst heraus (ohne normative Begründung) legitimiert".

Ohne normative Begründung? Wie soll das gehen? Zunächst einmal so, dass sich in dezisionistischer Perspektive das Über-/Unterordnungsverhältnis zwischen Normen als den die Entscheidung leitenden und mit hoher Verbindlichkeit ausgestatteten Grundlagen einerseits und der Entscheidung als einem Willens-Akt andererseits verflüchtigt. Pointiert gesagt: das Entscheidende an der Entscheidung ist der Entscheidungs-Akt. Er ist wichtiger als die

Normen, die ihn zwar immer irgendwie beeinflussen wollen, aber sich dabei oft gegenseitig in die Quere kommen, etwa indem sie Normenkonflikte produzieren. Entschieden werden muss aber in jedem Fall. Normen ohne Entscheidungen sind wie Nebelschemen ohne Kraft[28], wohingegen Entscheidungen ihrerseits durchaus normstiftende Kraft haben können.

Wem das alles ein wenig pompös und existentialistisch-expressionistisch klingt, der liegt gar nicht falsch. Man kann das Aufkommen dezisionistischer Vorstellungen besser verstehen, wenn man deren zeitliche und sozio-kulturelle Begleitumstände in den Blick nimmt. Der Dezisionismus ist, wenn man so will, ein Kind der Weimarer Republik, deren politische Grundnormen (etwa in der Reichsverfassung) wenig Autorität in der Gesellschaft besaßen, leider.

Und auch zur Lebenszeit eines maßgeblichen Inspirators für Schmitt, Thomas Hobbes, herrschte - in Großbritannien - ein blutiger Bürgerkrieg. Für Hobbes standen die Souveränität und der von Schmitt gerne zitierte Satz *auctoritas non veritas facit legem* unter der Prämisse, diesen gefährlichen Bürgerkrieg zu beenden.

Einer der wenigen deutschen Politikwissenschaftler, die sich um eine Rehabilitierung des Dezisionismus bemühen, ist Eckard Bolsinger. Seine Kennzeichnung des Dezisionismus ist aufschlussreich:

> Im Gegensatz zu normativen Entwürfen der Politik und des Rechts nimmt der Dezisionismus nicht an, dass es mit den Mitteln der Argumentation, der Diskussion und rationalen Überzeugungen möglich sei, eine Übereinkunft moralischer Art über die Bedingungen und Grundlagen der Gerechtigkeit zu erlangen. Politik ist ihm auch nicht das kommunikativ vermittelte Zusammenhandeln von Bürgerinnen und Bürgern, das erst politische und rechtliche Institutionen hervorbringt und aufrechterhält. Der Dezisionismus geht vielmehr davon aus, dass *Politik* eine von den Individuen getrennte und ihnen auferlegte Herrschaftsstruktur ist. Politische Herrschaft als institutionalisierte Macht mit Kontrolle über sicher überlegene physische Gewaltsamkeit stellt dabei ein der moralphilosophischen Rationalisierung nicht zugängliches Phänomen dar...Der Dezisionismus konzeptualisiert *das Politische* als Kampf zwischen Herrschaftseinheiten sowie innerhalb dieser Einheiten als Kampf zwischen Parteien, Klassen und Gruppen um die Verfügungsgewalt, Beeinflussung und Verteilung von Herr-

---

[28] Allerdings kommt einem da der „Erlkönig" von Goethe in den Sinn - eine nicht zu unterschätzende Wirkungsmächtigkeit können auch solche Nebelschemen entwickeln!

schaft sowie um die Aneignung wie Akkumulation ihrer Ressourcen und Mittel (Bolsinger 1998, 496).

Und wo bleibt da die Moral? Die wird gefressen.

„Generell sind für den Dezisionismus Postulate und Kriterien der Moral, der Rechtsnormen sowie im Grunde genommen sämtliche politische und soziale Begriffe Kampfbegriffe, Waffen im Medium der Reproduktion, Erweiterung und Eroberung der Herrschaft" (Bolsinger 1998, 497).

Hier mag einem die Unterscheidung von Residuen und Derivationen einfallen, die Vilfredo Pareto (1848-1923) erfunden hat. Die Residuen sind Handlungsdynamiken, die gewissermaßen anthropologisch festliegen, nach Pareto gibt es davon nicht mehr als sechs. Da aber diese Handlungsdynamiken ziemlich krude aussehen (von der Ich-Erhaltung über den Schutz des Eigenen bis hin zur Sexualität), braucht der Mensch schöne Erklärungskleider dafür, das sind die Derivationen, von denen es in den verschiedenen Kulturen unzählige gibt: scheinlogische Erklärungen, Rationalisierungen, Moralisierungen. Der Mensch handelt nicht, entscheidet sich nicht auf der Ebene der Derivationen. Er sagt nur, dass er das tut.

Hier haben wir es mit einer ziemlich schockierenden Ideologiekritik zu tun, denn Derivationen sind *cum grano salis* nichts als mehr oder weniger ausdifferenzierte Ideologien.

Allerdings muss an dieser Stelle auf einen Perspektivendualismus hingewiesen werden, der uns schon im Kapitel über die Urteilsfreiheit begegnet ist. Die Entscheidung als selbstreferentieller Akt ist nur von außen zu beobachten (Dritte-Person-Perspektive). In der Selbstbeschreibung des Entscheiders (Erste-Person-Perspektive) müssen immer Gründe für die Selektion von möglichen Handlungen vorliegen, sonst käme es gar nicht zur Entscheidung. Man kann also „nur sagen, was man tut", aber nicht sich selbst in der Entscheidung beobachten. Diese Gründe haben nun vielleicht nichts mit Normenbefolgung zu tun. Sie sind aber sprachlich fassbar, damit transsubjektiv (es gibt keine Privatsprachen) und analysierbar und kritisierbar. Das Angeben von Gründen ist ein Akt der Rechtfertigung, der Legitimitätserzeugung (Boltanski, Thevenot 2007).

10.3 Die Unumgänglichkeit der Entscheidung

Mit der Stigmatisierung der Person Schmitts in der Bundesrepublik Deutschland wurde auch der Dezisionismus abgetan, als eine zynische und nihilistische Verhaltenslehre. Das aber ging (und geht) entschieden zu weit. Wenn man auch die Vorstellung von der Rationalität und Überzeugungskraft irgendwie plausibler (also: ‚richtiger') Normen für liebenswürdiger halten mag, so könnten es doch auch gerade die politischen Umstände der Gegenwart sein, die das Norm-Entscheidungs-Problem neu akzentuieren. Stichworte sind hier etwa Globalisierung, Multikulturalismus, Unübersichtlichkeit bestimmter existentieller Entscheidungssituationen wie etwa Aufrüstung mit Nuklearwaffen, Bau von Kernkraftwerken, Bekämpfung internationaler Terrorgruppen, Gentechnologie und Nahrungsmittelproduktion, Stammzellenforschung usw.

Diese Stichworte beziehen sich auf unübersichtliche Sachkomplexe, welche die Menschen zu politischem Handeln zwingen, ohne dass sie sich immer ausreichende Übersichtlichkeit verschaffen können (ihre Lagebeurteilungen differieren oft diametral) und - schlimmer noch - ohne dass sie über ein Gerüst von Normen verfügen, das belastbar genug ist, um als Fundament für einen Konsens zu dienen, von Konflikten gar nicht zu reden. Selbstverständlich verfügen die Einzelnen über solche Gerüste. Aber das reicht nicht für einen gesellschaftlichen Konsens. Und noch weniger für einen über die jeweiligen Norm-Horizonte der Kulturen und Zivilisationen hinausreichenden trans-gesellschaftlichen, gar einen globalen Konsens. In dem scheinbar zynischen Ausspruch „Des einen Terrorist ist des anderen Freiheitskämpfer" kommt dies beispielhaft zum Ausdruck.

Entsprechende Ratlosigkeit herrscht, wenn normativ fundierte und die Entwicklung und das Wohl der Menschen befördernde Entscheidungen über die Stammzellenforschung und über die Fortführung oder die Aufgabe der nicht-militärischen Nutzung der Kernkraft anstehen. Der Streit zwischen Abtreibungsgegnern und -befürwortern hat in manchen Gesellschaften, etwa den Vereinigten Staaten, eine als brisant einzuschätzende politische Sprengkraft entwickelt, ohne dass es eine einigermaßen feste Brücke zwischen den Handlungsperspektiven der Konfliktparteien gäbe.

Der Punkt, auf den es hier ankommt, ist: Entscheidungen müssen dennoch getroffen werden. Wie immer entschieden wird, es wird im Prinzip keine Versöhnung geben können, keine langsame Gewöhnung an die normativen Überzeugungen, die sich so oder so durchgesetzt haben.

10.4 Norm und Kontingenz

In der modernen Sozialtheorie und -philosophie steht für diese ungemütliche Konstellation das Konzept der Kontingenz bereit. Markus Holzinger (2007, 82 f) beschreibt die Konsequenz aus dem die normativen Grundlagen der politischen Institutionen auflösenden Durchsetzungsprozess der Moderne (Säkularisierung) folgendermaßen:

> Politische Gebilde waren von nun an...Kulturprodukte und Setzungen der sie definierenden Gemeinschaft. Heilserwartungen und Jenseitshoffnungen, ja alle essenziellen Formen von Transzendenzfähigkeit machen einem verweltlichten Bewusstsein Platz, das sich aus den Ketten mythischer und religiöser Kräfte gleichsam ‚freikämpft' und immer größere Autonomie erlangt.
> Damit wird offenkundig, dass alle begrifflichen und wertebezogenen Designs des Menschen, die so etwas wie die Substanz des Wirklichen und des normativ Richtigen zu fassen trachten, Konstruktionen sind...
> Der Dezisionismus bringt die Konsequenz zum Ausdruck, dass sich Entscheidungen von jeglichen überpositiven Werten abgekoppelt haben und wir es - zumindest in der westlichen Sphäre Europas - immer mehr mit einer Entmoralisierung der Gesellschaft zu tun haben. Dezisionistische Entscheidungen sind das Resultat einer Expansion von Kontingenz innerhalb der Normensysteme.

Entmoralisierung der Gesellschaft bedeutet nicht, dass die Menschen unmoralischer werden. Sie verfügen aber nicht mehr über ein ‚unhintergehbares' moralisches Entscheidungskriterium für Richtig und Falsch, Gut und Böse. Eine typische Reaktion darauf sind, dies in Parenthese, panikartige Re-Moralisierungsversuche, gerade auch in der Politik. Sie müssen aber ins Leere gehen, wie Pareto nicht müde wurde, seinen Lesern zu erklären.

Aber worauf beruhen dann die Legitimität von Entscheidungen und ihre Akzeptanz?[29] Auf dem Verfahren ihrer Vorbereitung und Abwicklung? Aus

---

[29] Der Begriff der Akzeptanz ist noch viel deutlicher als der der Legitimität norm-neutral. Wer Akzeptanz für bestimmte politische Entscheidungen anstrebt, wird sicher auch immer moralische Ar-

der normativen Kraft des Faktischen? Aus der Balance zwischen unterschiedlichen moralischen Vorschriften, aus denen sozusagen ein statistisches Mittel hergestellt wird? Lediglich als Folge des politischen Drucks, der von verschiedenen Akteuren entwickelt wird, wobei der Stärkste oder eine Koalition von Stärkeren sich dann durchsetzt?

Von allem ein bisschen, je nach Kontext. Sieht man von solchen Kontexten ab, erscheint die dezisionistische Entscheidung moralisch völlig inhaltsleer. Wenn politische Entscheidungen gefällt werden, geschieht das aber immer in Kontexten, und darin spielen Normen und Werte genauso wie Interessen immer eine gewichtige Rolle. Normen und Werte sind, in die Sphäre der Politik übertragen, auch Interessen. In diesem Gewand beeinflussen sie das Urteilen, das Entscheiden und das Handeln. Sie besitzen dieselbe Würde wie andere Interessen auch, nicht weniger, aber auch nicht mehr.

---

gumente neben solchen der Effizienz anzuführen bestrebt sein. Aber dies tut er nur, um die Zustimmungs- oder wenigstens die Hinnahmebereitschaft der Betroffenen zu optimieren. Er benötigt also, zumal in einer demokratisch verfassten Gesellschaft, Akzeptanz, nicht moralische Übereinstimmung. (Auch Diktatoren und autoritäre Regime nehmen, wenn sie es können, Akzeptanz gerne mit. Das macht sich gut.)

11 Pragmatismus

Der Begriff *Pragmatismus* drückt eine spezifische Haltung im Umgang mit der Welt aus - und damit auch mit dem Politischen. Wer diese Haltung einnimmt, dem ist es wichtig, dass Lösungen für Probleme praktikabel sind und dass im Zweifelsfall dieser Praktikabilität Vorrang vor einer die Lösung verzögernden und erschwerenden Suche nach der unter jedem möglichen Gesichtspunkt „einzig richtigen" Lösung eingeräumt wird. Pragmatiker in diesem Sinne sind sich darüber im Klaren, dass sie ihre Problemanalyse (Lageanalyse) wegen äußerer Umstände häufig unter weit sub-optimalen Bedingungen anstellen müssen. Sie überlegen, planen und entscheiden im Bewusstsein, dass ihre Handlungsmöglichkeiten begrenzt sind, dass Gegenpositionen anderer Akteure auch legitim sein können und dass es deshalb unter Umständen und je nach dem Kontext nötig ist, Kompromisse einzugehen.

Häufiger Aktionsmodus des Politischen ist nun allerdings das Verhandeln, was überhaupt nur gelingen kann, wenn die Bereitschaft besteht, von eigenen Positionen ein Stück weit abzurücken. Genau aus diesem Grund wird aber das so verstandene „Pragmatische" oft denunziert. Es gilt als prinzipienlos, kraftlos in seiner Anpassung an das Gegebene und ohne Gesinnung. Die Trennlinie zum Opportunismus scheint zu verschwimmen.

Schon Max Weber hat allerdings in seiner Gegenüberstellung von Gesinnungsethik und Verantwortungsethik darauf hingewiesen, dass gesinnungsethische Haltungen sich nicht zwangsläufig als politisch urteilskräftig erweisen.

Denn diese Lage (keine Kompromisse mehr eingehen zu können, d. Verf.) muss freilich für jeden von uns, der nicht innerlich tot ist, irgendwann eintreten können. Insofern sind Gesinnungsethik und Verantwortungsethik nicht absolute Gegensätze, sondern Ergänzungen, die zusammen erst den echten Menschen ausmachen, den, der den „Beruf zur Politik" haben kann (Weber 1920/1988, 559).

Das „Hier stehe ich, ich kann nicht anders" ist bei aller mitunter unabweisbaren Tragik auch immer eine Art Kapitulationserklärung. Jedenfalls in der

Politik. Heroisches Scheitern gehört zum Risiko politischen Handelns und ist manchmal unumgänglich. Aber es kann (und darf) nicht das Ziel politischen Handelns sein. Allen Überlegungen, mit welchen Mitteln eigene Ziele erreicht werden sollen, haftet insofern immer schon etwas Pragmatisches an.

11.1 Wirklichkeit und Wahrheit

Der Begriff *Pragmatismus* steht aber nicht nur für eine politische Haltung, sondern auch für eine besondere Art der Begründung von Normen, mit deren Hilfe politisches Handeln und politische Verhältnisse beurteilt werden können. Dieser Zusammenhang wird beim Blick auf die Philosophie des Pragmatismus deutlich, wie sie sich insbesondere in den Vereinigten Staaten entwickelt hat. Alle ihre Varianten (eine einheitliche Theorie des *Pragmatismus* gibt es nicht) teilen die Ablehnung einer Wissenstheorie der richtigen, d. h. abbildungsadäquaten Wahrheitsformulierung. Aussagen, auch wissenschaftliche Aussagen und Theorien, sind keine Spiegel der Wirklichkeit, keine Spiegel der Natur (Rorty 1987), auch keine Spiegel der Gesellschaft oder der Politik. Wahrheit wird damit zu etwas Individuellem, Relationalem und an bestimmte Kontexte gebunden.

Zugleich jedoch teilt die pragmatische Philosophie nicht jenen alten, schon in der griechischen Antike bekannten Realitätsskeptizismus, der es für sinnvoll hält zu fragen, ob es außerhalb der individuellen Vorstellungswelt überhaupt Realität gebe oder nicht. Bertolt Brecht hat in seiner - jedenfalls wenn es um politische und ideengeschichtliche Probleme geht - etwas grobschlächtigen Art diesen Realitätszweifel mit folgender Anekdote zurückzuweisen versucht: Auf einem Kongress der größten Philosophen und Wissenschaftler im fernen China stritten die Gelehrten vor langer Zeit erbittert über die Frage, ob es die Wirklichkeit gebe oder nicht. Der Streit wurde deshalb so vehement geführt, weil nach sintflutartigen Regenfällen die Deiche des Landes zu bersten drohten. Schnelles Handeln zur Verhinderung einer Flutkatastrophe war geboten. Doch die Gelehrten kamen zu keinem Ergebnis und stritten, und stritten, und stritten... Erst als der große Gelbe Fluss über die Ufer trat und in einer riesigen Welle alles mit sich riss, auch den Philosophenkongress, war die Debatte beendet. Der geschichtsphilosophisch, historisch-materialistisch inspirierte Dichter macht sich hier also mithilfe der nassen Wirklichkeit über die Kopfgeburten der Intellektuellen lustig. Sehr viel Urteilskraft beim Blick auf erkenntnistheoretische Positionen verrät er selbst damit allerdings nicht. Denn ernsthaft darüber zu streiten (jedenfalls außerhalb phantasierter Wissenschaftlerkongresse jenseits der Großen Mauer), ob es oder nicht Wirklichkeit gibt, ist müßig. Umstritten ist vielmehr oft, wie man sich in ihr orientiert - man kann Deiche verstärken oder auch nicht.

Mit der Beobachtung, dass es nun zahlreiche widersprüchliche Aussagen über die Wirklichkeit gibt (und darüber, was man in ihr tun soll), verbindet die pragmatische Philosophie einen *selbstreflexiven Fallibilismus*. Das kann man übersetzen mit: das Bewusstsein, unrecht haben zu können. Aus dieser Position heraus ergibt sich dann ein dritter Aspekt, der allen Varianten der Philosophie des Pragmatismus gemein ist. Es handelt sich dabei um die Vorstellung, Aussagen über Wirklichkeit, aber auch normative Forderungen an das Verhalten in dieser Wirklichkeit, immer so zu formulieren, dass sie in die jeweiligen besonderen *Kontexte* passen. Es geht also nicht um universale, kosmopolitische, überzeitliche Positionsnahmen. Jede Wahrheit hat ihren Ort und ihre Zeit.

Das relativiert nun sehr stark eine pathetische Haltung gegenüber der Wahrheit, die alle geschichtsphilosophischen Ansätze auszeichnet, deren Protagonisten solche Zeitverhaftetheit von Wahrheitsansprüchen - und das heißt ja nichts anderes als: von richtigen Urteilen - zwar gerne und lautstark ihren irrenden, ideologisch vernagelten Kontrahenten unterstellen, aber für die eigenen Aussagen selbstverständlich leugnen.

Aus den drei genannten Aspekten folgt ein vierter: Das Bewusstsein der Irrtumswahrscheinlichkeit, die Relationalität und Kontextualität von Wahrheitsansprüchen machen es nötig, *Öffentlichkeiten zu organisieren*, in denen über Wirklichkeit, Wahrheit und richtiges Handeln gestritten werden kann. Aber anders als auf dem von Brecht geschilderten Kongress der chinesischen Wissenschaftler, von denen jeder „seine Wahrheit" ohne Abstriche durchsetzen wollte. Im Gegensatz dazu ergibt sich hier im günstigsten Fall die Möglichkeit, politische Urteilskraft zu entfalten. Voraussetzung für das Gelingen eines solchen - im sozialwissenschaftlichen Modejargon formuliert - „Projekts" ist eine Haltung der an dieser Öffentlichkeit Teilnehmenden, die das Zuhörenwollen und Zuhörenkönnen ebenso einschließt wie die Absicht, die Argumente der anderen ohne einen Malus abzuwägen, und gegebenenfalls auch Kompromisse zu schließen.

11.2 Erfahrungen machen

Urteilen, Entscheiden und Handeln sind an bestimmte Problemlagen gebunden, welche die jeweilige Wirklichkeitserkundung motivieren. Deren Ergebnisse lassen sich dann nach dem Größenumfang ihrer Problemlösungskapazität messen. Erkenntnis bildet in diesem Denken nicht mehr Realität „objektiv" ab, sondern steht im Dienst vergrößerter Bewältigungsmacht gegenüber den jeweiligen Herausforderungen. Richtige Urteile müssen sich in der Praxis als solche bewähren, um zu Gewissheiten werden zu können. Dabei verbinden sich in einer konkreten Situation (für Individuen wie für Gesellschaften) Erkenntnisinteresse, Vorurteil und Vorwissen zu einem Komplex, der Handlungsoptionen für diese Situation erbringen soll. Es geht dabei nicht um deren ewige und universale Gültigkeit. Eingebunden ist diese Logik in Wahrscheinlichkeiten, von denen die meisten quasi selbstverständlich Handlungen bestimmen. Unwahrscheinlichkeit muss nicht erst bewiesen werden, sondern erfährt eine praktische Nichtberücksichtigung. Nicht alle Annahmen müssen problematisiert und begründet werden. Erst wenn diese Vorurteile ihre Selbstverständlichkeit verlieren, besteht der Zwang zur Neuorientierung[30]. Wissen, Erkenntnis, Urteil beanspruchen keine Endgültigkeit. Es geht um die erfolgreiche Bewältigung problematischer Situationen in der Wissenschaft und in der Politik.

An dieser Stelle fügt sich ein - vor allem von John Dewey (1859-1952) - systematisch entwickelter Erfahrungsbegriff ein, der die geglückte Handlung als erfolgreiche Anpassung an Umweltansprüche versteht. Erfahrungen markieren die Schnittstelle zwischen individueller Disposition und Umwelteinflüssen. In ihnen kommen die Objekte (die Außenwelt) zu ihrem Eigenrecht als Realität jenseits individuellen Wollens. Erfahrungen sind deshalb entscheidend für die zukünftige Orientierung der Akteure. Sie geben die Möglichkeiten der optimalen Handlung vor und statten den Handelnden mit Ressourcen zur Problemlösung aus. Erfahrung ist Ausdruck einer gelungenen Koevolution von Individuen und ihrer Umwelt und als solche allgemeines Naturprinzip:

---

[30] Das wissen Liebhaber klassischer Kriminalromane, denn genauso feiert Sherlock Holmes seine Erfolge, während Inspektor Lestrade von Scotland Yard den Schritt vom alten Wahrscheinlichen zum neuen Wahrscheinlichen nicht schafft und am Ende der Dumme bleibt.

Reine Aktivität konstituiert noch keine Erfahrung. Reine Aktivität ist zentrifugal, ungeordnet, zerstreut. Erfahrung beinhaltet Veränderung, aber Veränderung ist bedeutungslos, so lange sie in unserem Bewusstsein nicht mit der Wahrnehmung von Konsequenzen verbunden ist, die aus der Veränderung resultieren. Wenn eine spezifische Aktivität, eine Handlung, ein Verhalten auf uns als Veränderung zurückwirkt, sprechen wir von Erfahrung (Dewey 1916/1966, 139)[31].

Als Kopplungsstelle zwischen psychischem System und Umwelt besitzen Erfahrungen eine eigene Materialität. Im Rahmen von Experimenten können Erfahrungen aktiv gesucht und gemacht werden; darüber hinaus entwickeln sie als Reflexion geglückter/missglückter Anpassung Selbständigkeit. Diese Autonomie von Erfahrungen bedarf einer entsprechenden individuellen Reflexionsbereitschaft, einer gewissen Intelligenz für richtige, problemlösende Schlussfolgerungen. Erst dann kann es zu Rückkopplungen in den Handlungsverlauf kommen. Ähnlich wie Urteilskraft ist Erfahrung eine Haltung. Zu ihr kommt man - im guten Fall - durch Bildung. Für Dewey, der zu Beginn des 20. Jahrhunderts in Chicago eine Privatschule betrieb, waren in diesem Zusammenhang Elternhaus, Schule und andere Bildungseinrichtungen wichtig. Zu einer erfolgreichen Erziehung gehört es, Offenheit gegenüber Erfahrungen zu fördern. Folgerichtig stellten seine Schulexperimente und Lehrplanentwürfe dieses Erlernen von Sensibilität (auf vielen Ebenen) in den Mittelpunkt. Die Schüler sollten vor allem praktische Erfahrungen machen, sich Lehrinhalte aktiv aneignen usw. Erfahrungen umfassen Umwelt und System, Körper und Geist, Subjekt und Objekt. Erfahrungsarmes Theoretisieren lehnte er ab.

Ein Gramm an Erfahrung ist besser als eine Tonne Theorie, ganz einfach deshalb, weil nur in der Erfahrung die Theorien überprüfbare Signifikanz und Lebendigkeit gewinnen. Eine erfahrungsarme Theorie kann selbst als Theorie überhaupt nicht verstanden werden. Sie wird zu einer leeren Rhetorik, einer Bündelung von Phrasen, die das Denken lähmen, überflüssig und unmöglich. Weil wir in unseren Bildungseinrichtungen Wörter benutzen, produzieren wir mitunter auch Ideen, die alle Fragen für beantwortet halten, und damit unsere Wahrnehmung verstellen. Wir sehen die Probleme nicht mehr (Dewey 1916/1966, 144).

---

[31] Alle Zitate aus dem Englischen sind von den Verfassern übersetzt worden.

Dewey privilegiert also mit diesem emphatischen Erfahrungsbegriff eine bestimmte Form der Wirklichkeitsvergewisserung und rückt ihn in das Zentrum
seines Pragmatismus, der zu einem Realismus der praktischen Erfahrung wird.
Dabei kommt es auch in der sprachlichen Fassung dieser praktischen Erfahrungen darauf an, Unterschiede zu machen, die Unterschiede machen. Dieses
Element der intelligenten Entwicklung und Anwendung von erfahrungsbestä-
tigten Instrumenten zur Anpassungssicherung bewegte Dewey schließlich
dazu, für seine Philosophie die Bezeichnungen „Experimentalismus" oder
„Instrumentalismus" dem Etikett „Pragmatismus" vorzuziehen.

Die Hierarchisierung von Weltbezügen und die Überhöhung der „Erfahrung" zum sicheren Fundament in der Trias Urteilen, Entscheiden, Handeln
hat Dewey den Vorwurf eingetragen, bei ihm werde die Erfahrung zu einer
neuen Metaphysik. Gerade vor dem Hintergrund eines kritischen Umgangs
mit den in der Sprache erhobenen Wahrheitsansprüchen kann die Abwertung
von „leeren Wörtern" nicht überzeugen, da ja auch die Erfahrung verbalisiert
werden muss. Dewey setzt demgegenüber auf die Authentizität des Zusam-
menfallens von Subjekt und Objekt in der Erfahrung der Koevolution.

Er überträgt dieses Konzept schließlich auf das politische Handeln. Dabei gehen Kritiker, die Dewey eine Verwissenschaftlichung des Politischen
vorwerfen, jedoch fehl. Denn Experimentalismus bedeutet etwas anderes als
die Übertragung wissenschaftlicher Erkenntnisse. Er spricht in „Democracy
and Education" davon, die Verbindung von Erfahrungen, intelligenter Bear-
beitung und Erwartungsformulierung stellten ein Grundmuster jeder Entwicklung dar:

> Sobald das Kind anfängt etwas zu erwarten, benutzt es Gegenwartserfahrungen
> als Zeichen für zukünftige Entwicklungen. Es fängt an zu urteilen, indem es
> Zeichen miteinander verknüpft. Jede weitere zukünftige intellektuelle Entwick-
> lung ist nur die Verfeinerung dieser Fähigkeit, Verknüpfungen herzustellen.
> (Dewey 1966, 146)

Die fortgeschrittenen (Natur-)Wissenschaften unterscheiden sich von diesem
Grundmuster der intelligenten Rückkopplung nur durch bessere, weiter aus-
gefeilte Verfahren der Beobachtung und Schlussfolgerung. Das Experiment
ist eine besonders weit entwickelte Ausprägung existenzsichernder Kultur-
technik. Deweys Betonung der herausgehobenen Bedeutung der Pädagogik
wird vor diesem Hintergrund verständlich. Die Schule ist für ihn die zentrale

soziale Institution der Erfahrungsaneignung. Die Schüler sollen ihre Intelligenz, ihre Kreativität und Produktivität vergrößern. „Theoretisches" Wissen tritt demgegenüber zurück. So ausgebildet werden sie zu Individuen, die nicht nur über technische Meisterschaft verfügen, sondern in ihrer Erfahrungsoffenheit ideale Bürger eines Gemeinwesens sein können, das sich ohne Mobilisierung von sozialer Intelligenz nicht behaupten könnte. Dewey entgeht dabei nicht der Gefahr, Bildung und Ausbildung zum sozialen Allheilmittel schlechthin zu machen. Bezeichnenderweise setzen viele seiner praktischen Politikempfehlungen an Bildungs- und Schulreformen an. Dass in dieser Hoffnung auf die Stärkung politischer Urteilskraft durch das Ermöglichen von Erfahrungen viel Trügerisches steckt, haben wir im Kapitel über Gründe und Abgründe politischer Bildung gezeigt.

Man muss die Bedingungen schaffen und pflegen, welche den Menschen erlauben, Erfahrungen zu machen. Das ist Deweys Leitidee. Damit verbunden ist ein anderer Gedanke, der uns direkt ins Zentrum seines politischen Denkens führt: Das politische System muss Strukturen aufbauen, welche die Wirkung des kulturellen Instrumentalismus durch die intelligente Erfahrungsbearbeitung verstetigen. Bildungspolitik ist dabei ein entscheidendes Politikfeld, aber Dewey geht weit über eine solche Akzentuierung bestimmter Politikfelder hinaus. Systematisierte Erfahrungen, zum Paradigma im modernen Wissenschaftsbetrieb verdichtet, sollen jedes politische Handeln bestimmen. Wobei Dewey bis in sein Spätwerk hinein dieses Handeln mit staatlichen Interventionen gleichsetzt. Hier äußert sich ein starker etatistischer Steuerungsoptimismus, der sich aus dem Vertrauen in die Problemlösungskapazität einer methodischen Erfahrungsbearbeitung speist. Für Dewey kommt es darauf an, Erfahrungsoffenheit auf die politische Entscheidung zu übertragen. Es geht dabei nicht um die Transformation dieses oder jenes Einzelwissens aus der Sphäre der Wissenschaften in die der Politik, sondern um die Übertragung eines bestimmten Handlungsmodus. Aus Erfahrung lernen: Das Vertrauen, das sich hier ausspricht, ist Ausdruck einer Mischung aus religiösem Glauben an die letztlich gerechtfertigte Schöpfung, in der sich doch alles zum Guten fügen kann, einem geschichtsphilosophischen Vernunft-Optimismus und Darwins Evolutionstheorie, die Dewey tief geprägt hat (Dewey 1971).

Doch wir wollen diese sehr interessanten Aspekte pragmatischer Philosophie nicht weiterverfolgen. Für uns ist wichtiger, dass mit dem Setzen auf das Lernen aus Erfahrung auch normative Ansprüche verbunden sind. Eine politische Theorie der engen Verzahnung von Erfahrung und Steuerung, welche die Qualität des politischen Systems an seine Leistungsfähigkeit in der Erfahrungsbearbeitung bindet, ist nicht einfach nur als Beschreibungsinstrument aufschlussreich. Darüber hinaus entstehen bei der Untersuchung des Zusammenhanges zwischen Strukturen des politischen Systems und der Offenheit der Erfahrungsbearbeitung Bewertungsmaßstäbe für die Qualität unterschiedlicher politischer Ordnungen.

11.3 Die Öffentlichkeit und ihre Probleme

In seinen politischen Überlegungen tritt Dewey immer als Anhänger der Demokratie auf. Sie ist ihm authentischer gesellschaftlicher Ausdruck umfassender Vervollkommnungsfähigkeit. So fordert er schon gegen Ende des 19. Jahrhunderts eine durchgreifende Demokratisierung der industriellen Beziehungen. Dieses Plädoyer entspringt vor allem seinem damaligen Entwicklungsoptimismus, der die Evolution als Aussöhnung der partikularen sozialen Interessen begreift (Dewey 1971, 246). Angesichts der in der Zwischenkriegszeit prekär werdenden Begründungen für individuelle Freiheit besteht dann für Dewey die Notwendigkeit, seine Handlungstheorie der Erfahrung als Theorie der Demokratie genauer zu formulieren.

In „The Public and Its Problems" von 1927 verbindet Dewey schließlich seine Metaphysik der Erfahrung mit einer originellen Demokratietheorie, die auch eine Neuorientierung seiner Staatstheorie mit sich bringt. Dewey erweitert darin seinen Begriff des in Analogie zum individuellen Handeln entworfenen problemlösenden Leistungsstaates. Als Instrument der gesellschaftlichen Verbesserung entsteht er nämlich überhaupt erst im öffentlichen Diskurs. Öffentlichkeit löst damit den Staat als Leitkategorie ab. In seinen Vorstellungen zur Entstehung und Entwicklung von Öffentlichkeit greift Dewey dabei seinen Begriff der intelligenten Erfahrungsbearbeitung wieder auf. Diese geht vom Individuum aus, aber bestimmte Problemwahrnehmungen der einzelnen verweisen auf gesellschaftliche Problemlagen. Immer dann, wenn solche Schwierigkeiten nicht mehr in der direkten Kommunikation der unmittelbar Betroffenen überwunden werden können, entsteht Öffentlichkeit (Dewey 1927/1996, 35)[32]. Diese stellt danach eine besondere Form der As-

---

[32] Kommunikation ist für Dewey immer normativ bestimmt als nicht Nicht-Kommunikation. Seine politische Theorie kennt das Schweigen nur als Verstümmelung oder Ende der Kommunikation.

soziation von Erfahrungen dar. Erst im Zusammenschluss vieler Betroffener zur Öffentlichkeit können gesellschaftliche Probleme intelligent gelöst werden. Erst durch Bildung einer Gemeinschaft werden systematische Beobachtungen von über-individuellen Handlungsfolgen und entsprechende Schlussfolgerungen möglich. Der Staat ist für Dewey kein Gebilde mit einem eigenen, über die gesellschaftlichen Interessen hinausreichenden Wesen, vielmehr schlicht eine Erfindung von Öffentlichkeiten mit dem Zweck, überindividuelle Handlungsfolgen erfolgreich zu bearbeiten.

Die Idee von der Geburt der Politik und des Staates aus der Erfahrung der Problemwahrnehmung und -überwindung und damit aus dem Geist der Öffentlichkeit liefert Dewey eine normative Folie, die auf die schlechte Realität inkompetenter Politik, korrupter Staatlichkeit und defizitärer Öffentlichkeit gelegt werden kann. Der öffentliche Raum wird zum Ort der Urteilskraft, die zwar aus individueller Haltung hervorgeht, aber nur im Rahmen spezifischer Institutionen zur Geltung kommen kann. Urteilskraft ist danach also kein Vermögen, keine Kompetenz, die man - im besten Fall - immer besitzt, sondern eine Haltung der Offenheit, die nur im gesellschaftlichen Rahmen wirksam werden kann.

11.4 Urteilskraft-Utopien

Dewey zeichnet das Bild von der problemzentrierten Kommunikation der Öffentlichkeit als vorstaatliches Fundament der Politik, wobei es für eine Studie über politische Urteilskraft erhellend ist, sich mit gewissen Übersteigerungen seines Öffentlichkeitspathos zu beschäftigen. Die Einheitsstiftung der verbindlichen politischen Entscheidung beruht bei Dewey nicht allein auf dem Eigeninteresse der Individuen, die ihre jeweiligen Kalkulationen zur Deckung bringen. Aber sie ist auch nicht mehr reiner Ausdruck allgemein waltender Evolution. Stattdessen vernetzt die Kommunikation der Betroffenen diese zum politischen Kollektivsubjekt. Ausgehend von dem gesellschaftlichen Charakter der über den einzelnen hinausgehenden Schwierigkeiten und Aufgaben, definieren die Bedingungen der Möglichkeit für diskursive Erfahrungsbearbeitung die Notwendigkeit demokratischer Systeme.

Als Ort der Deliberation ist Demokratie dabei zugleich Mittel und Zweck. Sie gilt Dewey als ausgezeichnetes Instrument, um die sozialen Probleme zu lösen. Aber dieser evolutionäre, quasi organische Kompetenzvorsprung wird an die Form der demokratischen Teilhabe, an freie Assoziationen und Diskussion gebunden. Die Demokratie ist als Einheit von Form und Inhalt allen anderen politischen Ordnungen überlegen. Sie ist lebensweltlich eingebettet und deshalb mit den Kategorien einer herkömmlichen Staatsformenlehre nicht angemessen zu erfassen. Demokratie aller Lebensbereiche ist Ausdruck einer Kultur der Erfahrungsoffenheit und ein Instrument der intelligenten Erfahrungsbearbeitung. Als gemeinsames Experiment zur Lebensverbesserung stiftet sie Einheit zwischen den an der Kommunikation Beteiligten.

Offensichtlich steht Dewey hier die *scientific community* als Beispiel demokratischer Beteiligung vor Augen. Er sieht allerdings selbst, dass sich mit der zunehmenden Komplexität funktional-differenzierter und räumlich ausgedehnter Gesellschaften die Herstellung einer Experimentiergemeinschaft schwierig gestaltet, und seine Vision der sozialen Sicherung von Erfahrungen geht mit einer düsteren Darstellung des Verfalls von Öffentlichkeit nicht nur in den Vereinigten Staaten des frühen 20. Jahrhunderts einher (Dewey 1927/1996, 100ff).

Hinzu kommt der unter normativen Prämissen politisch als dysfunktional zu bewertende Erfolg des wissenschaftlichen Experimentalismus im engeren Sinne, weil er nämlich zu einer erheblichen Machtsteigerung der jeweiligen Experten führt. Für Dewey ist diese Dominanz ein Grund für die Entpolitisierung der Öffentlichkeit und für ihre Zersplitterung in viele partikulare Öffentlichkeiten, die sich im kulturell Beliebigen oder in der Kalkulation ihres Interessenegoismus verlieren. Die in der repräsentativen Demokratie durch gesellschaftliche und politische Eliten und Experten entmachtete Öffentlichkeit muss rekonstruiert werden, um Erfahrungen der Individuen sozial wirksam werden zu lassen. Dewey fordert deshalb die Erfindung und Erprobung von Assoziationsformen, in denen diese soziale Intelligenz sich artikulieren kann. Erst wenn solche Kooperationen die einzelnen wirklich erfassen, ist die Gesellschaft in der Lage, Experten und politische Institutionen für sich zu instrumentalisieren[33]. Aus der „großen Gesellschaft" muss die „große Gemeinschaft" werden (Dewey 1927/1996, 128). Dabei sollen die Methoden der systematischen Erfahrungsbearbeitung politisch so verallge-

---

[33] „Der Mann, der die Schuhe trägt, weiß am besten, dass und wo sie drücken, auch wenn der fachkundige Schuhmacher am besten beurteilen kann, wie den Beschwerden abzuhelfen ist." (Dewey 1927/1996, 172)

meinert werden, dass in der Beobachtung, Veröffentlichung, Diskussion sozialer Probleme das demokratische Erfahrungspotenzial sich die funktional ausdifferenzierten Wissenseliten unterwerfen kann. In diesem Sinne will Dewey die Defizite der Demokratie durch mehr Demokratie kurieren, die demokratischen Defizite der Expertenkulturen durch Stärkung der Erfahrungssouveränität der Betroffenen überwinden.

Eine solche Wiederherstellung von Öffentlichkeit kann nur lokal gelingen, denn dort besteht am ehesten die Chance zur Nutzung von Erfahrungsunmittelbarkeit. Dewey plädiert damit nicht nur für eine Dezentralisierung des politischen Systems, sondern vor allem für eine Stärkung kommunitärer Bindungen in unterschiedlichen lokalen Bezügen. Die Pathologien des Industrialismus und der liberalen Demokratie schreibt Dewey der Zerstörung der lokalen Gemeinschaften zu. Es kommt danach zu Fehlentwicklungen, weil es keinen Modus der intelligenten sozialen Erfahrungsbearbeitung mehr gibt. Kommunikation ist für ihn aber immer mikrosoziologisch an konkreten Austausch „von Angesicht zu Angesicht" (Dewey 1927/1996, 177) gebunden.

Die Arbeit ist für Dewey keine geeignete Grundlage zur Stärkung kommunikativer Bindungen. Die Einheit der Individuen entsteht nicht im Arbeitsprozess, sondern muss in der „dauerhaften Verbindung ... nachbarlicher Vereinigung" (Dewey 1927/1996, 177) beginnen. Das gemeinsame Problemlösen vor Ort ist die Grundlage einer solchen lokalen, unmittelbaren Verbundenheit der lebensweltlichen Demokratie. Gegen die Pathogenese industrieller Massengesellschaften mobilisiert er - und damit stoßen wir auf ein durchgängiges Motiv in seinen Schriften - das Pathos der Solidarität und den Appell an den Bürgersinn. Die lokale Gemeinschaft bringt die einzelnen zu ihrem Ausdruck und wird schließlich zur Weltgesellschaft.

Die freie Erweiterung und Stärkung der beschränkten individuellen intellektuellen Gaben, die aus dem Strömen sozialer Intelligenz folgen kann, kennt keine Grenze, wenn diese mündlich von einem zum anderen in den Kommunikationen der lokalen Gemeinschaft zirkuliert. Das und nur das verleiht der öffentlichen Meinung Realität. ... Territorialstaaten und politische Grenzen werden bestehen bleiben; sie werden jedoch nicht Barrieren sein, welche die Erfahrung verarmen, indem sie den Menschen von seinem Nebenmenschen abschließen; sie werden keine unabänderlichen Teilungen sein, durch welche die äußere Trennung in

Neid, Angst, Misstrauen und Feindschaft im Inneren umgewandelt wird (Dewey 1927/1996, 181, 179).

Der Weg zur Stärkung lokaler Gemeinschaften und die vorstaatliche Integration der Individuen zu problemorientierten Öffentlichkeiten und Experimentiergemeinschaften bleibt in der politischen Theorie Deweys allerdings weitgehend im Dunklen. Auch bietet er keine Institutionenlehre für die soziale Erfahrungsbearbeitung an. Vielmehr begreift er seine Interventionen als konkrete Aufforderung an die Öffentlichkeit. Deweys Philosophieren ist also ein Gesprächsangebot, eine Einladung zum gemeinsamen Erfahrungsaustausch. Form und Inhalt seiner politischen Philosophie fallen in diesem publizistischen Engagement zusammen.

Dass der Pragmatismus im Rahmen des Nachdenkens über politische Urteilskraft aktuell bleibt, liegt nun nicht so sehr an den Demokratie-Visionen Deweys, in denen Urteilskraft sich erst noch beweisen muss. Die nicht nur von ihm gelieferten Hinweise auf die Kontextualität von Argumentation und Wahrheit bieten jedoch zahlreiche Anknüpfungspunkte für die aktuellen Probleme kultur-relativistischer Diskussionen, denen wir uns am Ende dieses Buches unter besonderer Berücksichtigung der Arbeiten Richard Rortys zuwenden.

Dummheitskulturen

Wir haben die folgenden sechs Kapitel unserer Untersuchung unter der Überschrift Dummheitskulturen zusammengefasst. Das klingt provozierend, und zwischendurch haben wir uns auch schon einmal gefragt, ob es vielleicht unnötig provozierend klingt. In einigen Fällen, etwa bei dem Mechanismus des schrecklichen Vereinfachens oder bei den eigentlich etwas zu gutmütig so bezeichneten Verschwörungstheorien, handelt es sich gewiss um Angelegenheiten, die, wenn sie Menschen in ihren Bann ziehen, deren politische Urteilskraft lähmen und vergiften. Hier trifft der Ausdruck Verdummungskulturen sicher zu, wobei allerdings immer noch zu klären bleibt, und zwar in jedem Einzelfall, woher die Dynamik und die Attraktivität solcher „Erklärungen" kommen und mit welchen Interessen und Ängsten sie sich verbinden.

Im Falle von Weltanschauungen, Ideologien und Utopien wird es erheblich schwieriger, sie ganz umstandslos unter das Etikett Dummheitskulturen zu packen. Anders gesagt, dies sind ambivalente Angelegenheiten, teils unvermeidbar (wie kann man ohne eine Anschauung von der Welt in der Welt leben?), teils als Brücke zwischen Theorie und Praxis bequem (Ideologie als Sinn-Orientierung), teils als Fernziel einer makellosen Gesellschaft ähnlich anziehend wie eine „unberührte" Südseeinsel als Reiseziel für Ferntouristen (Utopie als sprachliches Vorab-Bild menschheitlichen Total-Glücks). Politische Urteilskraft schwächt sich ab, wenn sie ganz in diesen vorgegebenen Rahmen bleibt. Aber wenn sie genügend Selbstreflexions-Kraft besitzt und sich über die einengenden Wirkungen dieser Rahmen Klarheit verschafft, kann diese Schwächung bis zu einem gewissen Grade ausgeglichen werden. Es kommt also darauf an, wie der Einzelne mit diesen Phänomenen umgeht, ob er sich ihnen ausliefert oder ob er sich wenigstens ein Stück weit von ihnen unabhängig machen kann. Von einem erzkonservativen Aphoristiker (Dávila 2006, 174) stammt die warnende Bemerkung: „Nichts veranlasst uns mehr, Dummheiten von uns zu geben, als die Befürchtung, dem Dummen gegenüber als dumm zu erscheinen." (Wir haben uns allerdings die Freiheit genommen, ein Komma in diesem Satz umzustellen.) Diese Warnung ist zu beachten.

12 Weltanschauungen und Ideologie

12.1 Weltanschauung, allgemein

Kurioserweise hat das deutsche Wort Weltanschauung Eingang in viele andere Sprachen gefunden, so wie Leberwurst, Kindergarten und Waldsterben. Jeder Mensch hat eine, nämlich *seine* spezifische Vorstellung von und Einstellung zur Welt, die ihn umgibt (zur ‚ganzen' Welt, wie wenig es auch sein mag, was er davon erkennt), seine Weltanschauung. Sie setzt sich zusammen aus seinem eigenen und seinem übernommenen Wissen über die Welt, seinen eigenen Erfahrungen in und mit der Welt, den über Wissen und Erfahrung hinausgehenden Eingebungen und Gefühlen gegenüber der Welt, seinen in der Sozialisation vermittelten Deutungen und Sinnbezügen, seiner Selbst- und Umweltwahrnehmung, seinen Meinungen zu „Gott und der Welt".

Die Weltanschauung eines Menschen gibt Aufschluß über seine existentiellen Prioritäten und seine Lebensziele. Sie ist sein Sinn-Rückgrat. (Mit solchen Metaphern wollen wir aber vorsichtig umgehen). Zwar verändern die Menschen ihre Weltanschauung, einfach deshalb schon, weil sie neue Erfahrungen machen und ihr Wissen sich erweitert. Manchmal werden Weltanschauungen auf dramatische Weise verändert. Archetyp solcher augenblickslangen Weltanschauungs-Revolutionen und Konversionen ist das Saulus-Paulus-Erweckungserlebnis. In der westlichen Moderne sind solche dramatischen Ich-und-Welt-Hals-über-Kopf-Umdrehungen aber, so behauptet wenigstens Niklas Luhmann (2000, 296f), eher die Ausnahme geworden. Unterschiedliche religiöse Praktiken, unterschiedliche Welterklärungen werden „ausprobiert" und je nach den individuellen Erfahrungen entweder akzeptiert und vertieft oder fallen gelassen. Das Wort Lebensabschnitt-Weltanschauung fällt einem dabei ein.

Manchmal aber ist auch die Aufnahmefähigkeit für Neues von den weltanschaulichen Deutungsmustern so blockiert, daß eine Lücke entsteht zwischen dem, was um einen Menschen herum vorgeht, und dem, was ihn davon überhaupt erreicht, was er davon wahr- und aufnehmen kann.

Zwischen diesen beiden Extremen liegt die Funktion von Weltanschauungen. Sie stabilisieren das Individuum in seinem Verhältnis zur Welt, indem sie neue Vorstellungen, neues Wissen und neue Erfahrungen nur so in seine Welt einführen, dass er nicht aus der Balance gerät.

12.2 Variationen

Wie wir sehen werden, ist das Wort Weltanschauung deshalb auch so populär, weil es als die gemütvollere Variante des Begriffs Ideologie verwendet werden kann. Jedenfalls bietet es sich für einen solchen Gebrauch an. In das Bedeutungsfeld von Weltanschauung fallen auch Begriffe wie Weltbild oder Lebensanschauung. Zum Ausdruck gebracht werden soll jeweils eine Vernunft und Emotion, Reflexion und Intuition überzeugend zusammenbringende und -haltende Gesamtvorstellung von Mensch und Welt, Vergangenheit und Zukunft, Dasein und Sinn.

Solche Gesamtvorstellungen bieten zunächst einmal die Religionen und Glaubenssysteme. Deren spirituelle Autorität und Überzeugungskraft beruht in der Regel auf ihrem Offenbarungs-Charakter. Eine, wenn man so sagen darf, religiöse Weltanschauung ist dem Menschen aus der Transzendenz übereignet worden, und wenn auch in jeder Religion die Theologen daran immer kräftig herumgemodelt haben, so war ihnen das ihrem Selbstverständnis nach nur deshalb erlaubt, um Unklarheiten der allumfassenden göttlichen Wahrheit zu verdeutlichen. Nicht überall auf der Welt und auch im sich säkularisierenden christlichen Abendland nicht überall gleich rasch und gleich gründlich ist die Prägekraft solcher Wahrheit in der Moderne blasser geworden. Wo die Verbindung zur Transzendenz locker geworden oder sogar gekappt und wo die unbedingte Autorität eines transzendenten Super-Akteurs verflogen ist, braucht es andere Gesamtkonzepte mit entsprechender Leit- und Orientierungsfunktion. In der jüngeren Fachliteratur, die häufig unter dem Eindruck einer Art Renaissance religiöser Denkformen und religiös inspirierter politischer Verhaltensweisen formuliert worden ist, stößt man in diesem Zusammenhang auch oft auf den Begriff der Zivilreligion. Der ist allerdings schillernd. Für die einen bezeichnet er „säkulare und dennoch in religiöser Rhetorik vorgetragene gesellschaftliche Normen- und Wertvorstellungen" (Hartfelder 2008), womit gemeint ist: Zivilreligion ist eigentlich keine. Für andere wiederum besagt diese Bezeichnung, dass es sich dabei sehr wohl um eine Religion handelt, und zwar eine, die nicht klerikal verfasst ist und nicht von den politischen Eliten instrumentalisiert wird (Schieder 2001, 17). Zum Glück brauchen wir uns auf diese Diskussion hier nicht einzulassen. (Zum Glück deshalb, weil, je mehr man sich auf diese Diskussion einlässt, sie desto verwirrender und unwirtlicher wird.)

Gehen wir deshalb noch einen Schritt zurück in das späte 19. und das 20. Jahrhundert. In der philosophischen Literatur über das Phänomen der Weltanschauungen wird hier häufig die „psychische Einheit" des Menschen betont, der eben nicht nur mit Vernunft und Verstand, sondern auch mit Herz und Seele der Welt gegenübertritt und sich und seine Identität über ein (für ihn) in sich stimmiges Gesamtbild von der Welt erschafft oder weiter ausbildet. In seiner Untersuchung verschiedener Typen von Weltanschauung von 1911 postuliert Wilhelm Dilthey, Weltanschauungen seien nicht so sehr rationale Konstrukte, vielmehr Ergebnis von psychischen Prozessen, vom Willen des Einzelnen und von seinen Lebenserfahrungen.

Weltbilder stellen in dieser lebensphilosophischen Perspektive dann sozusagen den inter-subjektiven Aspekt der als in jedem Einzelfall ein wenig anders ausgeprägt vorgestellten Weltanschauung dar.

Das sind aber alles begriffliche Einordnungen, die auch anders vorgenommen werden könnten.

12.3 Weltanschauungs-Kritik

Der subjektive und soziale, rationale und psychische Aspekte und Vorgänge integrierende sowie eine Erklärungsfolie für mehr oder weniger alles, dem der Mensch begegnet, zur Verfügung stehende Begriff der Weltanschauung ist vor allem für die attraktiv, die aus welchen Gründen auch immer Scheu davor haben (oder keine Zeit oder keine Lust), mit Kontingenz, mit ungeklärten Sachverhalten und mit Ambivalenz umzugehen. Da aber, was man gar nicht oft genug wiederholen kann, Ambivalenzen und Kontingenz zu den Lebens- und Umweltbedingungen des Menschen gehören, die man zwar ein Stück weit glätten und durchschauen, aber bestimmt niemals völlig ausschalten kann, werden Weltanschauungen für die politische Urteilskraft zu einem potentiellen Problem. Die Pseudo-Erklärungs-Sicherheit, die (manche) Weltanschauungen anbieten, hat zwar eine Entlastungsfunktion für den Einzelnen. Aber zugleich verführt sie dazu, sich allzu sehr auf diesen Erklärungsrahmen zu verlassen und im Zweifelsfall eben gerade nicht die eigene Urteilskraft zu aktivieren, sondern den Zweifel zu verdrängen.

Im Nationalsozialismus konnte man sich überdies die vorgeschriebene nationalsozialistische Weltanschauung wie eine geistige Uniform anziehen und dies als Zeichen der gelungenen völkischen Integration begrüßen. Die Geschichte des Widerstands gegen Hitler und die NSDAP-Herrschaft ist auch die Geschichte des Brüchigwerdens der uniformierenden Weltanschauung und Befreiung von ihren politischen und anderen Scheuklappen.

Der Marburger Philosoph Christoph Demmerling (1999) hat zugespitzt formuliert:

> Weltanschauungen...sind allumfassende Sinnangebote für diejenigen, denen die Verhältnisse in der modernen Welt zu unüberschaubar und zu vielfältig sind. Sie gewähren den Feinden der Moderne Trost und versehen sie mit der Möglichkeit, sich an einer Form von Einheit zu berauschen, die längst zerfallen ist. Von Weltanschauungen sind niemals nur einzelne Aspekte der Existenz des Menschen betroffen, sie bestimmen in umfassender Form sein jeweiliges Selbstverständnis, prägen die Organisation seiner unmittelbaren Sozialbeziehungen, schreiben bestimmte Bilder vom Staat und der Gesellschaft fest, unterlegen der Geschichte einen einheitlichen Sinn und stellen in der Regel auch kosmische Sinnentwürfe dar...Wer eine Weltanschauung hat, der gibt sich oft dogmatisch, stutzt die Wirklichkeit zurecht und schlägt die Welt über seinen eigenen Leisten, statt sich auf diese einzulassen.

Weiter oben haben wir in Klammern bezweifelt, dass man ohne eine Anschauung von der Welt in der Welt leben kann. Diesen Zweifel finden wir nach wie vor berechtigt. Aber ganz offenbar kommt es auf die Ausgestaltung solcher Anschauung an. Tritt sie pompös mit dem Anspruch auf, alles restlos zu erklären, lässt sie abweichende Wahrnehmungsmuster und Urteile nicht zu, schlägt sie Welt über den eigenen Leisten (was impliziert: notfalls schlägt sie auch auf die Welt ein), dann ist Weltanschauung als geschlossenes System Teil einer Dummheitskultur. Demgegenüber ist gegen eine Anschauungsweise von der Welt nicht einzuwenden, die offen für neue Eindrücke ist, die das Vorläufige der eigenen Erkenntnis akzeptiert und also selbstkritisch bleibt, die das Dazulernen nicht behindert, sondern dazu ermutigt.

12.4 Ideologie

Ideologien kann man fassen als Gedanken- und Lehrgebäude zur Begründung und Rechtfertigung politischen Handelns. In ihnen drückt sich deshalb immer auch ein bestimmtes Interesse einer sozialen Gruppe aus, wobei sehr häufig diese Interessen entweder verborgen bleiben sollen oder auch allein deshalb unsichtbar bleiben, weil sie als naturgegebene Prämissen politischen Handelns interpretiert werden. Insofern bilden Ideologien eine Brücke zwischen Theorie und Praxis, meistens eine ziemlich brüchige Brücke, denn allzu oft machen die Interessen die Gedanken krumm. Das wird aber von den Anhängern einer bestimmten Ideologie nicht gesehen, weil ja die Verkrümmung in ihren eigenen Köpfen passiert. Hier erkennt man schon den engen Zusammenhang zwischen Ideologie und Urteilskraft, weil nämlich erstere als Rahmen und Steuerungsinstrument, im (gar nicht so selten vorkommenden) unangenehmsten Fall also als ein Paar Scheuklappen für die Wahrnehmungs- und Urteilsfähigkeit der Menschen wirkt. Um in diesem Bild zu bleiben: Auch eine einzelne Scheuklappe - am linken oder rechten Auge - beeinträchtigt schon das Wahrnehmungsvermögen nicht unerheblich.

So klar und allgemeinverständlich die abstrakte Definition von Ideologie auch ist, in der politischen Praxis geht es verwirrender zu, weil es sehr unterschiedliche Arten von Ideologien gibt. Vor allem gibt es auch grundsätzlich unterschiedliche Grundpositionen zu diesem Phänomen. Vereinfacht ausgedrückt: eine eher fatalistische, eine puristische, eine positive und eine partiell negative.

- Die eher fatalistische Einstellung gründet auf der Prämisse, dass Interesse und Erkenntnis sich nicht gänzlich voneinander trennen lassen. Deshalb sind ideologische Aspekte bei Wahrnehmung, Beurteilung und Entscheidung über politische (und andere) Sachverhalte unvermeidbar. Man kann sie nicht auf Null reduzieren. Was man allenfalls kann, ist, sich über die eigenen Interessen und deren Begründungen möglichst viel Klarheit zu verschaffen. Das hilft gegen dogmatische Verbohrtheit.
- Die puristische Einstellung baut auf dem Gedanken auf, es müsse doch zu erreichen sein, ideologische Partikel aus der eigenen Denkweise völlig auszuschließen, wenn man nur konsequent der puren Wahrheit und nichts als der Wahrheit nachjage. Insbesondere nach der „Entlarvung" oder dem Kollaps bestimmter Ideologien ist es ja auch verführerisch und

nahe liegend zu denken, dass man sich nun dem Zustand der Ideologie-
freiheit, der Freiheit von ideologischem Denken, ein großes Stück genä-
hert habe. Das Banner der Anhänger einer solchen puristischen Einstellung trägt als Motto den Appell „Von der Ideologie zur Wahrheit".

- Wir erinnern uns an die Zeit, als es noch den Kommunismus als alternatives Gesellschaftsmodell zur bürgerlichen Gesellschaft gab und der
Marxismus in mannigfachen Variationen als Lehr- und Gedankenge-
bäude zur Erklärung von Welt und Geschichte, von Wirtschaft und Gesellschaft in den sowjetsozialistischen und einigen anderen sozialisti-
schen Ländern vorgeschrieben war, aber auch in manchen Kreisen westlicher Länder zeitweise durchaus eine gewisse Attraktivität besaß. Die
Anhänger der sozialistisch-kommunistischen Lehren bezeichneten diese
ohne den geringsten negativen Zungenschlag als ihre Ideologie. Freilich
unterschieden sie ihre einzig wahre und richtige Ideologie von anderen,
dann aber falschen Ideologien.

- Die Unterscheidung von richtigen und falschen Ideologien ist dem ideologischen Denken ganz selbstverständlich. Die eigene ist stimmig, alle
anderen nicht. Aber es geht bei Ideologien nicht nur um ganze Welterklärungen, um Großideologien der Moderne wie Kommunismus, Sozialismus, Konservatismus, Liberalismus. Man kann den Begriffs-Horizont
auch auf bestimmte soziale und politische Felder verkleinern. So kann
man vom Nationalismus als einer Ideologie reden oder vom Pazifismus.
Oder, noch eine Ebene darunter, bestimmte geistige Moden und kollektive Sichtweisen bilden sozusagen ein Syndrom von Betrachtungs- und
Verhaltensweisen aus: Sport als Ideologie, Heimat-Ideologie, verschiedene Kunst-Ideologien. Was daran jeweils „richtig" oder „falsch" ist,
lässt sich gar nicht so einfach und im allgemeinen entscheiden. Die Frage ist falsch gestellt. Wichtig ist der Zusammenhang zwischen Interessen, Beschreibung und Bewertung bestimmter Sachverhalte und dem
immanenten Appell zum Handeln zwecks Durchsetzung solcher Interessen. Ganz besonders hier wird deutlich, welchen Einfluss ideologische
Prägungen auf die politische Urteilskraft haben. Über sie zeigt sich auch
ein nicht zu unterschätzender Gruppen-Druck auf die Individuen. Allerdings scheint es uns, dass dieser ideelle und soziale Konformitäts-
Druck, der über Ideologien entsteht, nicht einmal in totalitären Herr-
schaftsregimen so stark werden kann, dass den Individuen jede Möglichkeit zur Entwicklung und Anwendung eigener politischer Urteils-

kraft genommen wird. Aber dass er sehr stark werden kann, das steht außer Frage.

12.5 Ideologie und Wahrheit

In der Umgangssprache, gerade auch der von Akademikern, gelten die Worte Ideologie und mehr noch seine Adjektivform ideologisch gemeinhin als starke Abwertung. Das weist zurück auf eine längere Tradition bürgerlicher Selbstgewissheit vom 17. bis zum 19. Jahrhundert, derzufolge die eigenen politischen Emanzipationsansprüche nur gegen das obskurante Wirken von Ideologen durchzusetzen seien. Ideologien werden als teils bewusste, teils unbewusste Verhüllungen der Wahrheit gewertet. Der Versuch von Karl Marx, Ideologie als Klassen-Wahrheit zu kennzeichnen, und die in der Auseinandersetzung mit seinem Denken entstandene Verfeinerung des Ideologiebegriffs, seine Aufspaltung in einen partikularen und einen totalen bei Karl Mannheim sowie die nüchterne Erweiterung bei Theodor Geiger bilden drei nicht ganz zueinander passende Fundamente, auf denen immer wieder neue Überlegungen zum Ideologie-Begriff angestellt werden.

Dabei stellt sich die freche Frage nach dem Verhältnis von Ideologie und Wahrheit mit einer gewissen Penetranz immer wieder neu. Die Vorstellung ist ja auch ein Ärgernis, dass kultur- und sozialisationsbedingte Scheuklappen oder auch verborgene materielle und sonstige Interessen (Werte z. B.) so nachhaltig auf die Sphären des Geistes einwirken könnten. Eine typische Formulierung in einem politikwissenschaftlichen Lexikon der Bundesrepublik aus der Zeit des Ost-West-Konflikts definierte Ideologie als „jenes geistige apologetische Selbstverständnis der Gesellschaft …, das in seinen Wahrheitsanspruch das Bewusstsein möglicher Falschheit und Konformität mit den Faktizitäten der Gesellschaft nicht selbstkritisch aufnimmt und aktiviert und damit die Gesellschaft im Grunde nur unbefragt bestätigt" (Lieber 1964, 140). Derselbe Autor postulierte in diesem Sinne auch ganz unmissverständlich: „Ideologie ist etwas, das durch Aufklärung grundsätzlich zu beseitigen ist" (Lieber 1964, 136).

Heute ist man geneigt, fast schon mit einer gewissen Rührung auf diese Vorstellung zurückzublicken. Für die Generation danach wurden andere Ansätze wichtiger, in denen ein ontologischer Wahrheitsbegriff keine Rolle mehr spielt. Stattdessen wird hier mehr auf die Funktionen von Ideologien in

Gesellschaften gesehen. In seinem sehr komplexen und nicht ganz einfach zu lesenden Entwurf einer Typologie des Ideologiebegriffs schreibt Peter Christian Ludz (1976, 90), Ideologien haben als historische Phänomene in der Gesellschaft, der sie zugehören, wichtige Funktionen zu erfüllen:

> „Erringung eines sozialen Selbstbewusstseins und dessen Rechtfertigung - eine Funktion von Ideologie, die bei ihren Trägern, den ideologischen Eliten, der freischwebenden Intelligenz, und den herrschenden ideologischen Führern und Gruppen sowie den Massen im institutionalisierten Sozialismus und Kommunismus gleichermaßen manifest wurde. Die zweite wichtige Funktion von Ideologien ist ihre aufklärerische, ihre Bildungsfunktion in der bürgerlichen Gesellschaft des 19. und 20. Jahrhunderts…Beide Funktionen haben politisch und sozial emanzipierend wie integrierend gewirkt."

Während die emanzipatorische Wirkung in der Tat möglicherweise den bisher für viele Menschen verschlossenen Zugang zu einer politischen Wahrheit öffnen kann, resultiert aus der integrativen Wirkung möglicherweise eine neue Manipulation.

12.6 Ideologiekritik, falsches Bewusstsein und Urteilskraft

Ideologiekritik will den Rechtfertigungs-Charakter bestimmter ideologischer Annahmen und Folgerungen entlarven. Das ist gar nicht schlecht. Allerdings kommt es dabei häufig vor, dass man das Kind mit dem Bade ausschüttet. Denn, das sollte aus dem Vorhergehenden eindeutig hervorgehen, man kann und muss mit Ideologien zwar kritisch umgehen. Aber man darf nicht hoffen wollen, dass die Aufklärung wie ein spiritueller Meister Proper alle ideologischen Schmutzreste beseitigen könnte. Das ungemütliche Sprichwort von dem Splitter, den man im Auge des anderen erblickt, während man den Balken im eigenen nicht zur Kenntnis nimmt, ist zwar physiologisch entgleist, aber für unseren Kontext brauchbar, drückt es doch genau die Gefahr aus, die mit naiver Ideologiekritik verbunden ist.

Wenn allerdings Ideologiekritik, deren Geschichte von Karl Marx bis zur Frankfurter Schule und zur „objektiven Hermeneutik" im Sinne von Ulrich Oevermann manche spannende Wendung gemacht hat, als eine Methode politischen Urteilens eingesetzt wird, kann sie jederzeit erfrischende Wirkungen zeitigen. Allerdings muss sie mit einer Ideologie-Selbst-Kritik einhergehen. Sie kann auf diese Weise das „falsche Bewusstsein", das Akteure in sozialen und politischen Konstellationen zeigen, und von dem sie sich leiten lassen, als ein solches erkennen und auch die Gründe angeben, warum das so ist. Aber diese Urteilsschärfe ergibt sich am wenigsten aus dem eigenen „richtigen Bewusstsein", vielmehr vor allem aus einer Gegenüberstellung von Handlung und Tun, von proklamierten Zielen und problematischen Mitteln, sie zu erreichen. Karl Mannheim hat darauf hingewiesen, dass das pure Wissen von der Möglichkeit eines falschen Bewusstseins uralt sei und auch religiösen Ursprungs. (In der Tat: aus der Sicht von Konvertiten hatten diese vor ihrer Konversion aus welchen Gründen auch immer ein falsches Bewusstsein, das nun repariert wurde.) „War die frühere These von der Falschheit eines Bewusstseins nur eine emphatische Behauptung, so erhält die moderne Form dadurch eine allein sie charakterisierende Unerbittlichkeit, dass sie…zu einem konsequent durchgeführten Beweis erweitert wird" (Mannheim 1969, 65). Wird sie natürlich nicht. Aber mithilfe einer ideologiekritischen Untersuchung kann politische Urteilskraft Indizien für eine Lücke zwischen Erklärungsanspruch, Verhaltensappell und Glaubwürdigkeit auf der einen Seite und Widersprüchlichkeiten, Doppelstandards und Manipulationsversuchen auf der anderen sammeln und ihre Schlüsse daraus ziehen. Allerdings setzt gelingende Ideologiekritik eine Urteilshaltung des Verzichts auf zwangsaufklärende Besserwisserei voraus. Eine Ideologiekritik, die sich in die Pose des Durchblickens und Bescheidwissens wirft, ist nur lächerlich und macht dumm.

13 Die Flucht nach vorne: Utopismus

13.1 Das Feld

Ausgerechnet 1991, noch ganz unter dem Eindruck des Zerfalls jener mit reichlich utopischem Hoffnungsstoff angereicherten „realsozialistischen"[34] Alternative zur bürgerlichen Gesellschaft, erschien ein gelehrtes Buch von Richard Saage, einem der besten Kenner politischer Utopien der Neuzeit. Es sollte nicht nur den reichen Stoff überschaubar präsentieren, sondern vor allem auch die Notwendigkeit utopischen Denkens für die Formulierung und Entwicklung politischer Ziele und für die Vorbereitung geschichtlichen Fortschritts demonstrieren. 1991 war aber nun gerade das Jahr, in dem man eher von Vorstellungen wie der vom Ende der Geschichte oder vom Ende der Utopien hörte. Utopien galten und gelten - überwiegend, jedoch nicht in allen Fällen zu Recht - als „linke" Projekte, und 1991 wussten wenige auf die doppelsinnige Frage „What's left?" eine Antwort zu geben. Der Moment des Schweigens währte aber nur kurz. Im Jahr darauf publizierte Richard Saage einen Sammelband mit sehr unterschiedlichen Einstellungen und Meinungen zur Zukunft der politischen Utopie und des utopischen Denkens, von Ernst Nolte bis Rolf Schwendter[35], und mindestens die eine Hälfte der von ihm Angesprochenen betonte die politisch, pädagogisch, postmaterialistisch oder sonstwie begründete Nützlichkeit von Utopien und von utopischem Denken.

Utopien sind Gegenentwürfe zur Gesellschaft, in welcher die Menschen leben, die sich solche Gegenentwürfe ausmalen. Antriebsmoment für solche Aktivitäten sind meistens Unzufriedenheit mit der vorhandenen Gesellschaft und das Leiden an ihren Defiziten bei der Verwirklichung des Guten. Das Ausmalen kann entweder ein rein immaterieller Akt bleiben (Utopien auf dem Papier). In diesem Sinne verwandte Karl Marx den Begriff utopisch, nämlich „um erdachte Konzeptionen des Guten zu bezeichnen, die ohne jede

---

[34] Welch ein eigentümlicher und assoziationsreicher Begriff! Eine dieser Assoziationen hat direkt etwas mit dem Thema dieses Kapitels zu tun: Realsozialismus = Utopienkiller.

[35] Schon allein, dass man diese beiden Namen sozusagen in einem Atemzug nennen kann, ist ein Verdienst dieses Buches von Saage (1992).

Verbindung zu den politischen Mitteln ihrer Verwirklichung vorgeschlagen werden (Geuss 2002, 121).

Oder es wird versucht, einen abgeschlossenen (oder wenigstens: abschließbaren) Raum zu finden, um die ‚andere Ordnung' für das Zusammenleben und die gemeinschaftliche Reproduktion zu erproben. Warum man eine solche andere Ordnung für nötig befindet, liegt auf der Hand: Die bestehende Gesellschaft wird als ungerecht und repressiv empfunden. Utopien sind Träume von einer gerechteren und glücklicheren Welt. Utopien mögen Träume sein - utopisches Denken verbleibt nicht in der Traumwelt, sondern strebt danach, wenn dieser hübsche und in sich widersprüchliche Begriff einmal erlaubt ist, Realutopien zu errichten.

Es gibt eine Menge sehr unterschiedlicher papierener Gegenentwürfe, im Grunde gab es sie schon, bevor Thomas Morus mit seinem Buch den Begriff der Utopie (Kein Ort, nirgendwo) prägte. In aller Regel sind Utopien rein diesseitige Gebilde. Bezüge zu einem Gott oder zu mehreren Göttern, die als Teil der Ordnung angesehen werden müßten, fehlen. Jedoch gibt es Überschneidungen mit den sozialen Binnenstrukturen von Sekten.

Aufschlussreich und für die politische Urteilskraft nützlich zu lesen sind nicht zuletzt auch die als „negative Utopien" oder „Dystopien" (verstörter Ort) bezeichneten Texte, die im 20. Jahrhundert vor den Folgen totalitärer Herrschaft warnen, etwa Aldous Huxleys „Brave New World" und vor allem George Orwells „1984".

Wenn Utopien Träume von einer gerechteren und glücklicheren Welt sind, dann sind Dystopien Albträume von der umfassenden Manipulation des Gerechtigkeits- und Glücksempfindens der Menschen.
Die Übergänge zwischen Träumen und Albträumen sind fließend.

13.2 Aktionsvorschriften

Die utopische Literatur füllt ganze Bibliotheken. Literarische Utopien, deren Protagonisten sich zeitweise in paradiesischen Gefilden („auch ich in Arkadien") aufhalten und von dort vertrieben werden oder es nicht aushalten können, sind fast so etwas wie ein eigenes Genre. Politische Utopien gibt es seit Platons „Der Staat". Aber erst in und mit der Aufklärung seit dem 17. Jahrhundert werden sie zu einem öffentlichkeitswirksamen Instrument der Kritik bestehender Verhältnisse samt einer Ausmalung der anzustrebenden (und in der Sichtweise der Utopisten auch erreichbaren) gesellschaftlichen und politischen Verhältnisse in der Zukunft.

Für Richard Saage (1991, 2f.) sind politische Utopien „Fiktionen innerweltlicher Gesellschaften, die sich entweder zu einem Wunsch- oder einem Furchtbild verdichten. Ihre Zielprojektion zeichnet sich durch eine präzise Kritik bestehender Institutionen und sozio-politischer Verhältnisse aus, der sie eine durchdachte und rational nachvollziehbare Alternative gegenüberstellen." An derselben Stelle unterstreicht Saage die Wirklichkeitsangemessenheit solcher politischer Utopien.

Diese Bestimmung geht uns aber ein paar Schritte zu weit; von Präzision und Wirklichkeitsangemessenheit kann jedenfalls nicht automatisch und generell, eher nur ausnahmsweise die Rede sein. Immerhin reicht diese Begriffsfassung aber hin, um metaphysische, jenseitsbezogene, mythologische, märchenhafte und - ja natürlich auch - teleologisch-geschichtsphilosophische Konstruktionen aus dem Blickfeld zu rücken. Es geht in politischen Utopien um eine auf der Prämisse der menschlichen Vernunft beruhenden und aus ihr entspringenden Zielorientierung für das Zusammenleben der Menschen. In der Sichtweise von Saage trifft das sozusagen spiegelverkehrt auch auf die Dystopien des 20. Jahrhunderts zu - sie hätten ihren Utopiecharakter bewahrt, wenn sie „im Namen der diskursiven Vernunft Aufklärung über einen bestimmten Typ der Utopie betreiben, der auf ein unmenschliches System totalitärer Unterdrückung hinausläuft" (Saage 1991, 3).

13.2.1 Disziplin und Solidarität: Edward Bellamy

Eine der seinerzeit bekanntesten Utopien aus der zweiten Hälfte des 19. Jahrhunderts ist „Looking Backward: 2000-1887" von Edward Bellamy, der 1888 in den Vereinigten Staaten erschien[36]. Die Romanform kann und soll nicht darüber hinwegtäuschen, dass der Autor mit seinem Text nicht literarische, sondern politische Meriten angestrebt hat. Die „konsequent durchgeführte sozialistische Utopie" (Vorwort Hermann Duncker zur deutschen Ausgabe des Romans) beschreibt die „industrielle Republik" der USA im Jahr 2000 mit den Augen eines Zeitgenossen des späten 20 Jahrhunderts. Der

---

[36] Wir folgen hier im wesentlichen früheren Überlegungen zu Bellamys Utopie in: v. Bredow/Noetzel (1993, 69 ff).

Ich-Erzähler erwacht wie Rip van Winkle nach unnatürlich langem Schlaf (113 Jahre in diesem Fall) am 10. September 2000[37], nicht gealtert und im Vollbesitz seiner geistigen und körperlichen Kräfte. Folglich kann er nach dem Erwachen und der Überwindung des ersten Schocks sogleich die gesellschaftlichen Veränderungen seiner Stadt (es handelt sich um Boston) und des Landes zu erforschen beginnen. Die Diskussionen mit seinem freundlichen und gütigen Gastgeber über die Vergangenheit (kapitalistisch, konfliktreich, böse) und die Gegenwart (staatssozialistisch, harmonisch, gut) machen einen großen Teil des Buches aus. Der Übergang vom Einst zum Jetzt verlief übrigens friedlich, und zwar nach dem Monopolisierungs-Schema der marxistischen politischen Ökonomie. Immer mehr Reichtum und wirtschaftliche Macht konzentrierten sich in immer weniger Händen. Die ganze Nation organisierte sich als eine Art riesiger Mischkonzern, und da war es nur logisch, dass „das Volk" irgendwann beschloss, die Leitung des Wirtschaftslebens selbst zu übernehmen.

Grundpfeiler des Wirtschaftslebens bildet die allgemeine Arbeitsdienstpflicht zwischen dem 21. und dem 45. Lebensjahr. Für die Berufswahl und Berufskarrieren gibt es ein kompliziertes Einstufungssystem. Geld wurde abgeschafft. An seine Stelle trat eine Art von Ziehungsrechten. Alle bekommen den gleichen Lohn, allerdings gibt es Differenzierungen bei symbolischen Belohnungen. Bemerkenswert ist, dass Bellamy großen Wert auf eine straffe und stramme Disziplin im „Arbeitsheer" legt. Nachlässigkeiten und Trägheit werden nicht geduldet. Wer seiner Dienstpflicht genügen kann, sich aber hartnäckig weigert, sie zu erfüllen, wird von aller menschlicher Gesellschaft ausgeschlossen. Auch die Schwächeren, die körperlich und geistig Kranken müssen (dürfen?) arbeiten. Für sie wurde ein „Invalidenkorps" eingerichtet, das leichtere Arbeiten verrichtet.

Das Besondere an dieser Utopie liegt darin, dass die höchste ökonomische Effizienz zugleich die edelsten Züge und Triebe der Menschen hervorlockt und ausprägt. Alle Menschen stellen, im Gefühl brüderlicher und schwesterlicher Solidarität, den Gemeinsinn vor ihren schädlichen Eigensinn. Effizienz plus Solidarität verhindern abweichendes Verhalten und damit auch, dass ein Individuum auf eine Bahn geraten kann, die es in tragischen oder produktiven Widerspruch zur Gesellschaft bringt. Bildende Künstler etwa haben nur Erfolg, wenn sie vom Volk akzeptiert werden. Gemälde und

---

[37] Hat er sich vielleicht um 1 Tag und 1 Jahr geirrt?

Skulpturen werden nach Volksabstimmungen in die öffentlichen Gebäude aufgenommen oder auf öffentlichen Plätzen aufgestellt. Bellamy geht darauf nicht weiter ein, aber es steht zu befürchten, dass da „Hauchende Hirsche", „Trinkende Mönche", „Zigeunermädchen", Gebirgs- und Heideidyllen dominieren.

Ach ja - hier liegt also der Dummheits-Punkt. Denn nichts, wirklich gar nichts, deutet in der empirischen Anthropologie darauf hin, dass solch ein Optimum entstehen könnte, und schon gar nicht von selbst. Für soziale Entwicklung sind Herausforderungen und Widersprüche unabdingbar. Wie Robert Nozick (2006, 433) festgestellt hat:

> Ein ständiger Zug im utopischen Denken ist…das Gefühl, es gebe ein System von Grundsätzen, die so einleuchtend sind, dass sie von allen Menschen guten Willens anerkannt werden, so genau, dass sie in bestimmten Situationen eine eindeutige Anleitung geben, so klar, dass jeder sie im gleichen Sinne versteht, und so vollständig, dass alle Probleme, die sich tatsächlich einmal ergeben, abgedeckt sind.

Dieses Gefühl ist ein Trug, weshalb bei den allermeisten Utopien schon auf dem Papier erkennbar wird, wie wenig sie als soziale und politische Handlungsanleitung taugen.

13.2.2 Arbeiter, auf nach Ikarien!

Das 19. und 20. Jahrhundert bieten aber auch zahlreiche Anschauungsbeispiele für die Erprobung utopischer Grundsätze in (meist) kleinen Gemeinden, die sich allerdings fast immer als der avantgardistische Kern einer sich letztlich über die ganze Welt durchsetzenden ‚anderen Gemeinschaftsbildung' ansahen.

Etienne Cabet (1788-1856) veröffentlichte 1840 seinen utopischen Roman „Voyage en Icarie, roman philosophique et social". Der Erfolg dieses Romans machte seinen Autor sofort berühmt, auch im Ausland, wo es bald Übersetzungen gab. Die Grundidee von Cabets Utopie ist die Gütergemeinschaft. In den frühen vierziger Jahren des 19. Jahrhunderts wird aus dem von Cabet gepredigten Kommunismus eine Art soziale Bewegung, mit Ortsvereinen, eigener Zeitschrift und großer Außenwirkung auf die Arbeiterschaft.

1847 erschienen in der Zeitschrift der Cabet-Jünger zwei Aufrufe zur Auswanderung nach Amerika, damit dort aus der Utopie Wirklichkeit würde. Die Verfasser des Aufrufs rechneten auf mehrere zehntausend „reisefertige Ikarier", denen bald Hunderttausende, vielleicht Millionen folgen würden. Ein Jahr später brachen dann aber doch nur 69 Personen auf, um in Texas eine Siedlung zu gründen. Das Gelbfieber machte ihnen aber einen Strich durch die Rechnung, und als im Jahr drauf Cabet selbst mit einer zweiten Gruppe Auswanderer in New Orleans anlangte, war die Vorhut bereits weitgehend zerstreut. Cabet änderte seine Pläne, und ein zweiter Siedlungsversuch begann auf dem Land einer früheren Mormonensiedlung in Nauvoo, Illinois. Dort schien zunächst alles gut zu laufen, die Zahl der Ikarier erreichte zwischenzeitlich eintausendfünfhundert. Allerdings gab es bald jede Menge gemeinschaftsinterner Reibungspunkte. Viele darunter waren entstanden, weil Cabet Ikarien zur grimmigen Verblüffung seiner Mitsiedler ziemlich diktatorisch leitete. Es kam zu einer Abspaltung. Cabet und seine Anhänger zogen nach St. Louis, wo der Meister aber bald darauf verstarb. Danach verfiel Nauvoo ziemlich rasch. Einige Ikarier besaßen immer noch genug Energie für einen Neuanfang, dieses Mal in Iowa. Das Leben dort begann in großer Armut, und die Ikarier brachten es gerade einmal dahin, in kleiner Zahl gemeinsam der Unbill der Jahreszeiten und der Rauheit des Landes zu trotzen. Um die Wende zum 20. Jahrhundert hat sich Ikarien ganz aufgelöst und keine Spuren hinterlassen.

13.3 Pro und Contra

Im Zusammenhang mit politischer Urteilskraft drängt sich die Frage auf, ob Utopien sie eher kräftigen oder schwächen. Vielleicht sollte man diesem Drängen nicht sogleich nachgeben und nicht sofort nach einer jaja/neinnein-Antwort suchen.

Aber kurios ist es schon, mit welcher Erbitterung Befürworter und Gegner von Utopien als, sagen wir einmal: Methode des Nachdenkens über Politik und Gesellschaft, gegeneinander polemisieren.

13.3.1 Die kühlen Anti-Utopisten

Sie haben ein paar ziemlich starke Argumente für sich. Utopien, sagen sie, sind weltfremd und ziehen intellektuelle und manchmal auch materielle Ressourcen von dort ab, wo sie eigentlich nötig und nützlich sind, der ‚real existierenden Gesellschaft'. Utopisches Denken ist ein Glasperlenspiel, utopische Gesellschaftsentwürfe sind Kartenhäuser. Bleiben sie auf dem Papier, lenken sie den Geist ab. Schlimmer aber, wenn man sie zu verwirklichen versucht. Dann nämlich richten sie Unheil an. Das ist, meint Joachim Fest, die ernüchternde Grunderfahrung des 20. Jahrhunderts:

> Bezeichnenderweise hat aber auch das unendliche, die Jahrhunderte begleitende Nachdenken über die ideale Gesellschaft nie ein wirklich offenes Gemeinwesen als System entworfen. Es gibt keine liberale Utopie. Der Widerspruch zwischen dem geschlossenen Charakter aller grundlegenden Neuentwürfe und der Offenheit einer nur dem Zwang der Spielregeln unterworfenen Ordnung ist sichtlich als unversöhnlich erkannt worden. Im Gegensatz zu dem philosophischen Ausgangspunkt, den die Utopisten zugrunde legten, nimmt das liberale Denken nicht nur die Unvollkommenheit von Welt und Menschen hin, um sie teils einschränkend, teils lenkend zu verbessern. Vielmehr betrachtet es die Dinge auch vom einzelnen her, rechnet mit der Unvermeidbarkeit von Widersprüchen, Leidenschaften und Konflikten, während der utopische Gedanke zwangsläufig von der absolut gesetzten Ordnung ausgeht, die hoch über allen einzelnen steht…(Fest, in: Saage 1992, 22)

Ein wichtiger Punkt wird hier implizit angesprochen: Utopien basieren nicht nur auf einer als vernünftig angesehenen Ordnung, sie können sich nur stabilisieren, wenn auch die Menschen rundum vernünftig gemacht werden. Das Programm dazu hieß im 19. und 20. Jahrhundert: Schaffung des neuen Menschen.

Die Dystopien werden von dieser Kritik mit Recht ausgenommen, weil sie in dieser Perspektive ja auch nicht der Ausdruck utopischen Denkens sind, vielmehr eine besonders gründliche und deutliche Form der Kritik daran.

Anti-Utopisten dehnen häufig den Betriff utopisch weit aus und bezeichnen damit alles, was in ihren Augen als grundlegende Änderung, Reform oder Umwertung der sozialen Ordnung oder als politische Entscheidung nicht funktioniert (sein soll). Der Gegensatz dazu heißt dann ‚realistisch'.

13.3.2 Die trotzigen Utopie-Verfechter

„Schafft Utopien - jeden Tag eine. Bildet Gemeinschaften, in der (sic!) es nicht um die Frage geht, ob diese Utopien existieren können, sondern um die Frage, wo sie schon existiert und wie man dort hinkommt. Die größte und stärkste Utopie, diejenige die sich selbst am wenigsten in Frage stellt, wird am Ende das Antlitz der Erde vollkommen verändern."[38].

Eine Aufforderung, die hier exemplarisch für viele andere steht. Die trotzigen Utopie-Verfechter postulieren die Notwendigkeit von Utopien, weil man nur so über den sozialen und politischen status quo hinausdenken kann. Utopien gelten ihnen als Vehikel für die soziale und politische Phantasie, und die ist eine seltene, aber überaus wichtige Ressource für das Ziel der Veränderung (=Verbesserung) der Welt. Lassen wir an dieser Stelle einen dieser Utopie-Verfechter zu Worte kommen. Johano Strasser hat in seiner eigenen Biographie häufig eine Mittlerrolle zwischen Literatur und Politik eingenommen, kennt sich in beiden Sphären ganz gut aus. In dem von Saage (1992) herausgegebenen Sammelband bricht er eine Lanze für das utopische Denken:

> Die Frage ist allerdings, ob wir der vielfältigen Gefahren für den Fortbestand menschlichen Lebens wirklich Herr werden können, indem wir uns alle ambitionierten Träume vom besseren Leben versagen und uns ganz auf die Aufgabe konzentrieren, das Schlimmste zu verhüten. Ich denke, dass es jedenfalls nicht genügen kann, auf die Kantische Frage: Was dürfen wir hoffen? Zu antworten: Als Gattung zu überleben...Bei aller berechtigten und wohl auch notwendigen Ernüchterung gegenüber einem säkularisiert religiösen Utopismus, wie er auch bei Bloch zu finden ist: Ohne faszinierende Bilder eines möglichen anderen Lebens kann auch das große Werk des Bewahrens und Verhütens nicht gelingen (Strasser, in: Saage 1992, 173).

---

[38] Der Utopismus als politische Ideologie des 21. Jahrhunderts. http://www.ask1.org/redaktion-44.html (13.5.2008)

Schon ein paar Jahre vor dem Ende des Ost-Konflikts hatte Jürgen Habermas (1985, 141) die „Erschöpfung utopischer Energien" festgestellt, insistierte demgegenüber auf seiner Annahme, dass die Selbstvergewisserung der Moderne nach wie vor von einem Aktualitätsbewusstsein angestachelt würde, in dem geschichtliches und utopisches Denken miteinander verschmolzen seien. Schmelzkäse ist dazu eine etwas maliziöse Assoziation - streich-leicht und geschmacklich sub-optimal. Habermas aber fasst seine Überzeugung in einem eleganten Vergleich zusammen: „Wenn die utopischen Oasen austrocknen, breitet sich eine Wüste von Banalität und Ratlosigkeit aus" (Habermas 1985, 161).

13.3.3 Abwägung

Utopisches Denken kann in der Tat die Phantasie beflügeln; und auf diese Weise mag es gelingen, sinnvolle Alternativen in die Nähe des Machbaren zu rücken. Insofern ist die durchgängige Denunziation utopischen Denkens intellektuell kurzatmig. In zweierlei Hinsicht kann utopisches Denken hilfreich und nützlich sein und zur Stärkung politischer Urteilskraft beitragen:

- Erstens dann, wenn es zum Ziel hat, präzise, na ja: so präzise wie möglich bestehende soziale und politische Verhältnisse nachvollziehbar zu kritisieren. Dafür ist etwa die „Utopie" des Thomas Morus, die ja der ganzen Denkungsart ihren Namen gegeben hat, ein nach wie vor gut lesbares Beispiel, was vielleicht auch einer der Gründe dafür ist, warum dieser Text bei Studierenden der Politikwissenschaft heute wie früher als Thema von mündlichen Abschlussprüfungen so beliebt ist.
- Zweitens dann, wenn man es als Mittel für gedankliche Experimente begreift. Bestimmte Konstellationen und Institutionen, Handlungsabläufe, Regelungen und Integrationsmechanismen werden sozusagen spielerisch durchprobiert. Man kann auf diese Weise den gegenwärtigen politischen Alltag mit anderen Möglichkeiten seiner Organisation konfrontieren und dabei, wenn es gut geht, Antriebsmotivation für Veränderungen mobilisieren.

Allerdings klappt das nicht immer, und vor allem auch im Rückblick auf die Geschichte des utopischen Denkens und der politischen Utopien muss man leicht betrübt feststellen, dass das Spielerische allzu oft dem Dogmatischen hat weichen müssen.

Politische Utopien sind allzu häufig als soziale und politische Aktionsvorschriften gemeint und verstanden worden. Utopisches Denken, wenn mit einer geschlossenen Weltanschauung und einer hartschaligen Ideologie verbunden, verliert dann nicht nur seinen ideenreichen Charme und wird langweilig, sondern es verwandelt sich umstandslos in ein Mittel zur Verführung, wenn nämlich Utopien kurzfristig „verwirklicht" werden sollen.

Die Utopisten treten, aus welchen Motiven auch immer, die Flucht nach vorne an, weg aus der von ihnen als mies und elend wahrgenommenen politischen Umgebung in eine Zukunft, in der die Probleme der Gegenwart ein für alle Mal gelöst sind. In den allermeisten Fällen handelt es sich dabei aber um Trugbilder. Dass utopisches Denken zum Utopismus wird, zur Flucht vor den aktuellen sozialen und politischen Herausforderungen, dass es zur Ideologie gerinnen kann, die die Stirnen enger macht, dafür gibt es nun wirklich Beispiele im Überfluss. Insofern ist das uneingeschränkte Preisen utopischen Denkens als kreativ und zukunftsgestaltend nur eine schale Affirmation.

14 Schreckliche Vereinfacher

14.1 Vertrauen und Verantwortung

Für seine letzte „Berliner Rede" am 12. Mai 2004 hatte sich Bundespräsident Johannes Rau das Thema Vertrauen und Verantwortung in der Politik ausgesucht, ein ziemlich schwieriges Thema angesichts des von vielen konstatierten rasanten Schwunds von Vertrauen in die Politik und vor allem in die Politiker[39] sowie angesichts einer (meist von denselben Beobachtern konstatierten) allgemeinen und wachsenden Scheu vor der Übernahme von persönlicher Verantwortung.

„Berliner Reden" von Bundespräsidenten sind eine relativ neue Einrichtung, genau genommen gibt es sie erst seit 1997. Einmal im Jahr wird vom Bundespräsidenten eine besonders zu beachtende Rede gehalten, um seiner etwas diffusen Rolle als Mahner und oberster Sonntagsredner öffentlichkeitswirksam gerecht werden zu können. Deswegen werden bei diesem Anlass in der Regel heikle (aber nicht allzu heikle) politische Themen aufgegriffen, die anzusprechen immer auch etwas schmerzlich ist, weil auf ein Versagen, auf Defizite im Zusammenleben hingewiesen wird.

Der Bundespräsident stellte 2004 als Versagen und Defizit in Staat und Gesellschaft fest, dass es mit dem Vertrauen und der Verantwortung in der Politik nicht zum Besten stehe. Aber dann, das ist schließlich seines Amtes, versuchte er eine optimistische Kehre und appellierte an alle, die es angeht, Vertrauenswürdigkeit zu entwickeln, damit ihnen zurecht Vertrauen entgegengebracht werden könne, sowie Verantwortung nicht zu scheuen. In diesem Zusammenhang kam er auch auf Prognosen und Voraussagen zu sprechen, von denen es im politischen Alltagsdiskurs nur so wimmelt, so dass man große Schwierigkeiten habe zu entscheiden, welche davon seriös sind.

---

[39] In den letzten Jahren hat sich, der Abschied von einem politischen Denken in ökonomisch definierten Gesellschaftsklassen liegt schon etliche Zeit zurück, der Terminus politische Klasse für die Politiker samt publizistischem Umfeld eingebürgert, in der Regel mit einem pejorativen Unterton. Dass auch Politikwissenschaftler mit diesem Begriff hantieren, halten wir für unglücklich, denn leider tun sie es, ohne ihn genau bestimmen und abgrenzen zu können und zu wollen.

„Leichtfertige Prognosen, die irgendeinen Niedergang vorhersagen, wenn nicht sofort dies oder jenes geschieht, zerstören Vertrauen genauso wie Versprechen, von denen man wissen kann, dass sie nicht einzuhalten sind. Das geschieht aber trotz besseren Wissens immer wieder, und darum haben viele Menschen sich mittlerweile darauf eingestellt, vorsichtshalber erst einmal gar nichts mehr zu glauben. Diese Haltung führt über Politikverdrossenheit hinaus zur völligen Abkehr vom politischen Leben. Kein demokratischer Staat hält es auf Dauer aus, wenn sich immer stärker eine Haltung des „Wir da unten, die da oben" durchsetzt. Gewohnheitsmäßiges Misstrauen in die Politik untergräbt die Fundamente der Demokratie und ist ein riesengroßes Einfallstor für Populisten und schreckliche Vereinfacher aller Art. Die haben auf alles eine Antwort und für nichts eine Lösung" (Rau 2004).

14.2 Stigmatisierung und Verführungskraft

Populisten und schreckliche Vereinfacher - hier haben wir zwei negativ aufgeladene Begriffe, die im öffentlichen Diskurs quasi überall auftauchen. Was Populisten und schreckliche Vereinfacher sind, meint jeder zu verstehen. Allerdings ist die inhaltliche Bandbreite beider Begriffe riesig. Schreckliche Vereinfacher beschimpfen andere schreckliche Vereinfacher als schreckliche Vereinfacher, und die Retourkutschen lassen nicht auf sich warten. Die Stigmatisierungs-Schärfe, die mit beiden Begriffen verbunden ist, kann nur als beträchtlich bezeichnet werden. Niemand lässt einen solchen Vorwurf gerne auf sich sitzen.

14.2.1 Terribles simplificateurs

Die einschlägigen Lexika und Wörterbücher belehren uns, der Begriff schreckliche Vereinfacher (*terribles simplificateurs* im Französischen, ein entsprechender englischsprachiger Ausdruck ist uns nicht bekannt) sei von Jacob Burckhardt (1818-1897) geprägt worden. In einem Brief an seinen Freund Friedrich von Preen vom 24. Juli 1889 schreibt er voller Pessimismus: „Mein Gedankenbild von den terribles simplificateurs, welche über unser altes Europa kommen werden, ist kein angenehmes; und hie und da in Phantasien sehe ich solche Kerle schon leibhaft vor mir...Bisweilen erwäge ich schon im Voraus wie es z.B. unserer Gelehrsamkeit und Quisquilienforschung ergehen möchte, wenn...die Cultur einstweilen nur um eine Hand-breit sinkt" (Burckhardt 1965, 455).

Das klingt für unsere Ohren nicht so furchtbar dramatisch, sondern eher wie die typische Klage eines emeritierten Professors der Geisteswissenschaften, der sich über den kulturellen Niveauverlust beklagt. Das tun wir freilich gerne, aber schon so lange, dass einem schon nach kurzem Nachdenken die Unwirklichkeit solcher Klagen klar wird: Denn früher, ganz früher, müssten ja lauter Geistesriesen gelebt haben, wenn es ab da mit der Kultur immer nur bergab gegangen ist.

Aber sehr rasch hat der Ausdruck eine politische Karriere gemacht. Zumeist als Schimpfwort: Komplexe Zusammenhänge werden grob vereinfacht, alles Ambivalente wird glatt gebügelt, und so ergibt sich eine, wie der Kritiker denkt, falsche Eindeutigkeit. Auf alles eine Antwort, aber für nichts eine - tragfähige - Lösung. Deswegen wird vor schrecklichen Vereinfachern gewarnt. Dabei ist es wichtig, nicht zu übersehen, dass in der Politik die Reduktion von Komplexität gegenüber einer in der Tat ja hoch komplizierten und arbeits-, aber auch wissensteiligen Welt ein notwendiges Geschäft ist, um die Einsichtsfähigkeit der Menschen nicht zu überfordern und wenigstens eine Teil-Transparenz zu erlauben. Ohne beides wäre staatsbürgerliche Partizipation nicht möglich, bliebe Akzeptanz ein hilfloses Kopfnicken und könnte so etwas wie die individuelle und kollektive Identifikation mit bestimmten politischen Programmen und Zielen nur ganz oberflächlich passieren (und wäre demzufolge auch nicht sehr belastungsfähig).

Das Vereinfachen für sich genommen ist also nicht problematisch, solange nicht, bis es ,schrecklich' wird. Wieso schrecklich? Hinter diesem Adjektiv stehen die Erfahrungen des 19. und 20. Jahrhunderts mit jener eisenharten und Menschenopfer fordernden Demagogie, die nicht nur auf alles eine Antwort gibt, sondern auch Lösungen anbietet - aber eben solche, die in ihren Konsequenzen wahrhaft schrecklich sind.

Die politisch wirkungsmächtigen Groß-Ideologien des 20. Jahrhunderts, insbesondere der Marxismus-Leninismus, aber zu einem um etliche Stufen geringeren Grad auch der Nationalsozialismus und Faschismus, kann man nicht als einfach oder vereinfacht bezeichnen. Aber ihre Umsetzung im politischen Alltag ging mit einer besonders schrecklichen Vereinfachung, z. B. einem simplen Schwarz-Weiß-Denken, einher. Wer heute andere als schreckliche Vereinfacher kritisiert, evoziert gewollt und ungewollt auch Erinnerun-

gen an die totalitären Regime im vorigen Jahrhundert. Es sind solche Assoziationen, welche die Schärfe der Stigmatisierung mit diesem Label bewirken.

14.2.2 Populismus

Auch Populisten sind schreckliche Vereinfacher. Aber die Wortbedeutung
geht doch noch ein Stück weit darüber hinaus. Außerdem ist dieser Begriff
inzwischen viel populärer geworden als der von den schrecklichen
Vereinfachern. Nicht zuletzt in der Politikwissenschaft wächst die Zahl der
Untersuchungen zu Erscheinungsweisen des Populismus (vgl. z. B. Decker
2006). Der Aufstieg des Populismus als Darstellungsweise von Politik und
Selbstinszenierung von bestimmten Politikern hat sehr viel mit dem Verhältnis zwischen (Re-)Präsentation und Legitimierungsmechanismen der Politik
zu tun. Immer dort, wo politische Führer um die Zustimmung der Menschen
(der *Massen*, wie man vor ein, zwei Generationen noch gerne sagte) buhlen,
ergibt sich automatisch die Gelegenheit zu oder, normativ gesprochen: die
Gefahr von Populismus. Er ist also kein Phänomen der Moderne, sondern
bereits im Römischen Reich und im klassischen Griechenland zuweilen erfolgreich benutzte Methode der Mobilisierung von unreflektierter öffentlicher Zustimmung. In der Moderne und insbesondere auch als eine Folge der
Entwicklung neuer Massenkommunikationsmittel wie Radio und Fernsehen
hat der Populismus einen steilen Aufstieg erlebt.

Wie kann man Populismus begrifflich fassen? Das ist gar nicht so einfach, weil er zugleich eine Mobilisierungs-Methode und ein politisches Programm sein kann, wobei allerdings die inhaltlichen Ausformungen dieses
Programms völlig unterschiedlich sein können. Wenn man also z. B. von
Rechts- oder Linkspopulismus spricht, dann bezieht sich das auf politische
Ziele, die allenfalls nach dem Satz „Extreme berühren sich" etwas miteinander zu tun haben.

Analysieren wir den mehrschichtigen Begriff behutsam, stoßen wir zunächst auf ein zweipoliges Bild von der politischen Umwelt - hier die braven
Menschen, die große Mehrheit des Volkes, ehrlich, aber politisch unerfahren;
dort die Minderheit der Ausbeuter, Wahrheitsverdreher, Berufspolitiker, die
um ihrer eigenen Interessen willen das Volk über den Tisch ziehen wollen.
Der Populist stellt sich als der wahre Volkstribun dar, der das Misstrauen der
Menschen in die Politik vertieft und sich gleichzeitig als Retter aus der Mise-

re darstellt. Erfolgreiche Populisten verfügen durchaus über ein gewisses Charisma, aber es ist ein demagogisches Charisma mit Brett vorm Kopf.

Populismus als Mobilisierungs-Methode muss nicht unbedingt auf einem populistischen Weltbild beruhen. Denn auch für *mainstream*-Politiker ist es zuweilen ganz verführerisch, populistisch zu argumentieren - so in dem Sinne: Ich sag's jetzt mal mit einfachen Worten. Allerdings verwahren sie sich auch sofort dagegen, dass dies etwas mit Populismus zu tun habe.

Wahlkämpfe bieten vielfach Gelegenheiten für populistisches Auftreten. Schreckliche Vereinfacher treten da ja kompanieweise auf. Nicht immer, aber doch ziemlich häufig ist ein solcher methodischer Populismus ganz und gar zynisch. Er appelliert nur vordergründig an die ‚mündigen Staatsbürger'. Tatsächlich beschädigt er deren politische Urteilskraft.

Der Bundespräsident hat gut daran getan, Populisten und schreckliche Vereinfacher anzuprangern. Von einem seiner Vorgänger, Walter Scheel, ist der auch sehr bundespräsidentisch klingende Ausspruch überliefert: „Es kann nicht die Aufgabe eines Politikers sein, die öffentliche Meinung abzuklopfen und dann das Populäre zu tun. Aufgabe des Politikers ist es, das Richtige zu tun und es populär zu machen."

14.3 Vorsicht beim Gebrauch

So solide dieser Satz klingt, er ist doch allenfalls ein blatt-goldenes Wort. Wie gar nicht so ganz selten, befinden wir uns hier in derselben Klemme wie der Paranoiker, der weiß, dass er paranoisch ist und gerade deshalb nicht richtig entscheiden kann, ob er wirklich verfolgt wird oder ob er sich das nur einbildet.

Auf die schrecklichen Vereinfacher und die Populisten übertragen heißt das: Wir wissen, dass es davon mehr als genug gibt, und ein kitzliches Beispiel wird noch vorgeführt werden. Aber wir wissen auch, dass der Ausdruck in der politischen Auseinandersetzung oftmals nur als diskriminierender Kampfbegriff gebraucht wird. Vereinfachung ist unumgänglich, wenn komplexe Sachverhalte Nicht-Fachleuten verdeutlicht werden sollen, und zwar so, dass diese darüber politisch zu entscheiden in der Lage sind. Die Linie zwischen - normativ gesprochen - zulässiger und schrecklicher Vereinfachung lässt sich nicht abstrakt und so festlegen, dass alle mit ihrem Verlauf einverstanden wären.

Vom amerikanischen Präsidenten Ronald Reagan wird berichtet, er habe sich bei anstehenden Entscheidungen, die er zu treffen hatte, ein kurzes Memorandum seiner Mitarbeiter erbeten, streng auf das Pro und Contra hin ausgelegt. Auf diese Weise wurden Entscheidungszusammenhänge für ihn oft heftig vereinfacht. Aber gerade für Entscheidungssituationen ist eine solche Vereinfachung/Zuspitzung hilfreich. Anderenfalls ist die Versuchung des Aufschiebens der Entscheidung, des Sowohl-Als-Auch, der Stimmenthaltung zu groß. Und alle, die schon einmal in Gremien und Kommissionen saßen, gleichviel ob in der Sphäre staatlicher Politik oder in zivilgesellschaftlichen Vereinen, wissen, wie lästig und oft auch unzuträglich das Mittel der Stimmenthaltung sein kann. Vor allem in Verbindung mit dem Argument, über die vorliegende Alternative könnten sie nicht abstimmen, weil ihnen beide Möglichkeiten gleichermaßen simplifiziert und deshalb unwillkommen seien, können die Stimmenthalter bei ihren Kollegen Weißglut erzeugen.

Vereinfachung und klare, allen verständliche Ausdrucksweise, auch deftige Formen der Attacken politischer Gegner, all das braucht nicht ‚schrecklich' oder Populismus zu sein. Jedoch braucht es politischen Sachverstand und politische Urteilskraft, um zu erkennen, wo die Absicht der Verdummung, der Demagogie, beginnt.

Da der Vorwurf an andere, populistisch zu argumentieren und ein schrecklicher Vereinfacher zu sein, oft selbst nichts als Populismus ist, ergibt sich als Konsequenz: Vorsicht beim Umgang mit diesen Ausdrücken.

14.4 Beispiel Grass

Als Beispiel für einen schrecklichen Vereinfacher haben wir nicht einen Politiker gewählt, schon gar nicht einen populistischen Politiker, vielmehr einen berühmten und vielfach ausgezeichneten Schriftsteller. In Deutschland, zumindest dem nach 1945, haben Schriftsteller, wenn sie es wollten, relativ leicht auch eine Art politische Autorität erwerben können. Die Einmischung in die Politik gehörte schon zu den Grundsätzen der Gruppe 47 und wurde seit den 1960er und 1970er Jahren gerne praktiziert. Das blieb nicht unumstritten und erregte manchmal ungeschickten Widerspruch seitens von Politikern. Auch darf man die politische Autorität von Schriftstellern nicht als Handlungsautorität verstehen. Wenn man etwas böswillig formulieren will, dann geht es hier mehr um ornamentale Autorität. Sie hat sich überwiegend in eine kritische Perspektive auf die politischen Verhältnisse in der Bundesrepublik einbauen lassen. Dagegen ist grundsätzlich nichts einzuwenden, denn kritische Betrachtungsweisen gehören zur Politik wie Salz in die Suppe. Freilich muss eine kritische Haltung in der Politik Gründe vorweisen können und darf nicht zur Pose erstarren. Genauso wenig darf sie sich in den Dunst schrecklicher Vereinfachung begeben, denn Schriftsteller (und Intellektuelle) sollten nicht die Handlanger von Komplexitäts-Reduktion sein, sondern im Gegenteil auf der Komplexität von Sachverhalten und Zusammenhängen bestehen.

Dieser Anforderung werden sie, behutsam ausgedrückt, nicht immer gerecht. Und das soll unser Beispiel zeigen. Günter Grass (geb. 1927, Literaturnobelpreis 1999) gehört zweifellos zu den bekanntesten deutschen Schriftstellern seiner Generation und ist, kann man verkürzt sagen, seit fünfzig Jahren (der Roman „Die Blechtrommel" erschien 1959) auf der literarischen, der literaturpolitischen und eben auch auf der politischen Szene präsent. So engagierte er sich in den 1960er Jahren mit einigem Zeitaufwand für die SPD, was damals eine ausgeprägte Distanz sowohl zum DDR-Sozialismus als auch zu den jungen Aktivisten der Studentenrebellion 1967/68 mit einschloss. In den 1980er Jahren war Grass einer der Organisatoren von friedensbewegten Gesprächen zwischen Intellektuellen in der DDR und der BRD. Am Ende dieses Jahrzehnts profilierte er sich dann als wortgewaltiger und völlig verbohrter Gegner der Vereinigung Deutschlands. Ein schrecklicher Vereinfacher par excellence.

Am 2. Oktober 1990 hielt Günter Grass (1991) vor den Fraktionen der Grünen und Bündnis 90 eine Rede (drei Tage später wurde sie groß in der ZEIT abgedruckt) mit dem Titel *Ein Schnäppchen namens DDR*. Niemand hat sich so vehement und eloquent erst in Reden und Essays, später sogar mit einem riesenlangen Roman gegen die Vereinigung der beiden deutschen Staaten in Position gebracht. Für ihn bedeutet dieser Vorgang nichts anderes als eine währungspolitisch inszenierte imperialistische Übernahme der DDR.

> Kürzlich war während einer Tagung in Oslo, zu der die Elie-Wiesel-Foundation eingeladen hatte, vom Hass die Rede. Der weltweit wachsende Hass war Thema der Konferenz. Nelson Mandela und Václav Havel, Elena Bonner und Adam Michnik, John Kenneth Galbraith und Elie Wiesel - um wenige beispielhaft zu nennen - gaben Bericht aus jeweils ihrem Erfahrungsbereich: wie Hass vorbereitet wird, wie er ausbricht.

Weil es mir an Kenntnissen fehlt, die differenziert genug wären, alle in der Sowjetunion oder auf dem Balkan ausbrechenden Konflikte zwischen den Völkern im Detail beurteilen zu können, berichtete ich in Oslo von zu Hause, indem ich Gründe für noch verkapselten, für neu belebten, aber auch für frisch entstehenden Hass zwischen Deutschen und Deutschen einerseits und Polen und Deutschen andererseits zu erkennen versuchte. Ich sagte: Indem sich die Deutschen in kopfloser Eile, entsprechend gedankenlos und einzig dem Fetisch Währung vertrauend, inzwischen bar jeder Freude vereinigen, wobei der größere Teil Deutschlands Tempo und Gangart bestimmt, erfährt der kleinere Teil, dessen Bewohner soeben noch froh waren, sich endlich frei von staatlicher Bevormundung begreifen zu dürfen, nun das Diktat profitorientierter Kolonialherren, die hier zugreifen, dort abwarten und erst dann zu investieren bereit sind, wenn ihnen die Konkursmasse DDR zum Schleuderpreis zugefallen sein wird; möglichst frei von Altlasten (Grass 1991, 100 f).

Für Grass ist die Vereinigung Deutschlands eine Politik menschenverachtender Gewalttätigkeit, „die fürchterlich ist und Angst verbreitet" (Grass 1991, 111). Er legt deshalb den außenstehenden Beobachtern Deutschlands die Frage in den Mund: „Wie werden die Deutschen demnächst - nun annähernd achtzig Millionen stark - im zukünftig gemeinsamen Haus Europa hier zupacken, dort absahnen und allemal ihr Schnäppchen machen?" Die Deutschen würden ihre Nachbarn zwar nicht mehr militärisch bedrohen. Stattdessen geht es um eine ökonomische Expansionskraft der einst geschlagenen Achsenmächte, die wenig Hemmungen zeigen, ihre Macht erneut zu bündeln. Eine geplante Technologie-Achse zwischen Deutschland und Japan drücke schon jetzt aggressiven Willen nach Zuwachs, Marktbeherrschung, aber auch jene Hemmungslosigkeit aus, die sich in exportierten Giftgasfabriken bewiesen habe.

Ein schrecklicher Vereinfacher *par excellence*? Woran machen wir das fest? Nicht einfach daran, dass Günter Grass hier atemberaubend dämliche Prognosen ausspricht - mit Prognosen haben es selbst die Futurologen schwer. Es sind in der Hauptsache drei Merkmale:

■ Der schreckliche Vereinfacher hat eine feste, tief in sein Gehirn eingestanzte, holzschnittartige Vorstellung vom Lauf der Dinge (der ‚verstreichenden Zeit'). Diese wirkt als Prokrustes-Bett für seine empirischen Betrachtungen und historischen Wertungen. Bei Grass, das mag ja sogar biographisch verständlich sein, handelt es sich um die Vorstellung, dass die Deutschen als Nation automatisch für ihre Umwelt gefährlich und bedrohlich sind. Er ist das prominenteste Mitglied jener informellen „Nie-wieder-Deutschland"-Koalition, die durch die gemeinsame Grundüberzeugung einer sozusagen anthropologisch-genetisch den Deutschen eingegebenen politischen Destruktivität zusammengehalten wird.

- Dem schrecklichen Vereinfacher fehlt jeder Ansatz von Empathie für die handelnden Personen. Weshalb er den Vereinigungs-Prozess auch nicht als das Ergebnis sich eröffnender Chancen, rechtzeitiger Entscheidungen, teils richtiger, teils falscher Wahrnehmungen der handelnden Politiker schildern kann, vielmehr nur als ein eiskalt durchgeführter Meisterplan zur sozialen Deklassierung der DDR-Bevölkerung.

- Der schreckliche Vereinfacher blickt mit extrem eng eingestellten Scheuklappen in die Welt. Dass die deutsche Vereinigung nur möglich wurde, weil der Ost-West-Konflikt zu Ende ging, dass ihre internationale Dimension (ablesbar etwa im Zwei-plus-Vier-Vertrag) die nationale Entwicklung eng einrahmte und damit alle Befürchtungen vor einem ohnehin völlig unwahrscheinlichen regionalen Hegemoniestreben Deutschlands institutionell widerlegte, z. B. durch den Integrationsschub zur Europäischen Union, das alles interessiert den manischen Deutschland-Fürchter nicht im geringsten.

Schreckliche Vereinfacher aller Art, meinte Johannes Rau in seiner Berliner Rede 2004, haben auf alles eine Antwort und für nichts eine Lösung. Wir würden noch einen Schritt weitergehen: Sie haben für alles eine Lösung, nur erkennen sie nicht die politischen Probleme. Vor solchen Lösungen muss man sich in acht nehmen.

15 Nonkonformismus als Snobismus

Diese beiden Begriffe bezeichnen Verhaltensweisen, die ganz unterschiedlich bewertet werden. In der Weltsicht von *political correctness* (für die es sich lohnt eine Lanze zu brechen, aber nur, um ihr dann den Abschied zu geben) gilt Nonkonformismus als etwas sehr Positives; häufig wird er verklärt als der Gipfelpunkt des aufgeklärten Individualismus - ein bisschen misstrauisch sollte man da schon werden dürfen.

Snobismus hingegen gilt als unerwünschtes Verhalten: anmaßend, prätentiös, elitär aus falscher Selbsteinschätzung heraus, ansatzweise hochstapelnd, herablassend, letztlich herzlos.

Nur ganz ausnahmsweise vermengt sich beides, so dass vielleicht nicht unbedingt die Zeitgenossen, wohl aber die Nachwelt Nonkonformismus als Snobismus bewundert - unwillkürlich fällt einem da Oscar Wilde ein, das unerreichte Vorbild der schönen Bohème, der, das gehört schließlich dazu, ein tragisches Ende nimmt. Und wie die Zeitgenossen mit Oscar Wilde verfuhren, sie steckten ihn nämlich ins Gefängnis, zeigt schon, dass unter bestimmten gesellschaftlichen Umständen diese Mischung nicht ganz risikofrei ist.

15.1 Snobismus

15.1.1 Kleider machen Leute

Der Snob (lautmalerisch gesehen, ein wirklich gut treffendes Wort) ist eine soziale Figur, deren Aufstieg man sich nur in sozial zerklüfteten Gesellschaften - selbstverständlich niemals in utopischen Gesellschaften - vorstellen kann, Gesellschaften mit einer immer noch deutlich sichtbaren und auch demonstrierten Schichtung, die jedoch im Lauf der Entwicklung entweder erheblich unübersichtlicher und auch durchlässiger geworden ist oder dabei ist, ins Wanken zu geraten. Oft geht beides Hand in Hand.

Das sind die Zeiten für Schwindler und Emporkömmlinge, die sich die
äußeren Ingredienzien der Trennungsmerkmale zwischen den einzelnen
Schichten „fälschlicherweise" zunutze machen, um als höher stehend zu
erscheinen. Ein bisschen von dieser Verhaltensweise findet sich in dem
Sprichwort „Kleider machen Leute" eingefangen. Es gibt darüber eine schöne Novelle von Gottfried Keller.

In einschlägigen Lexika wird verkürzt definiert: Ein Snob ist ein Em-
porkömmling (homo novus) aus unteren sozialen Schichten, der nun auf die
Menschen dieser unteren Schichten, seine eigene Herkunft verleugnend,
geniert und verächtlich herabblickt. Wie das Wort selbst stammt auch das
meiste literarische und biographische Anschauungsmaterial über Snobs aus
England, wo etwa William M. Thackerays farbige Schilderungen in seinem
„The Book on Snobs" sich großer Beliebtheit erfreuen. Aber auch in den
Romanen Theodor Fontanes findet man etliche Figuren, die Schwierigkeiten
mit ihrer sozialen Herkunft haben und diese durch Snobismus überspielen.

Snobs fühlen sich „als was Besseres", und sie sind mit dieser Haltung
schwer erträglich für ihre Umwelt, sowohl für diejenigen, denen sie früher
verbunden waren, als auch für diejenigen, denen sie sich nunmehr zugehörig
fühlen, die aber alle Naslang merken, dass bei der Übernahme des Ober-
schichtverhaltens große Lücken herrschen, und die bemerken, dass dieses
Verhalten aufgesetzt und sozusagen nicht authentisch ist. Nicht selten wirken
(grobe) Snobs deshalb in ihrer neuen Umwelt unfreiwillig komisch.

Andererseits gibt es auch, Arthur Koestler (1962, 82) hat darauf aufmerksam gemacht, einen „Snobismus mit umgekehrtem Vorzeichen. Eine
einfache Umkehr der herkömmlichen Wertskala bringt die Athleten der Be-
scheidenheit, die Exhibitionsten der Selbstauslöschung, den Dandyismus[40]
der schwarzen Fingernägel, die Koketterie mit der Unwissenheit hervor."
Hier sind wir schon ziemlich nahe am Nonkonformismus als Snobismus.

15.1.2 Politischer Snobismus

Aus all dem geht hervor, dass Snobismus eine soziale und kulturelle, aber
nicht unbedingt eine politische Kategorie ist. Wir interessieren uns hier nur

---

[40] Der Dandyismus, auch er hatte seine hohe Zeit in England (am Beginn des 19. Jahrhunderts) ist
nichts anderes als Snobismus als Lebensstil.

insofern für die sozialen und individuellen Gründe für Snobismus, als dieser auch eine politische Färbung annehmen kann. Tatsächlich gibt es den Gebrauch des Ausdrucks „politischer Snobismus", wenn auch nur selten und an überraschenden Stellen.

Ein Beispiel dafür ist ein Artikel von Leo Trotzki „Arbeiterstaat, Thermidor und Bonapartismus. Eine historisch-theoretische Untersuchung" vom 1. Februar 1935. In diesem Artikel kritisiert Trotzki (zu der Zeit bekanntlich im Exil lebend) den neuen Kurs Stalins in der UdSSR, den er - nicht sehr vorausschauend - als Bündnis mit Reformisten und bürgerlicher Demokratie charakterisiert:

> Die Herrschaft der Bürokratie über das Land und Stalins Herrschaft über die Bürokratie sind fast vollkommen. Doch was folgt daraus? Manche sagen: Da der reale, aus der proletarischen Revolution hervorgegangene Staat den idealen, a priori aufgestellten Normen nicht entspricht, kehre ich ihm den Rücken. Das ist politischer Snobismus, gang und gäbe in pazifistisch-demokratischen, libertären, anarchosyndikalistischen und generell in ultralinken Kreisen der kleinbürgerlichen Intelligenz. Andere sagen: Da dieser Staat aus der proletarischen Revolution hervorgegangen ist, ist jede Kritik daran ein Sakrileg und konterrevolutionär. Das ist die Stimme der Scheinheiligkeit, hinter der sich meist unmittelbare materielle Interessen bestimmter Gruppen der gleichen kleinbürgerlichen Intelligenz oder der Arbeiterbürokratie verbergen. Diese beiden Typen - der politische Snob und der politische Heuchler - sind leicht gegeneinander austauschbar, je nach den persönlichen Umständen (Trotzki 1935, S. 4f).

Politischer Snobismus ist hier Ausdruck einer letztlich unpolitischen Haltung, die aus der Enttäuschung über die Lücke zwischen Anspruch und Wirklichkeit der kommunistischen Herrschaft erwächst. Wenngleich die Terminologie interner kommunistischer Auseinandersetzungen oft sehr eigentümlich ist, fragt es sich, ob man den Begriff des politischen Snobismus aus der Suada Trotzkis herausnehmen und verallgemeinern kann. Mit einigem Zögern, denken wir, ist das aber möglich und sinnvoll. Denn die hier beschriebene Haltung findet sich auch in anderen Herrschaftsformen und nicht zuletzt auch in Demokratien: Verachtung für die praktizierte Politik und das dort tätige Personal, weil „die ja doch nichts zustande bringen", wie es oft heißt, weil man selbst sich überlegen dünkt über die „Niederungen der Politik".

15.2 Nonkonformismus

Der amerikanische Soziologe Lewis A. Coser spricht von den Tugenden des Nonkonformismus in der Soziologie, die er seit längerem vermisst: kritisches Denken, Reformorientierung und die Ablehnung eines als ungerecht empfundenen gesellschaftlichen status quo:

> Nur wenn die selbstzufriedene und träge öffentliche Meinung herausgelockt und die herrschenden Kräfte durch Kritik zum Handeln getrieben werden, kann es eine Chance geben, dieser reglementierten und bürokratisierten Gesellschaft, die, wie Max Weber feststellte, zunehmend dem Ägypten der alten Pharaonen ähnlich wird, neues Leben einzuhauchen. Ohne den Stachel des kritischen Denkens wird unser Fach wie auch das gesamte soziale Gewebe in Konformität erstarren" (Coser 1991, 14).

Nonkonformismus ist die Einstellung und die Haltung eines Individuums, das sich den anerkannten gesellschaftlichen Werten und Konventionen gegenüber immer kritisch und (infolgedessen?) häufig ablehnend verhält. Historisch gesehen, spielt Nonkonformismus vor allem in und auf dem Feld der Religion eine wichtige Rolle. Religiöser Nonkonformismus hat sich im Christentum häufig als Sektenbildung manifestiert. Dieser Vorgang hat neben seiner geistigen und heilsgeschichtlichen auch eine kulturelle Bedeutung sowie, darüber vermittelt, wirtschaftliche und politische Konsequenzen. Die Herausbildung des ökonomischen Rationalismus in der westlichen Moderne wurde, sagt etwa Max Weber, durch die religiös gefestigten Formen der Lebensführung solcher *dissenters* und Nonkonformisten sehr befördert.

Es ist überhaupt keine Frage, dass es für Gesellschaften und für politische Gesellschaften sowieso eine Gefährdung durch zu viel Konformität gibt.

Zwar braucht eine Gesellschaft ein (im Einzelnen gar nicht so leicht zu bestimmendes) gewisses Maß an Stabilität, und eines der nötigen Elemente dafür ist die Übereinstimmung der Gesellschaftsmitglieder in grundlegenden Werten und Konventionen. Sie wird z. B. über kollektive Identität erfahrbar und führt zu einem Wir-Gefühl, das die Individuen kooperativer macht, belastungsfähiger gegenüber den alltäglichen Herausforderungen.

Aber zuviel Konformität schafft Stagnation. Gesellschaften müssen sich weiterentwickeln, damit ihre Mitglieder neuen Herausforderungen nicht einfach nur mit den Wahrnehmungsmustern und Rezepten der Vergangenheit begegnen. Sozialer Wandel kann durch vielfältige Faktoren angetrieben werden. Aber ganz besonders wichtig ist hier das, was John Dewey „Störungen" nennt, die „im Ablauf der Gewohnheiten Emotionen hervorrufen und Gedanken erwecken" (zit. nach Coser 1991, 14). Eine solche Störung ist der Nonkonformismus, die hartnäckige Widerborstigkeit von Individuen, sich nicht mit dem Design und dem Druck vorhandener Werte-Konstellationen, Normen-Geschirre und von der Allgemeinheit als unumstößlich anerkannten „Wahrheiten" abzufinden.

Der Nonkonformist ist der Abweichler, der Außenseiter. Aber wie oft können wir in unseren Gesellschaften beobachten, dass das, was heute Außenseitertum und Abweichung ist, morgen schon in die Mitte der Gesellschaft einzusickern begonnen hat und vielleicht nicht in seiner ursprünglichen Form, sondern sich selbst durch diesen Vorgang verändernd, in den Konformitäts-Kanon der Gesellschaft aufsteigt!

Na prächtig, wird man sagen, der soziologische Blick enthüllt hier also einen Kreislauf, mit dem letztlich alle zufrieden sein können (es sei denn, die gerade beschriebene Sequenz benötigt zu viel Zeit - dann stirbt der Nonkonformist als Außenseiter und wird entweder vergessen oder posthum als Erneuerer geehrt, was ihm, weil tot, gleich ist).

Allerdings würde man es sich viel zu einfach machen, wenn man annähme, dass es nicht auch Schattenseiten bei diesem Vorgang gibt. Zwei davon lassen sich relativ rasch identifizieren:

- Es ist keineswegs so, dass jede Art Nonkonformismus gleich gut geeignet ist, als konstruktive Störung der herrschenden Konformität „Gedanken zu wecken", die etwas taugen, um es etwas verkürzt zu sagen. Das große sozio-politische Beispiel der „68er Generation" in Deutschland und anderswo zeigt uns eine große Zahl von nonkonformistischen Impulsen, von denen einige in der Tat gesellschaftsverändernde Dynamik entwickelt haben - man kann das an einigen Biographien ablesen (Joschka Fischer) und an der Veränderung auf bestimmten Politikfeldern (Familienpolitik). Andere Impulse, der Schritt zur relativ leichtfertigen Instrumentalisierung von Gewalt[41], selbst wenn sie ‚nur' als Ge-

---

[41] Ablesbar etwa an dem Slogan „Macht kaputt, was Euch kaputt macht!".

walt gegen Sachen interpretiert wurde, haben ebenfalls gesellschaftsverändernde Konsequenzen gehabt. Aber die würden wir gerne missen.
Man kann an der „68er Generation" studieren, dass individueller und
kollektiver Nonkonformismus gar nicht selten andere Folgen in der Gesellschaft hervorruft, als es seine Protagonisten im Sinn hatten. Über den
hanebüchenen Mangel an politischer Urteilskraft vieler Anführer der
„68er", braucht an dieser Stelle nichts weiter gesagt zu werden.

- Die zweite Schattenseite lässt sich ebenfalls an diesem Beispiel studieren. Erst einmal ist zu sagen, dass Nonkonformismus im Zusammenhang mit der Selbsteinschätzung von Aufklärung und aller möglichen
kritischen Gesellschaftsbilder zunächst etwas ist, das dem Individuum
zukommt. Der Nonkonformist ist ein Einzelgänger (mit, psychologisch
gesprochen, beträchtlicher Ich-Stärke), ein politischer Single sozusagen.
Was passiert aber, wenn es mit einem mal ganz viele Einzelgänger gibt,
die in ihrer kritischen und Veränderungen einfordernden Haltung über-
einstimmen, wenn sie sich in Clubräumen treffen und ihre einzelgänge-
rischen Vorstellungen zu einer gemeinsamen Legende zusammenbin-
den? Dann entsteht ein neuer Konformismus mit allen Elementen, die
jeden Konformismus kennzeichnen: Es entstehen soziale Hierarchien
und Arbeitsteilungen, die Organisation verschlingt einen Teil der Ressourcen, sehr schnell kann man erkennen, dass es, Widerspruch in sich
selbst, aber häufig anzutreffen, zur Ausbildung von *Mitläufern des Nonkonformismus* kommt.

15.3 Snobistischer Nonkonformismus

Es ist dieses Phänomen - selten ist es nicht -, um das es uns in diesem Rahmen vor allem geht.

15.3.1 Krawatten-Freiheit

Sichtbar, ja demonstrativ sichtbar ist dieses Phänomen an der Stilisierung des
eigenen Körpers mittels der Kleidung. Denn: Kleider machen Leute. Auch
Nonkonformisten. Das führt gar nicht so selten zu bizarren Konstellationen.
Dafür haben die Journalisten von der taz einen gut erprobten, manchmal

sogar selbst-ironisch angehauchten Sinn, weshalb hier auch als Illustration dieses Sachverhalts ein Text aus einem Dossier dieser Zeitung zitiert wird:

Kratzpulli, halbgar

Nonkonformistisch zu sein, war mal schwer. Dafür war man leicht zu erkennen. Nun wollen sich alle so zeigen - ätzend!

Es gibt sie noch, die Angepassten. Wenn man dem Schuhhändler glauben darf, erkennt man sie am Inhalt des Schuhschranks. So ein Konformist, der dem Dresscode von Banken und Kanzleien unterliegt, braucht mindestens je ein paar von folgenden Schuhen: schwarzer, glatter Derby ohne aufgesetzte Kappen; schwarzer Brogue oder Halfbrogue; sowie dunkelbrauner Brogue oder Chukka mit dezenter Gummisohle.

Das Problem ist: Spätestens bei den Krawatten ist Schluss. Wenn heute die Führungsmitglieder des Bertelsmannkonzerns - alles Männer - gemeinsam ohne Krawatten für Fotografen posieren, wie Mitte Dezember in Berlin, was heißt das dann? Dass etwa beim Bertelsmannkonzern, dessen Schlüsselwort das Phantom Wachstum ist, besonders modern und unkonventionell gedacht wird...? Oder eher dass man auf textile Zeichen nicht so leicht hereinfallen darf?

(http//www.taz.de/1/archiv/dossiers/dossier-revolte-und-liebe-die-6...
(Zugriff am 2.6.2008))

So richtig selbst-ironisch ist dieser Text von Klaus Raab zwar nicht, dafür ein klein bisschen doktrinärer und auch nicht ohne ein paar versteckte Vorurteile. Man weiß auch nicht recht, ob der beschriebene Sachverhalt eher Ausdruck eines kulturellen Wandels ist oder eine Selbstinszenierung aus Reklamezwecken. Beides braucht sich nicht zu widersprechen, nur der Anteil subjektiver Überlegungen der Beteiligten ist im ersten Fall geringer. Aber aufschlussreich ist an diesem Text in jedem Fall, dass die positiv gemeinte Adverbial-Konstruktion „besonders modern und unkonventionell denken" zur Auszeichnung von Nonkonformisten dient. Dazu werden Menschen gezählt, die mit dem „Phantom Wachstum" nichts am Zylinder, sorry: an der Baskenmütze haben. Die allein bewirken den Aufstieg des Menschengeschlechts. Kommt das dem politischen Snobismus nicht schon ziemlich nahe?

15.3.2 Radical Chic

Die Figur des Wettlaufs zwischen Hase und Igel ist kennzeichnend für alle Versuche, über nonkonformistische Zeichen politische Einstellungen auszudrücken. In einem klugen Text zur politischen Kleiderordnung seit der Mitte des 20. Jahrhunderts stellt Diedrich Diedrichsen (2003) der frühen „Urnormalität" die immer verwickelter werdenden Verknotungen von Politik und Mode gegenüber.

> Bevor die Individualisierungen der Nachkriegszeit ihre politischen Wirkungen entfalteten und die Präsentation politischer Positionen in einer visuell weniger kodierten Öffentlichkeit unterminierten und auffächerten, muss es so eine Art Urnormalität der politischen Kleiderordnung gegeben haben. Man demonstrierte je nach Richtung und Partei im Sonntagsstaat, in Parteiuniform oder gar in Tracht. Öffentliche Politik war zwar auch damals schon eine Performance, aber sie reichte kaum zurück ins Alltagsleben. Und nach dem Krieg gab es auch noch das Bedürfnis, optisch den unmarkierten, nur inhaltlich bestimmten Citoyen darzustellen, eine Art Idealsubstrat demokratischer Subjektivität, nicht von kulturellen Partikularinteressen getrübt...
>
> Obwohl sich bereits abzeichnete, dass dieser abstrakte Citoyen eine Fiktion bleiben würde, war in den fünfziger Jahren nicht vorstellbar, dass Mode und Politik je verbunden würden wie später. Trotz all ihrer äußeren Auffälligkeiten und Gemeinsamkeiten war es den ersten politisierten Jugendlichen der Nachkriegszeit noch fremd, diese Auffälligkeiten zu thematisieren. Politisierung richtete sich ja genau gegen jene Warenwelt, als deren ‚warenhafteste', nämlich gebrauchsfernste Produkte die der Mode galten. Doch gerade das erklärte Ziel, nicht modisch auszusehen, setzte eine der folgenreichste modischen Entwicklungen in die Welt: die Antimode.

Es war aber die Antimode, die Kleidungsstücke als politische Inhalte erscheinen ließ. Da aber jede neue Antimode im Handumdrehen zu einer neuen Mode wurde, zerstäubten die politischen Inhalte sogleich wieder. Dieser immer schneller sich drehende Kreislauf (keineswegs mit Dialektik zu verwechseln!) mündet in der Betrachtung von Diedrichsen in reine Zerstörungslust. Er zitiert ein „junges fashion victim, das zugleich mit dem schwarzen Block sympathisiert", und das sich von denjenigen Protestierern, die wie die Anhänger von Attac mit ihren politischen Programmen eine „andere Welt" wollen, nicht durch irgendwelche Klamotten unterscheidet, sondern in der politischen Botschaft: „Es mag schon sein, dass eine andere Welt möglich ist, aber ich will keine andere Welt. Ich will diese hier. Aber ich will sie zerstören."

Manchmal muss unsereiner dann ein wenig altersgütig[42] den Kopf schütteln, sollen solche Argumentationsgänge von der äußerlichen Herrichtung des Körpers und des Kopfes übertragen werden auf das, was an Gedanken, Urteilen, Vorstellungen über die Welt und sich selbst darin im Kopf herumgeistert. Die individuelle Stilisierung zum Nonkonformismus ist nicht immer, aber sehr viel häufiger, als den Beteiligten bewusst ist, nichts anderes als ein gruppen-konformes Verhalten und Denken. Wie man ja überhaupt beim Stichwort Individualisierung nicht an lauter verschiedene Einzelne denken darf, alle von allen anderen unterschieden. Stattdessen muss man sich darunter nichts anderes vorstellen, als dass der Handlungsspielraum des Einzelnen größer geworden ist, sich in verschiedene Konformitäts-Angebote einzuzuwählen, für einen begrenzten Zeitraum.

Und insofern hat Trotzki, selbst ein Eiferer, wie er im Buche steht, mit der Verwendung des Begriffs vom politischen Snobismus durchaus einen wunden Punkt getroffen. Politische Snobs geben sich nicht mit den Mühen der Implementierung ab, halten nichts von der manchmal schwierigen Notwendigkeit politischer Kompromisse, stilisieren sich als Nonkonformisten, weil sie so die „Reinheit ihrer Wahrheit" zu bewahren hoffen. Derlei gibt es aber nicht. So viel politische Urteilskraft muss sein.

---

[42] Aber davon haben wir eigentlich bei uns noch nichts entdeckt.

16 Fundamentalismus und Fanatismus

Fundamentalismus und Fanatismus sind Haltungen, mit denen man nicht zurecht kommt. Für eine Untersuchung politischer Urteilskraft in unserer Zeit gelten sie deshalb, und zwar gleich doppelt, als schwierige Herausforderung. Zum einen stellen sie Phänomene dar, die weithin als radikale Verneinungen vernünftigen Handelns gelten. Insbesondere das atlantische Projekt der Moderne hat offensichtlich große Probleme, mit dieser Form der Ablehnung westlicher Rationalität, mit dieser militanten Abwendung vom Prozess aufklärerischer Zivilisierung umzugehen. In diesem Zusammenhang ist zu klären, wieso es - nicht nur in den Randgebieten der Welt - zu einem Erstarken religiöser und anderer fundamentalistischer Orientierungen kommt.

Zum anderen überprüft sich politische Urteilskraft in der Auseinandersetzung mit Fundamentalismus und Fanatismus immer auch selbst. Ein wirklicher Härtetest! Zwar wird dieser zweite Aspekt im Kapitel über „Kulturrelativismus" ausführlich behandelt werden, aber schon hier sollen einige Gesichtspunkte aufgegriffen werden, die das Problem erhellen können, wie mit dem radikal Fremden verstehend und bewertend umgegangen werden kann.

16.1 Fundamentalismus als Krisenerscheinung

Wenden wir uns aber zunächst dem Versuch zu, Fundamentalismus und Fanatismus als politische Haltungen zu untersuchen, und das heißt immer auch: ihre Unterscheidungslogiken zu verstehen. Schaut man auf den westlichen Diskurs zum Fundamentalismus, dann fällt zunächst ins Auge, dass in seinem Zentrum die Auseinandersetzung mit dem Islamismus steht. Der israelische Historiker, Politikwissenschaftler und Diplomat Elie Barnavi beendet die Einleitung zu seiner sehr lesenswerten Streitschrift „Mörderische Religion" mit folgenden Sätzen:

> In diesem Buch möchte ich dem Leser ein wenig von meinen Erfahrungen mit den religiösen Fanatikern mitteilen. Dabei handelt es sich hier weder um ein religions-

geschichtliches noch um ein theologisches Werk, sondern vielmehr um eine politische Streitschrift, die dem Leser das nötige intellektuelle Rüstzeug für einen Krieg mitgeben will, der bereits begonnen hat. Worum es in diesem Krieg geht? Wie schon gesagt, es geht um die Rettung unserer Werte, unserer Freiheit, unserer Art zu leben. Es geht um die Zukunft unserer Kinder (Barnavi 2008, 18).

Fundamentalismus und Fanatismus machen Angst. Die Bedrohungswahrnehmungen sind stark und unzweideutig. Von „Kampf" und „Krieg" ist die Rede, eine Entscheidungsschlacht scheint bevorzustehen. Verständlich wird diese Wahrnehmung vor dem Hintergrund eines vor allem islamistisch motivierten Terrorismus, wie er sich 2001 in den Anschlägen auf das World Trade Center in New York exemplarisch manifestiert hat. Doch der Zusammenhang von terroristischer Gewalt und Theologie reicht viel weiter. Setzt man sich mit fundamentalistischen und fanatischen gesellschaftlichen und politischen Strömungen auseinander, stößt man sehr schnell auf letzte Glaubensüberzeugungen, die die Täter antreiben. Immer geht es um Letzt-Begründungen, um unanfechtbare Wahrheiten, um eine Erklärung, die keine Fragen offen lässt. Nicht zufällig überschneiden sich Fundamentalismus, Fanatismus und Verschwörungstheorien in vielen Aspekten. Auch darauf wird noch im Zusammenhang der Untersuchung von Verschwörungstheorien genauer eingegangen.

Dass in der rationalistisch motivierten Auseinandersetzung mit Fundamentalismus und Fanatismus der Gegner vor allem auch im Lager der religiös und theologisch besonders sichtbar verorteten und von religiösen und theologischen Lehren besonders nachhaltig beeinflussten Menschen gesehen wird, kann nicht weiter überraschen. Schließlich ist der Begriff Fundamentalismus mit einer inzwischen mehr als einhundert Jahre alten religiösen Bewegung verbunden, in deren Zusammenhang zwischen 1910 und 1915 in den Vereinigten Staaten von Amerika eine Schriftenreihe mit dem Titel „The Fundamentals" erschien. In der Auseinandersetzungen mit einer sich stärker säkularisierenden Gesellschaft wurden von den Anhängern dieser Bewegung fünf Grundüberzeugungen für unaufgebbar erklärt: 1. die wörtliche Richtigkeit der Bibel und damit ihre Wahrheit, 2. die Jungfrauengeburt, 3. das stellvertretende Sühneopfer Jesu am Kreuz, 4. die leibliche Auferstehung, 5. die unmittelbar bevorstehende Wiederkunft Christi (Bernhardt 1994, 26). Fundamentalismus bedeutet in diesem Beispiel und auch in anderen Zusammenhängen eigentlich immer das Ziehen einer letzten Abfanglinie gegen den

Einbruch des dämonisch Falschen. Wenn es in Glaubenssystemen notwendig wird, solche ideologischen Territorien des Undementierbaren, des ewig Gültigen abzustecken, hat man es mit einer Krise dieser Überzeugungen zu tun. Es passt in dieses Bild einer sich selbst unsicher gewordenen christlichen Theologie, dass es zeitgleich mit der fundamentalistischen Besinnung zu einem Aufschwung im Missionswesen kommt. Je brüchiger die dogmatischen Stützbalken werden, umso heftiger wird in der Verbreitung des Glaubens seine Wahrheit als gerechtfertigt angesehen. Obwohl es sich hier um christliche Glaubensüberzeugungen handelt, finden sich fundamentalistische Positionsnahmen auch in anderen Religionen. Es gibt in allen Glaubensbeständen einen Kern, der nicht aufgegeben werden kann, soll nicht das ganze Gebäude von Sinnstiftung, Heilserwartungen, normativen Anleitungen und institutionellen Einordnungen zum Einsturz gebracht werden.

Solche fundamentalen Überzeugungen sind nun allerdings nicht auf das Gebiet des Religiösen beschränkt. Fundamentalismus ist deshalb auch nicht nur ein religiöses oder theologisches Problem, das durch „aufgeklärtere" Theologien behoben werden könnte. Es ist letztlich kein Problem der Dogmatik, sondern der Haltung.

16.2 Glauben und Wissen

Bevor wir uns jedoch mit fundamentalistischen Einstellungen jenseits dieses religiösen Sinnzusammenhang beschäftigen, muss noch darauf hingewiesen werden, dass nicht zufällig im Zentrum fundamentalistischer Orientierungen (nicht notwendig religiöser Orientierungen) der oder das „Glauben" steht. Eine geläufige Unterscheidung von „Glauben" ist „Wissen". Unterschiedliche Auffassungen über das richtige Wissen, den Irrtum, die Vergrößerung der Wissensbestände, veraltetes und neues Wissen werden jedenfalls im Modell eines okzidentalen Rationalismus in spezifischen Kontexten geregelt, wobei die Kritik am Alten und Überlieferten durchaus als Störung - mitunter sogar als Bedrohung - wahrgenommen, aber durch spezifische Institutionen - zu allermeist - systemerhaltend funktionalisiert wird. Hierher gehören soziale Organisationen wie Akademien, Universitäten, Fachöffentlichkeiten, die in ihnen zugestandenen (Frei-)Räumen besondere Regelsysteme praktizieren (Theorien, Methodologien, Methoden) mit denen geprüft wird, ob ganz bestimmte Aussagen als wissenschaftliches Wissen akzeptiert werden können oder nicht. Um zwischen richtigem und falschem Wissen zu unterscheiden, werden die jeweiligen Aussagen auf ihren Realitätsgehalt überprüft. Wissen hat dabei immer den Anspruch, wirklichkeitskompatibel zu sein. Modernes Wissen kommt ohne empirische Bestätigung nicht aus. Das ist nun im Bereich des Glaubens ganz anders. Glauben heißt ja, gerade nicht zu wissen. Was man weiß, muss man nicht glauben, man weiß es ja. Und das ist in allen Religionen der große Bewährungsauftrag, dem sich die Gläubigen stellen müssen. Die Anforderung an sie besteht gerade darin, sich einen naiven, kindlichen Glauben zu bewahren oder zu erarbeiten, der auf das Wissenwollen verzichtet. An der Differenz von Glauben, Wissenwollen und Nachprüfung scheiterte bekanntlich der ungläubige Thomas, dessen Zweifel so stark waren, dass er seine Bewährungsprobe als vorbehaltlos Glaubender nicht bestanden hat. Glauben immunisiert sich als spezifische Verhaltensweise gegen die Anfeindungen eines immer zweifelhaften Wissens. Allerdings ist diese scharfe Trennung zwischen Wissen und Glauben an bestimmte Kontexte gebunden und sieht sich vor allem in Gesellschaften des euro-atlantischen Aufklärungsprojektes gerechtfertigt, denn auch das empirisch orientierte wissenschaftliche Wissen findet seine Bestätigung eben nicht in einer substantiellen Wirklichkeits- und Wahrheitsentsprechung, sondern in einer entsprechenden Regelbefolgung. Die Überprüfung von Wissen auf seine Realitätsentsprechung ist also selbstreferenziell und verweist nur auf die Akzeptanz der jeweiligen Aussagen, des jeweiligen Wissens in spezifischen Rechtfertigungskontexten, wie wissenschaftlichen Öffentlichkeiten und Vereinigungen, Studien- und Prüfungsordnungen usw. Wissenschaft ist, was die beteiligten Wissenschaftler als Wissenschaft kanonisieren. Der Kanon ändert sich über die Zeit. Ebenso gibt es gar nicht so wenige Randphänomene, bei denen es auch unter den Wissenschaftlern derselben Epoche unterschiedliche Auffassungen darüber gibt, ob man sie, die Parapsychologie etwa oder die Psychoanalyse, eher der Wissenschaft oder der Sphäre des Glaubens zurechnen soll.

Unterschiedliche Glaubensinhalte haben nun allerdings aus sich selbst kein Regelwerk zur Veränderung und Anpassung hervorgetrieben, ganz im Gegensatz zur atlantischen Rationalitätsentfaltung, in deren Zentrum ein erkenntnistheoretisches Projekt steht: Zweifel und Aufklärung. Die damit einhergehenden Prüfungsverfahren kennen Glaubensstreitigkeiten innerhalb einer Religion oder zwischen unterschiedlichen Religionen nicht. Die Einhegung religiöser/theologischer Konflikte bedarf deshalb eines außerreligiösen

Standpunktes. In diesem Zusammenhang sei darauf hingewiesen, dass der auch religiös begründete europäische Bürgerkrieg des 16. und 17. Jahrhunderts erst durch die Konstruktion neuer politischer Machtstrukturen binnengesellschaftlich und zwischenstaatlich überwunden werden konnte. Wobei es immer um die Etablierung einer Instanz ging, die in der Lage war, Konflikte autoritativ stillzustellen. Erinnert sei in diesem Zusammenhang nur an die Funktionen religiöser Führer oder an das Zusammenfallen politischer und religiöser Herrschaftsinstanzen. Das gilt nicht nur organisatorisch und institutionell, sondern auch normativ. Das Prinzip der Anerkennung und Tolerierung der jeweils für ungläubig Gehaltenen ist keiner Religion inhärent, sondern eine gleichsam aus politischer Not und Klugheit nachgeschobene säkulare Regulationsidee.

Nun werden Kritiker einer solchen Argumentation darauf hinweisen, dass sich in den zentralen Texten aller Religionen immer auch Hinweise darauf finden, mit Ungläubigen friedlich umzugehen. Aber hier setzt schon das eigentliche Problem der Regulation von Glaubensüberzeugungen an. Denn ebenso wie aus den zentralen „heiligen" Texten Friedensbotschaften herausgelesen werden können, finden sich in denselben Texten auch Passagen, in denen den Ungläubigen ein schweres Schicksal prophezeit, ja angedroht wird. Feuerbach hat an einer Stelle seiner religionskritischen Überlegungen zum Wesen des Christentums diese implizite Feinderklärung aller Gläubigen an die Ungläubigen angesprochen:

> Die Kirche hat mit vollem Recht Anders- oder überhaupt Ungläubige verdammt, denn dieses Verdammen liegt im Wesen des Glaubens... Der Gläubige hat Gott für sich, der Ungläubige gegen sich... Was aber Gott gegen sich hat, ist nichtig, verstoßen, verdammt. Der Glaube assimiliert sich daher nur die Gläubigen, die Ungläubigen verstößt er. Er ist gut gegen die Gläubigen, aber böse gegen die Ungläubigen. Im Glauben liegt ein böses Prinzip (Feuerbach 1841, 73).

Zwar tendieren Religionen zur Ausdehnung und zum Einschluss möglichst vieler Individuen. Aber jede Inklusion setzt notwendig Exklusion voraus. Die Frage, wer dazugehört und wer nicht, verbindet sich in fundamentalistischen Kontexten mit einer besonders rigiden Trennung zwischen Glauben und Unglauben. Das hat relativ wenig mit den sich im Prozess fortschreitender Selbst-Säkularisierung befindlichen großen christlichen Religionsgemeinschaften zu tun. Mainstream-Katholizismus und -Protestantismus legitimieren ihre religiösen und kirchlichen Anstrengungen heute schon mit universalen Solidaritätsforderungen. Glaubensfragen spielen eher eine untergeordnete Rolle. In fundamentalistischen Glaubensgemeinschaften ist das völlig anders. Bei diesen steht im Zentrum jeder Weltdeutung und aller Handlungsorientierungen eine enge Begriffsgläubigkeit, die Abweichungen von als heilig angesehenen Dogmen (vor allem unmittelbar von Gott stammende Texte, auch Erzählungen über das Leben von Propheten wie etwa die Sunna) nicht dulden. Allein schon das Äußern der Vermutung, in diesen Texten lägen von Menschen verfasste Schriften vor, die jeweils historisch-kritischer Interpretation bedürfen, löst reflexartig Verfolgung und Unterdrückung aus. In dieser Begriffshermetik finden die Gläubigen ja gerade ihre eigentliche Sicherung. Abweichung stellt dann auch nicht nur ein alternatives Interpretationsangebot der Schriften dar, sondern einen Angriff auf diese Sinnstiftung, der mit Gewalt zurückgeschlagen werden muss.

16.3 Unerträgliche Irritationen

Interpretationen, das heißt, das Vorschlagen anderer, neuer Lesarten und Verstehensweisen irritieren eingeschliffene Kommunikationen. Zu Interpretationen muss man sich überhaupt verhalten. Folgt man ihnen, hat das Konsequenzen für den jeweiligen Verstehenszusammenhang. Neuorientierungen und Restabilisierungen werden fällig. Das ist schwierig und hat seinen Preis. Fundamentalismus ist die Weigerung, sich auf solche Irritationsangebote einzulassen. Er ist also nicht als spezifische Interpretation religiöser Dogmen problematisch, sondern als Haltung der unerbittlichen Unterdrückung von Abweichung. Deshalb ist der Umgang mit ihm schwierig - ein Angebot zum Dialog über Texte kann von ihm nicht wirklich angenommen werden. Deren Interpretation ist ohnehin beliebig, aus Talmud, Bibel und Koran - um nur drei Quellen religiöser Überzeugungen zu nennen - können alle möglichen Botschaften abgeleitet werden. Man findet Zitate zum Frieden, zum Unfrieden, zur Toleranz und zur Unterdrückung Andersgläubiger. An diesem Punkt wird noch einmal deutlich, dass Fundamentalismus zwar etwas mit Glauben zu tun hat, aber nicht notwendig mit religiösen Glaubensinhalten. Vielmehr geht es um die Zurückweisung einer bestimmten Haltung; und im Konflikt mit dieser scheinen Kompromisse schwer möglich:

„Fundamentalismen können mit beliebigen, somit ganz verschiedenen Inhalten gefüllt werden. Religiöse, politische, ethische und angeblich wissenschaftliche Inhalte sind denkbar. Diese Inhalte werden tabuisiert, von kritischer (rationaler) Analyse abgeschirmt und mit (fanatischem) Eifer vertreten. Und meistens werden sie mit Ansprüchen der Absolutheit vertreten, damit Lernprozesse, die in Fragestellungen bringen könnten ... verhindert werden (Bernhardt 1994, 56).

Dass Irritationszumutungen abgewiesen werden, ist verständlich. Solange solche Abschottung von individueller und sozialer Interpretationsoffenheit nur nach innen wirkt, halten sich die Probleme in Grenzen. Die mit Glaubensansprüchen verbundenen Ausschließungen sind im atlantischen Projekt der Moderne im Bereich des Religiösen durch das Lernen, mit unterschiedlichen Glaubensinhalten umzugehen, politisch unschädlich gemacht worden. So haben etwa die Amish, jene Angehörigen einer christlichen Sekte, die nach einer sehr strengen Bibelauslegung lebt, das Recht, so zu leben, wie sie es für richtig halten: fundamentalistisch bibelgläubig, in Ablehnung fast aller Aspekte system-funktional differenzierter Gesellschaftlichkeit. Gleichzeitig haben aber alle Individuen dieser Gemeinschaft auch das Recht, so nicht zu leben. Sie haben das Recht zur Freiheit, kein Amish zu sein.

Die Erfahrung, dass es möglich, ja notwendig ist, bei der Organisation von Staat und Gesellschaft jeweilige - nicht nur religiöse - Glaubensinhalte irrelevant werden zu lassen, hat das Entstehen pluralistisch verfasster, liberaldemokratischer politischer Systeme begründet. Ein typisches Beispiel für eine solche Organisierung des Politischen lieferte Thomas Jefferson mit seinem Ausspruch: „Wenn mein Nachbar meint, es gebe zwanzig Götter oder es gebe keinen Gott, tut er mir nicht weh". Wie Richard Rorty in seinem Aufsatz „Der Vorrang der Demokratie vor der Philosophie" feststellt,

> trug Jeffersons Beispiel dazu bei, dem Gedanken einer möglichen Trennung der Politik von letzten Glaubensdingen Anerkennung zu verschaffen. Ob die Bürger in solchen Dingen einer Meinung sind, sei nicht wesentlich für eine demokratische Gesellschaft. Jefferson ging, wie viele andere Aufklärer, davon aus, dass ein dem typischen Theisten wie dem typischen Atheisten gemeinsames sittliches Vermögen ausreichend sei für die staatsbürgerliche Tugend (Rorty 1988, 82).

Das, was hier mit staatsbürgerlicher Tugend beschrieben wird, ist die Haltung politischer Urteilskraft, um deren Beschreibung es uns geht.

Allerdings zeigt sich auch, dass die Trennung individueller Glaubensorientierungen und politischer Organisation immer wieder unter Auflösungsdruck gerät. Zumal dann, wenn - religiöse oder andere - Fundamentalüberzeugungen diese Trennung nicht kennen[43]. Solche problematischen Überlappungszonen werden etwa durch Missionsgebote markiert. Dazu gehören auch jene Ansprüche individueller Heilsversicherung an bestimmte gesellschaftliche Verhältnisse, die Dogmen gemäß eingerichtet werden müssen.

Auch die Trennung zwischen Wissen und Glauben steht letztlich zur Disposition. Damit ist ja nicht so sehr gemeint, dass alle Wissenssysteme ihre Regulation selbstreferenziell anlegen. Die zu Beginn erwähnte Ordnungsfunktion von Theorien und Methoden verweist immer nur auf sich selbst und entfaltet Bindungskraft immer nur bei denjenigen, die sich diesen Regeln unterwerfen. Übergeordnete Wahrheitsansprüche sind damit nicht verbunden. In diesem Sinne sind alle Wissensinhalte auch Glaubensinhalte. Die für eine Entwicklung politischer Urteilskraft in der Auseinandersetzung mit Fundamentalismen aller Art benutzbare Trennung wird denn auch konsequent von fundamentalistischen Gläubigen jeder Couleur bestritten. So wird immer wieder behauptet, dass die biblische Schöpfungsgeschichte auch im naturwissenschaftlichen Sinne absolut wahr und als Tatsachenbericht zu lesen sei, dass sie in allen Details unverzichtbare Grundlage für jede moderne Forschung sei.

Aber nicht nur der Streit um den sogenannten Kreationismus gehört zu den Überlappungszonen von Glauben und Wissen mit entsprechendem Konfliktpotenzial. Hierher gehören auch die totalitären Zurichtungen proletarischer oder nationalsozialistischer Wissenschaft, die auch fundamentalen Glaubensüberzeugungen entsprachen. Da gab es zum Beispiel so etwas wie eine sozialistische Genetik oder eine deutsche Mathematik.

---

[43] Genau das ist das Problem einer islamischen und jeder anderen Engführung von politischer Philosophie und (mitunter auch säkularisierter) Theologie. Der Islam kennt keine Zwei-Welten-Lehre einer Trennung von geistlich-transzendentaler und weltlich-immanenter Sphäre, weil er sich als Religion und als Staatsbildungsideologie entwickeln musste (Gründung des medinensischen „Staates").

16.4 Fanatismus

Nun ist es allerdings so, dass die Bezeichnung „Fundamentalist" - ungeachtet der beschriebenen theologiegeschichtlichen Herleitungen - eher eine Fremd- denn eine Selbstbeschreibung vornimmt. Und nicht nur Theologen weisen darauf hin, dass ohne bestimmte Grundüberzeugungen überhaupt keine Exis- tenzsicherung möglich sei. Nicht alles kann immer unter Rechtfertigungs- druck gehalten werden. In diesem Sinne sind wir alle auch auf Fundamente in unseren Wissens- und Glaubensinhalten angewiesen. Mit der starken Be- tonung dieser Allgegenwärtigkeit geht oft eine Argumentation einher, die eher von Fanatismus als Problem hermetischer Glaubensüberzeugungen redet als vom Fundamentalismus (Hemminger 2005). Gleichwohl halten wir es für sinnvoll, auch Fundamentalismus zu den Dummheitskulturen zu rech- nen und vom Fanatismus begrifflich zu unterscheiden (Riesebrodt 2005, 19).

Peter Sloterdijk hat sich in seiner Abhandlung „Zorn und Zeit" mit dem Fanatismus als Ausdruck anthropologischer Orientierungen wie Selbstach- tung, Stolz und Würde beschäftigt. Im Prozess der Zivilisierung sind seiner Meinung nach solche Regungen so stark eingehegt worden, dass es quasi immer wieder zu triebhydraulischen Entladungen des Zorns kommt. Religio- nen und Ideologien bieten solchen fanatischen Ausbrüchen Raum; das macht sie so gefährlich.

Der Zorn, gleich ob er explosiv-momenthaft auftritt oder chronisch-weitsichtig (nach seiner hassbewirkten Verwandlung in ein Projekt), schöpft aus einem Überschuss an Energie, die nach konzentrierter Verausgabung strebt. Dem sich in strafenden oder verletzenden Akten entladenden Zorn wohnt oft die Über- zeugung inne, es gebe in der Welt, lokal oder global, zu wenig Leiden. Dieses zu wenig folgt aus dem Urteil, wonach gewisse Personen, auch Kollektive, in bestimmten Situationen Leiden „verdient", aber nicht erhalten haben. Bei sol- chen zu Unrecht Leidlosen entdeckt der Träger des Zorns seine überzeugends- ten Ziele. Nie wird er sich damit abfinden, dass der Schmerz bis zur Unerträg- lichkeit ungleich verteilt ist. Von dem Zuviel, das sich bei ihm selber angehäuft hat, will er einen fairen Anteil an den unbestraften Verursacher zurückgeben.... Unverkennbar liegt hier eine Verknüpfung zwischen Zorn und Stolz vor, dank welcher das Zürnen sich selbst ein moralisches Legitimitätszeugnis ausstellt... Das vollendete motivierte Zornhandeln wäre darum dasjenige, das sich selber als Ausführung einer unverzichtbaren und noblen Notwendigkeit empfindet. Deren empirische Muster bieten die Rachemorde auf dem familialen, die Religions- und Befreiungskriege auf dem ethnischen und nationalen Niveau (Sloterdijk 2006, 90f).

Fundamentalistische Überzeugungen liefern eine Quelle, aus der sich die Erfahrung eines unverdienten Leidens speist. Das verweist zum einen auf die Inhalte solcher Fundamentalismen, in denen immer die Auf- und Abrechnung mit Vergangenheit zentralen Stellenwert besitzt. Der Fundamentalismus kann ja gerade deshalb so sinnstiftend wirken, weil er eine permanente Beschwörung vergangenen Unrechts oder bislang abgewehrter Bedrohungen umfasst. Er beklagt die eingetretenen Verluste und drückt gleichzeitig das Wollen aus, weiteres ideologisches Terrain nicht aufzugeben.

Ohne Fundamentalismus kein Fanatismus, wobei dessen Manifestationen durchaus in ausgeklügelter instrumenteller Orientierung bestehen können. Eine Haltung der Distanz zur eigenen Betroffenheit, zur Vergangenheit, die nie vergehen darf, zur ewig bestehenden Schuld der Anderen, kennt er nicht (Kolnberger/Six 2007). Zum anderen sind die Kritik an solchen Fundamentalismen und der Rechtfertigungsdruck, unter den sie gestellt werden, wiederum Quelle des Zorns angesichts zersetzter Sicherheiten. Deshalb ruft in solchen politischen Theologien aller Couleur die sinnzersetzende, kulturzerstörende Kraft der Ungläubigen, des Rassen- oder Klassenfeindes besondere Wut hervor (Schneider/ Wallig 2003). Politische Urteilskraft darf hier gerade nicht zum Zuge kommen, weil sie, wenn sie sich entfaltet, das mit sich bringt, was der fanatischen Haltung am meisten widerspricht: Zivilisierung.

17 Verschwörungstheorien

Schlimmes passiert. Das muss ertragen werden, vor allem aber muss es erklärt werden. Das Ertragen des Schlechten ist immer auch mit der Frage verbunden, warum es gerade den einen und nicht sonst jemanden getroffen hat, also etwa mich und nicht die anderen. Da liegt dann die Antwort nahe, es gäbe so etwas wie eine Verschwörung gegen mich und überhaupt gegen die Guten, zu denen ich ja gehöre, eine Verschwörung gegen die, welche das Schlechte, ihr Unglück nun wirklich nicht verdient haben.

17.1 Verschwörungen in der Geschichte und im Alltag

Solche Verschwörungs-Vermutungen sind auch nicht einfach von der Hand zu weisen, denn Verschwörungen gibt es ja. Durch die Geschichte zieht sich eine breite Spur erfolgreicher Verschwörungen. Man denke nur an den Sturz von Tyrannen, an Staatsstreiche und Revolutionen (Schultz 1998). Derlei ereignet sich nicht, ohne dass es vorher Verschworene gegeben hat. Ihre Tat kann ein singuläres historisches Ereignis sein, wie der am 20. Juli 1944 missglückte Versuch der Ermordung Hitlers; aber man kann Verschwörungen in der Geschichte auch als Instrumente seriellen Elitenwechsels in Personenverbandstaaten ansehen oder gar als tief eingeprägtes Strukturmuster für Auseinandersetzungen im politischen System, wie es etwa seit dem 19. Jahrhundert in Südamerika zu beobachten war.

Verschwörungen können hoch-effektive Instrumente der Interessendurchsetzung sein. Leiblich und metaphorisch kennen wir die *verschworene Gemeinschaft*, die aufgrund ihrer intensiven Binnenkommunikation den jeweiligen Gegnern überlegen ist. Dabei besteht die Leistungskraft der Verschwörungen in ihrer Klandestinität. Verschwörungen müssen geheim bleiben, sonst ist alles verloren. Die Sache, um die es geht, mitunter das Leben der Verschwörer, hängen von der erfolgreichen Geheimhaltung ab.

In dieser Funktion der Zielerreichung durch Ausschluss von Öffentlichkeit und Unterlaufen moralischer und/oder gesetzlicher Verbote sind Verschwörungen Alltagsphänomene. Das Kungel-Treffen zur Neubesetzung einer Professur, die Rotwein-Runden am Kamin zur Klärung der Frage, welcher Müllunternehmer welche Kommune mit überhöhten Preisen betrügen darf, gehören genauso dazu wie das Mobbing der unliebsamen Kollegin. Wahrscheinlich waren wir alle schon mal Verschwörer und Opfer von Verschwörungen. Die Verschwörung ist also ein alltäglicher Typ des sozialen Handelns. Gleichwohl haftet der Rede von der Verschwörung etwas Gemeines an. Das Gemeine der Verschwörung wird beim Blick auf die Opfer erkennbar. Verschwörungsdiskurse sind also meist opfer-zentriert. Der Teilnahme an Verschwörungen rühmt man sich nur selten, insbesondere dann, wenn sie erfolglos bleiben. Verschwörer sind eher die anderen. Damit teilt der Verschwörer das Schicksal des Verräters oder der Verderbnis durch Machtausübung, von der man ja weiß, dass sie immer nur den Charakter der anderen zuschanden macht.

Verschwörungen haben einen zweifelhaften Ruf, denn ihr Geheimnis deutet auf ihre rechtliche oder moralische Anrüchigkeit (wobei heute der zweite Aspekt als der offensichtlich problematischere eingeschätzt wird). Wer reinen Herzens ist, der hat nichts zu verbergen. Verschwörungen als positiv zu bewertende Handlung bleiben dann Ausdruck einer äußersten Notwehrmaßnahme gegen eine verbrecherische gesellschaftliche oder politische Macht, die mit anderen Mitteln nicht zu bezwingen ist (man denke in diesem Zusammenhang wieder an die Verschwörer des 20. Juli). Und selbst das bleibt umstritten: was für die einen Ausdruck eines notwendigen politischen Widerstands ist, bleibt für die anderen ruchlose Tat[44].

17.2 Permanenter Verdacht

Verborgenes löst Verdacht aus und bohrendes Misstrauen. Und wer wüsste nicht und bekommt es zuweilen sogar auf ziemlich schmerzhafte Weise auf die Nase gebunden, dass die Welt nicht so ist, wie sie zu sein scheint, und schon gar nicht, wie sie sein sollte. Und ohne Näheres zu wissen, denn man

---

[44] Als der ehemalige Chef des Bundesamtes für Verfassungsschutz, Otto John, der auch zur Gruppe um Stauffenberg gehört hat, in den fünfziger Jahren vor dem Bundesgerichtshof wegen Spionagetätigkeit für die DDR angeklagt war, stellte der Vorsitzende Richter mit Blick auf Johns Beteiligung am Attentat auf Hitler fest: Einmal Verräter, immer Verräter.

selbst gehört ja nicht dazu, nimmt man als Ursache für die erfahrenen Uner-
quicklichkeiten die Existenz von Verschwörungen an. Diese Logik hat den
Vorteil, einfach zu sein: Dunkle Mächte wirken im Geheimen und wissen
ihre bösen Absichten mit geradezu teuflischem Geschick durchzusetzen. Und
- hier kommt die eigentliche Brisanz ins Spiel - all das richtet sich gegen die
Guten, denen es folglich schlecht ergeht. Die Annahme von Verschwörungen
mutiert flugs zur *all-inclusive*-Erklärung für alles Unliebsame.

Genau nach diesem Muster funktioniert die überbordende Verschwö-
rungsliteratur, die zu allem entsprechende „Theorien" liefert: Verschwörungen der Schiedsrichter gegen Fußballvereine, der Börse gegen das Gold,
finsterer Mächte gegen Russland oder Amerika oder psychisch Kranke, die
sich - wie wir von einem Buch belehrt werden - einer Verschwörung der
Therapeuten gegenübersehen[45]. Heimito von Doderer hat in einer seiner
Kurzgeschichten diesen Mechanismus persifliert, indem er seinen Protagonisten eine Verschwörung seines Mobiliars unter Anführung der Teekanne
aufdecken lässt. Aber vielleicht hat er es ja auch ernst gemeint (bei Schriftstellern weiß man nie…).

Betritt man den virtuellen Saal mit Veröffentlichungen in Büchern oder
Zeitschriften, mit Pamphleten und Entlarvungsschriften zu Verschwörungen,
tatsächlichen oder eingebildeten, fällt einem sehr bald auf, dass die Unterscheidung zwischen realer konspirativer Handlung und phantasmagorischer
Fremdbeobachtung die politische Urteilskraft im doppelten Sinne herausfor-
dert.

17.3 Unterscheidungen

Die Verschwörungstheorie beantwortet Fragen wie: Wo steckt der Feind,
was will er, was kann er? Verschwörungstheorien fordern allein schon deshalb politische Urteilskraft heraus, weil sie Konstruktionen des Politischen
sind und damit Ausdruck von Wahrnehmungsstrukturen, die im weiteren
Verlauf dieses Kapitels kurz charakterisiert werden sollen. Bevor jedoch
Verschwörungstheorien als prägender Bestandteil der Dummheitskulturen
untersucht werden, ist noch die Frage zu klären, was denn das Theoretische
an Verschwörungstheorien ist. Schaut man sich die allgemeinen Merkmale

---

[45] Robert Langs, Die psychotherapeutische Verschwörung, Stuttgart 1997

von Theorien an, dann fällt auf, dass Verschwörungstheorien durchaus für Theorien gehalten werden können.

In Theorien werden Realitätsbeschreibungen auf die in diesen Beschreibungen erkennbaren Handlungs- und Strukturlogiken, Wirkungsfaktoren, abhängigen und unabhängigen Variablen konzentriert. Theorien werden dadurch zu Instrumenten der Wirklichkeitsbeobachtung, die in einem andauernden Wechselverhältnis von Beobachtung, theoretischer Formulierung, kritischer Überprüfung der theoretischen Deutungsangebote und eventueller theoretischer Neuformulierung entstehen.

Theorien entstehen als Voraussetzung und Folge von Wirklichkeitserforschungen. Ohne theoretische Annahmen ist systematische Wirklichkeitsbeobachtung unmöglich, weil jede Beobachtung die Komplexität der zu beobachtenden Umwelt reduzieren muss. Das heißt, es muss vor der Beobachtung gewusst werden, was beobachtet werden soll. Theorien gehen also einerseits der Beobachtung voraus. Andererseits wird dieses theoretische Vorwissen aber überhaupt erst möglich, weil es vorher entsprechende, nicht notwendig systematisierte Wirklichkeitsbeobachtungen gegeben hat. Deduktion und Induktion fallen in Verschwörungstheorien zusammen und bilden einen sich immer wieder selbst bestätigenden Kreislauf.

Jeder Beobachtung geht also immer eine Selektion voraus. Eine solche Vorauswahl des Wichtigen ist nicht nur Teil des alltäglichen menschlichen Verhaltens, sondern bestimmt auch wissenschaftliches Arbeiten. In diesem Sinne gibt es keine voraussetzungslose Beobachtung von Wirklichkeit. Die Registrierung von Ereignissen wird immer in ein Beurteilungsschema eingeordnet. Dieses Schema ist in Verschwörungstheorien allerdings besonders eng.

Theorien fokussieren den Blick auf den Untersuchungsgegenstand, indem sie aus der Vielfältigkeit und Unübersichtlichkeit der Wirklichkeit bestimmte Aspekte herausheben. Theorien wirken damit wie Selektionsmaschinen, die mit Blick auf das jeweilige Erkenntnisinteresse Informationen in wesentliche und unwesentliche unterscheiden.

Theorien bewähren sich in dieser Funktion der Strukturierung von Wirklichkeit, indem sie Prognosen über die zukünftige Wirklichkeitsstrukturierung ermöglichen. Theorien werden im Hinblick auf solche Voraussagen konstruiert. Der Formulierung von Theorien geht die Bestimmung des Erkenntnisinteresses voran, und über ihre „Richtigkeit" oder „Falschheit" entscheidet ihre Fähigkeit, auf die gestellten Fragen Antworten geben zu können. Entscheidend ist dabei immer die Bindung der Theorie an Empirie. Die behaupteten Zusammenhänge müssen sich in der Wirklichkeit wiederfinden lassen.

Theorien - nicht nur Verschwörungstheorien - spiegeln also nicht einfach Realität, sondern sie sind Werkzeuge, um spezifische Tiefenschichten der Wirklichkeit, die nicht manifest mit den Sinnen zu beobachten sind, erforschen zu können. Theorien sind damit auch diagnostische Instrumente, welche die beobachtbaren Symptome verständlich machen. Überprüfungskriterium ist dabei immer die empirisch zu fassende Wirklichkeit. Obwohl Theorien keine Realitätsabbildungen sind, werden sie in Form von Indikativsätzen (Ist-Aussagen) formuliert.

Theorien sind also, um es zusammenzufassen, miteinander verknüpfte Hypothesen, die sich in ihren jeweiligen Aussagen über Wirklichkeit empirisch bewähren müssen, indem sie die beschriebenen Wirkungszusammenhänge auch in zukünftigen Fällen richtig erklären können. Ansonsten werden sie falsifiziert. Der Falsifikationismus markiert heute einen Grundpfeiler der Erkenntnistheorie. Dabei gilt, dass Hypothesen als begründet gelten, solange keine ihnen widersprechenden Beobachtungen/Tatsachenaussagen vorliegen. Doch gerade widersprechende Beobachtungen lassen Verschwörungstheorien nicht zu.

Über die Begründungen solcher Aussagen und ihre Überzeugungskraft urteilt die jeweilige *scientific community*, die mit bestimmten regulativen Ideen zur Überprüfung des empirischen Gehalts theoretischer Aussagen und ihrer *Widerspruchsfreiheit* operiert. Thomas S. Kuhn (1967) hat gezeigt, dass diese regulativen Ideen in der *scientific community* als quasi unreflektiertes, selbstverständliches Vorurteil solange unangetastet bleiben, bis auftretende Anomalien, neue Forschungsergebnisse usw. zu einer Relativierung dieser Paradigmen führen. Zu solchen regulativen Ideen gehören Regeln der wissenschaftlichen Wissenserzeugung, des Experiments, der Argumentation, der Begründung, die aber wandelbar sind. Was etwa zu Zeiten der Scholastik als wissenschaftliches Verfahren galt, gilt heute und für die heutige Zeit als unwissenschaftlich. Paradigmen und Theorien haben also einen gewissen Lebenszyklus, wobei der Wechsel von grundlegenden Annahmen eben nicht zwangsläufig als vernünftiger, am Fortschritt der Wissenschaft orientierter Prozess abläuft, sondern vielfältigen sozialen und politischen Faktoren unterliegt. Wie soll zwischen alternativen Theorienangeboten ausgewählt werden? Die Antwort wird über eine Prüfung der methodischen und methodologischen Fundierung der theoretischen Realitätsdeutung gegeben. Karl Popper hat im Rahmen des Falsifikationsprinzips eine Art Auslese für Theorien in der *scientific community* beobachtet und selbst Prinzipien formuliert. Danach wird jene Theorie bevorzugt, „die sich im Wettbewerb, in der Auslese der Theorien am besten behauptet, die am strengsten überprüft werden kann und den bisherigen Prüfungen auch standgehalten hat" (Popper 1982, 64). Kriterien der Bewertung von Theorien durch die *scientific community* sind: Innere Widerspruchsfreiheit, empirische Überprüfbarkeit, Prognosekompetenz, Reflexion der normativen Vorannahmen.

Die Crux im Bereich der Verschwörungstheorien besteht darin, dass dieses Falsifikationsprinzip als soziale Praxis nicht greift, weil Verschwörungstheorien nur in bestimmten Öffentlichkeiten Geltungsansprüche durchsetzen können. Und dabei spielen Orientierungen am euro-atlantischen Wissenschaftsmodell nur eine symbolische Rolle, eher haben sie etwas mit einer manichäisch aufgeladenen und angstbeladenen Religiosität zu tun.

17.4 Symptome und Diskurse

Für die Beurteilung von Verschwörungstheorien[46] und den Versuch, ihre Anziehungskraft zu verstehen, ist es deshalb notwendig, die gesellschaftliche und politische Praxis, die solche Theorien hervorbringt, zu untersuchen. Verschwörungstheorien verbinden lokale, einzelne Individuen betreffende Ereignisse mit übergeordneten, mitunter globalen Geschehnissen. Dabei zeigt sich in ihnen immer eine unbegrenzt wirkende Macht, etwa omnipotente Geheimdienste oder religiöse Gemeinschaften. Über die Verschwörungstheorie wird damit der lokale Raum an die Welt angeschlossen; was dem einzelnen passiert, wird in einen Gesamtzusammenhang gebracht.

Die Verschwörungstheorie bindet darüber hinaus Gegenwart und Zukunft an die Vergangenheit. In dieser haben sich dunkle Mächte verschworen, und diese ursprüngliche Entscheidung zur Verschwörung prägt jede zukünftige Entwicklung. Ein Entrinnen scheint so gut wie unmöglich. Der offene Zeithorizont verengt sich auf blinden Verschwörungsvollzug. Immer

---

[46] Wir folgen hier der bis heute überzeugendsten systematischen Analyse von Verschwörungstheorien: Dieter Groh, Die verschwörungstheoretische Versuchung oder: Why do bad things happen to good people?, in: Ders., Anthropologische Dimensionen der Geschichte, Frankfurt/Main 1992, S. 267 - 305.

wirken Verschwörer als eigentliche Akteure der Wiederkehr des Ewig-Gleichen. In der sozial-räumlichen Reichweite und in der Zeitdimension stellen Verschwörungstheorien paradoxerweise aber auch eine Art Erwartungssicherheit dar. Sie reduzieren den Schrecken der Kontingenz und reduzieren die Komplexität von Realität. Insbesondere florieren sie in Krisen- und Kriegszeiten, wenn die Welt aus den Fugen gerät, Katastrophen drohen oder sich schon ereignet haben, wenn Revolutionen die Gesellschaft und ihre Ordnung fundamental verändern.

Der Zusammenbruch eingeschliffener Verhältnisse wird von denjenigen, die zu den Verlierern des historischen Wandels gehören, als Verschlechterung interpretiert. Diese kann als Folge der Handlungen bestimmter Subjekte gedacht werden, die zu den tatsächlichen oder scheinbaren Gewinnern der neuen historischen Situation gehören. Von diesen Folgen (Gewinn/Verlust) wird dann auf die Absichten der Akteure geschlossen. Damit entsteht wiederum eine prinzipielle Sicherheit. Wenn auch die realen Erscheinungen katastrophal und bedrohlich sind, so sind sie Ausdruck einer Überwältigungsmacht und nicht zufälliges Ergebnis. Darin steckt so etwas wie ein schwacher Trost für die Verlierer, welche die Verschwörung nur aufdecken und zerstören müssen, um ihrerseits diese Macht ausüben zu können. Von daher motiviert sich die Hartnäckigkeit des Antriebs, Verschwörungen auf die Spur zu kommen, steckt doch schon in der Enttarnung der Verschwörer ein Gewinn.

Verschwörungstheorien sind also mit mehr oder minder tiefen Brüchen in der politischen und gesellschaftlichen Entwicklung verbunden. Hier finden sie ihre jeweilig eigene „*scientific community*", die aber in diesem Fall eher einer Sekte gleicht. Dieter Groh unterscheidet in diesem Zusammenhang vier historische Diskurse.

- *Religiöser Diskurs; die Zeit der frühen bürgerlichen Gesellschaft*
Alles Schlechte wird noch im Rahmen religiöser Zuschreibungen erklärt. Der Teufel ist der Verschwörer schlechthin. Er bedarf der schwarzen Magie, der heimtückischen Seelenverführung, um gegen göttliches Licht überhaupt vorgehen zu können. Da er unsichtbar wirkt, muss er mit aufwendigsten Untersuchungen sichtbar gemacht werden (Inquisition). Diese religiös basierten Verschwörungstheorien entwickelten schließlich eine solche Dysfunktionalität, dass sie letztlich den gesellschaftlichen Zusammenhang gerade der Institutionen bedrohten, um deren Rettung es ging. Die Hexenjagd des Mittelalters und der frühen Neuzeit geht in einer Autokatalyse unter. Ihr Verfol-

gungswahn (im doppelten Sinne des Wortes) wird politisch und rechtlich durch jene Institutionen eingehegt und letztlich unterdrückt, die in den Hexenjagden geschützt werden sollen. Hier stoßen wir übrigens auf ein Muster der Überdrehung verschwörungstheoretischer Verdächtigung, die sich auch noch im 20. Jahrhundert zeigt. Erinnert sei hier etwa an die Selbstzerstörung des McCarthyismus in den Vereinigten Staaten. Allerdings ist das kaum beruhigend, denn bis es zum Zusammenbruch solcher Verschwörungshysterien kam, hat es mitunter recht lange gedauert und viele Menschenleben gekostet.

- *Nachmetaphysische Diskurse; die Ära vor und nach der französischen Revolution*
Verschwörungstheorien werden hier vor allem von den Verlierern der Französischen Revolution formuliert, die als das Ergebnis eines langen Wirkens jakobinischer Aufklärer und autoritätskritischer Intellektueller gedeutet wird, die wiederum eine lange Reihe von Vordenkern haben. Aufklärer, Illuminaten, Freimaurer, später Sozialisten und andere werden zu den Prototypen verschwörerischer Zirkel, deren Mechanik in zahllosen Büchern minutiöse beschrieben wird[47].

- *Weltherrschaftspläne politischer und ökonomischer Machtgruppen*
Zu den eindrücklichsten Mustern, die in Verschwörungstheorien auftauchen und mit der Konsolidierung staatlicher Herrschaft im 19. Jahrhundert an Bedeutung gewinnen, gehört die „Enttarnung" von Weltherrschaftsplänen staatlicher oder privater Akteure. Prototyp dieses Musters ist das zu Beginn des 19. Jahrhunderts angeblich entdeckte Geheimtestament des russischen Zaren, Peters des Großen, in dem dieser einen genauen Plan der russischen Welteroberung entwickelt haben soll. Dieses Testament war eine Fälschung, die 1812 in Frankreich hergestellt worden war, um die napoleonischen Kriege zu legitimieren. Seitdem gilt es als Standarddokument, um die langfristigen Erweiterungspläne Russlands zu beweisen. Karl Marx etwa bezog sich in seiner Analyse der zaristischen Despotie unter anderem auch auf dieses Testament. Ähnliche „Geheimdokumente" belegen Welteroberungspläne der

---

[47] Zentraler Text: Augustine Barruel, Mémoires pour servir à l'histoire de Jacobinisme, Paris 1797/98. Er fungiert als Baukasten für die Konstruktion von Verschwörungstheorien, die sich am Phänomen der Revolution abarbeiten.

Vereinigten Staaten, der CIA, bundesrepublikanischer und anderer Kapitalisten, aber auch ihrer jeweiligen Gegenspieler.

- *Moderner, rassistisch begründeter Antisemitismus; die Protokolle der Weisen von Zion*
  Am folgenreichsten aber sind wohl jene Verschwörungstheorien, die von einer jüdischen, global wirkenden Konspiration ausgehen. Auch für diese Konstruktionen gibt es einen zentralen Text: „Die Protokolle der Weisen von Zion". Bei ihnen handelt es sich angeblich um das Protokoll eines Geheimtreffens von zwölf jüdischen Geldgebern, das 1773 bei Rothschild in Frankfurt stattgefunden haben soll. Diese Gruppe hat dort den Plan entworfen, das gesamte Vermögen der Welt zu kontrollieren und entsprechende ökonomische und politische Strategien dafür zu entwickeln. Der Text liest sich wie ein Lehrbuch des Machiavellismus. Die Entstehung der Protokolle ist hochinteressant, kann hier nicht im Detail dargestellt werden. Für unseren Diskussionszusammenhang reicht der Hinweis, dass es sich bei ihnen um eine gegen Ende des 19. Jahrhunderts angefertigte Fälschung des russischen Geheimdienstes handelt, um innenpolitische Schwierigkeiten des Zarismus auf die russischen Juden abwälzen zu können. Es kam dann auch 1905 zu vielen Pogromen in Russland; die Protokolle hatten offensichtlich die Wirkung, die sie haben sollten. Ihre Rezeptionsgeschichte geht aber darüber weit hinaus. Unter anderem verschaffte ihnen Henry Ford eine weltweite Verbreitung, weil er die Protokolle in zahlreiche Sprachen übersetzen ließ und ihre Verbreitung finanzierte. Auch Adolf Hitler kommt mit ihnen in Kontakt.

Dabei war der Fälschungscharakter der Protokolle schon früh bekannt. Hitler zeigt in „Mein Kampf", wie für Anhänger von Verschwörungstheorien gerade ihre Falschheit zur Bestätigung ihrer Echtheit wird. Es heißt dort: „Sie sollen auf einer Fälschung beruhen. Der beste Beweis dafür, dass sie echt sind! Was viele Juden unbewusst tun mögen, ist hier bewusst klargelegt. Darauf aber kommt es an. Es ist ganz gleich, aus wessen Judenkopf diese Enthüllungen stammen, maßgebend aber ist, dass sie mit geradezu grauenerregender Sicherheit das Wesen und die Tätigkeit des Judenvolkes aufdecken und in ihren inneren Zusammenhängen sowie den letzten Schlusszielen darlegen."

Die Verschwörungstheorie will also nicht nur die Verkehrtheit der Welt durch Aufdeckung wahrer Zusammenhänge richtig stellen, sondern ist selbst Ausdruck dieser Verrückung. Kritische Einsprüche helfen da nicht, weil sie offensichtlich nur das bestätigen, was sie destruieren wollen. Vor diesem Hintergrund verschwörungstheoretischer Hermetik ist es dann zwar immer noch erschreckend, aber nicht verwunderlich, dass die „Protokolle" in der arabischen Welt bis heute weite Verbreitung finden und tatsächlich als Beleg für eine Verschwörung der Zionisten in Arabien gelten.

Diesen vier Diskursen muss mit Blick auf die Entwicklung neuer Medien wohl ein fünfter Diskurs zur Seite gestellt werden. Seit dem Ende des 20. Jahrhunderts stößt man vermehrt auf politischen Obskurantismus und eine krude Sammlung von Verschwörungstheorien, die nach den Anschlägen auf das World Trade Center in New York am 11.9.2001 einen ungemeinen Aufschwung erleben. Nichts kann dumm genug sein, um nicht weithin Gehör zu finden. Das Internet ist die eigentliche ökologische Nische dieser Verschwörungstheorien. Dort finden ihre Anhänger ihr Soziotop und produzieren hunderttausende von Seiten zu allen möglichen Konspirationsverdächtigungen. Vieles davon versickert allerdings.

17.5 Einfach denken

Bei aller Kompliziertheit verschwörungstheoretischer Konstruktionen drückt sich in ihnen ein Denken von „kosmischer Kindlichkeit" (Groh) aus. Sie sind auch Teil jener schrecklichen Vereinfachung, die im Zentrum der Dummheitskulturen steht. Gerade in der Vereinfachung liegt dann auch ihre Funktionalität. Es geht darum, dissonante Wahrnehmungen, das Verstörende zu bannen und damit Komplexität in schnellen Schritten zu reduzieren. Auf diese Weise ergibt sich eine Sinn-Linie von einzelnen Ereignissen und dem großen Ganzen. Diese Sinn-Linie bewirkt, dass Verantwortlichkeit adressierbar wird. So reduziert sich der Stress der Erklärung und Angst-Entlastung wird möglich, weil eine Sinngebung des sinnlosen Unglücks möglich wird: Ein böser Akteur hat es so gewollt.

Verschwörungstheorien neigen dazu, sich permanent zu bestätigen, sie sind hermetische Weltdeutungen, *self-fulfilling prophecies.* Diese Sicherheit produzieren sie in der ständigen Anwendung auf die Zeichen, die sich in der Wirklichkeit deuten lassen. Denn irgendwo und irgendwie müssen die mächtigen Verschwörer ja Zeichen setzen, etwa Protokolle verfassen, Testamente erstellen, Treffen organisieren usw. Der Verschwörungstheoretiker kann sich auf eine endlose Suche nach solchen Zeichen der Verschwörung begeben.

Auch diese Tätigkeit kann zur Sinnstiftung individueller und kollektiver Lebensführung werden[48]. Die permanente Indiziensuche kreist ständig darum, die wahre Welt hinter dem Schein der Oberflächenwelt zu verstehen. Alles bedeutet irgendetwas. Zufälle gibt es nicht. Komplizierteste Erklärungsmaschinen werden entwickelt, um den eigentlichen Sinn der Erscheinungen zu entschlüsseln. In dieser Interpretationsleistung, die keine Fragen offen lässt, besteht die eigentliche Anziehungskraft von Verschwörungstheorien - und ihr Angriff auf die politische Urteilskraft.

In den Verschwörungstheorien rückt der Zusammenhang von Urteilen, Entscheiden und Handeln in die Nähe einer wahnhaften Psychodynamik. Dabei lässt sich - ähnlich wie in der individuellen Psychopathologie - eine Isoliertheit des Wahns beobachten. Verschwörungstheorien sind isolierte gesellschaftliche Wahnbestände. Ihre Anhänger erscheinen sonst unauffällig. Sie tragen kein Stigma, sie stoßen auf soziale Akzeptanz, auch in der Wahrnehmung einer scheinhaft gewordenen Welt. Die Welt ist für sie grundsätzlich verkehrt. Diese Verkehrung wird auf einen Anziehungspunkt hin ausgerichtet, ein schwarzes Loch, in das alles hineingezogen wird. Dabei wird eine hypertrophe Logik entwickelt. Jede Verschwörungstheorie offenbart sich als Überentwicklung des Vermögens, logische Begründungen entwerfen zu können. In dieser hypertrophen Logik besteht die Hermetik des verschwörungstheoretischen Urteils. Der logische Aufbau der Welt korrespondiert mit einer Überkonkretisierung der Zeichendeutung. Es setzt ein zwanghafter Naturalismus ein, eine Detailversessenheit, die nichts ungemessen lässt. Es kommt auf alles an, Millisekunden, Mikrofäden, Geräusche, Gesten, Blicke. Diese zwanghafte Beschäftigung mit dem Detail, dem *close-up*, macht die Verschwörungstheorien zur Pornographie der politischen Urteilskraft. Alles zentriert sich auf das eine, aber verfehlt sich gerade deshalb und ist innerhalb des Zeichensystems nie zu erfüllendes Begehren.

„Shit happens' - gewiss doch, aber nicht einfach so, sondern immer, weil von Verschwörern so gewollt. Ein solches Urteil gibt paradoxen Sinn. Die Verschwörer setzen sich durch, weil sie perfekter, potenter, kompetenter, gerissener, brutaler sind als ihre Gegner. Zudem verfügen sie über eine hohe Gruppensolidarität. Psychodynamik und Kognition zeigen die Verschwörungstheorie als Ausdruck eines sich selbst privilegierenden Denkens. Sie ist

---

[48] Manch findiger Schriftsteller hat dieses Bedürfnis genutzt und es zur Grundlage von Bestsellern gemacht.

das Metier der ‚Durchblicker', etwa von selbsternannten Anwälten mensch-heitsgeschichtlicher Anliegen, also auch von Intellektuellen. Ihre Herausge-hobenheit besteht darin, dass der Verschwörungstheoretiker an einem Ge-heimnis teilhat, nämlich vom Wirken der Verschwörer weiß. Teilhaber an Geheimnissen gehören immer einer Elite an. Dieses Wissen wird zum Herr-schaftsmittel. So funktionieren auch Gruppen, die sich der Aufdeckung spe-zifischer Verschwörungen widmen. An der Spitze stehen die Experten, die über alle Erklärungen verfügen. Und damit unter anderem auch Kasse ma-chen.

17.6 Zuversicht und Skepsis

Wie soll nun politische Urteilskraft gegen ihre Perversion in Form der Ver-schwörungstheorien eingesetzt werden? Es wäre ein Widerspruch in sich, sichere Strategien beschreiben zu wollen. Was möglich ist: Quellenkritik betreiben, unterschiedliche Zugänge zur Wirklichkeit bahnen, verschiedene Positionen zur Geltung bringen, und Ansprüche an wissenschaftliche Theo-rien anmelden, wie Konsistenz, Widerspruchsfreiheit und Bedingungen ihrer Falsifizierbarkeit prüfen.

Aber alle Bemühungen sind schon deshalb schwierig, weil Verschwö-rungstheorie eine Theorie mit schwerer ideologischer Schlagseite ist, damit Ausdruck von Glaubenssystemen, die sich quasi wissenschaftlich legitimie-ren wollen[49]. Letztlich geht es also um eine politische Auseinandersetzung. Und da helfen überzeugende Argumente nur bedingt. Benötigt wird Glück, denn nur Unglückliche benötigen überhaupt Theorien, und nur die ganz Un-glücklichen Verschwörungstheorien. Zum Glück muss die Zuversicht kom-men, dass der Obskurantismus nicht das letzte Wort behalten wird. Denn der Verschwörungstheoretiker ist ein Mann mit nur einer Eigenschaft: Angst. Und dass wir alle in Angst verharren, wollen wir nun wirklich nicht hoffen. Allerdings sind Zuversicht und Hoffnung mit einer gehörigen Portion Skep-

---

[49] Hier besteht eine irritierende Nähe zu politikwissenschaftlichen Theorien der Hypostasierung der Macht und vermeintlich Mächtigen, etwa der USA oder anderer „Imperien", des Finanzkapitals oder der Ölindustrie (die Liste der Welten-Lenker lässt sich beliebig verlängern) deren eigentliche Interes-sen enttarnt werden sollen. Die Welt ist ihnen scheinhaft, und erst in der Theorie kommt die Wirk-lichkeit zum Ausdruck. Dagegen ist ein Theoriebegriff zu setzen, der Ambivalenzbewusstsein, Kon-tingenzbewusstsein, Differenzierungsvermögen pflegt.

sis versetzt, denn verschwörungstheoretische und pornographische Begehren können nie still gestellt werden. Es sind Molochs.

POLITISCHE VERHALTENSLEHRE

Wo bleibt das Positive, wird sich manch ein Leser nach der Lektüre der Kapitel im vorigen Teil fragen. Nachdem wir die kognitiven und emotionalen Bedingungen der Möglichkeit politischer Urteilskraft sowie - in einem Schnelldurchgang - das Arsenal praktisch-philosophischer Vorstellungen über ihre Fundamente und ihre Bedeutung für Individuum und Gemeinwesen in den Blick genommen haben, sind wir scheinbar, ein bisschen wie der Hans-Guck-in-die-Luft aus dem Struwwelpeter, in den Tümpel der Dummheitskulturen gefallen. Aber so war es ja nun doch nicht: Wir sind vielmehr bewusst und, wenn das zu sagen erlaubt ist, auch ganz vergnügt in diesen Tümpel gesprungen, wenn wir auch anfangs vielleicht seine Ausmaße unterschätzt hatten.

Der Beweggrund dafür ist schnell erläutert. In politischen Betrachtungen und vor allem in politischen Auseinandersetzungen zu welchem Thema auch immer trifft man neben ein paar weitsichtigen, sachlich-empirisch fundierten und klugen analytischen Erkenntnissen meist auf jede Menge dummes Geschwätz, Wunschdenken, dünkelhaftes und pompöses Schwadronieren und abenteuerlichste Unterstellungen. Manches davon wird bewusst als Mittel der Auseinandersetzung benutzt; das ist zwar nicht schön, und moralisch ist es auch nicht. Aber politische Auseinandersetzungen sind nun einmal keine Schönheitswettbewerbe und keine moralische Veranstaltung. Gravierender, das heißt noch bedrohlicher für eine politische Verhaltenslehre mit normativer Verankerung in Menschenwürde und Menschenrechten sind jene massenweise auftretenden und ohne den geringsten Grad an Selbstreflexion mit *vollster* innerer Überzeugung vorgebrachten politischen Un-Argumente, die politische Urteilskraft abschnüren und ersticken. (Schon allein, dass man *voll* zu *vollst* steigern kann, obwohl da eigentlich etwas überlaufen müsste, sollte uns semantisch alarmieren.)

Um diesen feuchten Wust wollten wir keinen Umweg machen; also haben wir uns mit etlichen dieser Dummheitskulturen unverdrossen näher beschäftigt. Aber nun geht es wieder ins Trockene, und wir fragen nach den

Voraussetzungen, Vorstellungen und Verhaltensweisen politischer Urteilskraft bzw. derjenigen, die ihr in ihrem intellektuellen Haushalt einen angemessenen Platz einräumen wollen. Allzu trocken soll es allerdings auch nicht
werden.

18 Was eine politische Verhaltenslehre soll und was sie nicht kann

18.1 Rückblick

Als Thomas Ellwein 1964 seine „Politische Verhaltenslehre" veröffentlichte, war die Bundesrepublik Deutschland 15 Jahre alt (biologische Metaphern wie ‚Pubertät' o. ä. ersparen wir uns). Deutschland war in zwei Staaten geteilt, und außerdem gab es nicht nur bei den Heimatvertriebenen und Flüchtlingen noch die Erwartung, dass frühere deutsche Gebiete östlich der Oder-Neiße-Grenze wieder zu einem Teil des wiedervereinigten Deutschland würden. Die Regierungen in Bonn und Ost-Berlin nahmen sich als feste und ‚treue' Bestandteile ihres jeweiligen ‚Lagers' wahr und demonstrierten eine besondere Loyalität gegenüber ihrer jeweiligen Führungsmacht. Zwischen den Regierungen von DDR und Bundesrepublik herrschte eine bittere Atmosphäre, verschärft durch den Mauerbau am 13. August 1961 und den sich anschließenden Ausbau der Grenzbefestigungen seitens der DDR. Die Teilung Deutschlands, ursprünglich eine Maßnahme zur Bestrafung und Kontrolle des Kriegsgegners Deutschland durch die Alliierten, war damals bereits mit einiger Deutlichkeit als eine Funktion des Kalten Krieges zu erkennen. Anders gesagt: erst eine Ost-West-Entspannung würde sie erträglicher machen und erst mit dem Ende des Ost-West-Konfliktes würde es eine Chance zur Wiedervereinigung geben.

Als Thomas Ellwein, damals Präsident der Hochschule für Erziehung an der Johann-Wolfgang-Goethe-Universität und ein weithin bekannter Fernsehkommentator zur politischen Lage, 1964 seine „Politische Verhaltenslehre" veröffentlichte, ging es ihm im Grunde um dieselben Themen, um die es auch heute geht, wenn man über die aktuellen und strukturellen Schwierigkeiten bei der Stabilisierung und (hoffnungsfroher gewendet) Ausgestaltung der Demokratie nachdenkt und über Schwachstellen im Verhältnis der Bürgerinnen und Bürger zur Demokratie.

Bei Ellwein kommt das in Kapitelüberschriften zum Ausdruck wie „Bürgerbewußtsein zwischen Enthusiasmus und Resignation" oder „Die

Abkehr von der Politik". Letzteres nennt man heute gerne mit einem knuffigen, aber etwas unpräzisen Begriff „Politikverdrossenheit". Offenbar gab es so etwas bereits in früheren Epochen. Ist das, nebenbei gefragt, eher beruhigend oder eher beunruhigend?

Zweitens ging es Ellwein um eine Antwort auf die (ewige) Frage der politischen Bildung, wie politische Kenntnisse und Informationen und praktisches politisches Verhalten miteinander zusammenhängen oder, etwas umständlicher ausgedrückt, wie man es erreichen kann, dass politisches Verhalten wirklich *informiertes* politisches Verhalten ist und dass, wer informiert ist, sich auch entsprechend verhält. Und drittens schließlich wollte er, das versteht sich von selbst, mit seinem Buch einen Beitrag zur Verbreitung und Vertiefung der Akzeptanz von Werten und Normen eines demokratischen Gemeinwesens leisten.

18.2 Politische Verantwortung der Nichtpolitiker

Aus irgendeinem Grund war 1964 ein fruchtbares Jahr für Überlegungen zur politischen Urteilskraft. So erschien damals auch ein Buch, in dem die Texte der 29. Sendefolge aus der von Johannes Schlemmer betreuten Sendereihe „Das Heidelberger Studio" des Süddeutschen Rundfunks publiziert wurden. „Die politische Verantwortung der Nichtpolitiker" war der Titel dieser Sendefolge und auch des Buches, an dem damals sehr bekannte Autoren beteiligt waren, unter anderem Carl-Friedrich von Weizsäcker, Theodor Eschenburg, Wilhelm Röpke, Alexander Mitscherlich oder Hannah Arendt.

Die Unterscheidung von Politikern und Nichtpolitikern riecht etwas antiquarisch, weil ja in den letzten Jahrzehnten über das Phänomen der „neuen sozialen Bewegungen" und dem zivilgesellschaftlich ausgerichteten *Governance*-Konzept[50] genau diese Unterscheidung potentiell aufgehoben werden sollte. Nach Joseph Beuys ist jeder Mensch ein Künstler, und nach diesen Konzepten ist jeder Mensch ein Politiker. Allerdings meinten ja auch

---

[50] *Governance* lässt sich nicht in ein paar Worten definieren; auch verstehen verschiedene Autoren darunter Verschiedenes. Ein wesentliches Merkmal besteht aber darin, dass es um Ordnungs- und Verteilungspolitik nicht nur des Staates, sondern durch einen losen Verbund staatlicher Agenturen und nichtstaatlicher Akteure geht. Außer dieser Trennlinie verwischt sich auch die zwischen Innen- und Internationaler Politik. James Rosenau und Ernst-Otto Czempiel haben 1993 sogar einen viel beachteten Sammelband mit dem Titel „Governance Without Government" herausgegeben.

1964 die Rundfunk-Intellektuellen[51] nicht, dass in einer Demokratie die Verantwortung für die Politik nur bei den hauptberuflichen Politikern in Regierungen und Parlamenten läge. Bei der „politischen Klasse" also, wie ein
aktuellerer und durch und durch missverständlicher Begriff lautet, den man
besser vermeiden sollte. Aber sie sahen doch, dass auch in einer Demokratie
die Mehrheit der Menschen sich nur wenig oder sporadisch für die Politik
interessiert. Aber ähnlich wie Ellwein fürchteten sie offenbar, dass diese
Nichtpolitiker sich irgendwann überhaupt nicht mehr für die Politik interessieren würden, und das wäre für die Lebensfähigkeit der Demokratie hochge-
fährlich. Deshalb versuchen sie auszuloten, wie denn das Minimum an nicht
delegierbarer Verantwortung der einzelnen Bürgerinnen und Bürger zu kennzeichnen wäre und wie man generell Interesse an und Verantwortung für die
Politik wecken, fördern und schmackhaft machen kann.

Hellmut Becker hat sich als langjähriger Direktor des Max-Planck-
Instituts für Bildungsforschung einen Namen gemacht. Sein Beitrag zu die-
sem Sammelband heißt „Von der Möglichkeit, Politik zu lernen". Auf die
Frage, ob Politik gelernt werden kann, antwortet er folgendermaßen:

> Politisches Verhalten kann und muss geübt werden, wenn der freie einzelne in
> organisierten Gemeinschaften leben soll. Wenn die Freiheit nicht zur Selbstver-
> nichtung führen soll oder zur Selbstaufgabe an terroristische Systeme, dann
> muss der einzelne politische Kenntnisse haben und sich politisch verhalten kön-
> nen. Die Übung des Zusammenlebens im kleinen und im großen erfordert heute
> ein Verhalten, das vielleicht nicht erlernbar ist, aber in großem Umfang geför-
> dert oder behindert werden kann. Es erfordert Verhaltenssicherheit in Situatio-
> nen, die erfahrbar sind und deren Erfahrung geübt werden muss, es erfordert
> Sachkenntnisse, die vermittelt werden können (Becker 1964, 117).

Mit *terroristische Systeme* sind in dieser Passage selbstverständlich nicht
terroristische Gruppen wie die Rote Armee Fraktion in der Bundesrepublik
Deutschland oder internationale Terror-Netzwerke wie Al Qaida gemeint, die
gab es damals noch nicht, sondern die großen Totalitarismen des 20. Jahrhunderts. Die politische Verantwortung des *freien Einzelnen*, so kann man
Beckers Sätze verstehen, bezieht sich nicht nur auf sein eigenes (Über-)Le-

---

[51] Nicht abwertend gemeint! Dieser Begriff macht für die damalige Zeit, als der öffentlich-rechtliche
Rundfunk (anderen gab's nicht) noch ein wichtiges Informations- und Bildungsmedium war, durchaus Sinn.

ben in der Gesellschaft mit ihren jeweiligen politischen Rahmenbedingungen, sondern sie bezieht sich, jedenfalls in einer Demokratie, vor allem auch darauf, dass die Voraussetzungen der Freiheit der vielen Einzelnen nicht erodieren. Die politische Verantwortung der Menschen in einer Demokratie besteht darin, durch ihr politisches Verhalten einen Beitrag für die Erhaltung, den Schutz, die Verbesserung der Demokratie zu leisten. Es reicht nicht, dass man sich „seinen Teil denkt" und schweigt. Politisches Verhalten ist von außen sichtbar, identifizierbar und, wenn es verantwortlich ist, immer auch eine Demonstration dafür, dass die Freiheit der *freien Einzelnen* nicht angetastet wird.

18.3 Gegenstandsbereiche

Lassen wir im Augenblick einmal diesen wichtigen „Verhaltens-Aspekt" beiseite und blicken zurück auf die politische Verhaltenslehre von Thomas Ellwein. Ihm geht es zwar auch um die hehren Aspekte demokratiekonformen Verhaltens. Jedoch verfolgt er zugleich die Absicht, diesen Aspekten in alltäglichen Situationen Wirkung zu verschaffen.

Hier sind ein paar der Gegenstandsbereiche, für die er seine Verhaltenslehre angewendet wissen will:

- In von ihm „vorpolitischer" Raum genannten Sphären außerhalb des politischen Systems werden die Mitbestimmung am Arbeitsplatz, die Selbstverwaltung in der Sozialversicherung und die Mitgliedschaft in Interessenverbänden angesprochen. Mitbestimmung und Interessenverbände (also z. B. Gewerkschaften) tauchen hier nicht als Überraschung auf. Aber wir gehen eine mild dotierte Wette ein, dass auch heute die meisten Menschen hierzulande kaum eine Vorstellung von der Selbstverwaltung in der Sozialversicherung haben, obwohl die große Mehrheit davon in irgendeiner Weise betroffen ist.

- Ein wichtiges Kapitel der „Verhaltenslehre" beschäftigt sich mit der Teilnahme an der Meinungsbildung, worunter eine Reflexion über die öffentliche Meinung verstanden wird. Das Konzept der öffentlichen Meinung, über das damals noch mit einem gewissen hochgestimmten Tremolo gesprochen wurde, hat mit der Differenzierung und breitflächigen Kommerzialisierung der Medien heute weitestgehend an Griffigkeit verloren. Auch Ellwein sah, dass es die öffentliche Meinung als das Substrat aufgeklärter politischer Diskurse und Kritik an den Herrschaftsapparaten nicht mehr gibt. „Übriggeblieben sind die prinzipielle Forderung nach möglichst weitgehender Öffentlichkeit des gesamten Prozesses der politischen Willensbildung und ein Beziehungsfeld, auf dem diese Forderung einigermaßen verwirklicht werden kann" (Ellwein 1964, 79). Damals konnte man im übrigen auch auf einen für die politische Kultur der Bundesrepublik Deutschland folgenreichen Skandal verweisen, in dessen Verlauf die Forderung nach Öffentlichkeit von Vorgängen, welche die Regierung krampfhaft vertuschen wollte, in der Tat einigermaßen verwirklicht werden konnte - das war die Spiegel-Affäre von 1962.

- Der Kommunalpolitik widmet Ellwein ein weiteres Kapitel. In den Gemeinden fallen eine Menge Entscheidungen, die zwar wenig mit der „großen Politik" zu tun haben, aber die Einwohner häufig ganz unmittelbar betreffen[52]. Allerdings gab es zu Anfang der 1960er Jahre (außerhalb Bayerns) noch wenig von dem zu spüren, was später als ansatzweise ‚direkte Demokratie' auf Kommunal- und Kreisebene in Deutschland eingeführt wurde. Kommunalpolitik ist allerdings, bei Ellwein wird das so gut wie unterm Sofa gelassen, auch ein ganz besonderes Feld, auf dem sich „vorpolitische" und höchst politische Verhaltensweisen überschneiden. Abzulesen ist das einmal an dem Phänomen der Bürgerlisten, die in Konkurrenz zu den politischen Parteien bei Wahlkämpfen antreten und oftmals recht erfolgreich sind. Zu ihrem Programm gehört in der Regel der Grundsatz, man wolle die kommunalen Probleme rein sachlich und ohne parteipolitische Einflüsse angehen. Mit dem Argument der „Vorpolitik" kann man also politische Gewinne machen. Zweitens muss man zwischen Großstädten und Metropolen auf der einen Seite und kleinen Gemeinden mit dörflichem oder kleinstädtischem Charakter unterscheiden. Metropolitane Politik ist inzwischen in manchen Ländern fast so wichtig wie Bundespolitik. Dorf- und Kleinstadt-Politik lebt aber auch von den direkten, persönlichen, häufig sogar verwandtschaftlichen

---

[52] Ellwein (1964, 89): „Ob das westliche Verteidigungssystem funktioniert, kann über unser aller Schicksal entscheiden; wenn die örtliche Wasserversorgung nicht funktioniert, dann ist das auch ziemlich unangenehm." Solche lakonischen Formulierungen sind, finden wir, durchaus immun gegen rasche Veralterung.

Beziehungen der Protagonisten. Das hilft oft. Oft macht es Kommunalpolitik auf dieser Ebene aber auch etwas klebrig.

▪ Selbstverständlich geht ein Kapitel des Buchs von Ellwein auf den Vorgang des Wählens ein. Im Gegensatz zu all den blasierten Demokratie-
Kritikern, die das aktive Wahlrecht als eine Art Vorgaukelei von Mitbestimmung denunzieren, unterstreicht Ellwein die Bedeutung von Wahlen. Er greift dabei auf ein eigentlich viel zu selten gebrauchtes Argument zurück: die große Zahl von Wahlen. Seiner Schätzung nach gab es
1964 etwa 500 000 Funktionen in der Bundesrepublik, in die Menschen
mit passivem Wahlrecht hineingewählt werden (Ellwein 1964, 102). Ob
von den Parteien in den Wahlkämpfen der Wähler mit sachgerechten
oder sachfremden Argumenten umworben wird, ist eine alte Frage. Aber
gerade angesichts der immer weiter wachsenden Werbeetats der Parteien
in Wahlkämpfen (nicht nur, aber besonders dramatisch in den Vereinigten Staaten von Amerika) und der oftmals sehr raffinierten Werbestrate-
gien ist politische Urteilskraft für die Entscheidung bei Wahlen gefragt.

▪ Die Möglichkeiten, die sich mit der Mitgliedschaft in einer politischen
Partei eröffnen, werden im Anschluß daran vorgestellt und kritisch ab-
gewogen. Wer eine politische Karriere anstrebt, muss in der Regel Mitglied einer Partei sein. Da es sehr unterschiedliche Parteien gibt, was die
Größe und die Programmatik anbetrifft, fast immer innerhalb der Partei-
en auch verschiedene „Flügel"[53], setzt der Entschluss, in eine Partei einzutreten, bereits etlichen politischen Sachverstand voraus, jedenfalls in
einer Demokratie. In nicht-demokratischen Gesellschaften haben politische Parteien andere Funktionen. Entsprechend sind die Spielregeln,
was Parteieintritte oder -austritte betrifft, völlig anders.

▪ Die beiden folgenden Kapitel beschäftigen sich mit den Möglichkeiten
und institutionellen Wegen, die den Bürgerinnen und Bürgern im Umgang mit Parlament und Regierung sowie mit der Verwaltung offen stehen.

▪ Abgerundet wird der Informationsteil des Buches mit einem Kapitel
darüber, wie man sich Rechtsschutz verschafft.

Im Großen und Ganzen handelt es sich in diesem Teil des Buches also um
eine Art Grundkurs in staatsbürgerlichem Wissen, wie man es etwa in den

---

[53] Ist das nun eine biologische oder eine militärische Metapher?

Schulen auch erwerben können sollte. Der „Wissens- und Informationen-Katalog", um den es hier geht, hat sich seit 1964 weiterentwickelt, teils wegen zahlreicher für die Politik relevanter technologischer Erneuerungen (im Medienbereich vor allem durch das Fernsehen und das Internet), teils wegen der Fortentwicklung politischer Institutionen (neue soziale Bewegungen und NGOs, behutsame Einführung plebiszitärer Elemente in das politische System, Europäisierung vieler Politikbereiche), teils wegen der strukturellen Verlagerung von Aufmerksamkeit für bestimmte demokratische Defizite (Gleichstellung der Geschlechter).

Außerdem gibt es jede Menge „neuer" Probleme, mit denen sich nicht nur das politische System, sondern im Grunde die Gesellschaft und ihre Mitglieder insgesamt auseinandersetzen müssen - sie reichen von den durch die demographische Entwicklung beeinflußten Problemen auf bestimmten Politikfeldern (Gesundheitspolitik, Rentenpolitik usw.) bis zu den Konsequenzen der Globalisierung.

18.4 Aufgaben einer politischen Verhaltenslehre

Aber Ellweins Buch heißt ja nicht „Staatsbürgerkunde", sondern „Politische Verhaltenslehre". Die Liste der Gegenstandsbereiche mit den kurz angesprochenen Ergänzungs-Notwendigkeiten wurde hier gewissermaßen vorweg als Illustration für die eher abstrakt und theoretisch vorzunehmende Zuweisung von Aufgaben für eine politische Verhaltenslehre vorgestellt.

Was sind denn nun deren Aufgaben? Auch bei der Antwort auf diese Frage können wir Ellwein ein großes Stück weit folgen, selbst wenn seine Terminologie inzwischen einige Patina angesetzt hat:

> Die politische Verhaltenslehre beschäftigt sich erstens mit den tatsächlichen Möglichkeiten, an der politischen Willensbildung mitzuwirken, zweitens mit den unbewussten oder bewussten Motiven, die dazu führen, dass solche Möglichkeiten ergriffen werden, und drittens mit den dabei anzustellenden Erwägungen. Wenn in der Wissenschaft von der Politik gelegentlich zu deren eigener Systematisierung unterschieden wird zwischen der politischen Funktionslehre (=Stellung der Politik in der Gesellschaft), der politischen Institutionslehre und der politischen Entscheidungslehre…dann gehört jene Verhaltenslehre zu der…Entscheidungslehre (Ellwein 1964, 23).

Das überrascht uns nicht. Aber was muss man unter dieser Aufzählung verstehen? Bei der Erkundung der Einwirkungsmöglichkeiten auf die Politik ist es vorab wichtig zu verdeutlichen, dass es in der Tat eine Vielzahl solcher Möglichkeiten gibt. Das Gegenargument lautet: Der Einzelne kann ja doch nichts machen. Jede politische Verhaltenslehre hat sich an diesem Einwand abzuarbeiten. Das geschieht am besten, wenn man in der „Sphäre des Alltags" verbleibt und wenn man diese Möglichkeiten in ihren richtigen Relationen sieht. „Richtige Ansichten" genügen nicht, man muss Mehrheiten dafür mobilisieren, was oftmals ein mühseliges Geschäft ist.

Die zweite Aufgabe einer politischen Verhaltenslehre ist die Analyse der Motive politischen Handelns, der Interessen der Akteure und ihrer Weltsichten, mit deren Hilfe sie sich ein Bild von sich selbst und den anderen machen. Und die dritte besteht darin, Schlussfolgerungen für das eigene Verhalten zu ziehen.

Zusammenfassend lässt sich sagen: Die politische Verhaltenslehre…setzt die Kenntnis der politischen Gegebenheiten voraus, entwickelt ihnen gegenüber eine Typologie der Motive des Einwirkens, erarbeitet die Fülle der Möglichkeiten des praktischen Wirkens, nennt die grundlegenden Kategorien, mit deren Hilfe die im Einzelfall dann notwendigen Erwägungen sinnvoll werden, und verdeutlicht an Beispielen, wie endlich praktisch zu verfahren ist. Demgemäß ist das Betrachtungsgebiet der politischen Verhaltenslehre die gesamte Politik, wenn sich auch in der gewohnten Abstufung von der internationalen zur lokalen Politik die Einwirkungsmöglichkeiten des einzelnen relativ zu der jeweils geringeren Zahl seiner Mitspieler vergrößert oder umgekehrt sich im Blick auf die internationale Politik ganz zu verflüchtigen scheinen (Ellwein 1964, 27).

Der optimistische Grundton dieser Betrachtung kurz vor Beginn der quasi-kulturrevolutionären Ereignisse und Veränderungen, die mit der Generation der 68er verbunden sind, wurde in diesen Jahren sozusagen aufgespalten. Die einen proklamierten „mehr Demokratie wagen" und damit eine Ausweitung der politischen Mitwirkungsmöglichkeiten in den verschiedensten Gesellschaftsbereichen. Andere diagnostizierten deshalb eine sich anbahnende „Unregierbarkeit" der industriellen oder post-industriellen Gesellschaft. Eine kleine, sich erstaunlich nachdrücklich Gehör verschaffende Minderheit traute demgegenüber der westlichen Demokratie keine Substanz zu; der Prozess der „Transformation der Demokratie" (Johannes Agnoli), d. h. ihrer Regression und Selbstentlarvung als verkappte Kapitalisten-Herrschaft ohne echte Mitwirkungsmöglichkeiten der Bürger war in dieser Sicht schon ganz weit fortgeschritten.

Machen wir einen Sprung von damals in die Zeit nach der Vereinigung Deutschlands und all den Verdrießlichkeiten, die damit einhergingen (neben manchen Aufschwüngen), dann ist aus dem frühen Optimismus eine schlecht gelaunte Verlustklage geworden.

> Das politische System, in dem nach hergebrachtem Verständnis die Entscheidungen fallen, die das Leben aller betreffen, und die Lebenswelt der Menschen, in der sie, so weit man das noch sagen möchte, zu Hause sind, driften auseinander wie die Überreste eines havarierten Schiffes. Fast hat es den Anschein, als seien sie voreinander auf der Flucht. Schon lange war ihre Distanz gewachsen, nun schlägt sie um in Entfremdung (Meyer 1994,10).

Der Autor dieser Klage, Thomas Meyer, zitiert im Titel seiner Schrift Johannes Agnoli - ihm geht es jetzt um eine noch dramatischere Transformation, die Transformation des Politischen. Träfe diese Diagnose zu, könnten Autoren wie wir unsere Überlegungen zur politischen Urteilskraft einstellen, machten politische Verhaltenslehren keinen Sinn. Wir haben aber nicht den Eindruck, dass die Meyer'sche Verlustliste (Maßstäbe, Souveränität, Zukunft, Tugend, politische Moral, Erfahrung, Verständigung, Utopie) korrekt ist. Vielmehr sollte sie symptomatisch gelesen werden, als Hinweis auf die Konjunkturen der Dramatisierung politischer Problemlagen, die so immer bestehen (wann war die Zukunft nicht bedroht, die Tugend herrschend, die Moral Leitkante aller Handlungen...?). Eine politische Verhaltenslehre pflegt solchen Jeremiaden gegenüber eine besondere politische Kompetenz: Gelassenheit.

19 Partizipation

Politik organisiert Menschen. Über die anthropologischen Bedingungen des Politischen ist bei aller Augenfälligkeit des Zusammenhangs politikwissenschaftlich wenig Erhellendes produziert worden, wobei hier allerdings eine akademische Wissenschaft von der Politik gemeint ist, die sich mit Reflexionen über existenzielle Bedingungen des Politischen ohnehin schwertut. Aufschlussreicher ist in diesem Zusammenhang die politische Philosophie, die seit ihren Anfängen immer wieder die Frage nach dem Menschen als Teil politischer Ordnung gestellt hat.

19.1 Zoon politikon

Die häufig und gerne zitierte Erkenntnis des Aristoteles, der Mensch sei ein „zoon politikon", macht allerdings noch nicht wirklich klug. Denn weil sich in den politischen Systemen immer menschliche Beschaffenheit ausdrückt, ist das mit Blick auf die dunklen Seiten organisierten politischen Handelns, auf das mörderische Schlachten in den Kriegen, auf die ethnischen Säuberungen nicht nur des 20. Jahrhunderts, den systematisierten Völkermord und die vielen Ausprägungen institutionalisierter Menschenrechtsverletzung eine höchst beunruhigende Feststellung. Diese und viele andere bösartige Aktionen, bei denen es letztlich um politische Herrschaft geht, gehören also auch zum Menschlichen!

Diese und viele andere bösartige Aktionen werden nicht von einigen wenigen unternommen, auch wenn sie vielleicht als Betreiber und Anfeuerer, als lenkende Gehirne hinter den vielen Menschen identifizierbar sind, welche sich als willige Mittäter ihrer Skrupel rasch entledigen. Geht es um Teilhabe von Menschen an der Politik, kann eine solche Partizipation im Bösartigen aber nicht gemeint sein. Das heißt, jedes sinnhafte Nachdenken über Partizipation zieht auch immer eine Grenze der wünschbaren und gewünschten Mitbestimmung. Es gehört also zum Kernvermögen politischer Urteilskraft mit der Trias Urteilen, Entscheiden, Handeln, sich solchen unerwünschten und unwünschbaren Mitmach-Effekten zu entziehen. Und das ist, wie nicht nur, aber ganz besonders die Erfahrungen negativer (bösartiger) Politik-Teilhabe im 20. Jahrhundert und in der Gegenwart lehren, ziemlich schwer. Allerdings hat eine solche Betrachtung nichts mit einer negativen Anthropologie zu tun. Hier geht es nicht darum, politische Entsprechungen für Gottfried Benns Schimpf-Urteil zu finden: „Die Krone der Schöpfung: das Schwein, der Mensch". Denn menschengemäße politische Ordnungen zeigen sich eben auch in gar nicht so schlecht funktionierenden menschenrechtsbasierten Demokratien. Aristoteles hat auf die Verbindung von Tugendhaftigkeit und politischer Organisation immer wieder hingewiesen und dabei Grundprinzipien der Partizipation diskutiert:

> Dass aber die Entscheidung eher bei der Menge als bei der geringen Zahl der Besten zu liegen habe, das scheint zu bestehen und sich verteidigen zu lassen, ja vielleicht sogar wahr zu sein. Denn die Menge, von der der Einzelne kein tüchtiger Mann ist, scheint doch in ihrer Gesamtheit besser sein zu können als jene Besten; nicht jeder einzelne für sich, sondern die Gesamtheit... Denn es sind viele, und jeder hat einen Teil an Tugend und Einsicht. Wenn sie zusammenkommen, so wird die Menge wie ein einziger Mensch, der viele Füße, Hände und Wahrnehmungsorgane hat und ebenso, was den Charakter und den Intellekt betrifft (Aristoteles 1973, 119).

Hier werden Verbindungen hergestellt zwischen Menschenbildern und Ideen guter politischer Verhältnisse, die uns heute sowohl fern als auch nahe sind. Zu den befremdenden Anteilen gehören die rigiden menschenbildlichen Dichotomien, die Aristoteles entwickelt. Menschheit teilt sich für ihn in die zur Herrschaft Privilegierten auf der einen Seite und all diejenigen, die aufgrund ihrer „natürlichen" Passivität und Dummheit zur Rolle der Beherrschten ausersehen sind, auf der anderen. Danach müssten immer die Besten regieren. Partizipation im Sinne der Beteiligung möglichst vieler an den Amtsgeschäften verböte sich quasi von selbst. Nun wirft Aristoteles allerdings selbst das Problem auf, dass die tugendhaften Einzelnen nicht nur selten seien, sondern auch der Gefahr erliegen könnten, ihre Tugendhaftigkeit in der Regierungspraxis zu verlieren und den Verführungen der Macht zu verfallen. Also bleibt nur die Hoffnung, dass durch Beteiligung vieler diese Gefährdungen vermieden werden können; und das ist nun eine uns sehr nahe stehende Idee. Gleichwohl wäre es allerdings nach Aristoteles besser, Partizipation könnte auf die beschränkt werden, die aufgrund ihrer privilegierten gesellschaftlichen Stellung genug Muße besitzen, um sich politischen Angelegenheiten widmen zu können. Das schließt also weitgehend diejenigen aus, die genötigt sind zu arbeiten, um sich überhaupt am Leben zu erhalten. Von der Vorstellung einer fundamentalen Gleichheit aller Menschen, die sich vor allen Dingen in gleichen Rechtsansprüchen manifestiert, sind solche aristotelischen Vorstellungen meilenweit entfernt. Ein wenig näher stehen uns dann schon Überlegungen, welche die politische Beteiligung auch der eigentlich Ungeeigneten funktional begründen:

> Damit kann man die gestellte wie auch eine anschließende Frage beantworten, worüber nämlich die Freien und die Menge der Bürger zu entscheiden haben sollen; wir meinen damit diejenigen, die sich weder an Reichtum noch in irgendeiner Tugend auszeichnen. Dass sie an den höchsten Ämtern teilnehmen sollen, ist gefährlich - denn wegen ihrer Ungerechtigkeit und Torheit werden sie hier Unrecht, dort Fehler begehen. Ihnen aber überhaupt keinen Anteil zu geben und sie auszuschließen, ist noch bedenklicher. Denn wenn die Zahl der Ehrlosen und der Armen sehr groß ist, so wird dieser Staat zwangsläufig voll von Feinden sein. Es bleibt also nur übrig, sie am Beraten und Entscheiden teilnehmen zu lassen (Aristoteles 1973, 120).

Möglichst viele an den politischen Entscheidungen teilnehmen zu lassen, erhöht die Stabilität des politischen Systems. Denn mehr und viele entwickeln das Interesse an der Fortdauer dieses Systems. An dieser Stelle bringt Aristoteles nicht nur die Erfahrung des Bewohners der Athener Polis mit, der sich des Zusammenhangs von gesellschaftlicher Entwicklung, ökonomischer Prosperität und außenpolitischer, ja geradezu imperialer Mächtigkeit Athens und der Ausweitung politischer Partizipation auf untere Schichten bewusst ist[54]. Diese sind auch deshalb zu beteiligen, weil sie in ihrer Masse mehr politisch nutzbare Fähigkeiten mitbringen als die reichsten und tugendhaftesten Einzelnen. Allerdings muss diese Quelle politischer Macht richtig genutzt werden: Teilhabe bedarf der richtigen institutionellen Form. Und diese setzt an der Frage der Erziehung zur Tugendhaftigkeit der Teilnehmenden an.

---

[54] An dieser Stelle soll noch einmal darauf hingewiesen werden, dass der aristotelische Begriff der Unterklasse sich auf die soziale Schichtung innerhalb der Athener Bürgerschaft bezog. Fremde, Sklaven und übrigens auch Frauen gehörten prinzipiell nicht dazu. Schreibt Aristoteles über politische Partizipation, bezieht er sich auf diese Gruppe männlicher Athener Bürger, circa 30.000-40.000 Personen bei einer Gesamteinwohnerschaft von circa 300.000.

19.2 Partizipation und Repräsentation

Politische Urteilskraft ist immer wieder als personales Vermögen beschrieben worden. Was bei Aristoteles die Fähigkeit ausmacht, angemessen (= klug) in spezifischen Situationen zu handeln, weil die Teleologie Handlungen in angemessene und unangemessene unterscheidbar macht, dies wird bei Kant zu einer kognitiven Kompetenz des intersubjektiv anschlussfähigen Denkens schlechthin. Immer geht es dabei um individuelle Leistungsfähigkeit. Etwa in der Unterscheidung von Urteilen und Vorurteilen, von Lüge und Wahrheit, bei der kritischen Distanz zu Utopien, dem Verzicht auf Vereinfachungen usw. Gleichzeitig setzt politische Urteilskraft aber auch gesellschaftliche Bedingungen voraus, in denen sie sich überhaupt entfalten kann. In diesem Zusammenhang muss etwa an ihr Unsichtbarwerden in Systemen des Fanatismus und Fundamentalismus erinnert werden, an die Bedeutung von Öffentlichkeit, der Informationsauswahl und Mediennutzung, der Sicherung von Räumen, in denen sich Zivilcourage und Bürgersinn überhaupt entfalten können.

Zu diesen sozialen Quellen politischer Urteilskraft gehört die Möglichkeit der gemeinsamen Beratschlagung. Damit ist allerdings mehr gemeint als der gleichermassen triviale wie richtige Ratschlag, vor einer Entscheidung das Urteil nicht nur gut zu überlegen, sondern auch mit anderen zu beraten. Teilhabe ist nicht nur eine strategische Option. Das Politische entsteht überhaupt erst in dem Moment und dem Raum, in dem individuelle Urteilsvermögen aufeinander stoßen, um Interessen zu artikulieren und durchzusetzen, gemeinsame Probleme zu lösen, eine Sphäre des als gemeinsam Erkannten zu organisieren. Für Volker Gerhardt macht deshalb Partizipation den Kern des Politischen aus:

> Die Freilegung des ethischen Terrains, auf dem sich alles Politische zumindest dem Anspruch nach bewegt, erlaubt schon mit einem kleinen weiteren Schritt, eine Besonderheit des Politischen kenntlich zu machen: Wenn das Prinzip des individuellen Handelns die Selbstbestimmung des Einzelnen ist, dann ist das politische Handeln ganz und gar auf Mitbestimmung gegründet. Wenn die Selbstbestimmung die Quelle aller gesellschaftlichen Eigentätigkeit ist, ohne die es nicht zu bewussten gemeinsamen Aktivitäten verschiedener Individuen kommen kann, ist die Mitbestimmung die spezifische Bedingung einer jeden politischen Organisation. Erst durch sie kommt es zu dem auf wechselseitigen

Verbindlichkeiten beruhenden gesellschaftlichen Zusammenhang, der wiederum nur durch Mitbestimmung zu erhalten und zu entfalten ist. Aus der von der Selbstbestimmung her gedachten Mitbestimmung erwächst und besteht die Politik. Um den Begriff von der betrieblichen Mitwirkung in Wirtschaftsunternehmen abzugrenzen, spreche ich statt von Mitbestimmung von Partizipation. Der Ausdruck hat den Vorteil, dass er stets das Ganze (totum) ins Bewusstsein rückt, an denen der Teil (pars) seinen sowohl aktiven als auch passiven Anteil nimmt. Da aktive und passive Teilnahme im Lebensganzen nicht voneinander zu trennen sind, versteht sich von selbst, dass die Partizipation an einem politischen Ganzen nicht von der Distribution der Vor- und Nachteile zu trennen ist, die sich mit der politischen Organisation verbinden (Gerhardt 2007, 24).

Im politischen Raum verschränken sich die Selbstbestimmungen der Einzelnen zu einem Ganzen, ohne das wiederum die individuelle Selbstbestimmung nicht gelingen kann. Ist die Selbstbestimmung also die Grundlage politischen Handelns, so ist die Partizipation ihr eigentlicher Ausdruck. Zugespitzt lässt sich formulieren, dass es gesellschaftliche Selbstbestimmung ohne politische Partizipation nicht geben kann. Das geht weit über ökonomische Tauschverhältnisse hinaus und betont die unhintergehbare Voraussetzung individueller Freiheit. Die Geschichte vielfältiger Beschränkungen von Selbstbestimmungsmöglichkeiten, die auf den ersten Blick für unpolitisch gehalten werden könnten, in totalitären und autoritären politischen Regimen, wie literarische und ästhetische Vorlieben, sexuelle Neigungen usw., macht das in diesem Zusammenhang schmerzhaft deutlich. Nicht nur die „Nischengesellschaften" des sogenannten realen Sozialismus legen davon Zeugnis ab. Wenn aber das Verhältnis von Selbstbestimmung und politischer Partizipation mehr ist als das Einbringen von „Interessen", dann bezieht sich eine Diskussion über Partizipation auf viel mehr und anderes als die Beantwortung der Frage, wer den besten Schnitt macht.

Hier stoßen wir auf ein wichtiges Kriterium für die Definition politischer Urteilskraft. Im Kern geht es dabei um das Wissen von der prinzipiellen Bezüglichkeit und damit auch Begrenzung der Durchsetzung eigener Interessen, der Selbstbestimmung in Beziehung auf und durch andere. Diese Verbindung erfolgt durch und über Repräsentation. Auch das vom Individuum entworfene Bild vom eigenen Selbst ist bei allen Authentizitätsansprüchen selektive Repräsentation. Selbstbestimmung drückt eben nicht einen wesensmäßigen Kern des Individuums jenseits sozialer Konstruktion aus.

Das Selbst ist keine substantielle Größe, sondern immer eine Abbildung von Teilen, die für das Ganze der Identität des einzelnen stehen. Repräsentation ist auch der eigentliche Transformationsweg von Partizipation. Auch hier geht es nicht um Umsetzung essenzieller Wesenheiten des Guten, Wahren oder Gerechten, sondern um die immer konstruierte Repräsentation der Gesellschaft. Jede Rede von dem endlich notwendigen „Durchregieren" drückt vielleicht Omnipotenzwünsche des politischen Personals und Ordnungswünsche eines Teils seines Publikums aus, manifestiert aber gerade dadurch einen Mangel an politischer Urteilskraft, weil genau das prinzipiell (und nicht nur strategisch/taktisch) unmöglich ist[55]. Die Verschränkung von Selbstbestimmung und Mitbestimmung im Politischen setzt im übrigen voraus, dass die gesellschaftlichen Räume und Institutionen, in denen Selbstbestimmung überhaupt nur vorgenommen werden kann, weil die Bezüglichkeit zu anderen möglich ist, der Schonung bedürfen. Das zu erkennen ist auch Teil politischer Urteilskraft.

19.3 Partizipation als Problem

Dieses mehr- und wechselseitige Aufeinanderbezogensein selbst bei der Durchsetzung egoistischer Interessen begründet - neben der Hoffnung auf Rationalitätszuwächse durch gemeinsame Beratung - den parlamentarischen Betrieb. Dort soll es ja nicht nur zu einem Austausch von Argumenten mit dem Ziel kommen, bessere Lösungen anstehender Probleme zu erreichen. Sondern in der gemeinsamen Beratung sollen ja gerade möglichst viele - wenn gar nicht alle - im jeweiligen Politikbereich vorhandene Interessen zum Ausgleich gebracht werden. Partizipation bedeutet neben dem Argumentieren, dem „arguing", in einem solchen Verständnis auch immer Verhandeln, „bargaining".

In den einschlägigen Debatten über das Verhältnis einer so verstandenen Teilhabe an politischen Entscheidungen und den Institutionen und Prozessen politischer Willensbildung wird immer wieder von den Defiziten eines solchen Partizipationsverständnisses gesprochen. Wobei sich viele Debattenbei-

---

[55] G. H. Mead hat für diese Durchdringung von Selbstbestimmung und Mitbestimmung mit Blick auf die Entstehung personaler Identität den Terminus technicus der gegenseitigen Rollenübernahme (mutual role-taking) geprägt.

träge in ihrer Kritik an den parlamentarischen Formen der Deliberation dahingehend einig sind, dass die Idee, durch die Beteiligung ausgewählter Individuen, den Abgeordneten, Repräsentanten usw. die Rationalität von Urteilen, Entscheiden und Handeln zu erhöhen, in den massendemokratisch legitimierten Parlamenten ad absurdum geführt zu werden droht. Treten doch die politischen Repräsentanten als Vertreter kollektiver Partialinteressen auf und werden überhaupt nur aufgrund dieser Bindung an Kollektive gehört. Der politische Diskurs wird so zu einem Kampfplatz aufeinander stoßender organisierter Gruppeninteressen. Um das Hervorbringen besserer Argumente und um die Erhöhung der jeweiligen Handlungsrationalität geht es dabei nicht. Der notorische Liberalismuskritiker Carl Schmitt hat deshalb mit Blick auf die Lage des Parlamentarismus schon zu Beginn des 20. Jahrhunderts festgestellt, der liberale, auf das Individuum zielende Partizipationsbegriff sei an sein Ende gekommen.

Die Lage des Parlamentarismus ist heute so kritisch, weil die Entwicklung der modernen Massendemokratie die argumentierende öffentliche Diskussion zu einer leeren Formalität gemacht hat. Manche Normen des heutigen Parlamentsrechts, vor allem die Vorschriften über die Unabhängigkeit der Abgeordneten und über die Öffentlichkeit der Sitzungen, wirken infolgedessen wie eine überflüssige Dekorationen, unnütz und sogar peinlich, als hätte jemand die Heizkörper einer modernen Zentralheizung mit roten Flammen angemalt, um die Illusion eines lodernden Feuers hervorzurufen. Die Parteien... treten heute nicht mehr als diskutierende Meinungen, sondern als soziale oder wirtschaftliche Machtgruppen einander gegenüber, berechnen die beiderseitigen Interessen und Machtmöglichkeiten und schließen auf dieser faktischen Grundlage Kompromisse und Koalitionen. Die Massen werden durch einen Propaganda-Apparat gewonnen, dessen größte Wirkungen auf einem Appell an nächstliegende Interessen und Leidenschaften beruhen. Das Argument im eigentlichen Sinne, das für die echte Diskussion charakteristisch ist, verschwindet (Schmitt 1923/1991, 10).

Bemerkenswert ist, dass es Carl Schmitt um eine Stärkung demokratischer Teilhabe geht. In den erbitterten Kontroversen, die über seine politische Philosophie geführt worden sind und geführt werden, lässt sich offensichtlich leicht übersehen, dass Schmitts Plädoyer für den totalitären Staat demokratietheoretisch orientiert ist. Er wünscht sich die Durchsetzung einer von ihm für authentisch gehaltenen Form der politischen Teilhabe des Volkes. Seine radikale Kritik am liberal-repräsentativen politischen System der Weimarer Republik nährt sich ja gerade aus der Beobachtung, der Wille des Volkes könne auf solche Weise nicht zum Ausdruck kommen. Schmitt plädiert für andere Formen der Verschmelzung von Selbstbestimmung und politischer Mitbestimmung. Diese Kritik an den partizipatorischen Defiziten repräsentativer Demokratien macht sein Denken anschlussfähig für eine radikale Linke, die sich in Schmitts Liberalismuskritik wiederfindet und von der problematischen Nähe zu ihrem Autor dann doch nichts wissen will. Partizipation und Totalitarismus sind keine Gegensätze; ebenso wie eine bestimmte Form demokratietheoretischen Denkens durchaus in den totalitären Manifestationen eines Volkswillens sich bestätigt sehen kann (Mann 2007). Zu diesem Befund gehört die Feststellung, dass die Weimarer Republik eine starke partizipationsorientierte politische Kultur besaß, die insbesondere von ihren links- und rechtsradikalen Feinden genutzt wurde (Weichlein 2005, 53).

Für eine die Frage nach dem Zusammenhang von politischer Urteilskraft und Partizipation reflektierende Argumentation rückt jene irritierende Nähe von Teilhabe und Totalitarismus die oben angesprochene Grenze von Partizipation in den Blickpunkt. Partizipation kann auch das einvernehmliche, ja begeisterte Mitmachen, das Jubeln in der Masse sein, aber dann ist es eine sozusagen blinde Partizipation, der etwas Entscheidendes fehlt: politische Urteilskraft als Gestaltungselement von Selbstbestimmung. Selbstbestimmung geht jeder politischen Partizipation voraus, und anhand der zahlreichen, oftmals gar nicht spektakulären Distanzierungs- und Widerstandsgeschichten Einzelner oder kleiner Gruppen in totalitären und autoritären Regimen können wir lernen, wie wichtig, ja entscheidend politische Urteilskraft für die Kennzeichnung der Grenze zur bösartigen Partizipation ist. In dieser Verfügbarkeit der Einzelnen über sich selbst findet letztlich auch das totalitäre politische System seine Grenze. Unter Gesichtspunkten der Verbindung dieser unhintergehbaren Selbstbestimmung über den existenziellen Ausnahmezustand mit der Notwendigkeit gesellschaftlicher Verschränkung stellen sich dann nicht mehr Fragen nach authentischer Artikulation eines homogen gedachten Volkswillens, sondern nach institutionellen Arrangements, die diese individuelle Selbstbestimmung sichern.

19.4 Starke Demokratie?[56]

Unsere Überlegungen laufen darauf hinaus, dass eine unreflektierte Ausweitung politischer Partizipation dieses Wissen vom Zusammenhang von Selbstbestimmung und Mitbestimmung an den Rand drängt. Allein die Veränderung repräsentativer in direkt-demokratische Verfahren erhöht weder den Grad der Partizipation, noch stärkt sie politische Urteilskraft. Es gibt keinen zwangsläufig positiven Zusammenhang zwischen der unablässigen Steigerung von Partizipationsmöglichkeiten und demokratischer Stabilität (Armony 2004). Dafür ließen sich hier viele Belege, historische und analytische, zitieren. Wir begnügen uns mit dem Hinweis auf den nicht nur in der Schweiz deutlich zu beobachtenden Zusammenhang von Minderheiten-Agenden und direkt-demokratischen Verfahren. Eine solche Ausweitung von Partizipation ist vor allen Dingen für solche Interessen ein geeigneter Transformationsriemen, die sich im politischen Raum behaupten können. Vorzugsweise werden hier Anliegen gut ausgebildeter, finanziell relativ abgesicherter gesellschaftlicher Mittelschichten bedient. Gegen eine solche Intervention ins politische System ist zunächst nichts einzuwenden. Mit verbesserter demokratischer Teilhabe als solcher hat sie aber wenig zu tun. Und mit dem moralischen Pathos, das sich viele Befürworter der Ausweitung direkt-demokratischer Verfahren angewöhnt haben, auch nicht.

Mit diesem Aspekt verbinden sich nun weitergehende Überlegungen zum Zusammenhang von Partizipation und politischer Urteilskraft. Zum einen besteht dieser Zusammenhang darin, dass sich in der geglückten Praxis der Partizipation das Wissen vom Zusammenspiel von Selbstbestimmung und Mitbestimmung entwickelt. Durch Partizipation wird eine so verstandene politische Urteilskraft gestärkt. Urteilskraft kommt ohne das richtige Maß an Beteiligung gar nicht zu Stande. Zum anderen führt uns die Reflexion über den Zusammenhang von Sozialstruktur als Ressource für und Begrenzung von politischer Urteilskraft aber zu einem sehr alten und bis heute anhaltenden Diskurs über die Voraussetzungen politischer Teilhabe. Dabei hat insbesondere die Beteiligung gesellschaftlicher Unterschichten immer wieder

---

[56] Wir beziehen uns hier auf Benjamin Barber, Starke Demokratie. Über die Teilhabe am Politischen, Hamburg 1994. Der Originaltext war schon 1984 in den USA erschienen und erhob den Anspruch „participatory politics for a new age" entwerfen zu können. Für stark halten wir in diesem Zusammenhang vor allem die Attitüde.

breite Skepsis hervorgerufen. Ein Beobachter um 430 v. Chr. stellte in einer Schrift, die sich mit dem Staat der Athener beschäftigte, folgendes fest:

> Es gilt aber auch wirklich für jedes Land, dass das bessere Element Gegner der Volksherrschaft ist; denn bei den Besseren ist Zuchtlosigkeit und Ungerechtigkeit am geringsten, gewissenhafter Eifer für das Gute und Edle am größten, beim Volke aber Mangel an Bildung und Selbstsucht am größten und Gemeinheit; denn sowohl die Armut verleitet sie viel eher zur Schlechtigkeit als auch der Mangel an Erziehung und Bildung - seinerseits bedingt dadurch, dass es einigen der Leutchen an Mitteln gebricht (Juchler 2005, 32).

Weiter wird dann behauptet, das Volk sei wankelmütig und wolle schon kurz nach der politischen Entscheidung alles ganz anders machen, beschwere sich über die Auswirkungen der eigenen Entscheidungen und schreibe unliebsame Konsequenzen der falschen Ausführung des eigentlich Gewollten zu.

Im Zusammenhang mit solchen Feststellungen, in denen sich ein gehöriges Misstrauen gegenüber den politischen Kompetenzen der Partizipationsberechtigten ausdrückt, ist auch immer wieder auf die Notwendigkeit hingewiesen worden, politische Beteiligung durch Erhöhung des allgemeinen Reflexionsniveaus überhaupt erst sinnvoll zu machen. In diesem Sinne wäre politische Bildung die Voraussetzung für politische Partizipation. Deren Ausweitung wäre dann auch mit der Forderung verbunden, solche Bildungsprozesse auf den Weg zu bringen. Was übrigens ein Widerspruch in sich ist. Denn wie kann die Ausweitung von Partizipation mit dem Argument gefordert werden, möglichst viele - wenn nicht alle Stimmen - in der politischen Beratung hören zu wollen, wenn gleichzeitig die politische Unmusikalität dieser Stimmen beklagt wird? Und diese Skepsis ist nun nicht auf die antike Diskussion über Grenzen und Möglichkeiten der Ausweitung politischer Beteiligung beschränkt. Wenn prominente Politikwissenschaftler etwa in einem Standardwerk zur Zukunft politischer Partizipation fordern, es käme insbesondere darauf an „nicht triviale" Formen von Partizipation zu stärken (Leggewie 2007, 9), dann offenbart sich hier doch eine gewisse Distanz zur „Trivialität" umfassender Beteiligung.

Politischer Beteiligung kann ein Eigenwert eben auch nur in Maßen zugeschrieben werden. Und selbst diejenigen, die ihre Grenze sehr weit ziehen, tun das im Zusammenhang mit Hinweisen auf die erzieherische Funktion der Demokratie. In der öffentlichen Willensbildung soll Staatsbürgerbildung stattfinden. Das sich hier äußernde Misstrauen unterminiert die Vorstellung, das wichtigste Kriterium zur Beurteilung politischer Systeme seien die jeweiligen Möglichkeiten zur Maximierung von Partizipationschancen. In konkreten Entwürfen für die Schwerpunkte staatsbürgerlicher Bildung zwecks politischer Beteiligung finden sich diesbezüglich, meist relativ unbetont, bestimmte Beschränkungen politischer Beteiligung, weil es denn doch zu heikel wäre, etwa weitreichende Haushaltsentscheidungen über ein plebiszitäres Verfahren zu treffen. Dies kann man in zwei Richtungen hin auslegen. Partizipation, wenn sie nicht in allgemeiner Verantwortungslosigkeit enden soll, kann nur in dem Maße ausgeweitet werden, in dem der politische Horizont, die politische Entscheidungsfähigkeit der Mitbestimmenden ausgeweitet wird. Solche Behutsamkeit missfällt jedoch all denen, die mit direktdemokratischer Vehemenz gerade auch solche gesellschaftlichen Bereiche „demokratisieren" wollen, die noch nicht genügend auf Partizipation umgestellt sind, wie die Arbeitswelt, Schulen und Hochschulen, ja viele Sphären klassischer Privatheit. Partizipatorische Demokratie bescheidet sich dann nicht mehr damit, staatliche Politik regeln zu wollen, sondern soll allumfassende Lebensform werden. Doch gerade dieser Anspruch bricht sich wiederum an der Autonomie von Selbstbestimmung, die sich zwar nur im Rahmen sozialer Strukturen formen kann, aber als Resultat immer auf die Unhintergehbarkeit individueller Autonomie und Authentizität zielt.

Eine Pflicht zur Partizipation bringt da nicht mehr Selbstbestimmung, also die Hege und Pflege individueller Signaturen, sondern Uniformität: Partizipation auf Kosten der Selbstbestimmung. Demokratien benötigen die tätige Mitwirkung ihrer Bürger, um sich erhalten zu können. Das setzt die Sicherung eines Raums des politischen Gesprächs, der Beratung, der diskursiven Konfliktregelung voraus. In ihm orientiert man sich am besten mit einer Eigenschaft, die in ihren politischen Dimensionen in einem weiteren Kapitel dieses Buches dargestellt werden soll: Ironie.

20 Zivilcourage und Bürgersinn

Kaum ein Begriff innerhalb des Feldes, auf dem es um politisches Urteilen und vor allem politisches Verhalten geht, strahlt eine so positive Aura aus wie der der Zivilcourage. Spontan haben wir verschiedene Beispiele vor Augen, wenn nach Illustrationen für den Begriff der Zivilcourage gefragt wird - positive Beispiele, aber auch negative, d. h. solche, wo in bestimmten sozialen und politischen Zusammenhängen Zivilcourage ausblieb. Wir haben diesen Begriff mit dem des Bürgersinns kombiniert, der die Bereitschaft (und die Fähigkeit) Einzelner kennzeichnen soll, für das Gemeinwesen und dessen grundlegende Werte aktiv einzutreten, auch und gerade dann, wenn es dafür unmittelbar keine Belohnungen gibt. Im deutschen Sprachraum gilt, was viele verwundern mag, Otto von Bismarck als Erstverwender des Begriffs der Zivilcourage. Von ihm stammt der gesprächsweise gefallene Satz „Mut auf dem Schlachtfeld ist bei uns Gemeingut, aber wir werden nicht selten finden, daß es ganz achtbaren Leuten an Zivilcourage fehlt" (zit. nach Ostermann, in: Meyer u.a. 2004, 52). Ob dieser Satz in allen seinen Bestandteilen angemessen ist, sei dahingestellt. Zwei Aspekte verbinden sich hier aber schon früh zu einem Motiv des Diskurses über Zivilcourage in Deutschland:

- dass es in diesem Land ein besonders deutlich ausgeprägtes Problem mit Zivilcourage gibt;
- dass im Reden über Zivilcourage häufig ein Defizit beklagt wird.

Wie wir sehen werden, kommen noch eine Reihe weiterer Aspekte hinzu.

Vielleicht kann man diesen Ausspruch zum Anlass nehmen darüber nachzudenken, ob es wirklich so etwas wie eine kollektive Mentalität von Völkern gibt und, falls man dies mit aller Vorsicht einmal akzeptiert, ob sich in diesem Fall seit der Ära Bismarcks in Deutschland nicht einiges verändert hat.

20.1 Definitionen

Zivilcourage ist offensichtlich etwas fürs Zivilleben, auch wenn es sie als
Begriff und als Phänomen schon gab, bevor sich die Bezeichnung Zivilge-
sellschaft durchzusetzen begann. Ein manchmal gebrauchtes Synonym für
Zivilcourage ist sozialer Mut (im Gegensatz zu Kampfesmut). In der einschlägigen Fachliteratur (vornehmlich aus den Bereichen der Pädagogik,
politischen Bildung, Sozialpsychologie stammend) wird Zivilcourage nicht
so sehr als persönliche Eigenschaft gekennzeichnet, vielmehr als ein wertge-
bundenes Konzept. Das ist so auch ein bisschen bequemer, denn sonst müsste Menschen automatisch Zivilcourage bescheinigt werden, die sich völlig
unabhängig von den jeweiligen sozialen und politischen Kontexten gegen
obrigkeitliche Anordnungen, dominante Mehrheiten stellen oder einfach
gegen das, was in der Soziologie soziale Kontrolle[57] heißt, - auch Querulan-
ten und Eigenbrötlern wie Michael Kohlhaas. Damit würde der Begriff aber
ins Zwiespältige abdriften. Um das zu verhindern, spricht man lieber von
Zivilcourage als einer *demokratischen* Tugend.

Zivilcourage ist ein bestimmter Typus sozialen Handelns, das sich in spezifischen Situationen, in unterschiedlichen sozialen Kontexten und Öffentlichkeiten
vollzieht, indem eine Person (seltener eine Gruppe) freiwillig eintritt für die legitimen, primär nicht-materiellen Interessen und die personale Integrität vor allem anderer Personen, aber auch des Handelnden selbst, und sich dabei an hu-
manen und demokratischen Prinzipien orientiert.

Zivilcouragiertes Handeln geschieht in Situationen, die charakterisiert sind
durch ein Geschehen, das zentrale Wertüberzeugungen oder die Integrität einer
Person verletzt; einen daraus resultierenden Konflikt mit anderen; Handlungs-
druck, aber auch Handlungsspielraum; Öffentlichkeit (in der Regel sind mehr
als zwei Personen anwesend): ein reales oder subjektiv wahrgenommenes
Machtungleichgewicht zuungunsten dessen, der mutig handeln will, etwa in einer Minderheits-/Mehrheitssituation in Gruppen oder als Verhältnis der Über-/
Unterordnung bzw. Abhängigkeit, die oft mit Anpassungsdruck verbunden sind;
Risiken, d. h. der Erfolg zivilcouragierten Handelns ist unsicher und der Han-

---

[57] Unter sozialer Kontrolle sind binnen-kollektive Stimmungen, Haltungen, Äußerungen und Aktionen als Reaktion auf abweichendes Verwalten von Gruppenmitgliedern zu verstehen. Es soll mittels
Anpassungsdruck abgestellt werden, um den sozialen Konformitätspegel wieder ansteigen zu lassen.

delnde ist bereit, mögliche Nachteile in Kauf zu nehmen (Meyer, in: Meyer u.a. (Hg.) 2004, 22)[58].

Man sieht schon, dies hat Bismarck ganz bestimmt nicht gemeint. Aber es ist sinnvoll, Zivilcourage im Rahmen einer politischen Verhaltenslehre in demokratischen Gesellschaften als normative Kategorie zu benutzen. Nur so hat sie ihre positive Aura auch verdient - wenn aus Zivilcourage keine Pose der *political correctness* wird. Das ist allerdings oft zu beobachten: Eine Mehrheit demonstriert gegen eine widerborstige und politisch unerfreuliche Minderheit, und schon schmücken sich die Mehrheits-Demonstranten mit der Aureole der Zivilcourage. Handeln in einer Situation subjektiv wahrgenommenen Machtungleichgewichts verliert aber den Anspruch auf das Adjektiv zivilcouragiert, wenn diese subjektive Wahrnehmung nur schönfärberisch ist und deutlich von der inter-subjektiv wahrnehmbaren (um das Wort *objektiven* zu vermeiden) Handlungssituation abweicht. Wenn sogenannte Autonome bei einer Demonstration gegen Rechtsradikale Polizisten verprügeln, dann hat das mit Zivilcourage nichts zu tun. Wenn Rechtsradikale gegen den überwältigenden Mehrheitswillen der Bürger einer Kommune dort eine Demonstration veranstalten wollen, dies per Gerichtsbeschluss gegen die Ablehnung der Kommunalverwaltung auch durchsetzen und dann in einem kleinen Trüppchen, von der Polizei geschützt, ihren Demonstrationszug durch eine feindlichen Menge hindurchmarschieren lassen, hat das nichts mit Zivilcourage zu tun. Und wenn schließlich Bürgerkomitees und manchmal sogar auch land- und bundesweit bekannte Politiker zu Gegendemonstrationen gegen die Rechten aufrufen und diese dann unter breiter Beteiligung der Öffentlichkeit stattfinden, dann ist das gewiss unterstützenswert, aber mit Zivilcourage hat es auch nichts zu tun. Bürgersinn kann man zum Glück auch zeigen, ohne dass es dazu gleich Zivilcourage braucht.

20.2 Beispiele

Damit eine demokratische Gesellschaft funktioniert, ist es wichtig, dass möglichst viele Menschen in den Fällen, wo es darauf ankommt, Zivilcourage

---

[58] Das Zitat von Meyer ist wörtlich übernommen, jedoch ohne die spezielle Formatierung im Quellentext.

zeigen können. Das Politische spielt dabei, obgleich es, oberflächlich betrachtet, häufig um un- oder vorpolitische Situationen und Abläufe geht,
immer eine wichtige Rolle. Ganz besonders in Gesellschaften, die nicht Demokratien sind und wo es deshalb rasch gefährlich werden kann, gegen das
Übergewicht der institutionalisierten Macht zu reden und zu handeln.

Am besten lässt sich über Zivilcourage anhand von Beispielen nachdenken.

20.2.1 Gegen Verantwortungsdiffusion

Aus Geschichten und Zeitungsberichten, vielleicht sogar aus eigener Erfahrung kennt man diese Situation: In einer größeren Menge oder jedenfalls im
Beisein vieler Zuschauer malträtiert ein Einzelner oder eine Gruppe von
Menschen Schwächere, und niemand schreitet dagegen ein. Dieses Phänomen des „passiven Zuschauers" ist vielleicht nicht einmal in erster Linie ein
Problem mangelnder Zivilcourage, eher ein Ausweis verkümmerter Mitmenschlichkeit. Das schauerliche Beispiel einer sich über eine Stunde hin-
ziehenden Ermordung einer jungen Frau in New York im Jahr 1964, gegen
die niemand der aus ihren Wohnungen zuschauenden Menschen irgendetwas
unternahm, hat in den USA einen großen Schock ausgelöst. Viele Zeitungen
berichteten darüber, einige Wissenschaftler nahmen sich des Themas an und
forschten über den „unverantwortlichen Zuschauer" (vgl. Jaskolski 1999).
Wie das berühmte Milgram-Experiment 1962 gezeigt hatte, sind Menschen,
wenn man ihnen dezidiert die Verantwortung für die Folgen ihrer Handlungen abnimmt, verhältnismäßig leicht dazu zu bewegen, barbarisch zu handeln[59]. Das ist in Deutschland auch eine der Lehren aus der Zeit des Nationalsozialismus.

> Aus einem Bericht des *Kölner Stadtanzeigers* vom 24. Juni 1999:
> Alle sahen hin, doch nur einer half, als am Montag eine 25jährige Frau von ei-
> nem etwa 13jährigen Jungen in der Bahn sexuell belästigt und Minuten später
> von mehreren Jugendlichen brutal verprügelt wurde. Gegen 18.30 Uhr war die
> Frau am Heumarkt in die U-Bahn gestiegen und hatte sich neben den Jungen

---

[59] Dies ist ein empirisch-pragmatischer Grund dafür, warum am absoluten Folterverbot unbedingt
festzuhalten ist und warum allen Aufweichungsneigungen, aus welchen Motiven auch immer,
schärfstens entgegengetreten werden muss.

gesetzt. Obwohl der Wagen voll besetzt war, berührte der etwa 13jährige sie zuerst am Arm und dann an der Brust. Die junge Frau protestierte lautstark, dennoch griff der Jugendliche ihr zwischen die Beine. Keiner der zahlreich im Wagen anwesenden Menschen reagierte. Um weiteren Annäherungsversuchen zu
entgehen, stieg die Frau am Neumarkt aus. Als sie die Stufen hinunter stieg, traf
sie ein Tritt in den Rücken. Das Opfer stürzte auf den Bahnsteig. Als sich die
25jährige wieder aufrappelte, war sie plötzlich von fünf Jugendlichen umstellt,
unter ihnen auch der Junge, der sie bereits in der Bahn sexuell belästigt hatte.
Vor den Augen der dicht gedrängt im U-Bahnhof stehenden Passanten traten ihr
die Jungen in den Magen. Die junge Frau brach zusammen, die Jugendlichen
rissen an ihren Haaren, schlugen und traten gegen den Kopf ihres Opfers. Niemand eilte der Frau zu Hilfe. Erst als ein älterer Herr mit einem roten Regenschirm bewaffnet eingriff, ergriffen die Jugendlichen die Flucht (zit. nach
Jaskolski 1999).

Dem älteren Herrn mit dem roten Regenschirm unseren Respekt! Aber wieso
sonst niemand? Woher der Mangel an Zivilcourage und an Mitmenschlichkeit? Es ist ja in unserem Alltag nicht so, dass eine skrupellose Obrigkeit und
andere Mächtige zivilcouragiertes Auftreten nachhaltig bestrafen würden.
Das tatsächliche Machtgefälle zwischen fünf jugendlichen Übeltätern und
den „dicht gedrängt stehenden Passanten" im U-Bahnhof bestand ja auch
eher zuungunsten der Jugendlichen. Ganz offenbar fehlte es hier an Bürgersinn - niemand war bereit, einen Kratzer zu riskieren, um eine nun allerdings
grundlegende Norm des gesellschaftlichen Miteinander zu verteidigen.

20.2.2 Unter härtesten politischen Bedingungen

Während solche Alltags-Beispiele zumindest vordergründig unpolitisch sind,
gehören ähnliche Verhaltensweisen in einem anderen politischen Kontext,
z.B. in einem totalitären Staat, durchaus bereits ins Hochpolitische.
  Die Sozialpsychologin und Psychotherapeutin Eva Fogelman, ehemalige
Mitarbeiterin von Stanley Milgram, hat in den 1990er Jahren eine Studie
über das Verhalten der Deutschen unter nationalsozialistischer Herrschaft
veröffentlicht. Ihr besonderes Interesse galt dabei der Frage, aus welchen
Gründen manche Menschen in dieser Zeit dem Druck des totalitären Regimes immerhin soweit entgegenstehen konnten, dass sie in bestimmten

Situationen den Unterdrückten und Verfolgten beigesprungen sind. Hierzu erzählt sie unter anderem von einem Vorfall aus dem dörflichen Bayern:

> Frieda Suss...war mit ihrer Mutter zusammen, als die beiden auf einmal Schreie im Dorf vernahmen. Wenig später sahen sie, wie der Mob Hunderte von orthodoxen Juden durch die Straßen jagte. Die Kaufleute des Ortes feuerten die Menge an: „Dreckiges Judenpack, geht dahin zurück, wo ihr hergekommen seid!" Friedas Mutter, eine einfache Bäuerin, ließ sich durch den wütenden Mob nicht einschüchtern, sondern stand ihre Frau: „Hört mal her", schrie sie in die Menge, „das gehört sich doch nicht, was ihr da tut. Vor allem ihr Kinder. Beurteilt nie jemanden nach seiner Rasse oder seiner Kleidung. Beurteilt die Menschen nur danach, wie sie sich euch gegenüber verhalten" (zit. nach Jaskolski 1999).

Im Blick auf den Nationalsozialismus wurde immer wieder gefragt, warum es damals so wenig Zivilcourage gab, gleich am Beginn der Nazi-Herrschaft 1933/34 und später, als jüdische Geschäfte in der Reichskristallnacht geplündert wurden, als im Krieg nach Osten die jüdische Bevölkerung in den eroberten Gebieten planmäßig vernichtet wurde. Vermutlich ist die Frage so falsch gestellt, denn erstens hat es auch Beispiele von Zivilcourage gegeben, auch wenn sie nicht sogleich sichtbar werden durften (vgl. Enzensbergers Buch über die Hammersteins). Zweitens ist die von den Nachgeborenen bei einer solchen Fragestellung oftmals (bewußt oder unbewußt) mittransportierte Unterstellung, man selbst würde es besser gemacht haben, ziemlich degoutant.

Allerdings: in einem solchen politischen Umfeld war Anständigkeit eine nicht leicht durchzuhaltende Eigenschaft. An einen „Aufstand der Anständigen" war damals gewiß nicht zu denken, Zivilcourage kristallisierte dafür zu politischem Widerstand. Die Mitglieder der „Weißen Rose" haben diesen Weg gewählt, und manche von ihnen haben dafür mit dem Leben bezahlen müssen.

20.3 Whistleblowing

In einer demokratischen Gesellschaft kann es allerdings auch keinen „Aufstand der Anständigen" geben. Als Bundeskanzler Schröder im Jahr 2000 nach einem im übrigen völlig ungeklärten Fall von organisierten Übergriffen auf Deutsche jüdischer Religion in Düsseldorf dazu aufrief, muss ihn irgendein rhetorischer Teufel geritten haben. In einer demokratischen Gesellschaft gibt es verfassungsrechtliche und gesetzliche Grundlagen und Kanalisierungsmechanismen zur Aufrechterhaltung des Schutzes der politischen Rechte aller Bürgerinnen und Bürger. Um sie durchzusetzen, braucht es keinen Aufstand. Und bei der politischen Auseinandersetzung mit demokratiefeindlichen Extremismen braucht es im Prinzip auch keine Zivilcourage.

Die braucht es in demokratischen Gesellschaften allerdings auch, wenn auch in anderen Zusammenhängen. Einer der wichtigsten darunter ist die Konstellation, in der ein mächtiger Akteur (vielleicht sogar die Regierung selbst) gegen grundlegende Werte und Normen, auch gegen Gesetze verstößt, dies aber geschickt zu verschleiern versteht, so dass es in der Öffentlichkeit nicht recht wahrgenommen wird. Hier kann, im Zusammenspiel von Insidern mit Spezialinformationen und den Medien, ein Enthüllungsprozess in Gang kommen, der von den Insider-„Verrätern" u. U. einen hohen Preis verlangt. Sie werden als *whistleblower* bezeichnet. Wörtlich übersetzt heißt das etwa Signalpfeifer, zugegeben etwas kryptisch. Gemeint ist damit jemand, der die Öffentlichkeit über Sachverhalte innerhalb einer Firma, einer Behörde oder einer anderen Organisation informiert, die vertuscht werden sollen, weil sie gegen Recht und Gesetz, gegen das Image dieser Organisation oder allgemeine Regeln verstoßen. In den USA ist Begriff und Phänomen inzwischen sehr geläufig geworden, aber auch in anderen Gesellschaften gibt es sie inzwischen, wobei der amerikanische Begriff dabei ist, in Deutschland als Fremdwort übernommen zu werden.

Einer der folgenreichsten *whistleblower* in der amerikanischen Politik war Daniel Ellsberg, der 1971 eine Reihe von Geheimberichten aus dem amerikanischen Verteidigungsministerium der New York Times zuspielte. Die Zeitung publizierte diese „Pentagon Papiere", aus denen hervorging, dass die Regierung in Washington der amerikanischen Öffentlichkeit gezielt falsche Informationen über den Vietnam-Krieg vorlegte. Der Skandal war enorm und trug erheblich dazu bei, dass die Nixon-Administration den im Inland immer unpopulärer werdenden Krieg beendete.

In Deutschland hat sich Dieter Deiseroth (in: Meyer u.a. 2004, 124ff.) ausgiebig mit diesem Phänomen beschäftigt. Er betont vier verschiedene Aspekte von *whistleblowing*:

- Es muss sich um eine wirklich brisante Enthüllung handeln, ein gravierendes Fehlverhalten, schwerwiegende Mißstände, die Auswirkungen auf eine große Zahl von Menschen haben, ohne dass diese bisher davon etwas ahnen.

- Es geht um das Öffentlichmachen, oftmals nach dem gescheiterten Versuch, intern Abhilfe zu schaffen.

- Das Motiv des whistleblowers ist nicht Eigennutz, und es werden von ihm keine wirtschaftlichen oder anderen Vorteile angestrebt.

- Das mit dem Öffentlichmachen (meistens über die Medien) verbundene persönliche Risiko für die eigene Karriere und manchmal auch mehr nimmt der whistleblower bewusst in Kauf.

Whistleblower widmen sich also als Insider aus 'ihrer' Organisation heraus vor allem Fragen des Umwelt-, Gesundheits- und Verbraucherschutzes sowie der Sicherheit von Produktionsanlagen und anderer gefahrenträchtiger Einrichtungen. Sie versuchen zudem, Korruption und Verschwendung in staatlichen und privatwirtschaftlichen Bürokratien aufzudecken. Sie lenken die Aufmerksamkeit auf rechtlich oder ethisch fragwürdige Praktiken von Entscheidungsträgern, die Interessen von Bürgern oder der Allgemeinheit beeinträchtigen (können). Whistleblower sind also 'ethische Dissidenten', das heißt Personen mit Zivilcourage, die ungeachtet für sie nachteiliger Konsequenzen aus gemeinnützigen Motiven die 'Alarmglocke' läuten, um auf bedenkliche Ereignisse oder Vorgänge in ihrem Arbeits- oder Wirkungsbereich hinzuweisen und auf Abhilfe zu drängen (Deiseroth 1994, 125).

20.4 Grenzen

Wir hatten schon am Anfang dieses Kapitels verschiedentlich anklingen lassen, dass nicht jeder soziale und politische Dissens, der sich öffentlich bemerkbar macht, als Zivilcourage gelten kann. Deshalb ist es sinnvoll, Zivilcourage und Bürgersinn sozusagen als Paket zu betrachten. Hier stoßen wir auf ein zeitweise in der Bundesrepublik Deutschland heftig umstrittenes demokratietheoretisches Phänomen, nämlich auf den möglichen Widerspruch zwischen demokratischer Mehrheitsentscheidung und als existentiell empfundenem Dissens einer Minderheit. Man erinnere sich an die Auseinandersetzung um den Bau von Kernkraftwerken, die Einrichtung von Zwischen-

und Endlagern für Atommüll oder an die Proteste gegen die „Nachrüstung" der NATO mit Nuklearraketen auf westdeutschem Territorium zu Beginn der 1980er Jahre. Wenn es in der Sichtweise einiger Menschen um Fragen von Leben und Tod geht, wenn die Mehrheit in dieser Perspektive „falsch" entschieden hat, was soll dann die Minderheit tun? Und wie rechtfertigt sie, was immer sie tut, vor sich selbst?

Auf solche Fragen kann man zwar rasch antworten, etwa: Mehrheit ist Mehrheit. Aber es gibt ja in der Tat keinerlei Garantie dafür, dass Mehrheitsentscheidungen „richtig" sind. Im Gegenteil - ein Blick in die Geschichte lehrt, dass es sehr viele Fälle gibt, in denen Mehrheiten aus welchen Gründen auch immer (Verführung, Verblendung, Manipulation, Informationsmangel usw.) „falschen" Entscheidungen zugejubelt oder sie sogar selbst getroffen haben. Das ist immer folgenreich, aber erst in der zweiten Hälfte des 20. Jahrhunderts scheint eine Situation entstanden zu sein, in der eine „falsche" Entscheidung nicht nur die Entscheidenden selbst, sondern die gesamte Zivilisation, ja die Welt als Lebensraum überhaupt vernichten kann. Das ist bekanntlich die Hauptthese des Philosophen Günther Anders (1980) im zweiten Band seines vielgelesenen Buches über die Antiquiertheit des Menschen.

Ob diese Diagnose stimmt, lässt sich nicht klar entscheiden. Aber wer sie für korrekt hält und sich selbst und alle Menschen in einer Konstellation sieht, in der alles auf die „richtige" Entscheidung ankommt, kann sich nicht einfach mit einer seiner Meinung nach „falschen" Mehrheitsentscheidung abfinden. Damit ist der Boden bereitet für die Legitimierung von Widerstand mit allen verfügbaren Mitteln, einschließlich der physischen Gewalt.

Ob man gegen solche Perspektiven mit Argumenten weiterkommt wie: es gehöre auch zur Tugend eines Demokraten, ein „guter Verlierer" sein zu können, in einer Demokratie brauche man eine hohe Frustrationstoleranz, auf Dauer werde sich schon die „richtige" Meinung durchsetzen, ist mehr als zweifelhaft.

Anders gesagt, hier haben wir es mit einem letztendlich nicht auflösbaren Widerspruch zu tun. Dissens kann legitimerweise bis in den zivilen Ungehorsam aufwachsen, aber dann ist eigentlich Schluss. Ein Gemeinwesen, das sich wohlüberlegt für eine politische Option entscheidet, kann bei Strafe, ein *failed state* zu werden, nicht dulden, dass Minderheiten aus welcher Dringlichkeit auch immer diese Option sabotieren. Irgendwann wird entschieden, weil entschieden werden muss. Und wenn sich die Experten, wie üblich, nicht einig werden können über das, was die „richtige" oder „falsche"

Entscheidung ist, so muss eben auf einer nicht bis ins letzte sicheren Grundlage entschieden werden. So verantwortungsbewusst wie möglich, gewiss. Aber wenn (was wir aber doch nicht so ganz für die angemessene Beschreibung unserer existentiellen Lage ansehen) der Mensch antiquiert im Sinne von Anders ist, dann ist er es eben.

Änne Ostermann hat über die Grenzen von Zivilcourage und zivilem Ungehorsam systematisch nachgedacht und kommt anhand eines naheliegenden Beispiels zu einem ähnlichen Schluss:

> So bezweifle ich, dass die militanten Proteste gegen die Castor-Transporte ein Recht darauf hatten, für sich die demokratische Tugend der Zivilcourage zu beanspruchen. Die Frage der Sicherheit dieser Transporte wurde jahrelang diskutiert, wissenschaftliche Gutachten und Gegengutachten wurden erstellt. Alle Argumente und Gegenargumente waren in der öffentlichen Debatte präsent. Schließlich wurde nach demokratischen Regeln entschieden, und die Entscheidung wurde mehrfach durch unabhängige Gerichte überprüft und als rechtens bestätigt. Diese Entscheidung nicht zu akzeptieren und sich an die Eisenbahnschienen zu ketten als Beweis höchster Zivilcourage, instrumentalisiert sie und missachtet die Demokratie (Ostermann, in: Meyer u. a. 2004, 56).

20.5 Bürgersinn lernen?

Der Bezugstext, aus dem wir uns für dieses Kapitel viele Anregungen geholt haben, heißt „Zivilcourage lernen". Das ist durchaus ein sympathisches Programm, und bis zu einem gewissen Grad mag es auch funktionieren. So, wie es funktionieren kann, seine politische Urteilskraft zu stärken, indem man sich mehr politisches Wissen aneignet, seine Analysefähigkeit in Bezug auf komplexe politische Sachverhalte übt und seine politischen Handlungsmöglichkeiten selbstreflexiv ausschöpft.

Bürgersinn lässt sich sowohl mittels Nachdenken über seine Notwendigkeit oder über die fatalen Folgen seines Fehlens als auch über Erfahrungen vertiefen.

Zivilcourage braucht es ganz am Ende der Kette Urteilen-Entscheiden-Handeln. Sie zeigt sich nicht im Denken und nur ausnahmsweise im Reden, jedoch hauptsächlich und weit überwiegend im Handeln. Und da solches Handeln nicht ohne Risiko, manchmal auch physisch gefährlich ist, ist es bestimmt nützlich, sich über Hemmungen und Hemmnisse zivilcouragierten Handelns klar zu sein. Hier können die Erkenntnisse der Individual- und der Sozialpsychologie ein Stück weit helfen. An der Universität Zürich bietet die Inhaberin des Lehrstuhls für Motivationspsychologie zusammen mit einer Mitarbeiterin einen zweitägigen Workshop „Zivilcourage-Training" an (http://www.psychologie.uzh.ch/zivilcourage/home.html). Überhaupt ist das Internet, wie wir nicht ohne Überraschung festgestellt haben, eine Fundgrube für Tips und Ratschläge zur Verbesserung individueller Zivilcourage. Da geht es um Angst-Überwindung, um die Bekämpfung der Mitläufer-Trägheit, um die Sensibilisierung für Situationen mit sozialem Machtgefälle. Das ist alles zu loben und zu unterstützen. Denn ohne Zivilcourage und Bürgersinn verkümmerte das demokratische Gemeinwesen rasch.

21 Ambivalenz der Intellektuellen

21.1 Intellektuellendämmerung?

Intellektuelle haben seit ein paar Jahren keine Konjunktur. Im Gegenteil. Buch- oder Aufsatztitel wie „Unerwiderte Liebe. Die Macht, die Intellektuellen und die Macht der Intellektuellen" (Bauman 1994), „Der entzauberte Intellektuelle" (Brunkhorst 1990), „Warum retten uns die Intellektuellen nicht?" (Lenk 1996), „Aufstieg und Fall der Intellektuellen in Europa" (Lepenies 1992), „Götter, die keine sind" (Said 1997) oder „Intellektuellendämmerung?" (Meyer 1992) stellen nur eine kleine Auswahl aus einer längeren Liste mit Veröffentlichungen dar, in denen ausgedrückt wird, dass es am Ende des 20. und am Beginn des 21. Jahrhunderts mit den Intellektuellen nicht weit her ist. Nur zur Erinnerung sei darauf hingewiesen, dass sich außerdem bei allen diesen Texten noch ein weiteres Merkmal ausmachen lässt - ihre Autorinnen und Autoren beschreiben sich selbst als Intellektuelle. Die Texte gehören also zum Genre der Selbstbespiegelung:

> *De nobis ipsius silemus* - Von uns selber aber schweigen wir. Niemand hat gegen diesen Vorsatz öfter und mit größerer und stets wachsender Lust verstoßen als die Intellektuellen selbst: sie haben selten über sich geschwiegen, sie haben vielmehr ihre Existenz in der Regel damit zugebracht, ununterbrochen über sich selbst zu sprechen (Lepenies 1992, 12).

Das lateinische Zitat stammt übrigens von Francis Bacon (1561-1626), einer der Avantgardisten der Aufklärung.

Weil sie (na ja: wir) eine solche permanente individuelle und kollektive Selbstbespiegelung offenbar zur Feineinstellung ihrer (unserer) sozialen Rolle zwischen Diagnose, Kritik und Anklage gesellschaftlicher und politischer Mißstände zu benötigen scheinen, ist daraus zugleich eine Abfolge von Zeitdiagnosen geworden, mal direkt, mal indirekt treffend, auch schon mal weit daneben treffend. Als Material für kultur- und mentalitätsgeschichtliche Analysen immer brauchbar. Eine solche Analyse knapp zwei Jahrzehnte nach dem Ende des Ost-West-Konflikts findet also etwa eine Menge Anknüpfungspunkte in der oben aufgeführten Prä-Milleniums-Literatur von Intellektuellen über sich selbst.

Die Fragezeichen bei Elisabeth Lenk und bei Martin Meyer sollen wohl einen kleinen Hoffnungsstrahl in der allgemeinen Betrübnis über die Intellektuellen in ihrer Selbsteinschätzung ausdrücken. Vielleicht ist die Intellektuellendämmerung ja eine Morgendämmerung? Spätestens jetzt müssen ein paar definitorische Anmerkungen folgen. Wir halten uns da an die Einleitung von Martin Meyer zu dem von ihm herausgegebenen Band:

> Man spricht von der ‚Intelligenz' - und weiß nicht genau, wovon man denn spricht. Von einer Elite des Geistes? Von der Gemeinschaft der Kritik? Von der räsonnierenden Klasse? Man spricht von den Intellektuellen. Aber man meint dabei kaum jene, die ihre Fachkompetenz in die Arbeit des Alltags umsetzen - es sei denn, sie lassen diese Arbeit ruhen und greifen ein in den Diskurs der Öffentlichkeit. Dann werden aus Spezialisten plötzlich Publizisten…Man denkt am ehesten an Leute, die professionell mit dem Ganzen der Welt zu tun haben: an Philosophen; an Schriftsteller; an Medienschaffende. An die Interpreten und Analytiker unserer Lebenswelt, wo diese vom Zeitgeist gesättigt ist (Meyer 1992, 7).

Intellektuelle sind die Spezialisten fürs Allgemeine, unter Einschluss der Politik. Als Emile Zola 1898 seinen öffentlichen Brief „Ich klage an…" an den Präsidenten der französischen Republik veröffentlichte, in dem er schwere Manipulations- und Verfälschungsvorwürfe gegen die Staats- und Militärführung Frankreichs erhob, hatte das große Wirkung (vgl. Franzmann in Franzmann u.a. 2003, S. 263ff). Der Dreyfus-Prozess musste wieder aufgerollt werden, und am Ende wurde dem aus antisemitischen (und antideutschen) Gründen übelst mitgespielten Hauptmann der französischen Armee eine Art Gerechtigkeit zuteil. Ein Sieg intellektueller Kritik?

Fast gleichzeitig mit der Vorstellung von der „geistigen Führerschaft", welche den Intellektuellen in der Alltagspraxis und der Politik zufalle (in Frankreich am deutlichsten repräsentiert durch eine Figur wie Jean-Paul Sartre), entwickelte sich aber auch die Vorstellung vom „Verrat der Intellektuellen", wie die Schrift von Julien Benda (von 1927) zugkräftig lautet. Der kommt dann zustande, wenn Intellektuelle nicht ungebunden von vordergründigen materiellen oder ideologischen Interessen, sozusagen als freischwebende Vernunftmonaden, ihre Beiträge zum aktuellen geistigen und politischen Diskurs in die Öffentlichkeit bringen, sondern sich offen oder, schlimmer noch, versteckt, in den „Dienst einer Sache" stellen. Dann nämlich erheben sie nur missbräuchlich Anspruch darauf, über sachliches und nach Abwägung aller Argumente auf der Waagschale der Vernunft über lösungs-angemessenes Orientierungswissen zu verfügen. Sie tricksen, sie verraten die Menschen, für die sie zu sprechen vorgeben.

21.2 Ambivalenz der Figur

Ulrich Oevermann (2003, 9) hat in einem klugen Aufsatz den Intellektuellen als eine typische Figur der Moderne gekennzeichnet, ein Produkt der mit der Renaissance einsetzenden Säkularisierung geistiger Tätigkeit. Nicht mehr ein gottgefälliges Leben und eine gottgefällige Organisation von Staat und Gesellschaft stehen im Mittelpunkt des Nachdenkens und Publizierens, vielmehr diesseitige Angelegenheiten wie öffentliche Verwaltung, Recht, Macht. Über diese und viele andere Angelegenheiten wird im Übergang von der ständischen und politisch absolutistischen zur vorbürgerlichen, dann bürgerlichen und sich immer weiter ausdifferenzierenden Gesellschaft von einer steigenden Zahl Menschen mitbestimmt, jedenfalls zunächst einmal wird über sie geredet, als könnten und müssten die Menschen mitbestimmen. Das ist, in aller Kürze[60], der Vorgang der Herausbildung von Öffentlichkeit. Sich herausbildende und dann weiter wachsende Öffentlichkeit benötigt aber als Komplement Figuren, die in ihrem Diskurs über soziale und politische Probleme, über Kultur, Moden und Kunst, um nur sie zu nennen, Leitfiguren werden, an denen sich die mit diesen Fragen nicht ganz so vertrauen Menschen orientieren konnten.

Dafür kam nicht ein bestimmter Beruf in Frage, denn dann würde es bald Experten des öffentlichen Diskurses geben, der aber von seiner Anlage her grundsätzlich und demonstrativ egalitär bleiben muss - jeder kann, jeder soll mitreden dürfen (wobei es in Bezug auf „jeder und jede" freilich auch Doppelstandards gab und gibt. Aber die gibt es ja überall, vermutlich auch

---

[60] Und an dieser Stelle nicht als historischer, sondern nur als struktureller Vorgang beschrieben. In jeder einzelnen Gesellschaft, die dieser Veränderung unterworfen war, spielten sich die historischen Abfolgen in je ganz spezifischer Weise ab.

im Himmel[61].) Für die Figur des Intellektuellen bedeutet das, dass selbst „einfache Bestimmungen", und Oevermann nennt die folgende Kennzeichnung genau so, doch schon relativ komplex sein müssen.

> Ein Intellektueller ist eine Person, die kraft einer geistigen Leistung der Argumentation oder der exemplifizierenden Darstellung zu einem aktuellen, offenen Thema, das die Öffentlichkeit als Forum einer politisch-kulturellen Vergemeinschaftung insgesamt in ihrem Selbstwert zentral etwas angeht und deshalb die für sie konstitutiven Werthaltungen zentral in ihrem Bestand und ihrer Geltung berührt, in der Lage und fähig ist, sich innerhalb dieser Öffentlichkeit ad hoc eine Gefolgschaft des Gehörs zu verschaffen, wobei diese Gefolgschaft nicht durch inhaltliche Affirmation, Zustimmung oder Konformität gekennzeichnet ist, wie im Falle des Charismas des politischen Führers, sondern durch ein Hervorrufen bzw. das Fortführen einer Strittigkeit eines Pro und Contra...Ob man Intellektueller ist oder nicht, stellt sich erst im Vollzug einer Argumentation bzw. einer darstellerischen Exemplifizierungsleistung her, die sich erfolgreich hinreichend Gehör verschaffen kann, so dass sie eine strittige Debatte nach sich zieht oder weiter entwickelt, auf die von da an die öffentliche Diskussion Bezug nehmen muss (Oevermann 2003, 21).

Was an dieser Kennzeichnung besonders unterstrichen werden muss, das ist der besondere Ansatzpunkt für die öffentlichen Interventionen von Intellektuellen: Es sind die Gegen-Argumente, die Einwände, die kritischen Stellungnahmen, um die es hier geht. Das ist einer der Gründe dafür, warum Intellektuelle den Politikern nur genehm sind, wenn sie selbst gerade in der Opposition sind. Kommen sie an die Regierung, kühlt sich das Verhältnis im Handumdrehen ab oder wird ritualisiert. Anders als es die vielen freundlichen und im großen und ganzen zufriedenen Bürger sehen, denen die permanenten Krisenbeschwörungen und kritischen Argumente von Intellektuellen auch schon mal kräftig auf die Nerven gehen, benötigen komplexe Gesellschaften gerade auch dort, wo es um zentrale Werthaltungen und Wertentscheidungen geht, einen permanenten Zustrom von Strittigkeit. Insofern sind Intellektuelle unersetzbar.

Andererseits heißt Strittigkeit zunächst einmal nichts anderes als genau dies: dass es verschiedene Meinungen, Standpunkte, Empfehlungen für die individuelle Lebensgestaltung (Soll ich Marcel Reich-Ranickis Buchempfeh-

---

[61] Wetten, dass...?

lung folgen oder der von Joachim Kaiser?) und für die politischen Entscheidungssituationen (Soll Deutschland seine Soldaten aus Afghanistan zurück-
ziehen oder nicht?) gibt. Welche von diesen Meinungen, Standpunkten und
Empfehlungen „richtig" ist, das ist offen. Es kommt auf die Strittigkeit an,
nicht (noch nicht sogleich) auf die Richtigkeit. Das erklärt auch, warum von
Intellektuellen manchmal großer Blödsinn zu hören ist. Denn dass Intellektuelle durchgängig eine „höhere politische Einsicht" besitzen, davon kann nun
wirklich nicht die Rede sein.

21.3 Verantwortlichkeit

Aber es gehört zu ihrer Aura, zu ihrem Charisma, dass sie diesen Eindruck
erwecken können. Und in vielen Fällen ist dieser Eindruck durchaus nicht
unfundiert. Man muss nur herauszufinden wissen, in welchen dieser Fälle
und in welchen nicht.

Weil nicht die „höhere Einsicht" oder eine besondere politische Klugheit den Kern intellektueller Interventionen in der Öffentlichkeit ausmachen,
sondern Strittigkeit, fliegen manchmal auch die Fetzen, wenn Intellektuelle
mit verschiedenen Meinungen, Standpunkten und Empfehlungen aufeinander
treffen. Intellektuellen-Gezänk ist nichts Seltenes, und es gibt von nieman-
dem schärfere Verdikte über Intellektuelle als von diesen selbst.

Da es zu den historischen Besonderheiten der Entwicklung moderner
westlicher Gesellschaften gehört, dass sie, die Entwicklung, sich gegen oftmals starke Kräfte der Beharrung durchsetzen musste, versteht es sich von
selbst, dass die meisten Intellektuellen sich selbst als „Motoren des Fortschritts" verstehen. Ihre Kritik ist in den allermeisten Fällen eine Kritik an
der Beharrung. Und selbst dort, wo sie „fortschrittliche" Entwicklungen kritisieren, tun sie es kaum aus konservativer Perspektive, sondern weil sie
„mehr Fortschritt" anmahnen wollen. In anderen Worten: Intellektuelle sind
meistens Links-Intellektuelle.

Das macht die wenigen Rechts-Intellektuellen zu interessanten, manchmal auch etwas peinlichen Ausnahmeerscheinungen. Peinlich waren vor
allem die Affinitäten mancher Rechts-Intellektueller zum Faschismus und
Nationalsozialismus. Allerdings sind die Affinitäten vieler Links-Intellektu-
eller zum herrschaftlichen Kommunismus nicht weniger peinlich.

Gibt es auch liberale Intellektuelle? Freilich, wenn auch nicht viele. Sehen wir nach Frankreich: Einer der brillantesten liberalen Intellektuellen, dessen Auseinandersetzungen mit Jean-Paul Sartre, dem prototypischen Links-Intellektuellen, vieles von der geistigen und politischen Spannung in der zweiten Hälfte des 20. Jahrhunderts widerspiegeln, ist Raymond Aron. Manche Kritiker von Intellektuellen verweisen immer wieder gern auf einen in der Tat wunden Punkt des intellektuellen Selbstverständnisses hin: Sie üben Einfluss aus auf die Menschen, bei denen sie sich Gehör verschaffen, aber sie stehen nicht mit mehr als ihrem Ruf für das ein, was sie meinen und zu tun empfehlen.

> Intellektuelle sind…Leute, die die Macht des gesprochenen und geschriebenen Wortes handhaben, und eine Eigentümlichkeit, die sie von anderen Leuten, die das gleiche tun, unterscheidet, ist das Fehlen einer direkten Verantwortlichkeit für praktische Dinge. Diese Eigentümlichkeit erklärt im allgemeinen auch eine weitere - das Fehlen jener Kenntnisse aus erster Hand, wie sie nur die tatsächliche Erfahrung geben kann. Die kritische Haltung, die nicht weniger aus der Situation des Intellektuellen als eines bloßen Zuschauers - in den meisten Fällen auch als eines Außenseiters - als aus der Tatsache entsteht, dass seine größten Erfolgsaussichten in seinem tatsächlichen oder möglichen Wert als Störungsfaktor liegen, sollte ein drittes Charakteristikum hinzufügen. Der Beruf des Beruflosen? Beruflicher Dilettantismus? Leute, die über alles reden, weil sie nichts verstehen (Schumpeter 1950, 237)?

Das Fehlen direkter Verantwortlichkeit ist aber nicht so sehr eines für praktische Dinge, wie Schumpeter grantelnd meint, sondern für das eigene Tun. Das ist ein interessanter Gesichtspunkt, übrigens viel mehr als nur ein Vorwurf, obwohl er meistens so gemeint ist. Alle immer mal wieder unternommenen Versuche, Intellektuelle für ihre Empfehlungen moralisch haftbar zu machen, wenn diese Empfehlungen Teil einer unheilvollen Verkettung von Handlungszusammenhängen wurden, sind fehlgeschlagen. Man denke etwa an die anklagenden Schmähungen gegen Herbert Marcuse und andere intellektuelle Leitfiguren der Frankfurter Schule, nachdem sich ein kleiner Teil der radikalen Linken in den frühen 1970er Jahren dem Terrorismus zugewandt hatte. Solche Debatten hat es auch in Frankreich gegeben, aber nur ansatzweise, weil sie keine öffentliche Aufmerksamkeit erregen.

„Sie haben Pierre Overney umgebracht", lautet der Titel des Buches von Morgan Sportès. „Sie", das sind nicht die Faschisten. Es sind: Sartre, Foucault, Sollers, Glucksmann. Die etablierten Intellektuellen und die zornigen Söhne des Bürgertums brauchten für die proletarische Legitimation ihrer Revolution naturgemäß auch Arbeiter. Und sie missbrauchten sie. Diese wurden manipuliert und in den Kampf geschickt, um den „faschistischen Milizen", welche die Renault-Werke bewachten, „die Fresse einzuhauen". Bei den Straßenschlachten hielten sich die Intellektuellen vornehm zurück und schickten die Arbeiterkinder an die Front...Diesen Vorwurf macht Sportès den Ex-Maoisten (Altwegg 2008).

Solche und andere Vorwürfe lassen sich aber niemals so verdichten, dass irgendeine strafrechtliche Konsequenz zu ziehen möglich ist. Es sei denn, die Intellektuellen „halten sich nicht vornehm zurück", sondern schreiten selbst zur Tat. Auch dafür gibt es Beispiele, vor allem italienische (oder palästinensische wie Said, der in Begleitung der Weltpresse Steine auf israelische Soldaten warf). Aber wenn sie das tun, tauschen sie ihren Status als Intellektueller gegen den eines politischen Aktivisten ein. Solch einem Risiko wollen sich Intellektuelle in der Regel nicht aussetzen. Ihre Verantwortlichkeit bleibt abstrakt, ungreifbar.

21.4 Ambivalenz der Rolle

Der Intellektuelle ist zugleich *insider* und *outsider*. Moderne Gesellschaften benötigen einen Kritik-Mechanismus, bei dem das *in* und das *out* miteinander verknüpft werden können. *Nur* von außen zu kritisieren, ist meistens schon allein deshalb unnütz, weil der Kritiker die Kontexte dessen, was er kritisiert, gar nicht kennt. Die mit recht berühmten (und sehr witzigen) „Perserbriefe" aus dem Jahr 1721 geben solche Kontext-Ignoranz vor, aber selbstverständlich sind sie nicht von einem Perser verfasst, der Frankreich von außen betrachtet und kritisiert, vielmehr ist ihr Autor ein Franzose, Montesquieu, der alle kritisierten Kontexte sehr genau kannte.

Nur von innen zu kritisieren, das erinnert an die schlaue, aber dennoch leicht durchschaubare Forderung an Kritik und Kritiker, nicht so negativ, so destruktiv zu sein. Kritik, heißt es da gern, müsse doch konstruktiv sein! Das ist ein bisschen nicht falsch, aber überwiegend eben doch. Für die Intellektuellen ergibt sich also die Notwendigkeit, die *insider*-Perspektive mit der *outsider*-Perspektive behutsam auszubalancieren. Neigt sich die Waagschale zu deutlich nach einer Seite, drohen Vereinnahmung oder Bedeutungslosigkeit.

Eine andere *inside-outside*-Achse beschreibt Baumann (1994, 179) folgendermaßen: Dier Intellektuelle lebt „im Niemandsland zwischen der eigenen Gesellschaft, von der sie sich bewusst entfremdet hat, und der ‚Mustergesellschaft‘, die sie niemals als gleichwertigen Partner akzeptieren wird...". Das klingt zwar ein bisschen heroischer, als sich die Lage vieler Intellektueller darstellt, denn in diesem Niemandsland kann man es sich offenbar auch ganz bequem machen. Aber auch Entfremdung und Bequemlichkeit müssen behutsam austariert werden.

Mentalitätsgeschichtlich liegen die ‚Wurzeln‘ des sozialen Typus mit der Bezeichnung Intellektueller in der Aufklärung. Von dorther stammt das Konzept der Verbesserung der Gesellschaft, wenn man es nur richtig anstellt. Um es mit Ernest Gellner zu sagen: „An der Basis der modernen sozialen Ordnung steht nicht der Henker, sondern der Professor. Nicht die Guillotine, sondern das (passend benannte) *doctorat d'état* - oder das deutsche *Staatsexamen* - bilden das wichtigste Werkzeug und Symbol moderner staatlicher Macht" (zit. nach Baumann 1994, 175). Im politischen Kontext geht es um die Produktion von Orientierungssinn. Gegen Ende des 19. Jahrhunderts wird diese Aufgabe zugleich schwieriger und wichtiger. Orientierung wächst nicht einfach so, sie wird offenbart oder verkündet. Die Zeit der Offenbarung scheint mit der Säkularisierung abgelaufen zu sein oder, richtiger gesagt: seit der Säkularisierung ist Offenbarung Privatsache geworden (auch in Lourdes, nebenbei gesagt). Auch Kritik und Verkündung mit dieser Funktion gibt es im Überfluss, aber beides ist immer, logisch betrachtet ebenso wie vom Habitus her, elitär. Wenn sich die Intellektuellen als Sprecher der Massen verstehen, ist das keine Demuts-, vielmehr eine Anspruchshaltung.

Der Intellektuelle ist parteiisch, aber aus der Überzeugung heraus, dass seine eigene Wahrheit ‚objektiv‘ ist. Denn um die geht es. Weshalb Intellektuelle schon einmal die Partei, aber nicht den Nachdruck ihrer eigenen Einsichten wechseln.

21.5 Intellektuelle und politische Urteilskraft

„Intellektuelle und Stammtischler haben gemeinsam, dass sie die Politiker
gern moralisch aburteilen" (Sutor 2007). Das klingt herb, aber man kann
viele Beispiele dafür anführen. Der Sprachgebrauch der ersteren unterscheidet sich von dem der letzteren dabei allenfalls durch eine höhere Fremdwortquote.

Auf der einen Seite sind Intellektuelle die potentiellen Meinungsführer
im öffentlichen Diskurs. Sie treiben ihn an, wenn sie ihn auch nicht lenken.
Sie geben häufig die Themen und die Intensität vor, mit welcher bestimmte
Themen behandelt werden. Das kann einigermaßen idyllisch und geordnet
ablaufen, so wie in der Bundesrepublik Deutschland in den zu Unrecht vielgeschmähten 1950er Jahren (der „Ära Adenauer"). Da gab es mit den verschiedenen kirchlich geführten Akademien, den Nachtprogrammen der öffentlichen Rundfunksender, dem Studium generale an den Universitäten ein
verhältnismäßig enges Netz intellektueller Tankstellen, die ausgiebig genutzt
wurden. Die Politik spielte dabei als Thema eine ganz wichtige Rolle, ging es
doch darum, die Erfahrungen von zwölf Jahren Nationalsozialismus samt
Vorgeschichte zu formulieren und zu formatieren, dass derlei nie wieder
passieren würde. Zugleich intensivierte sich im Kalten Krieg der „Wettkampf
der Systeme", der sich auch auf geistigem Gebiet abspielte. Wir können hier
nicht die Geschichte der Intellektuellen in der Bundesrepublik Deutschland
rekapitulieren, aber dass sie eine spannende Geschichte ist, gerade auch unter
dem Gesichtspunkt politischer Urteilskraft, soll immerhin erwähnt werden.
Wie aus der Kritik an der Bundesrepublik und einigen wichtigen Aspekten
ihres sozialen und politischen Neuaufbaus die Vorstellung von einer Restauration, wie als Reaktion auf anti-totalitär ausgerichtete politische Bildung
eine neue Attraktion der unterschiedlichsten Strömungen des Sozialismus
erwuchs, das zu studieren ist ebenso spannend wie die Schlüsselschriften
intellektueller Gesellschaftsdiagnose, von „Die Atombombe und die Zukunft
des Menschen" (1958) von Karl Jaspers bis zu „Die Unfähigkeit zu trauern"
(1967) von Alexander und Margarete Mitscherlich. Es sind, was man heute
wohl sagen darf, beides unsägliche Texte. Jedoch ist das überhaupt nicht
ausschlaggebend. Damals waren sie von kaum zu überschätzender Wichtigkeit für den politischen Diskurs in der Bundesrepublik Deutschland.

Man darf aber nicht vergessen; Intellektuelle sind genau so leicht
korrumpierbar und verführbar wie andere Menschen auch, vielleicht auf

einer bestimmten Ebene sogar noch leichter. Die Geschichte der Totalitarismen, in diesem Fall insbesondere des Sowjetmarxismus in der UdSSR und nach 1945 auch in den ost- und südosteuropäischen Ländern ist leider auch eine Geschichte des strukturellen Opportunismus von Intellektuellen. Interessant die Entwicklung in Frankreich: Nachdem der sowjetische Archipel Gu-Lag als ein genuiner und unauslösbarer Teil der kommunistischen Herrschaftsordnung erkannt worden war, schwenkte die Mehrheit der französischen Intellektuellen vom Kommunismus in seinen verschiedenen Spielarten weg. Das passierte allerdings nicht 1956 aus Anlass der Niederschlagung des Aufstandes der Ungarn, sondern erst mit den Büchern von Solschenizyn.

All diese Ambivalenzen sind nicht glattzustreichen. Allgemeine Intellektuellen-Beschimpfungen (vgl. Bering 1982) führen in eine Sackgasse. Man sollte sich aber eine grundsätzliche Skepsis gegenüber dem Anspruch von Intellektuellen bewahren, per se über eine höhere politische Einsichtsfähigkeit und politische Urteilskraft zu verfügen.

22 Ironie als politische Haltung

Dass Ironie für uns zu den wichtigen Aspekten einer politischen Verhaltenslehre zählt, mag auf den ersten Blick überraschen. Gar vom Anstand des
Ironischen im Zusammenhang von Überlegungen zur Urteilskraft zu sprechen, entspringt allerdings keiner provokativen Absicht. Vielmehr geht es
darum zu zeigen, dass Ironie gerade in der Stellung zwischen Naivität und
Zynismus die Erkenntnis fördert und damit zur politischen Urteilsfindung
beiträgt sowie eine habituelle Kompetenz beschreibt, ohne die sich eine gesellschaftliche Öffentlichkeit der politischen Beratung gar nicht herstellen
lässt. Die ironische Distanz zur Naivität bedarf dabei keiner näheren Beschreibung. Der Unterschied zwischen Ironie und Zynismus soll jedoch kurz
skizziert werden. Im Zyniker (gleichviel welchen Geschlechts) drückt sich
die scheinhafte Überlegenheit des „Durchblickers" und „Bescheidwissers"
aus, welche vor allen Dingen eine trotzige Enttäuschungsfestigkeit demonstrieren soll. Wer alles ohnehin schon (besser) weiß, den kann nichts, schon
gar nichts Negatives, überraschen. Zynismus passt hervorragend mit den
nicht nur in der deutschen Geschichte so zwiespältig wirkenden „Gefühlslehren der Kälte" (Lethen 1994, Sloterdijk 1983) zusammen. Diesem scheinbar
durchdringenden Blick auf die existenziellen Wahrheiten entschleiert sich
alles als Ausdruck böser Wesenhaftigkeit und Niedrigkeit. Die Weltsicht des
Zynikers ist einfach, viel zu einfach, als dass sie trotz aller Pose des Durch-
blicks den Anspruch besonderer Urteilskraft für sich beanspruchen könnte.
Diese Stumpfheit verdirbt die Beobachtungsschärfe des Zynikers und seine
normative Signatur. Da der Zyniker den Schmerz an der Welt gerade nicht
aushalten kann, ist er ein schlechter Beobachter, und seine Urteile sind nicht
versiert, sondern nur versehrt. Er macht eine ebenso pompöse wie traurige
Figur, im Privaten ebenso wie im Politischen.

22.1 Kritik der Ironie[62]

Dass Ironie eine ernsthafte Angelegenheit ist, zeigt sich nicht nur immer wieder an den Debatten, die sich um sie ranken, sondern vor allem auch am Ton, mit der sie geführt werden. Dabei erhalten die Diskussionen besondere Brisanz, wenn Ironie nicht nur als rhetorische Formel oder individuelle Note verstanden wird, sondern als Kennzeichen ganzer Epochen, in denen das Ironische zum Kommunikationsmuster geworden zu sein scheint. Beispielhaft lässt sich das beobachten an der großen, zustimmenden Resonanz, die Jedediah Purdys Abrechnung mit dem „ironischen Zeitalter" gefunden hat. In „Das Elend der Ironie" beklagt der Autor den Verlust an Authentizität in der modernen Gesellschaft, die ihre Ernsthaftigkeit verloren habe und dadurch unseriös geworden sei.

> Ironie ist bei uns zu einem Zeichen von Weltläufigkeit und Reife geworden. Der ironische Mensch pflegt einen Sprach- und Verhaltensstil, der jeden Schein von Naivität meidet - den Schein naiver Hingabe, naiven Glaubens, naiver Hoffnung. Unterschwellig suggeriert er die Unangemessenheit dessen, was er sagt, seiner Gesten, seine Handlungen. Durch die Modulation seiner Stimme, den Ausdruck seines Gesichts und die Bewegung seines Körpers signalisiert er, wie sehr ihm bewusst ist, dass man ihn für einen Trottel oder schlicht einen Langweiler halten kann und dass er diese Einschätzung vielleicht sogar teilt. Seine ironische Vorsicht schlägt um in Misstrauen gegen die Sprache selbst. Er desavouiert seine eigenen Worte (Purdy 2003, 9).

Der alte Prozess, den der Ernst gegen die Ironie führt (Bohrer 2000), wird am Beginn des 21. Jahrhunderts durch die Anklage der Dekadenz erweitert. Das Ironische wird zum Indiz einer sich selbst unsicher gewordenen Gesellschaft, die zu sich nicht mehr unmittelbar Stellung beziehen kann. Es überrascht nicht, dass von denen, die so klagen, die Rückkehr zur Naivität, das selbstverständliche Bekenntnis, schlichter Glauben und großäugige Hoffnung als notwendige, zu renovierende Fundamente westlicher Kultur angesehen werden. Solches Denken gilt uns vor allem als Symptom einer Suche nach der Sicherheit des Authentischen in einer Welt der Simulationen. Dabei wird die

---

[62]Grundlage für die folgenden Abschnitte ist eine der wenigen politikwissenschaftlichen Untersuchungen zur Ironie: Thorsten Bonacker, André Brodocz, Thomas Noetzel (Hg.): Die Ironie der Politik. Über die Konstruktion politischer Wirklichkeiten, Frankfurt/M. 2003.

ironische Haltung selbst als Ursache des Verlusts des Wahren denunziert. So können die Zumutungen der Multiperspektivität von Wahrheit abgeschoben werden. Aber sich mit ihren Herausforderungen auseinanderzusetzen, macht nun gerade die Qualität entwickelter Urteilskraft aus. Denn dann kommt man vielleicht doch über Purdy heraus, für den die Politik „der Weg für den Dienenden, den Helden und den Heiligen" (Purdy 2003, 12) war und wieder werden sollte. Heiliger (dienender, heldischer) Strohsack!

Für das Verschwinden von Selbstverständlichkeiten werden die Ironiker verantwortlich gemacht. Ihre Haltung erregt Abscheu; Ironie gilt dem an Widersprüche nicht gewohnten Denken als Charakterfehler, gegen den nur die Erziehung zur Tugend der Ernsthaftigkeit Abhilfe verspricht. Eine solche Therapie drängt sich dem Ironie-Kritiker schon deshalb auf, weil die Schattenseiten der ironischen Kommunikation in der Tat zuweilen ignorantes Überlegenheitsgefühl und kränkende Herablassung transportiert, die hinterhältig daherkommt, sich verstellt und nie meint, was sie sagt. Der ironische Sprachgestus ist reich an Anspielungen und deshalb immer etwas elitär. Zugleich zeigt sich in ihm eine gewisse Feigheit, denn der Ironiker vermeidet frontale Angriffe. Seine Distanz-Attitüde, die sich in den Augen der Kritiker vor allem gegen Unterlegene wendet, lässt jeden opportunistischen Schwenk zu, wenn sich der Gegner als unbequem erweist.

Angesichts solcher teilweise durchaus nicht immer ganz unberechtigter Anklagen ist die allfällige Warnung vor der Ironie integraler Teil jedes Ironie-Diskurses. Insbesondere ein Strang der klassischen rhetorischen Ironie-Tradition bietet für solche Interpretationen geeignete Anknüpfungsstellen, drückte sich doch etwa in der akademisch-ironischen Belehrung auch Verachtung der geistig Armen aus. Diesen Aspekten der Macht und der Ironie als Kampfmittel steht auf derselben Betrachtungsebene eines individuellen Tugenddiskurses allerdings die Beobachtung gegenüber, dass der ironischen Haltung als Erfahrungshintergrund das Bewusstsein des Scheiterns eigen ist.

Das illustriert ein Blick auf die pädagogisch-rhetorische Überlieferung. Der unfolgsame Diskussionspartner des Sokrates wird in ironischer Bestätigung des Falschen zwar aus der Perspektive des überlegenen Lehrers zurechtgewiesen, aber der milde ironische Ton ist nicht nur dem Dünkel der Überlegenheit geschuldet, sondern vor allem der seufzenden Einsicht in die Vergeblichkeit aller Aufklärung. An der Dummheit der Gesellschaft zerbricht die Meisterschaft des Intellektuellen, und der Ironiker weiß das.

Doch die Ironie des Scheiterns bezieht sich nicht nur auf instrumentelle, strategische Aspekte. Spätestens mit dem Verblassen der Autorität religiöser Sinnstiftungen und der Durchsetzung des atlantischen Projekts der Moderne wird immer häufiger die Idee des dezentrierten, orientierungs-geschädigten Individuums artikuliert, der sich die Ironiker des späten 18. und frühen 19. Jahrhunderts nicht entziehen können. Freud wird schließlich aus der Komödie des Scheins unverwechselbarer persönlicher Signaturen und des Spiels mit der Kontingenz-Formel »Ich ist ein anderer« die Tragödie des gestürzten und enteigneten Subjekts machen, das nicht mehr »Herr im eigenen Haus« ist und der tiefenanalytischen Wahrheitssuche bedarf.

Der Rückzug auf das gefährdete Individuum war schon für die romantischen Ironiker des späten 18. und frühen 19. Jahrhunderts mehr als eine intellektuelle Grille. Die Objektivität einer allgemeinen Wahrheit, deren Vergewisserung in den ungemein fein ausgeklügelten Systemprogrammen Hegels und seiner Nachfolger versucht wird, verträgt keinerlei ironisches Hüsteln. Demgegenüber richtet sich die ironische Weltsicht im Bereich des Kontingenten ein. Wer das tut, dem kommt es auch nicht in den Sinn, das Monopol einer Wahrheit politisch durch den Ausschluss abweichender Meinungen sicherzustellen. Der Totalitarismus kam im 20. Jahrhundert nicht ironisch daher, sondern essentiell, sentimental, pathetisch und - im immer möglichen Umschlagen faschistischer Gefühlskulturen - zynisch[63]. Wobei der Zynismus der Machthaber aber keinen Doppelstandard kennzeichnet, sondern lediglich die niederträchtige Brutalität der Gewaltherrschaft offenbart, der jeder Selbstzweifel fremd ist[64]. Selbst das Scheitern wird als Bestätigung heroisch inszeniert. Solchen Authentizitäten des Existentiellen (Grossheim 2002) verweigert sich das Ironische *ästhetisch* in der Polykontextualität der Fragmente und *politisch* im Pluralismus. Und dieser kann auf ironische Sprechweisen nicht verzichten, weil insbesondere im überforderten modernen Wohlfahrtsstaat alle Beteiligten von der prinzipiellen Uneinlösbarkeit umfassender Verbesserungsprogramme Kenntnis haben.

---

[63] Die Nähe und das Ineinander-Übergehen von Pathos und Zynismus in den Niedergangsphasen der Totalitarismen des 20. Jahrhunderts verdient eine nähere Untersuchung.
[64] Erinnert sei hier an Görings vor dem Nürnberger Tribunal gemachte Äußerung zur Bilanz des NS-Regimes: „Wenigstens zwölf Jahre anständig gelebt."

22.2 Kontingenzbewältigung - West Virginia und *Queer Democracy*

Der Verzicht auf Ironie kann nun wiederum auch eine Strategie der Entlastung sein, weil das Bewusstsein der Kontingenz erhebliche Komplexitätszumutungen mit sich bringt. Das ironische Bewusstsein reflektiert die Partikularität der Welt, die im konsequenten Subjektivismus ihren angemessenen Ausdruck findet. Begründungen stützen sich nicht mehr auf objektive Wahrheit, sondern akzeptieren die Chancen der Polyperspektivität.

Dennoch kann auf Allgemeinheit nicht verzichtet werden, die ihre Selbstansprüche zwangsläufig verfehlt und sich darüber ironisch aufklären kann. Zwar erhebt die Sprache dabei Autonomieansprüche, und jedes Subjekt sieht sich in den Gittern seiner Subjektivität gefangen, doch immer schwingt der Gedanke mit, dass alle Beschreibungen auch ganz anders lauten können. Geschichten lassen sich aus unterschiedlichen Blickwinkeln erzählen, und statt der einzig-alleinigen Wahrheit treten Wahrheiten auf. Diese Spannung zwischen den individuellen Wahrheitsansprüchen und den in der Moderne unübersehbar gewordenen Wahrheiten der Anderen lockert sich in der ironischen Weltbetrachtung. Die Hoffnung auf Überwindung der Differenzerfahrung treibt dann allenfalls noch solche Programme an, die den Anderen zum 'Vertrauten' machen wollen, während die Ironie lehrt, dass es wichtiger ist zu lernen, mit dem Fremden zu leben. Ironie verzichtet auf das Austreiben der Distanz und wird gerade deshalb in Kulturen, die auf die Versöhnung des Inkompatiblen durch Gemeinschaft hoffen, negativ bewertet. Bezeichnenderweise singt Purdy das Hohe Lied provinzieller Idylle. West Virginia steigt zur Gegenwelt des ironischen Babylon auf:

> In jeder Hinsicht bedeutet West Virginia vollkommenes Vertrauen in die Realität der Dinge. Ich erschloss eine unserer Bergquellen, indem ich ein natürliches Sieb grub, es mit filternden Kieselsteinen füllte und eine Rinne für ein Wasserrohr bis zu unserem hundert Meter tiefer gelegenen Haus aushob. Ich bohrte die Löcher, durch die der Saft aus dem lebenden Holz der Ahornbäume floss. Ich hatte zwar nie den Finger am Abzug, wenn wir unsere Ochsen schlachteten, aber ich half beim Häuten und Ausweiden einiger, denen ich Namen gegeben hatte. Wenn wir dort über Dinge sprachen, konnten wir gewiss sein, dass unsere Worte genau auf die Dinge passten, um die wir gemeinsam wussten. West Virginia war kein ironischer Ort... Man redete nicht viel über Vertrauen, Hoffnung oder Verlass; sie waren so sehr und in so reichem Maße gegenwärtig, dass es

nicht nötig war, sie zu benennen. Sie waren mit den Dingen selbst verwoben (Purdy 2003, 13, 17)[65].

Das einfache Leben und die praktischen Wahrheiten lassen Fremdheitserfahrungen nicht zu. Das ist wohl der Kern aller agrarromantischen, antimodernen Bewegungen und Ideologien. Doch auch dieser Therapieentwurf, der den Ernst in die ironische Gesellschaft zurückbringen will, scheitert an seiner Weltfremdheit, die sich gerade im Politischen niemand leisten darf. Gerade hier ist Naivität (ganz unabhängig von ihrer jeweiligen ideologischen Ausformung) keine Tugend, sondern ein großes Übel, nämlich das Gegenteil von Urteilskraft. Dass diese bei Purdy nicht vorkommt, liegt auch daran, dass jede selbstkritische Reflektion unterbleibt. Aber ohne diese Fähigkeit zur Selbstdistanz gibt es keine Urteilskraft. Wie jede Kulturkritik bleibt auch die Pathologisierung des Ironischen insoweit folgenlos, als sie sich in der jeremiadischen Beschwörung des Verfalls erschöpft.

Schon bei der Skizzierung einer am Individuum und dessen (Un-)Tugenden haftenden Ironiekritik ist die politische Dimension des Ironiediskurses plastisch hervorgetreten. Gerade die Debatte über das Ende des ironischen Zeitalters hebt die politische Dimension der Ironie und die ironischen Dimensionen der Politik mit aller Deutlichkeit hervor. Das rhetorische Stilmittel der Ironie ist vom Entstehen politischer Subjektivität schon in der athenischen Polis nicht zu trennen, stellt aber aufgrund des ironischen Subtextes, des in ihm ausgedrückten Doppelstandards, immer ein politisches Problem dar. Begreift man Ironie vor allem als mit den Absichten und Interessen von Akteuren verbundene Handlung, kann zwischen Ernst und Ironie nicht unterschieden werden, ist doch auch die ironische Aussage ernst gemeint. Ein solches Verständnis öffnet den Weg zu einer infiniten Suche nach den Fundamenten des Ernstes in der ironischen Rede und konfrontiert den Ironiker mit dem Verdacht, zu solchem Ernst nicht fähig zu sein. Die Bodenlosigkeit eines unernsten Ernstes ruft kritische Einsprüche auf den Plan, die den Mangel an Eindeutigkeit des Ironischen beklagen. Doch Ernst und Ironie, Wesen und Schein sind keine Gegensätze, wie sich beispielsweise an der

---

[65] Nur am Rande sei erwähnt, dass der Autor am Ende seiner Kritik der Ironie sich von dieser nicht restlos verabschiedet, sondern als Haltung angesichts enttäuschter Hoffnung rehabilitiert. Er unterscheidet also zwischen „richtiger" und „falscher" Ironie. Damit ist aber nicht viel gewonnen, denn diese Unterscheidung ist genauso wenig kompetent wie die zwischen „vernünftigen" und „unvernünftigen" Emotionen (siehe Kapitel 5).

Selbstironisierung der Schwulen- und Lesbenszene zeigt, die in der Travestie, in der *Queer Democracy*, das Ernste und Ironische spielerisch zusammenführt.

22.3 Ironie und politisches System

Das Verhältnis von Ironie und Politik erschöpft sich aber nicht in dieser akteurszentrierten Betrachtung. Das Ironische als Kommunikationsmedium entzieht sich der Rückführung auf ein ernstgemeintes Ursprüngliches. Aus der Unmöglichkeit umfassender staatlicher Steuerung seiner gesellschaftlichen Umwelt, die sich an den Problemen nationaler, wohlfahrtsstaatlicher Regulierung, öffentlicher Überschuldung und ökologischer Bewahrung deutlich zeigen, ist häufig auf Möglichkeiten indirekter, kontextueller, mithin ironischer Steuerung aufmerksam gemacht worden (Willke 1992).

Ironie liegt hier aber nicht nur in der verkappten Lenkung, sondern drückt gleichzeitig das Bewusstsein der eigenen Handlungsbegrenzung aus. Anders als in der ironischen Kommunikation lässt sich das Versagen aber nicht bearbeiten, denn - nicht nur, aber vor allem - in der westlichen Konkurrenzdemokratie ist das Eingeständnis des Scheiterns gleichbedeutend mit dem Verlust der Macht. Eine politische Theorie des Scheiterns benötigt die Ironie, um etwas über das Versagen sagen zu können und trotzdem handlungsfähig zu bleiben, während die unironische Kritik diese Differenz zwischen Anspruch und Verwirklichung als Unfähigkeit bestimmter Personen, Parteien, Regierungen usw., als Böswilligkeit höherer Mächte, Verschwörungen oder verallgemeinernd als unaufhebbaren Widerspruch zwischen Moral und Macht interpretiert. Auch eine Entlarvung von Interessen kann die Kluft zwischen *Sollen* und *Sein* nicht überbrücken, denn Ansprüche an das politische System sind prinzipiell immer legitimiert und gleichzeitig unerfüllbar.

Diese Offenheit gilt auch für Institutionen, deren Aufgabe die befristet-endgültige Klärung und Konsensherstellung ist. Der große symbolische Aufwand, mit dem sich staatliche Institutionen, insbesondere die (Verfassungs-)Gerichte darstellen, verweist auf solche letzten Fundamente. Ökonomisch spricht man bezeichnenderweise vom „lender of last resort", dessen Liquiditätsressourcen sich dem Zweifel entziehen müssen. Doch im Gegensatz zur Psychologie des Geldes besteht die Funktion des Ernstes politischer

Institutionen in der Operationalisierbarkeit von Zweifeln an den Begründungsgrundlagen. Die Entscheidungen des Bundesverfassungsgerichts beenden eben nicht nur Debatten, sondern sie kanalisieren ihre Fortsetzung, sind mithin ironische Entscheidungen, denen aber in der Regel nicht das Bewusstsein ihrer Ironie eingeschrieben ist.

Die Ironie der Politik lässt sich nur konstruktivistisch beobachten, unterschreitet doch jeder wissenschaftliche Essentialismus der Beobachtung erster Ordnung die im politischen System angelegte Differenzwahrnehmung des notwendigen Verfehlens gesetzter Ziele, was die anhaltenden Debatten über *Freiheit, Gleichheit, Gerechtigkeit* usw. zeigen. Für eine Theorie der Politik gilt damit, dass auch ihre Letztbegründung Paradoxien produziert, die wiederum ironisch gepolstert werden müssen und gerade in der Unmöglichkeit von kontextfreier Rechtfertigung der Demokratie ihre Bestätigung finden. In den Begründungsanstrengungen der politischen Theorie gibt es keine letzten Worte und abschließende Vokabularien, um die gleichwohl heftig gestritten wird.

Es gehört gerade zur Signatur der Moderne, dass sie in ihren Erfolgen opponierende Kräfte auf den Plan ruft, welche die politischen Unübersichtlichkeiten nicht ertragen und existentielle Wahrheiten suchen, wobei der individuelle Körper zur Letztinstanz des Wahrhaftigen hochstilisiert wird. Deshalb müssen Wahrheiten immer besiegelt werden; am glaubwürdigsten mit Blut und dem Einsatz des Lebens. Doch gerade im Angesicht des Unbedingten und Unmittelbaren, des Ernstes findet die Ironie ihre Bestätigung. Ironische Politik lehrt das Leben lernen mit der Krankheit. Sie lehrt auszuhalten, dass es keine eindeutigen Botschaften gibt.

Selbst Krankheits-/ Gesundheits- und Fortpflanzungspolitik sind ironische Konstruktionen, und die jeweiligen Politiken bringen ihren Gegenstand erst hervor, so wie jede Messung das zu Messende schafft. Es kann nicht verwundern, dass die gegenseitigen Messungen von Gesellschaft und Politik die Maße des jeweils anderen Systems, der jeweils anderen Umwelt verfehlen. Versuche der Kongruenzstiftung scheitern systematisch, und die Differenz der Wahrnehmungen lässt sich überhaupt nur ironisch einigermaßen überbrücken. Vorstellungen über die Transformation eines authentischen Volkswillens in politische Entscheidungen führen regelmäßig zu Enttäuschungen und Frustrationen, denen Ironie abgeht. Ob die diskursive Verbesserung der gegenseitigen Verstehensleistungen im Rahmen neuer Öffentlichkeiten ernsthaft gelingen kann, darf bezweifelt werden, weil Konsens ohne

Ausschluss - etwa des intransigent Unvernünftigen - nicht auskommt. Auch einem emphatischen Begriff des Öffentlichen ist deshalb ein ironischer Subtext eigen.

Dieses Spannungsverhältnis trifft die sozialwissenschaftliche Praxis selbst, die, konstruktivistisch informiert, empiristische Begründungsstrategien nur noch schwer entwickeln kann und dennoch in ihrer Wirkung auf die Umwelt, etwa das politische System, solche Realitätsnähe behaupten muss, ohne die soziale Konstruktion solcher Wirklichkeit, wie sie sich etwa in den Selektionen der *scientific community* manifestiert, kommunizieren zu können. Politiktheorie steht also in einem Verhältnis der doppelten Ironie zum politischen System. Sie beschreibt dieses als etwas objektiv und zuweilen subjektiv Ironisches, betreibt die eigene Praxis im Bewusstsein der prinzipiellen Unabgeschlossenheit aller Interpretationen und tritt in der Regel mit dem Anspruch höherer Rationalität auf. Erst die konstruktivistische Selbstbeobachtung kann diese doppelte Ironie aufhellen, wenn auch nicht aufheben. Hier manifestiert sich politische Urteilskraft.

22.4 Keine Demokratie ohne Ironie

Die Ironisierung staatlicher Steuerung der Gesellschaft iat Ausdruck eines Dilemmas. Einerseits bleibt der Staat als Zentrum des politischen Systems auf Leistungserbringung verpflichtet. Trotz aller Erwartungsabsenkung kommen die politischen Eliten nicht darum herum, ihre Leistungskraft zu betonen. Andererseits reflektiert sich in der Selbstbeschreibung postmoderner, säkularisierter, polynormativer Gesellschaften, dass Integration über die allgemein anerkannte Verteilung von Werten immer schwieriger wird. Säkularisation bedeutet, keinen Referenzpunkt außerhalb von Gesellschaft und Staat für die Ordnung des Staates zu besitzen. Niemand kann von außen auf Gesellschaft und Staat schauen, nicht einmal Gott. Damit werden aber alle Beobachtungen des Staates und seiner Leistungen notwendig mit den Unterscheidungen geführt, die in der Gesellschaft vorhanden sind; und das sind viele. Der Begriff der politischen Ordnung wird damit zu einem *leeren* Signifikanten, der immer aufs neue gefüllt werden muss, und diese Definitionsversuche entsprechen nicht immer den Regeln pluraler, konkurrenzdemokratischer Verfahren, wie etwa die Erscheinung des religiös motivierten Terrorismus zeigt. An Versuchen, den leeren Ort der Macht postmoderner Staatlichkeit zu besetzen, mangelt es nicht. Aber alle Angebote können der allgegenwärtigen Kontingenzvermutung nicht entkommen. Alles kann immer auch ganz anders sein.

Zu dieser Pluralität gesellen sich - nicht nur in der besonderen Situation der Politikverflechtungsfallen in der Bundesrepublik Deutschland oder der EU - systemische Steuerungsbeschränkungen staatlichen Handelns. Die Rede vom endlich notwendigen „Durchregieren" deutet die Verzweiflung gegenüber Kontingenz und Blockaden an, erhöht dabei aber zugleich den Bewährungsdruck, der auf dem politischen System und seiner Staatlichkeit lastet. Auch die systemtheoretischen Überlegungen der „Kontextsteuerung" und anderer, bezeichnenderweise der Psychiatrie und Psychotherapie entlehnter Begriffe und Verfahren, lösen das Steuerungsproblem des postmodernen Staates nicht, kann er doch dem selbsterzeugten und an ihn adressierten Leistungsdruck nicht entkommen.

Doch für die Ironieanfälligkeit postmoderner Politik lassen sich nicht nur systemische Gründe, sondern auch individuell-habituelle Anforderungen anführen. Ironie ist notwendige Voraussetzung für demokratisches Engagement. Die Fähigkeit, alles zu wollen, sich voll einzusetzen, Visionen zu haben und Überzeugungen, für sie mit aller Macht einzustehen und gleichzeitig die eigene Niederlage, das Scheitern akzeptieren zu können, das macht die habituelle Kompetenz der Staatsbürger aus, ohne die liberale Demokratien nicht überleben können. Die an den richtigen Stellen kühlen Ironiker wissen von ihrem notwendigen Scheitern und können sich damit versöhnen, was den komödiantischen Charakter des Ganzen deutlich macht. Die Politisierung der Ambivalenz ist auch für Richard Rorty, dessen Name mit der Renaissance des Ironischen in den 1980er und 1990er Jahren eng verknüpft ist, eine Herausforderung der Gesellschaft. Folgerichtig möchte er die Ironie der individuellen Selbstbeschreibung vorbehalten wissen, die sich von den Verhärtungen hermetischer Identitätspanzer befreien soll. Seine 'liberale Ironikerin' ist eine demokratische Musterbürgerin, die sich mit vollem Engagement ihrem politischen Anliegen ernsthaft verschreibt und gleichzeitig soviel Distanz zu sich aufbringen kann, anderen dieselben Durchsetzungschancen einzuräumen. Sie praktiziert die Kultur der immer möglichen Niederlage und demonstriert damit die hellen Seiten der Ironie.

Es gibt ein schönes Beispiel geistigen Zusammenspiels dreier Denker, das uns diese Unabdingbarkeit von Ironie für eine moderne Demokratie deutlicher machen kann. Joseph Schumpeter, der Ökonom, hat formuliert, der zivilisierte Mensch unterscheide sich dadurch vom Barbaren, dass er über die Einsicht verfügt, die eigenen Überzeugungen, für die er dennoch unerschrocken einsteht, seien nur relativ. Der Sozialphilosoph Isaiah Berlin hat das aufgegriffen und gemeint, mehr als dies zu verlangen, sei vielleicht ein tiefes metaphysisches Bedürfnis. Würde man aber zulassen, dass dieses Bedürfnis das Handeln bestimmt, so wäre dies ein Symptom für eine ebenso tiefe wie gefährliche moralische und politische Unreife. Und zu beiden schreibt der Philosoph Richard Rorty:

> Die Ansicht, dass die von Schumpeter beschriebene Haltung ein Zeichen von Zivilisiertheit sei, lässt sich in meinen Sprachgebrauch ungefähr so übersetzen: Die liberalen Gesellschaften unseres Jahrhunderts haben zunehmend mehr Menschen hervorgebracht, die die Kontingenz des Vokabulars erkennen können, in dem sie ihre höchsten Hoffnung zum Ausdruck bringen - also die Kontingenz ihres Gewissens -, und dennoch auf dieses Gewissen weiter vertrauen (Rorty 1989, 87).

Im Zentrum der Trias Urteilen - Entscheiden - Handeln steht die Erkenntnis der Kontingenz politischer Forderungen. Das hat nichts mit einer urteilsschwachen Position des *anything goes* zu tun - wie die Kritiker einer solchen Bejahung des Kontingenten immer wieder fälschlich einwenden -, sondern mit der richtigen Beobachtung, dass sich auch die stärksten moralischen Positionen nicht „objektiv" und quasi selbstverständlich für alle verpflichtend fundamentieren lassen[66]. Diese Fähigkeit, Ambivalenz aushalten zu können, ist Ausdruck von Zivilisiertheit, und diese wiederum ist die gesellschaftliche Form politischer Urteilskraft.

Das Ironische bleibt an die Tugend gebunden, wird als Form zivilisierten Verhaltens begriffen und damit aber auch zu einer politischen Kategorie im Sinne der Beschreibung institutioneller Arrangements zur Herbeiführung gesellschaftlich bindender Entscheidungen, deren Träger von ihrer Relativität wissen. Die gefährliche Tragik, die mit dieser Selbstironisierung verbunden bleibt, besteht in der trotz aller Distanzierung mitlaufenden individuellen und - relevanter - systemischen Selbstüberforderung. Übergroße Ansprüche an Steuerungskompetenzen, die unerfüllt bleiben müssen, lösen Frustrationen

---

[66] Das gilt übrigens für dieses Urteil selbst auch, das um seine mögliche Widerlegung weiß, die Räume dieser Widerlegung schützt und trotzdem auf den Anspruch, richtiges Urteil zu sein, nicht verzichtet. Urteilskraft muss diese Spannung aushalten können.

aus. Irgendwann wird die dadurch geförderte Politikverdrossenheit dann zum Systemproblem. Halten doch nur wenige die ironische Zumutung aus, dass Staatslenkung heute heißt, die Fähigkeit zu entwickeln, mit der Enttäuschung so gut wie möglich zurechtzukommen. Das ist die Urteilskraft des Ironischen einer demokratiekonformen Haltung.

23 Toleranz und Empathie

Wer weiß eigentlich, daß der 16. November im Jahre 1995 feierlich zum Internationalen Tag für Toleranz proklamiert wurde? Vermutlich niemand, denn wenn man so den jeweiligen 16. November der letzten Jahre Revue passieren lässt, dann mag sich vielleicht der eine oder andere an das eine oder andere erinnern. Aber darunter wird kaum irgendetwas sein, was auf eine ungewöhnliche tolerante Strahlkraft dieses Tages schließen lassen könnte.

Verantwortlich für die Proklamation des Internationalen Tages für Toleranz ist die UNESCO. Auf ihrer 28. Generalkonferenz vom 26. Oktober bis zum 16. November 1995 verabschiedete sie eine „Erklärung von Prinzipien der Toleranz" (http://www.unesco.de/447.html?&L=0), an deren Schluss der Tag ihrer Verabschiedung in die Reihe der Aktions- und Gedenktage weltweit aufgenommen wurde. Nun kann man über den Sinn solcher Institutionen geteilter Meinung sein (wirklich!), aber den Text der Prinzipienerklärung lohnt es sich auf jeden Fall näher zu studieren.

Artikel 1: Bedeutung von *Toleranz*

1.1 Toleranz bedeutet Respekt, Akzeptanz und Anerkennung der Kulturen unserer Welt, unserer Ausdrucksformen und Gestaltungsweisen unseres Menschseins in all ihrem Reichtum und ihrer Vielfalt. Gefördert wird sie durch Wissen, Offenheit, Kommunikation und durch Freiheit des Denkens, der Gewissensentscheidung und des Glaubens. Toleranz ist Harmonie über Unterschiede hinweg. Sie ist nicht nur moralische Verpflichtung, sondern auch eine politische und rechtliche Notwendigkeit. Toleranz ist eine Tugend, die den Frieden ermöglicht, und trägt dazu bei, den Kult des Krieges durch eine Kultur des Friedens zu überwinden.

1.2 Toleranz ist nicht gleichbedeutend mit Nachgeben, Herablassung oder Nachsicht. Toleranz ist vor allem eine aktive Einstellung, die sich stützt auf die Anerkennung der allgemeingültigen Menschenrechte und Grundfreiheiten anderer. Keinesfalls darf sie dazu missbraucht werden, irgendwelche Einschränkungen dieser Grundwerte zu rechtfertigen. Toleranz muss geübt werden von einzelnen, von Gruppen und von Staaten.

1.3 Toleranz ist der Schlusstein, der die Menschenrechte, den Pluralismus (auch den kulturellen Pluralismus), die Demokratie und den Rechtsstaat zusammenhält. Sie schließt die Zurückweisung jeglichen Dogmatismus und Absolutismus ein und bekräftigt die in den internationalen Menschenrechtsdokumenten formulierten Normen.

1.4 In Übereinstimmung mit der Achtung der Menschenrechte bedeutet praktizierte Toleranz weder das Tolerieren sozialen Unrechts noch die Aufgabe oder Schwächung der eigenen Überzeugungen. Sie bedeutet für jeden einzelnen Freiheit der Wahl seiner Überzeugungen, aber gleichzeitig auch Anerkennung der gleichen Wahlfreiheit für die anderen. Toleranz bedeutet die Anerkennung der Tatsache, dass alle Menschen, natürlich mit allen Unterschieden ihrer Erscheinungsform, Situation, Sprache, Verhaltensweisen und Werten, das Recht haben, in Frieden zu leben und so zu bleiben, wie sie sind. Dazu gehört auch, dass die eigenen Ansichten anderen nicht aufgezwungen werden dürfen.

Dies ist, unschwer zu erkennen, die längste wörtlich wiedergegebene Passage aus einem Dokument in diesem Buch. Wir haben sie nicht deshalb so ausführlich zitiert, weil uns die Aufzählung schöner Aspekte der Toleranz sowie ihrer Einbettung in ein ganzes Konglomerat universeller (aber, ehrlich gesagt, eigentlich westlicher) Werte mitgerissen hätte. Nein, uns ist auch klar, dass wir es hier mit einem diplomatischen Sprach-Schaustück im großen Ausstellungskasten der Weltorganisationen zu tun haben, die um die UNO herum angesiedelt sind.

23.1 Diffuse Klarheit

Man kennt ja die eigentlich ganz intelligente Definitions-Verweigerung mittels des Spruchs: „Ich kann es jetzt zwar nicht genau definieren, aber ich erkenne es, wenn ich es sehe". Das funktioniert übrigens gar nicht selten auch ganz passabel.

Ob es bei der Identifizierung von Toleranz auch funktioniert? Ja und nein. Das Problem mit diesem Begriff ist, dass er so vielgestaltig ist:

- *Toleranz als Wert*: In individueller und in sozialer oder politischer Perspektive wird Toleranz dann als Wert gesehen, wenn die Menschen sie als ein wichtiges, notwendiges, vielleicht sogar konstituierendes Merkmal ihrer Lebenspraxis begreifen.

- *Toleranz als Tugend*: Hier geht es um eine moralische Qualität von Menschen, die den Wert Toleranz in ihr eigenes Leben integriert haben oder integrieren wollen.
- *Toleranz als moralisches Gefühl*: Mitmenschlichkeit und Solidarität werden nicht davon beeinflusst, ob der andere genauso ist wie ich selbst.
- *Toleranz als Prinzip*: Toleranz gehört zu den Bau-Prinzipien einer Gemeinschaft, die auf diese Weise die Inklusions/Exklusions-Grenze ein Stück weit entschärft.
- *Toleranz als Haltung von Individuen*: Gleichmut gegenüber den Wahrheitsansprüchen anderer; Fähigkeit zur Selbstreflexion und Affektkontrolle.
- *Toleranz als ideelle Grundfärbung einer sozialen und politischen Ordnung*: Ausgedrückt etwa in der Trennung von Religion und Politik, Anerkennung der grundsätzlichen Gleichheit aller Menschen, Diskriminierungsverbote.

Außerdem zeigt sich Toleranz auf verschiedenen Handlungsfeldern jeweils auf ganz andere Weise: in der Ästhetik geht es um Geschmack; in der Religion (dem in diesem Zusammenhang schwierigsten Handlungsfeld) um Offenbarung; im Zusammenleben von Gruppen mit unterschiedlicher Kulturen um deren Koexistenz. Und in der Politik? Da geht es um die Aufrechterhaltung eines Meinungs-, Urteils- und Programm-Pluralismus für die Selbstwahrnehmung, die kollektive Identität und das Management politischer Akteure, von der Kommune bis zur Staatsregierung, von dem traditionellen Interessenverband über die Parteien bis hin zu den sozialen Bewegungen.

Trotz aller Edikte, Proklamationen, Erklärungen Aufrufe und Gerichtsentscheidungen für (mehr) Toleranz, darf man ehrlicherweise die schlechte Nachricht nicht überhören:

Toleranz ist etwas Kontra-Intuitives.

Anders gesagt: Intoleranz fällt leichter.

Zwar sagt man schon einmal von einem anderen „Wo er recht hat, hat er recht", und das ist dann, gemischt mit ein bißchen Ironie, anerkennend gemeint. Aber öfter denkt man „Wo ich recht habe, hab ich, verdammt noch mal, recht". Das sollen die anderen, bitte schön, einsehen! Und die meisten Menschen sind die meiste Zeit fest davon überzeugt, daß sie recht haben.

Daraus folgt, dass man nicht einfach zuwarten darf, bis sich der Wert, das Gefühl, das Prinzip, die Haltung der Toleranz durchgesetzt haben werden. Denn die Chancen stehen ziemlich schlecht, dass dies einfach so passiert. Vielmehr:

Toleranz muss gelernt, muß eingeübt werden.
Die gute Nachricht ist: Das geht.

23.2 Toleranz und Gewalt

In der Politik hat Toleranz direkt oder indirekt, aber letztlich immer mit Gewalt zu tun. In einer vor-gesellschaftlichen, vor-vertraglichen, in einer Welt, wie Hobbes sie etwa im *Leviathan* beschrieben hat, ist für Toleranz kein Platz. Bündnisse kann es dort zwar geben, auch solche, die (etwa über persönliche oder familiäre Bindungen) länger halten. Aber in einer solchen Welt könnte die Tolerierung anderer heute bedeuten, daß diese anderen sich morgen mit Waffen ausrüsten und ihre toleranten Konkurrenten von gestern umbringen.

Eine Gesellschaft entsteht und schafft sich eine politische Formatierung, um die gegenseitigen Gewaltmobilisations-Möglichkeiten zu neutralisieren.

Wer Staats- und Politikwissenschaft studiert, hat gelernt, dass der moderne Staat unter anderem durch den Anspruch auf das Monopol physischer Gewalt gekennzeichnet ist. Er entstand aus religiös motivierten Gewaltanwendungen und Kriegen. Religiöse Motive, wenn sie unmittelbar auf das Feld der Politik durchschlagen, machen diese gewalttätig, in aller Regel jedenfalls, denn wer religiöse Wahrheiten durchsetzen will, fühlt sich von einer höheren Instanz legitimiert. Toleranz ist in einer solchen Perspektive nichts als Schwäche. Erst die verschiedenen Toleranzedikte und –proklamationen in Bezug auf die religiösen Überzeugungen der Menschen öffneten das Tor für die Etablierung des modernen Staates.

Haben sich ein moderner Staat, eine Gesellschaft etabliert, braucht es in den Köpfen seiner Bürger bzw. ihrer Mitglieder ein (im jeweiligen Kontext erst genauer bestimmbares) Minimum an Toleranz, also einer Verhaltensnorm, die bei aller sozialen Homogenität auch Heterogenität zulässt.

Toleranz ist eine Haltung, die auch andere Lebensformen und Wahrheiten zulässt als die eigenen. Dabei geht es nicht nur um passive Duldung, sondern um aktive Bejahung des anderen. Das ist nicht ungewöhnlich, wenn das andere weit weg ist...Es wird aber schwierig und schwieriger, wenn das oder der andere uns nah und näher rückt" (Hondrich 2002, 36).

Das ist selbst in den nach herkömmlichen Vorurteilen homogensten Gesellschaften notwendig, also solchen, die eine starke und umfassende kollektive Identität (ethnisch, religiös, kulturell, national) ausgebildet haben. Denn ungleich sind die Menschen auch in Gesellschaften mit höchsten Gleichheits-Anforderungen, und ohne Toleranz würden selbst minimale Unterschiede zwischen Menschen die Nichtanerkennungs-Ausgrenzungs-Gewalt-Spirale in Gang setzen können.

In der Gegenwart ist Toleranz *erheblich* wichtiger als in früheren Epochen (und ihr Fehlen macht sich besonders dramatisch bemerkbar), denn die Globalisierung hat den Heterogenitäts-Spiegel in so gut wie allen Gesellschaften kräftig erhöht. Durch sie wird der oder das andere näher und näher gerückt. Fehlt Toleranz, werden Gewalttätigkeiten zwischen unterschiedlichen gesellschaftlichen Gruppen wahrscheinlicher.

23.3 Repressive Toleranz?

Es gibt auch eine negative Wertung von Toleranz, sagen wir: von einer bestimmten Art der Toleranz. Nämlich von jener, die auf politische Maßnahmen, Bedingungen und Verhaltensweisen ausgedehnt wird, die nicht toleriert werden sollten, weil sie letztlich die Chancen, ein Dasein ohne Furcht und Elend herbeizuführen, behindern, wo nicht zerstören. Diese Art von Toleranz stärkt „die Tyrannei der Mehrheit, gegen welche die wirklich Liberalen aufbegehren" (Marcuse, in: Wolff u.a. 1966, 94). Herbert Marcuse war nun aber, als er das schrieb, alles andere als ein „wirklicher Liberaler", es sei denn, man verwendet diesen Begriff in der Sprache amerikanischer Parteipolitiker - da ist ein Liberaler ein Linker.

Marcuses Wortprägung ‚repressive Toleranz' hat in der rhetorischen Ikonographie der amerikanischen und europäischen 68er Generation eine große Rolle gespielt. Dabei sind gerade von Marcuse schärfste Freund-Feind-Unterscheidungen vorgenommen worden, wie wir sie eigentlich nur von einigen konservativen amerikanischen Präsidenten kennen und an ihnen nur allzu gerne kritisieren: „Toleranz gegenüber dem radikal Bösen erscheint jetzt als gut, weil sie dem Zusammenhalt des ganzen dient auf dem Wege zum Überfluss oder zu größerem Überfluss" (Marcuse, in: Wolff u.a. 1966, 94).

Das, was man in den 1960er Jahren gerne dialektisch nannte, läßt sich gut an Marcuses Umkehrung des Toleranz-Begriffs ablesen. Es geht ihm nicht um das Zulassen anderer Lebensformen und Wahrheiten, sondern um die Eliminierung von Hindernissen zur Durchsetzung der eigenen: „Die Toleranz, die Reichweite und Inhalt der Freiheit erweiterte, war stets parteilich intolerant gegenüber den Wortführern des unterdrückenden status quo" (Marcuse, in: Wolff u.a. 1966, 97). Dass Toleranz hier einem höheren Wert als Mittel dienen soll, darüber kann man mit sich reden lassen. Jedoch erweist sich bei genauerem Nachdenken recht schnell, dass die vielen Qualifikationen, die hier gemacht werden, die Sachlage nur durcheinander bringen. Toleranz erweitert immer die Reichweite und Inhalte der Freiheit, wenn auch nicht unbedingt der eigenen; und Toleranz gegenüber den Wortführern der Unterdrückung ist gar keine.

Im Grunde macht sich Marcuse zum Fürsprecher einer, sagen wir, zensierenden Toleranz:

In der Überflussgesellschaft herrscht Diskussion im Überfluss, und im etablierten Rahmen ist sie weitgehend tolerant. Alle Standpunkte lassen sich vernehmen: der Kommunist und der Faschist, der Linke und der Rechte, der Weiße und der Neger, die Kreuzzügler für Aufrüstung und die für Abrüstung. Ferner wird bei Debatten in den Massenmedien die dumme Meinung mit demselben Respekt behandelt wie die intelligente, der Ununterrichtete darf ebenso lange reden wie der Unterrichtete, und Propaganda geht einher mit Erziehung, Wahrheit mit Falschheit. Diese reine Toleranz von Sinn und Unsinn wird durch das demokratische Argument gerechtfertigt, dass niemand, ob Gruppe oder Individuum, im Besitz der Wahrheit und imstande wäre zu bestimmen, was Recht und Unrecht ist, Gut und Schlecht. Deshalb müssen alle miteinander wetteifernden Meinungen ‚dem Volk' zur Erwägung und Auswahl vorgelegt werden. Ich habe jedoch bereits angedeutet, dass das demokratische Argument eine notwendige Bedingung einschließt, nämlich: dass das Volk fähig sein muss, auf der Basis von Erkenntnis etwas zu erwägen und auszuwählen, dass ihm wahrhafte Information zugänglich sein und deren Bewertung autonomem Denken entspringen muss (Marcuse, in: Wolff u.a. 1966, 105f).

Die „autonomen Denker" schließen sich dann wohl am besten zu einer Partei zusammen und nennen sich Avantgarde des Volkes. George Orwell hätte seine Freude dran! Die sich nachdenklich gebende Selbstgerechtigkeit dieser Vorstellungen springt einem geradezu in die Augen. Der spannenden Frage, wie es kommt, daß solche Positionen sich in einem sozialen und politischen Umfeld entwickeln, in dem über die Mechanismen der Demokratie unterschiedliche Lebensformen und Wertekataloge nicht etwa unterdrückt, vielmehr ermutigt werden, kann hier nicht nachgegangen werden. Aber es fällt auf, daß solche Umwertungen eine politisch sehr wirksam werdende Dynamik entfalten können.

23.4 Toleranz und politische Urteilskraft

Was hat Toleranz mit politischer Urteilskraft zu tun (über eine urteilskräftige Analyse solcher Texte wie denen von Marcuse hinaus)? In der politischen Kultur der Bundesrepublik Deutschland hat von Anfang an ein Aspekt von Toleranz viel Aufmerksamkeit und Debatten-Energien auf sich gezogen, der ähnlich wie, wenn auch anders als bei Herbert Marcuse mit ihren Grenzen zu tun hat. Der Grundsatz der „streitbaren Demokratie" und der Slogan „Keine Freiheit für die Feinde der Freiheit!" weisen auf Akteure (z. B. verfassungsfeindliche Parteien) und Konstellationen hin, die nicht mit staatlicher Toleranz rechnen können. Bestimmte Gesetze wie § 130 (Volksverhetzung) des Strafgesetzbuches stellen Bestrafungen für öffentlich geäußerte Meinungen und öffentliche Handlungen in Aussicht, die zum Hass gegen Teile der Bevölkerung aufstacheln, zu Gewalt- oder Willkürmaßnahmen gegen sie auffordern oder die Menschenwürde anderer verächtlich machen oder verleumden. 1985 wurde als Ergänzung ein Absatz[67] hinzugefügt:

> Mit Freiheitsstrafe bis zu fünf Jahren oder mit Geldstrafe wird bestraft, wer eine unter der Herrschaft des Nationalsozialismus begangene Handlung der in § 6 Abs. 1 des Völkerstrafgesetzbuches bezeichneten Art in einer Weise, die geeig-

---

[67] Der in diesem § 130 Abs. 3 StGB genannte § 6 Abs. 1 des Völkerstrafgesetzbuches (das vom Juni 2002 datiert) bezieht sich auf Völkermord: „Wer die Völkermorde, begangen unter nationalsozialistischer Herrschaft billigt, leugnet oder verharmlost...." Warum das nur so leicht verschlüsselt und nicht klar und direkt angesprochen wird, darüber können einen die Juristen ausführlich belehren.

net ist, den öffentlichen Frieden zu stören, öffentlich oder in einer Versammlung billigt, leugnet oder verharmlost (StGB, Fassung vom 24.3.2005).

Sind das alles Beispiele für das Wirken des Marcuse'schen „autonomen Denkens" mit seinen „wahrhaftigen Informationen"? Nein, natürlich nicht. Vielmehr sind in Deutschland die politischen Grenzen der Toleranz, die für die individuellen Köpfe und ihre manchmal krausen Inhalte uneingeschränkt bleibt (geht ja auch nicht anders), dort gezogen, wo die Bestandssicherung des demokratischen Gemeinwesens gefährdet ist. Wie diese Bestandssicherung definiert wird, das hängt von vielen Faktoren ab, wobei die kollektiven Erfahrungen der Ursachen des Untergangs der Weimarer Republik bei der Staatsgründung 1949 ein besonderes Gewicht besaßen, eines, das sich über die Jahrzehnte nicht abgeschwächt, vielleicht sogar verstärkt hat. Ein zweiter wichtiger Faktor war die Abgrenzung vom Kommunismus, wie er in der Sowjetunion und in der DDR praktiziert wurde. Im „Wettkampf der Systeme" konnte man später den Kalten Krieg in eine zähe Entspannung umformatieren, aber mit politischer Toleranz war es noch lange nichts. Immerhin war die widerwillige Toleranzbereitschaft im Westen bezüglich der Anhänger einer Anpassung der Bundesrepublik Deutschland an DDR-Verhältnisse denn doch erheblich weiter ausgebildet als die entsprechende Toleranzbereitschaft im Osten. Da wurde mit den so genannten Dissidenten kurzer Prozess gemacht. Sie wurden genauestens überwacht. Nur wenn sie Glück hatten, durften sie ausreisen, ansonsten kamen sie ins Gefängnis oder, schlimmer noch, die Psychiatrie.

Wo die Grenzen der politischen Toleranz erreicht sind, lässt sich immer nur in den jeweiligen Kontexten bestimmen, in denen sie strapaziert wird. Macht man es sich einfach, propagiert man entweder grenzenlose Toleranz oder engt den Toleranzrahmen drastisch ein. Man nähert sich dann der Feindseligkeit oder der Selbstaufgabe. Für erstere, die, auch wenn es brutal klingt, nie ganz zu eliminieren ist, braucht es deshalb eine genaue Feineinstellung. Zu letzterer darf es nicht kommen (aber das sagen ja nicht nur wir, das sagen alle von sich).

Dadurch dass sowohl das Fremde in seiner kollektiven Identität als auch die Präferenz für das Eigene anerkannt wird, erlaubt und ermutigt (das Prinzip der Toleranz), diese Spannung selbst auszuhalten. Aber als in sich spannungsreicher

Wert ist Toleranz immer in Gefahr, nach der einen oder anderen Seite, in Feindseligkeit oder Selbstaufgabe zusammenzubrechen (Hondrich 2002, 41).

Wenn es um Toleranz in der Politik geht, dann braucht es politische Urteilskraft gleich doppelt: Um den Horizont der Toleranz verlässlich weit zu schlagen, aber auch um die Grenzen der Toleranz zu markieren.

23.5 Empathie

Für uns ist neben der Ausstattung des Menschen mit einer (wenn auch kulturell sehr unterschiedlich geprägten) *Vernunft* das Vorhandensein (und das Trainieren) von *Empathie* die *wichtigste* Voraussetzung für soziale Verträglichkeit und genauso für politische Urteilskraft. Mit dem Begriff Einfühlungsvermögen ist Empathie ganz treffend übersetzt, weil dabei zwei Aspekte in den Blick geraten:

- bei Empathie geht es weniger um Rationalität und Logik, vielmehr um Verstehen qua Sich-in-die-Haut-eines-anderen-versetzen;
- Empathie ist etwas anderes als Sympathie; es geht überhaupt nicht darum, den anderen nett und sympathisch zu finden oder sonstwie mit ihm zu „sympathisieren"[68]. Von Frank Böckelmann (1997, 141) kommt die Warnung, aus Einfühlung resultiere immer auch Verklärung. Der Ausspruch liegt parallel zum berühmten Satz „Alles verstehen, heißt alles vergeben". Beide stimmen nicht, wenn man unter *Verständnis* (für...) und *Einfühlung* (in...) eben nicht eine rückstandslose *Identifikation* (mit...) begreift, vielmehr den nicht ganz leichten Versuch, einen Blick auf die inneren Voraussetzungen des Urteilens, Entscheidens, Handelns anderer zu werfen.

---

[68] Beispiel: Der Terrorismus der RAF besaß einen aktiven Kern und eine Sympathisantenszene. Das waren Leute, die vielleicht selbst keine Terroranschläge planen und durchführen wollten, aber insgesamt das Treiben der Terroristen „irgendwie gut fanden" und an ihre Opfer mit zuweilen klammheimlicher Freude dachten. Um die Haltung solcher Menschen zu begreifen, muß man nicht selbst mit ihnen sympathisieren, aber man muß sich in ihre teils komplizierten, teils simplen Gemütsregungen samt Rationalisierungen hineinversetzen können.

23.5.1 Soft Skills

In der gegenwärtigen Fachliteratur zur Empathie, mit der wir übrigens nicht ohne Schwierigkeiten zurechtkommen, wird Empathie unter die *soft skills* eingeordnet, die „weichen Fähigkeiten" im Habitus eines Menschen. Empathie überschneidet sich mit anderen *soft skills*: Menschenkenntnis, intra- und interkulturelle Kompetenz; nonverbale Sensibilität, Kritikkompetenz, Konfliktkompetenz, Motivierungsvermögen (http://www.soft-skills.com/, Zugriff am 30.6.08).

> Empathie - der Königsweg des Verkaufens!
> Mit Empathie näher am Kunden
> Teil 1
> 2-Tages-Seminar
> „Was nützt ein hoher IQ, wenn man ein emotionaler Trottel ist!" Diese Meinung vertrat der amerikanische Psychologe Daniel Goleman bereits Ende der 90er Jahre. Heute ist es offensichtlich: Werte sind wieder gefragt! Die bestehende Fachkompetenz gilt es zu erweitern um psychosoziale Handlungsweisen wie die Kooperations- und Kommunikationsfähigkeit. Diese Schlüsselqualifikationen ergeben in der Gesamtheit:
> begeisterte Kunden!
> In diesem 2-Tages-Training erhalten Verkäufer und vertriebsorientierte Führungskräfte wertvolle Hilfen zum sicheren Verkaufsabschluss sowie zum Aufbau von Beziehungskompetenzen, auch bei so genannten ‚schwierigen Kunden'. Nach den Trainingseinheiten fallen den Teilnehmern die Verkaufsgespräche deutlich leichter. Im Ergebnis drückt sich das in gestiegenen Umsätzen und dauerhaft erfolgreichen Kundenbeziehungen aus. (http://www.vim-seminare.de/s-empathie1.htm Zugriff am 16. 6. 2008)

Diese pädagogisch-verkaufspsychologische Perspektive bringt sicher Gewinn. Aber sie hat das Nachdenken über Empathie sehr weit in die Richtung der Kommerzialisierung getrieben.

Sicher, seine Empathie-Befähigung kann man auf- und ausbauen (bis zu einem gewissen Grad jedenfalls). Aber viele Kurse, die hierzu angeboten werden, wollen zu nichts anderem als zum besseren Verkaufen anleiten. Da bekommt Empathie leicht den Ruch des Manipulativen; das ist bedauerlich.

23.5.2 Empathie und Solidarität

Empathie in der Politik - erwähnt man sie einem Politiker gegenüber, ist zumeist Achselzucken die Reaktion. Empathie gilt manchen hartleibigen Profis der politischen Praxis und der politischen Theorie als Weichei-Eigenschaft. Dabei wissen wir alle aus eigener Erfahrung, wie viele Fehlurteile, Falschwahrnehmungen und Missverständnisse dadurch zustande kommen, dass die Menschen in Situationen, in denen sie individuell oder kollektiv ihre Interessen und Ziele gegen- und miteinander abgleichen müssen, zu wenig Verständnis für die Beweggründe ihrer Gegenüber haben.

Vor dem Hintergrund der geradezu wütend voranschreitenden Globalisierung hat sich immerhin ein Diskurs über die Notwendigkeit, Möglichkeiten und Wege inter-kultureller Empathie entwickelt, ohne dass dieser Begriff dabei immer Verwendung fände. Joana Breitenbach und Ina Zukrigl (1998) haben in einem bemerkenswert frischen und optimistischen Buch anhand unzähliger Beispiele für die These geworben, dass kulturelle Identität in einer globalisierten Welt nicht als etwas Festes und ein gegen äußere Einflüsse abzusicherndes Gut gesehen, dass der Zusammenprall der Kulturen nicht mit den Metaphern von Krieg und Vernichtung gedeutet werden darf. Kulturen und Zivilisationen stehen heute mehr denn je in einem gegenseitigen Austausch-, Beeinflussungs- und Umbildungsprozess. Dazu, schließen wir, braucht es inter-kulturelle Empathie, ohne welche jene als Schlagwort inzwischen schon prominent gewordene inter-kulturelle Kompetenz nicht richtig auf die Beine kommt.

Der iranische Philosoph Ramin Jahanbegloo, der von seinem Staat nicht gerade sanft behandelt wurde, hat in einem ausführlichen Gespräch über den Modernisierungsprozess in seinem Land auf den Zusammenhang zwischen Empathie und Solidarität hingewiesen:

> Die Studenten im Iran möchten mehr über westliche Kulturen wissen und über ihre Auffassungen von Religion, Demokratie, Philosophie und Kultur mit westlichen Intellektuellen diskutieren. Worum sie bitten, ist nicht Sympathie, sondern Empathie. Sie sind bestrebt, von anderen zu lernen und mündig zu werden, indem sie von anderen lernen. Entscheidend bleibt dabei, dass ‚Empathie', im Gegensatz zur ‚Apathie', die erwünschteste, ja sogar die einzig angemessene philosophische Einstellung zu unserem Kampf um politische Mündigkeit ist. Eine Zivilgesellschaft wie die unsere, die Tag für Tag alternative Formen der

Gemeinschaft erlebt und entwickelt, bedarf der Empathie und der Solidarität. Empathie ist für uns die Voraussetzung der Zugehörigkeit zu einer globalen Öffentlichkeit (Jajanbegloo 2006, 1077).

Vernunft *ohne* Empathie nützt der politischen Urteilskraft wenig. Wenn es um das Zusammenleben von Menschen geht und ganz besonders um ihr politisches Treiben, kommt man weder mit dem Rückbezug auf die Natur, noch mit dem Rückbezug auf die Logik vernünftigen Denkens sehr weit (ein Stück weit schon, aber lange nicht weit genug).

Erst über Empathie gelangt man zu den „Grundvorgängen des sozialen Lebens" (Hondrich)[69], was in unserer eigenen Sprache heißt: Erst über Empathie erfahren wir, dass wir mit Ambivalenzen nicht nur leben müssen, sondern wir erfahren zugleich auch, wie wir das können. Empathie bildet den innersten Kern politischer Urteilskraft.

---

[69] Für Hondrich sind das: a) der Prozess des (möglichst angemessenen) Erwiderns oder Austauschens und b) der Prozess des Wertens (= Einordnung von Sachverhalten in eine Präferenzskala).

24 Kein Kulturrelativismus

> Die Aufgaben einer Kritik der Urteilskraft richten sich stets auch nach dem Typ der Belastungen, denen man die Urteilskraft in einer Generation, in einem Jahrhundert, in einem Zeitalter oder in einer noch größeren Zeitspanne ausgesetzt sieht... Die kognitive Trefflichkeit der politischen Urteilskraft, einen aktuellen legislatorischen Innovations- oder Reformbedarf rechtzeitig zu erkennen, entwickelt indessen niemand auf den Wegen, auf denen man die Kompetenzen eines wissenschaftlichen Experten erwirbt, und umgekehrt (Enskat 2008, 64f).

Empathie, Toleranz und Solidarität sind Eigenschaften und Verhaltensweisen, ohne die politische Urteilskraft verdorrt, weil es ihr an Fremdbezug mangelt, damit an Welthaltigkeit. Man hätte doch, wird sich manch eine Leserin, manch ein Leser denken, das Buch mit diesem Kapitel enden lassen können. Auch wenn es nicht unbedingt unsere Art ist - ein wenig tönt aus diesem ersten unserer beiden Schlusskapitel das hohe Lied zwischenmenschlicher Freundlichkeit und der Beschwingtheit des Gutseinwollens hindurch. Freilich haben wir nichts gegen das eine, der wir uns selbst befleißigen, und das andere, von der wir allerdings annehmen, dass es für politische Urteilskraft, wenn sie wirklich gefordert wird, nicht ausreicht.

Deshalb folgt ein zweites Schlusskapitel mit einer schon in seiner Überschrift klar lesbaren Aussage. Dieses Kapitel widerspricht dem vorigen nicht. Aber es zeigt eine Grenze auf, welche von Empathie, Toleranz und Solidarität nicht überschritten werden kann, ohne dass diese sich damit selbst den Teppich unter den Füßen wegzögen.

Dass am Ende dieses Buches ein Kapitel über Kulturrelativismus steht, ist aus zwei Gründen folgerichtig. Zum einen ist insbesondere aufgrund der globalen Transportmöglichkeiten für Personen und Güter ein Kontakt vielfältiger unterschiedlicher kultureller Ordnungen und Identitäten unvermeidliche soziale Tatsache geworden. Wobei die Unvermeidlichkeit gesellschaftlichen Sprengstoff in sich birgt, wie die Abmessungen der in den unterschiedlichen kulturellen (und die sind nicht identisch mit geographischen) Räumen jeweils für unerträglich gehaltene Zumutungen zeigt, die mit den Stichworten „Todesurteil gegen Salman Rushdie" oder „Karikaturenstreit" verbunden sind[70]. Allerdings muss an dieser Stelle gleich klargestellt werden, dass sich solche Probleme nicht erst mit dem Erstarken des Islamismus stellen. Immer dann, wenn sich gegenüber den als natürlich empfundenen und wie selbstverständlich praktizierten gesellschaftlichen und politischen Regeln grundsätzliche Alternativen bemerkbar machen, entsteht eine häufig genug aggressiv unterfütterte Unsicherheit über den Umgang mit dem von vielen automatisch als bedrohlich eingeschätzten Fremden. Würde man hier das Kapitel schon abschließen, müsste die Frage nach der Relativität von Kulturen mit einem „Ja" beantwortet werden. Kulturelle Orientierungen und Praktiken sind immer von relativer Gültigkeit.

Es gibt jedoch einen anderen, viel wichtigeren Grund, sich mit dem Kulturrelativismus zu beschäftigen als den Wunsch, Trivialitäten zu konstatieren. Das Aufeinandertreffen unterschiedlicher kultureller Ordnung und Identitäten an sich fordert nämlich die politische Urteilskraft kräftig heraus. Das Problem der Stiftung politischer Einheit (kollektiver politischer Identität) angesichts großer kultureller Unterschiede gehört heute zu den Belastungen der Trias Urteilen-Entscheiden-Handeln, von denen im Eingangszitat dieses Kapitels gesprochen wurde. Das zeigt sich nicht nur beim Blick auf die streitlustigen Debatten über „Multikulturalismus" oder die häufig zitierte „Political Correctness", für die es eine passende deutsche Übersetzung nicht zu geben scheint (Hildebrandt 2005).

Der Zusammenhang von Kulturrelativismus und politischer Urteilskraft ist auch deshalb genauer in den Blick zu nehmen, weil im kulturrelativistischen Diskurs Urteilen, Entscheiden und Handeln oft (allzu) kurzgeschlossen werden.

Im folgenden soll uns aber gerade das Urteilen angesichts miteinander kaum oder gar nicht zu vereinbarender kultureller Identitätsmuster beschäftigen. Ethnisch-kulturelle, nicht zuletzt auch religiöse Vielfalt, die sich nur schwer auf einvernehmliche regulativen Ideen über die rechtliche und politische Ordnung zurückführen lässt, kennzeichnet inzwischen die Öffentlichkeit

---

[70] Vielfältiges Material dazu präsentiert Henryk M. Broder in seinen rasant geschriebenen Büchern „Hurra, wir kapitulieren! Von der Lust am Einknicken" (Berlin 2006) und „Kritik der reinen Toleranz" (Berlin 2008). Bei allem sprachlichen Vergnügen und mitunter nickendem Einverständnis missfällt uns dann aber doch, dass so gar nichts über die eigentliche politische Aufgabe, nämlich die Regulierung solcher Kulturkonflikte, die durch sarkastische Bemerkungen allein nicht eingehegt werden, gesagt wird. Dem Autor scheint dazu nichts einzufallen. Das ist aber zu wenig.

in den liberalen Demokratien des Westens. Was soviel besagt wie: Diese Vielfalt lässt sich, selbst wenn man es wollte, nicht rückgängig machen. Sie lässt sich auch nicht mit Assimilations- oder Integrationskonzepten glattbügeln. Auch ein an die Fremden, die Zu- oder Einwanderer übertragener Nationalismus oder Patriotismus schafft nicht, was mit einem dunklen Euphemismus früher nationale Homogenität genannt wurde.

Aber auch und gerade, wenn man von solchen Vereinheitlichungs-Träumen Abstand genommen hat, entlässt uns dieser Sachverhalt der ethnisch-kulturellen oder religiösen Vielfalt nicht in eine freundlich-hilflose Urteils-Unverbindlichkeit. Den angesichts des Brisanz-Potentials politischer Urteile über die unterschiedlichen Wertesysteme hinweg (man denke etwa wieder an den Karikaturenstreit in Dänemark) von einigen ängstlich gesuchte Ausweg, sich dem Imperativ der Urteilsfindung nicht stellen zu müssen, gibt es nicht. Denn auch hier gilt, dass ein Nichturteil auch ein Urteil ist. Nicht nur im Rechtssystem muss geurteilt und entschieden werden, sondern gerade auch in der Politik. Muss! Das ist nicht das Resultat eines sich seit der Aufklärung durchsetzenden und alle gesellschaftlichen Bereiche beherrschenden legalozentristischen Vokabulars (Vismann, Weitin 2008, 16). Vielmehr drückt sich hier eine grundlegende Voraussetzung der Existenz politischer Gesellschaften aus, die eine Grenze definieren, ohne deren Aufrechterhaltung sie untergehen. „Who is in?/Who is out?", das ist die zentrale Frage (nicht nur) jeder politischen Organisation bis hin zur Staatsbildung.

24.1 Unterscheidungen und Wertungen

Wie wir schon in vorangegangenen Kapiteln gezeigt haben, sind Unterscheidungen konstitutiv für das Verhältnis von Urteilen-Entscheiden-Handeln. Unterscheidungen sind nun aber zwangsläufig mit starken Wertungen verbunden. Erst die Unterscheidung macht Anschlusshandlungen möglich, als Wertung, das heißt, als Entscheidung für eine Seite der Unterscheidung. Wissenschaftshistorisch und politisch stand und steht dabei die Frage nach der Legitimität von Unterscheidungen angesichts der Vielfältigkeit menschlicher Lebenszusammenhänge im Zentrum einer Debatte, die verstärkt seit Beginn des 20. Jahrhunderts unter dem Stichwort „Kulturrelativismus" geführt wird. Diese Debatte hat entscheidende Impulse aus der ethnologischen Forschung bezogen. Franz Boas, der als Begründer des ethnologischen Kulturrelativismus gilt, hat in diesem Zusammenhang immer wieder darauf hingewiesen, dass jede kulturelle Gruppe ihre eigene, einzigartige Geschichte habe, abhängig zum Teil von der je inneren Entwicklung der sozialen Gruppe und zum Teil von äußeren Einflüssen, denen sie unterliegt (Boas 1920, 317). Viele Ethnologen wehren sich gegen die weit verbreitete Vorstellung, wonach die Unterscheidung von Kulturen quasi als Evolutionsgeschichte aufgemacht daherkommt und die beobachtbaren kulturellen Formen in einer Stufenfolge kultureller Entwicklung angeordnet werden, die von ungezügelter Wildheit der ‚Primitiven' zur triebdomestizierten „westlichen" Kultur führe. Ruth Benedict, die sich ebenfalls mit wichtigen Beiträgen an dieser ethnologischen kulturrelativistische Debatte beteiligt hat, fordert die Zurückweisung der Idee einer unablässigen Höherentwicklung und betont, dass

> die Anerkennung kultureller Relativität ihre eigenen Werte in sich trägt. Sie fordert althergebrachte Anschauungen heraus und verursacht bei denen, die darin aufgewachsen sind, beträchtliches Unbehagen. Dann werden wir es zu einem wirklichkeitsnäheren Gesellschaftsprinzip bringen und als Grund zur Hoffnung und als neue Grundlage der Duldsamkeit ihn neben dem unsrigen bestehenden und ebenso gültige Kulturschemata anerkennen, welche sich die Menschheit aus dem Rohmaterial des nackten Seins geschaffen hat (Benedict 1989, 45).

Schaut man auf diese beiden Zitate, so ist kaum begreifbar, warum die Diskussion über die Relativität von Kulturen eine solche Sprengkraft entwickelt hat. Dass es unterschiedliche Kulturen gibt, und dass jede Verstehensbemühung bei der Rekonstruktion der jeweiligen Sinnbildungen anzusetzen hat, ist eine banale Feststellung. Das Unterscheidungsproblem steckt aber gar nicht in dieser Beobachtung, sondern in der mit jeder Beobachtung verbundenen, unumgänglichen Zuschreibung von Bedeutung des Erfahrenen. Erst die Bewertung macht Wirklichkeitsorientierung überhaupt möglich. Die Vorstellung, alles sei gleichwertig, relativiert nun allerdings auch die Bedeutung der eigenen Kultur. Bei der Beobachtung des Fremden geht es also immer auch um eine Bewertung des Eigenen, des Nicht-Fremden. Auf den ethnologischen Kulturrelativismus, dessen oben zitierte Protagonisten ihre grundsätzlichen Überlegungen zur Frage der Beobachtung und Bewertung von Kulturen schon in der ersten Hälfte des 20. Jahrhunderts angestellt haben, wird heute wieder verstärkt zurückgegriffen. Er ist zum Ausgangs- und

Bezugspunkt einer binnengesellschaftlich ausgerichteten Kritik mit unterschiedlichen weiten Horizonten geworden.

Auf der einen Seite sollen mit seiner Hilfe festgefahrene Sichtweisen aufgelockert werden, die alles, was in der eigenen Kultur angelegt ist, als quasi natürlich und objektiv anderen Kulturen in allen wichtigen Punkten überlegen betrachten. Solche Auflockerungen sind immer nützlich. Auf der anderen Seite ist der Kulturrelativismus, so kann man zu Beginn des 21 Jahrhunderts feststellen, mit dem Ende des Ost-West-Konflikts und dem damit einhergehenden Zusammenbruch eines alternativen Programms zur bürgerlichen Gesellschaft zum neuen Fundament einer umfassenden Gesellschaftskritik aufgestiegen. Die Kritik am atlantischen Projekt der Moderne thematisiert mit einer gewissen rückwärtsgewandten Aggressivität ethnologische und kulturelle Vielfältigkeit und zugleich die Vergangenheit der Kolonialgeschichte. Deren kulturimperialistische Bestandteile werden post-kolonial beklagt und verurteilt. Zugleich gelten andere als die eigenen Lebens- und Gesellschaftsformen mitunter als die besseren, weil sie nämlich als von den Pathologien des Eigenen scheinbar freie Ordnungen erscheinen.

Die Geschichte des 20. Jahrhunderts ist voll von Beispielen für eklatante Fehlurteile solcher Alternativmodelle zur bürgerlichen Gesellschaft. So galt einer großen Zahl westlicher Intellektueller der sowjetische Sozialismus als Realisierung der Menschenrechte, von Selbstbestimmung und Gerechtigkeit, von Humanität und Demokratie. Und heute lassen sich Stimmen hören, die angesichts einer für säkular gehaltenen Krise marktwirtschaftlicher Systeme davon schwärmen, dass der Islam mit seiner theologischen Lenkung von Gesellschaft und Ökonomie, mit der starken Betonung gemeinschaftlicher Werte, des Schutzes der Frau vor allgegenwärtiger Sexualisierung und Pornographisierung, mit seiner hohen Spiritualität viele Fehler des westlichen Liberalismus überwunden habe (von Braun, Mathes 2007).

Nicht zufällig nimmt in diesem Diskurs der Begriff des „Eurozentrismus" die Funktion der entscheidenden Kampfvokabel ein. Es ist überhaupt nur verstehbar, bestimmte geopolitische Verortungen für an sich fehlerhaft und unmoralisch zu halten, wenn dahinter ganz bestimmte Vorstellungen über die Negativität einer solchen Benennung steht. Der Vorwurf des „Eurozentrismus" steht als Begriff für die systematische, bis heute anhaltende Unterdrückung und Ausbeutung anderer Kulturen durch die europäische Welteroberung seit der frühen Neuzeit und einer damit einhergehenden Schuld gegenüber nicht-atlantischen Gesellschaften. An dieser Stelle schalten kulturrelativistische Positionen einen Entschuldigungsdiskurs an, der seine geringe Substanz durch besonders hohles Pathos aufwerten will. Beispielhaft für solche Art Urteilsschwäche können die Bemerkungen des ehemaligen US-amerikanischen Präsidenten Clinton zitiert werden, der 1998 während einer Afrikareise sich für die vierhundertjährige Geschichte der Sklaverei entschuldigte (Lübbe 2001).

Hier wird deutlich, dass es im Streit um den Kulturrelativismus gar nicht um die Frage einer richtigen oder falschen Beobachtung geht, sondern um die Bedingungen der Möglichkeit, politische Verhältnisse zu beurteilen und entsprechend zu handeln. Dabei spielt das Problem der Begründung von Handlungsoptionen die Hauptrolle. Das lässt sich beispielhaft an der Frage der Universalität oder Kontextualität der Menschenrechte ablesen. Besondere Bedeutung hat dabei das Werk des amerikanischen Philosophen Richard Rorty, der sich intensiv solchen Begründungsfragen gewidmet hat.

24.2 Politisch, nicht metaphysisch

In Auseinandersetzungen über politische Fragen geht es nicht um wissenschaftliche korrekte Begründungen und höhere Rationalität, sondern um praktische Unterscheidungen. Da aber politisch sinnvollerweise nicht zwischen wahr/unwahr im Sinne zeitloser und allgemeingültiger Aussagen unterschieden werden kann und damit die Differenz von „Wissen" und „Meinung" auch in der Organisation des politischen Gesprächs keine Rolle spielen sollte, weil sie auf irrigen epistemologischen Annahmen beruht, werden alle politischen Fragen auf die regulativen Ideen des politischen Systems zurückverwiesen. In Demokratien etwa wird die Beantwortung der Frage, was geschehen soll, nicht an Wahrheit gebunden, sondern an Abstimmungen.

Für dieses Regelsystem gibt es nun aber keine Meta-Begründungen. Es ist einfach ein Bestandteil politischer Erfahrungen am Ende des 20. Jahrhunderts, dass es bessere Ergebnisse bringt, wenn diese Regeln eingehalten, als wenn auf Diktatur oder Anarchie gesetzt würde. *Besser* umfasst dabei sowohl inhaltliche Aspekte von Lösungen praktischer Probleme (Soll eine Umgehungsstraße gebaut werden, soll sich Deutschland am Irak-Krieg beteiligen, soll der Staat bestimmten Banken und Industrien in der Finanzkrise helfen?) als auch deren Legitimität und Akzeptanz. Die westliche Demokratie mit ihren das Individuum schützenden Grundrechten, politischer Partizipation, parlamentarischer Repräsentation, Pluralismus der Werthaltungen usw. ist nicht schlüssiger zu begründen als andere Herrschaftsformen. Sie entspricht nicht einem erkennbaren „Wesen" des Menschen und ist nicht historisch notwendig. Sie ist kontingent und eine Idee des Politischen unter vielen. John Rawls hat in dem Aufsatz „Justice as Fairness - Political not Metaphysical" auf die Unmöglichkeit einer universalistischen philosophischen Begründung des gerechten Politischen hingewiesen:

> Der wesentliche Punkt ist dieser: Als praktisch-politische Angelegenheit kann keine allgemeine Moral-Konzeption die Basis für eine öffentliche Konzeption der Gerechtigkeit in einer modernen demokratischen Gesellschaft liefern. Die sozialen und historischen Bedingungen einer solchen Gesellschaft haben ihren Ursprung in den auf die Reformation folgenden Religionskriegen und in der Entwicklung des Prinzips der Toleranz und im Anwachsen der konstitutionellen Regierung und der Marktwirtschaft. Diese Bedingungen bestimmen zutiefst die Anforderungen an eine funktionsfähige Konzeption der politischen Gerechtigkeit: Eine derartige Konzeption muss Spielraum lassen für eine Mannigfaltigkeit von Lehren und für die Pluralität konfligierender, ja miteinander inkommensurabler Konzeptionen des Guten, die von den Mitgliedern der existierenden demokratischen Gesellschaften vertreten werden (Rawls 1985, 225).

Politische Diskurse stehen immer in bestimmten sozio-historischen Kontexten. Rechtfertigung und Begründung sind soziale Projekte, für die es keine „Königswege" gibt:

> Die einzige Gestalt, die eine pragmatische Rechtfertigung der Toleranz, der Forschungsfreiheit und des Strebens nach unverzerrter Kommunikation annehmen kann, ist ein Vergleich zwischen Gesellschaften, die diese Gewohnheiten aufweisen, und Gesellschaften, in denen sie nicht existieren - ein Vergleich, der dann zu der These hinführt, dass keiner, der beide Gesellschaftsformen erlebt hat, die letztere bevorzugen wird (Rorty 1988, 25).

24.3 Fingernägelbeispiel

Das Plädoyer für liberale, sozial-demokratische Gesellschaften (wenn man so will, für das atlantische Projekt der industriellen und politischen Moderne) ist das Ergebnis von konkreten Beobachtungen, Erfahrungen, Urteilen. Ein Beispiel soll diesen selbstverständlichen Zusammenhang von Vergleich, Wertung und Entscheidung verdeutlichen: Eine Mitarbeiterin der britischen Botschaft im Iran wurde von Ordnungskräften auf der Straße angehalten, weil sie ihre Fingernägel lackiert hatte und damit gegen iranische Vorschriften zur Bekleidung und Kosmetik von Frauen verstieß. In aller Öffentlichkeit und mit physischer Gewalt haben dann die Ordnungskräfte der Betroffenen den Lack von den Nägeln gerieben. Will im Ernst jemand behaupten, er brauche für die Bewertung dieses Vorgehens der iranischen Polizei und für die Entscheidung, ob er lieber in London oder Teheran lebe, universelle, überhistorische Kriterien? Nun kann man darauf hinweisen, dass im Iran dieses Vorgehen anders beurteilt würde. Doch diese unterschiedliche Bewertung verdeutlicht ja gerade, dass es bei der Rechtfertigung von politischen Ordnungen nicht um „objektive" Wahrheiten geht, sondern um Praxis und Geschichte. Auch Argumente versagen hier, denn dem iranischen Wahrheitskontext, um im Beispiel zu bleiben, ist mit „guten" Argumenten nicht beizukommen (uns auch nicht). Die Begründungen, die wir geben könnten, sind „gute" Argumente in unserem Rechtfertigungsprojekt des liberalen, säkularisierten, sozialen Rechtsstaates, der seine Legitimation in seiner dreihundertjährigen Geschichte findet. Wir können also nur auf die bessere Praxis verweisen; die ist im übrigen nicht relativ. In der Auseinandersetzung zwischen antagonistischen Ordnungen geht es dann auch nicht um „bessere"; „überzeugendere" Argumente, sondern um „erfolgreiche" Argumente, etwa - um nochmals im Beispiel zu bleiben - erfolgreich in der Abwehr fundamentalistischer Angriffe auf (post)moderne normative Unübersichtlichkeit, Toleranz und Pluralismus oder erfolgreich im Werben für den Ausbau eines politischen Gemeinwesens, das individuelle Freiheit und Solidarität verbindet und den Zusammenhang von Selbstbestimmung und politischer Partizipation praktisch werden lässt. Überlegungen zur politischen Ordnung und ihrer Verbesserung sollten deshalb ihre philosophischen Begründungsansprüche (im engen, repräsentationstheoretischen Sinne) aufgeben. Notwendig ist Empirie, notwendig sind Soziologie, Geschichte und Politikwissenschaft, die fremde Praxis erkunden und verstehen lernen, die sich als Wirklichkeitswissenschaften verstehen und nicht als moralphilosophische Hilfswissenschaften.

24.4 Menschenrechte und Kontingenz

An dieser Stelle ergibt sich die Schwierigkeit (etwa in der politischen Bildung), die Parteinahme für pluralistisch verfasste Systeme argumentativ stützen zu müssen, wenn man denn andere für seine politischen Vorstellungen gewinnen möchte. Gerade weil es nicht um universelle Geltungen gehen kann, bleibt auch diese Position an einen spezifischen Rechtfertigungskontext gebunden. Das Plädoyer für westliche Demokratie kann nur solche Gesprächspartner erreichen, die erstens jene Offenheit des Verstehens praktizieren und die darüber hinaus zweitens an der Sicherung und Verbesserung demokratischer Systeme interessiert sind. Faschisten und Fundamentalisten jeder Couleur sind schwer zu erreichen (obwohl man die Hoffnung nie aufgeben soll, dass sich diese verändern).

Das Bewusstsein der Kontingenz bestimmt die liberalen Ironiker auch in ihrer Selbstwahrnehmung. Den „Kern" ihrer personalen Identität, ihre Authentizitätsräume des Gewissens, der Sprache, der Moral können sie als Resultat zufälliger gesellschaftlicher Interaktionen und ihrer eigenen Sprachverwendungen, Metaphern, Zuschreibungen begreifen (Rorty 1989, 110). Diese Fähigkeit zur Selbstrelativierung und Selbstneuschöpfung macht sie zu Idealbürgern der Demokratie, die insbesondere die Kunst ausbilden können, Neubeschreibungen zu erproben und Kontingenz durchzuspielen. Aber diesen Entwurf kann nur derjenige teilen, der an der Verbesserung von Demokratie interessiert ist und Ambivalenz aushalten kann.

Hier zeigt sich noch einmal, dass sich viele Aspekte politischer Urteilskraft im kulturrelativistischen Diskurs wiederfinden. Das Ironische drückt das Bewusstsein der Relativität des eigenen Standpunkts aus, ohne auf Wertungen zu verzichten. Politische Argumentationen finden in einem bestimmten Raum und einer bestimmten Zeit statt. Die menschenrechtlich-demokratisch orientierte politische Philosophie hat ihren Rechtfertigungskontext, ihren Platz in den westlichen Demokratien, und ihre Zeit ist gekennzeichnet durch die Herausforderung des Liberalismus nach dem Ost-West-Konflikt und dem allgemeinen Zerfall überkommener ideologischer, gesellschaftlicher, politischer Ordnungsmuster nach seinem Ende. Diese Einbettung führt etwa Richard Rorty zu einer Ablehnung aller Geltungsansprüche, die ihre Stärke in der Transzendierung solcher Zentrierung sehen. Das wird ganz besonders deutlich an seiner Zurückweisung universeller Menschenrechtsbegründungen. Menschenrechte sind Teil der Geschichte des Projekts der euro-amerikanischen Aufklärung und ihrer politischen Konsequenzen, aber sie haben nichts mit exaktem Wissen über die eigentlichen Ansprüche aller Menschen zu tun:

> Wir Anhänger des Pragmatismus argumentieren vor dem Hintergrund der Tatsache, dass das Entstehen einer Charta der Menschenrechte als Ausdruck bestimmter politischer Überzeugungen nichts mit vermeintlich höheren moralischen Wissen zu tun hat, sondern mit der Wirkung trauriger und gefühlvoller Geschichten (Rorty 1998, 172).

Im Rahmen westlicher Demokratien hat sich eine „eurozentrische menschenrechtliche Kultur" (Rorty 1998, 178) herausgebildet, die keiner Begründung bedarf, sondern kultureller Pflege der ihr entsprechenden Gefühle des Engagements für bedrohte Individuen und Völker, gegen Krieg, Unterdrückung, Gewaltregime usw. Gegenüber Menschenrechtsverletzern helfen keine Hinweise auf die universelle Geltung von Definitionen des Menschseins, sondern allenfalls Sanktionen, deren Einführung aber allein von dem politischen Willen der Menschenrechtsbefürworter, also von „uns" Eurozentristen, abhängt. Dieses Wollen speist sich nun eben nicht aus höherer Rationalität, größerem moralischem Wissen; es ist vielmehr Ausdruck einer spezifischen, zufälligen, erfolgreichen, lebenswerten Praxis westlicher Demokratien. Dieses Bewusstsein sollte Menschenrechtspolitik fundieren. Den „anderen" gegenüber ist nicht die Haltung überlegenen Wissens und unumstößlicher Wahrheit angebracht. Auch gegenüber den „Bösen", den „Barbaren" (Schneider 1997) besteht Hoffnung, diese in die europäische Menschenrechtskultur integrieren zu können:

> Diese „Bösen" sind weder weniger rational, weniger gescheit oder vorurteilsbelasteter als wir „Guten", die Anderssein respektieren. Das Problem der „Bösen" ist eher, dass sie nicht das Glück hatten, in solchen gesellschaftlichen Verhältnissen aufgewachsen zu sein wie wir (Rorty 1998, 180).

Der Verzicht auf Begründung in Form universeller Geltungsansprüche bedeutet, dass die vermeintliche Sicherheit unbezweifelbaren Wissens aufgegeben werden muss und der einzelne auf seine Entscheidung, sein Wollen verwiesen bleibt. Seine Handlungen können nicht mehr durch Hinweise auf unabweisbare und über den einzelnen stehende Instanzen, historische Gesetzmäßigkeiten, Götter, Experten, Ontologien legitimiert werden. Rorty individualisiert seine politische Philosophie radikal, indem er die Subjekte mit ihrer Verantwortlichkeit konfrontiert. Begründungen sind dann Beschreibungen der je eigenen Identität, der Wünsche, Absichten, Gefühle. Diese Erzählungen sind durch die Hoffnung motiviert, sich anderen verständlich zu machen und im Sinne der eigenen Geschichten zu verändern, die eigenen Metaphern zu den ihrigen zu machen, damit aus der ersten Person Singular ein „Wir" werden kann.

Die Praxis zeigt, dass solche Erweiterungen Gesellschaften begründen. Dabei ist Empfindsamkeit (sentimentality) ein Schlüsselbegriff; die Individuen sollen für das Leid anderer sensibel bleiben. Aber auch dafür gibt es keine Begründungen, die im wissenschaftlichen Sinne exakt zu nennen wären. Es macht für Rorty die Erfahrung mit politischen Ordnungen aus, dass man dort besser leben kann, in denen solche Gefühlskulturen zugelassen werden. Hier schließt er sich David Humes Überlegungen zur Sentimentalität an, in denen das Gefühl der Individuen im Mittelpunkt moralphilosophischer Begründungen steht. Für Abstumpfung und Verhärtung trägt jedes Individuum die Verantwortung selbst. Wer für Menschenrechte eintritt, der tut dies, weil er es will, aber nicht, weil eine höhere Pflichtethik ihn dazu zwingt. Gegen die Erfindung einer über den Menschen stehenden natürlichen, wissenschaftlichen, politischen Instanz, die die Individuen ihrer Selbstbestimmung entkleidet, unterwirft und ihrer Verantwortlichkeit enteignet, wendet sich Rorty - wie vor ihm auch Dewey - vehement.

Der Streit um Kontextualität oder Universalität der Menschenrechte zielt beispielhaft auf den Kern von Rortys Begriff der Geltung. Andere betonen hingegen die Universalität der Menschenrechte, etwa mit dem Argument, die Aussage, Menschenrechte seien universell gültig, heiße zunächst nichts anderes,

> als dass sie den Menschen als Menschen zukommen, nicht aufgrund ihres Geschlechts, ihrer sozialen Position, ihrer Zugehörigkeit zu einer staatlichen, ethnischen, religiösen oder kulturellen Gemeinschaft. Wer den Anspruch aller Menschen auf gleiche grundlegende Rechte abstreitet, behauptet entweder, die Menschen seien nicht gleich, oder, als bloße Menschen hätten sie keinen Anspruch auf Rechte, sondern allenfalls als Glieder einer Gemeinschaft (Marti 1996, 264).

Es fällt auf, dass es in dieser Argumentation kein Subjekt gibt, das für Gültigkeit sorgt. Marti denkt in essentialistischen Kategorien eines Rechts, das vorhanden ist, auch wenn es keine Akteure findet, die es auf sich und andere beziehen. Gegen diese Ontologie wendet pragmatisches Argumentieren ein, dass über Geltung/Nichtgeltung die Praxis der Individuen entscheidet. Die Kontextualisierung der Menschenrechte führt den Zweifel in die Debatte ein, ob mit solcher Objektivierung eines Rechtsbegriffs die Menschenrechte begründet werden können. Wieder erkennt man hier die Grundlinien des Denkens von Rorty: Es gibt für ihn keine Entlastung der Akteure durch überhistorische Wahrheiten. Jede gelungene politische Philosophie betont Unsicherheit und Entscheidungszwang. Bei diesen Entscheidungen hilft die Erinnerung an gute Praxis. Es macht politische Urteilskraft aus, solche Erfahrungen zu artikulieren (Brodoc 2007). Der politische Diskurs ist von der metatheoretischen Ebene auf die Diskussion von konkreten, praktischen Vorschlägen zu orientieren, die Unterschiede machen müssen, um sich vom leeren Räsonieren abzuheben.

24.5 Urteilen heißt werten

Nun könnten Kritiker auf das bisher Gesagte mit der Idee reagieren, die geschriebene Kontextualisierung der eigenen Positionen drücke einen Selbstwiderspruch aus. Doch die Beobachtung der Relativität liberal-demokratischer Ordnung bedeutet eben *keine* Relativierung der mit solchen Beobachtungen einhergehenden Bedeutungszuschreibungen. Die Debatte über Kulturrelativismus und Multikulturalismus leidet offensichtlich daran, dass ihr Perspektivendualismus nur selten artikuliert wird.

Im Moment der Beobachtung kann die dieser Beobachtung zu Grunde liegende Unterscheidung (und es gibt keine Beobachtungen ohne Unterscheidungen) nicht mitbeobachtet werden. Beobachten heißt den Blick konzentrieren und eine Auswahl vornehmen, nämlich das zu bestimmen, was unbeobachtet bleibt. Diese Auswahl vollzieht sich in der Beobachtung, wird aber im Beobachtungsprozess selbst nicht reflektiert. Genauso verhält es sich mit dem politischen Urteil, das aus der Perspektive des Urteilenden (erste-Person-Singular) nicht relativ sein kann. Die Frage nach dem Kulturrelativismus muss also verneint werden. Die Feststellung der Relativität setzt einen anderen Beobachtungsstandpunkt voraus (dritte-Person-Singular). Wir sind auf einen solchen Perspektivendualismus schon im Bereich der Diskussion über die Bedingungen der Möglichkeit gestoßen, überhaupt von Urteilsfreiheit reden zu können. Der Freiheit leugnende neurowissenschaftliche Determinismus steht das Freiheit notwendig voraussetzende Selbstbild Handelnder unvereinbar gegenüber.

Auch das Relativitätsproblem im kulturrelativistischen Diskurs löst sich mit Blick auf diesen Perspektivendualismus. Selbst die Feststellung der Relativität gesellschaftlicher und politischer Ordnungen ist die nicht relative Aussage einer Person, die dafür Gründe angibt. Diese Begründungsmöglichkeiten können nun weiter untersucht und beurteilt werden. Welche Gesellschaften lassen etwa Beobachtungen der Relativität zu und welche nicht? Bei der Beantwortung dieser Frage wird schnell klar, dass die immer wieder im kulturrelativistischen Subtext beklagten Pathologien des Eurozentrismus überhaupt nur einer Kritik unterzogen werden können, weil seine Normen und Werthaltungen solche Kritik ermöglichen, ja gewissermaßen dazu aufrufen. Genau das aber gehört zur Qualität liberaler politischer Ordnungen: dass sie Urteile über sich selbst zulassen und hervorbringen. Erst in solchen Räumen des Sagbaren kann sich politische Urteilskraft individuell und gesellschaftlich entfalten. Sie setzt die klassischen individuellen Grundrechte voraus, sie setzt auf Individuen, die die Freiheit zum Urteil besitzen, und sie trägt damit zur Stärkung der moralischen Ressourcen liberaler Demokratie bei.

Literaturverzeichnis

Adler, Hans (Hg.) (2007): Nützt es dem Volke, betrogen zu werden? Et-il utile au Peuple d'etre tompé? Die Preisfrage der Preussischen Akademie für 1780. 2 Bde. Stuttgart.

Altwegg, Jürg (2008): Der Tote der Maoisten. Wen Sartre und andere auf dem Gewissen haben. In: Frankfurter Allgemeine Zeitung v. 14. Mai 2008.

Anders, Günther (1980): Die Antiquiertheit des Menschen. Bd. II: Über die Zerstörung des Lebens im Zeitalter der dritten industriellen Revolution. München.

Apel, Karl-Otto (1988): Diskurs und Verantwortung. Das Problem des Übergangs zur postkonventionellen Moral. Frankfurt/M.

Arendt, Hannah (1972): Wahrheit und Lüge in der Politik. Zwei Essays. München.

Arendt, Hannah (1988): Das Urteilen. Texte zu Kants Politischer Philosophie, hg. und mit einem Essay von Ronald Beimer. München/Zürich.

Aristoteles (1969): Nikomanische Ethik, übers. von Franz Dirlmeier. Stuttgart.

Aristoteles (1973): Politik, übers. von Olof Gigon. München.

Armony, Ariel C. (2004): The Dubious Link. Civic Engagement and Democratization. Stanford, CA.

Bamberg, Günter, Adolf G. Coenenberg, Michael Krapp (2008): Betriebswirtschaftliche Entscheidungslehre. München, 14. Aufl.

Barnavi, Elie (2008): Mörderische Religion. Eine Streitschrift. Berlin.

Bauman, Zygmunt (1994): Unerwiderte Liebe. Die Intellektuellen, die Macht und die Macht der Intellektuellen. In: Ute Daniel, Wolfram Siemann (Hg.): Propaganda. Meinungskampf, Verführung und politische Sinnstiftung 1789-1989. Frankfurt/M., S. 172-200.

Becker, Hellmut (1964): Von der Möglichkeit, Politik zu lernen. In: Die politische Verantwortung der Nichtpolitiker. 10 Beiträge. München, S. 111-125.

Bedorf, Thomas (2007): Bodenlos. Der Kampf um den Sinn im Politischen. In: Deutsche Zeitschrift für Philosophie, 55. Jg., H. 5, S. 689-715.

Bellamy, Edward (1973): Ein Rückblick aus dem Jahr 2000. Übersetzt von Clara Zetkin. Frankfurt/M.

Benda, Julian (1978/1927): Der Verrat der Intellektuellen. München.

Benedict, Ruth (1989): Patterns of Culture. Boston.

Benz, Wolfgang (1996): Feinbild und Vorurteil. Beiträge über Ausgrenzung und Verfolgung. München.

Bering, Dietz (1982): Die Intellektuellen. Geschichte eines Schimpfwortes. Frankfurt./M.

Bernhardt, Reinhold (1994): Zwischen Größenwahn, Fanatismus und Bekennermut. Für ein Christentum ohne Absolutheitsanspruch. Stuttgart.

Bieri, Peter (2001): Das Handwerk der Freiheit. Über die Entdeckung des eigenen Willens. München/Wien.

Blum, Annekatrin B. (2008): Warum sprechen wir über Zivilcourage? In: Dialog, Nr. 1/2008 - http://www.thh-friedensau.de/de/dialog/030dialogArchiv/081/030seite3/index.html (Zugriff: 12.6.2008)

Boas, Franz (1920): The Methods of Enthnology. In: American Anthropologist,22. S. 311-321.

Böckelmann, Frank (1997): Begriffe versenken. Belastungsproben und Liquidationen in drei Jahrzehnten. Bodenheim.

Böhme, Gernot (1994). Sozialstruktur der Lüge, in: Peter Kemper (Hg.). Opfer der Macht- Müssen Politiker ehrlich sein? Frankfurt/M. S. 71-86.

Bohrer, Karl Heinz (Hg.) (2000): Sprachen des Ernstes, Sprachen der Ironie. Frankfurt/M.

Bolsinger, Eckard (1998): Was ist Dezisionismus? Rekonstruktion eines autonomen Typs politischer Theorie. In: Politische Vierteljahresschrift, 39. Jg., S. 471-502.

Boltanski, Luc, Laurent Thévenot, (2007): Über die Rechtfertigung. Eine Soziologie der kritischen Urteilskraft, Hamburg.

Bracher, Karl Dietrich (1996): Die deutsche Diktatur. Entstehung, Struktur, Folgen des Nationalsozialismus. Köln, 5. verb. Aufl.

von Braun, Christina; Mathes, Bettina (2007): Verschleierte Wirklichkeit. Die Frau, der Islam und der Westen. Bonn.

von Bredow, Wilfried, Thomas Noetzel (1993): Luftbrücken. Politische Theorie für das 19. Jahrhundert. Zweiter Teil. Münster.

Breidenbach, Joana, Ina Zukrigl (1998): Tanz der Kulturen. Kulturelle Identität in einer globalisierten Welt. München.

Breit, Gotthard, Siegfried Schiele (Hg.) (2004): Demokratie braucht politische Bildung. Schwalbach/Ts.

Brodocz, André (Hg.) (2007): Erfahrung als Argument. Zur Renaissance eines ideengeschichtlichen Grundbegriffs. Baden-Baden.

Broder, Henryk M. (2006): Hurra, wir kapitulieren! Von der Lust am Einknicken. Berlin

Broder, Henryk M. (2008): Kritik der reinen Toleranz. Berlin

Brown, Rupert (1995): Prejudice. Its Social Psychology. Oxford/Cambridge.

Brunkhorst, Hauke (1990): Der entzauberte Intellektuelle. Über die neue Beliebigkeit des Denkens. Hamburg.

Burckhardt, Jacob (1965): Briefe. Ausgewählt und herausgegeben von Max Burckhardt. Bremen.

Burton, Robert (1621/1988): Anatomie der Melancholie. Über die Allgegenwart der Schwermut, ihre Ursachen und Symptome sowie die Kunst, es mit ihr auszuhalten. Zürich/München.

Cabet, Etienne (1979): Reise nach Ikarien. Berlin.

Charle, Christophe (1997): Vordenker der Moderne. Die Intellektuellen im 19. Jahrhundert. Frankfurt/M.

Coser, Lewis A. (1991): Über die Tugenden des Nonkonformismus in der Soziologie. In: Berliner Journal für Soziologie, Sonderheft 1991, S. 9-14.

Crouch, Colin (2008): Postdemokratie. Frankfurt/M.

Dávila, Nicolás Gómez (2006): Das Leben ist die Guillotine der Wahrheiten. Ausgewählte Sprengsätze, hg. und mit einem Essay versehen von Martin Mosebach. Frankfurt/M.

Decker, Frank (Hg.) (2006): Populismus. Gefahr für die Demokratie oder nützliches Korrektiv? Wiesbaden.

Demmerling, Christoph (1999): Warum die Philosophie keine Weltanschauung ist. http://www.momo-berlin.de/Demmerling_Weltanschauung.html (Zugriff : 13.5. 2008)

Dewey, John (1916/1966): Democracy and Education. An Introduction to the Philosophy of Education. New York.

Dewey, John (1969): The Ethics of Democracy. In: Ders.: The Early Works. Vol. 1. Carbondale / Edwardsville. S. 227-252.

Dewey, John (1971): Christianity and Democracy. In: Ders.: The Early Works. Vol. 4. Carbondale/ Edwardsville. S. 3-10.

Dewey, John (1927/1996): Die Öffentlichkeit und ihre Probleme. Bodenheim.

Diedrichsen, Diedrich (2003): Radical chic. In: Die ZEIT vom 4.9.2003.

Dönhoff, Marion Gräfin (1988): Contra. Ein verfehltes Kolleg. http:/ww.zeit.de/1988/47/ Ein-verfehltes-Kolleg, letzter (Zugriff: 12. 10. 2008)

Dugatkin, Lee Alan (2008): Wie kommt die Güte in die Welt? Wissenschaftler erforschen unseren Sinn für den Anderen. Berlin.

Enskat, Rainer (2008):Bedingungen der Aufklärung. Philosophische Untersuchungen zu einer Aufgabe der Urteilskraft. Weilerswist.

Enzensberger, Hans Magnus (2008): Hammerstein oder der Eigensinn. Eine deutsche Geschichte. Frankfurt/M.

Fabricius, Johann Andreas (1752/1978): Abriß einer allgemeinen Historie der Gelehrsamkeit. 3 Bände. Hildesheim.

Franzmann, Andreas, Sascha Liebermann, Jörg Tykwer (Hg.) (2003): Die Macht des Geistes. Soziologische Fallanalysen zum Strukturtyp des Intellektuellen. 2. korr. Aufl. Frankfurt/M.

Frasch, Timo (2006): Zwischen Selbstinszenierung und Rezeption. Carl Schmitts Ort in der Bundesrepublik Deutschland. Bonn.

Feuerbach, Ludwig (1841/1976): Das Wesen des Christentums. Werke in sechs Bänden. Bd.5. Hg. von Erich Thies. Frankfurt/M.

Gadamer, Hans-Georg (1990) : Wahrheit und Methode. Grundzüge einer Hermeneutik, 2 Bände. Tübingen.

Garver, Eugene (2004): For the Sake of Argument. Practical Reasoning, Character, and the Ethics of Belief. Chicago IL.

Gerhardt, Volker (2007): Partizipation. Das Prinzip der Politik. München.

Geuss, Raymond (2002): Privatheit. Eine Genealogie. Frankfurt/M.

Giesecke, Hermann (1997): Zur Krise der politischen Bildung. Versuch einer Bilanz. In: Aus Politik und Zeitgeschichte, B 32/97 vom 1. 8. 1997, S. 3-10.

Grass, Günter (1991): Gegen die verstreichende Zeit. Hamburg.

Greven, Michael Th. (1999): Die politische Gesellschaft. Opladen.

Groh, Dieter (1999): Anthropologische Dimensionen der Geschichte. 2. Aufl. Frankfurt/M.

Grossheim, Michael (2002): Politischer Existentialismus. Subjektivität zwischen Entfremdung und Engagement. Tübingen.

Habermas, Jürgen (1983): Moralbewusstsein und kommunikatives Handeln. Frankfurt/M.

Habermas, Jürgen (1985): Die Neue Unübersichtlichkeit. Kleine Politischen Schriften V. Frankfurt/M.

Habermas, Jürgen (1985): Theorie des kommunikativen Handels. Band 1. Handlungsrationalität und gesellschaftliche Rationalisierung. Frankfurt/M.

Habermas, Jürgen (1985): Theorie des kommunikativen Handels. Band 2. Zur Kritik der funktionalisierten Vernunft. Frankfurt/M.

Habermas, Jürgen (1992): Faktizität und Geltung. Beiträge zur Diskurstheorie des Rechts und des demokratischen Rechtsstaats. Frankfurt/M.

Habermas, Jürgen (2004): Freiheit und Determinismus. In: Deutsche Zeitschrift für Philosophie, 6/ 2004, S. 871-890.

Habermas, Jürgen (2006): Der Intellektuelle. In: Cicero. Magazin für politische Kultur, April-Heft.

Hartfelder, Lars (2008): Zivilreligion in Deutschland. http://politische-theorie.suite101.de/ print_article.cfm/zivilreligion_in_deutschland (Zugriff am 18.8.2008)

Hemminger, Hansjörg (2004): Religiöser Fanatismus. Ursachen und Hilfen (EZW-Texte 178). Berlin

Hildebrandt, Mathias (2005): Multikulturalismus und Political Correctness in den USA. Wiesbaden.

Hirschmann, Albert O. (1984): Leidenschaften und Interessen. Politische Begründung des Kapitalismus vor seinem Sieg. 2. Aufl., Frankfurt/M.

Höffe, Otfried (2005): Klugheit im politischen Projekt der Moderne. In: Wolfgang Kersting (Hg.): Klugheit. Weilerswist. S. 301-318.

Holzinger, Martin (2007): Kontingenz in der Gegenwartsgesellschaft. Dimensionen eines Leitbegriffs moderner Sozialtheorie. Bielefeld.

Hondrich, Karl Otto (2002): Zwischen Mehrheiten und Minderheiten. Toleranz im Spannungsfeld. In: Politische Meinung, Nr. 395, Oktober 2002, S. 35-43.

Humboldt, Wilhelm von (1793/1960): Theorie der Bildung des Menschen. In: Ders., Werke I, Darmstadt. S. 234-240.

Ihlenfeld, Christiane (1987): Kreativität und Vorurteil. Soziale Kreativität- eine Möglichkeit zum Abbau vorurteilsvoller Einstellungen. Diss. Münster.

Isler, Alan (1995): Der Prinz der West End Avenue. Roman. Berlin.

Jahanbegloo, Ramin (2006): Iranische Moderne: Ideen, deren Zeit gekommen ist. Ein Gespräch mit dem Philosophen Ramin Jahanbegloo. In: Blätter für deutsche und internationale Politik, H. 9/2006, S. 1061-1078.

Jaskolski, Helmut (1999): Zivilcourage - was ist das? Quellen und Motive einer seltenen Tugend. http:/www.jaskolski.de/ziv_was.htm (Zugriff: 18.6.2008).

Jennings, Jeremy, Anthony Kemp-Welch (Hg.) (1997): Intellectuals in Politics from the Dreyfus Affair to Salman Rushdie. London.

Juchler, Ingo (2005): Demokratie und politische Urteilskraft. Überlegungen zu einer normativen Grundlegung der Politikdidaktik. Schwalbach/Taunus.

Kant, Immanuel (1793/ 1989): Kritik der Urteilskraft, Werkausgabe in 12 Bänden, hg. von Wilhelm Weischedel. Bd. X. 10. Auflage. Frankfurt/M.

Kant, Immanuel (1797/1988): Die Metaphysik der Sitten, Werkausgabe in 12 Bänden, hg. von Wilhelm Weischedel. Bd. VIII, 8. Auflage. Frankfurt/M.

Karakus, Muradiye, Dieter Lünse (2000): Zivilcourage - eine demokratische Tugend. Welche Kompetenzen sind nötig, um Zivilcourage als demokratische Tugend zu fördern? In: Aus Politik und Zeitgeschichte, B 7-8 vom 11. 2. 2000, S. 14-21.

Kaube, Jürgen (2007): Otto Normalabweicher. Der Aufstieg der Minderheiten. Springe.

Kiesel, Hellmuth (1997): Drei Ansichten des Wiedervereinigungsprozesses: Heiner Müller, Günter Grass, Volker Braun. In: Gerd Langguth (Hg.): Die Intellektuellen und die nationale Frage. Frankfurt/M. S. 210-229.

Klein, Ansgar, Nullmeier, Frank (Hg.) (1999): Masse-Macht-Emotionen. Zu einer politischen Soziologie der Emotionen. Wiesbaden.

Koestler, Arthur (1962): Anatomie des Snobismus. In: Über den Snob. München, S. 49-85.

Kohlberg, Lawrence (1981): The philosophy of moral development. Moral stages and the idea of justice. San Franciso

Kohlberg, Lawrence (1995): Die Psychologie der Moralentwicklung (Beiträge zur Soziogenese der Moralentwicklung). Frankfurt/M.

Kolnberger, Thomas, Six, Clemens (Hg.) (2007): Fundamentalismus und Terrorismus. Zu Geschichte und Gegenwart radikalisierter Religion. Wien

Kuhn, Thomas S. (1967): Die Struktur wissenschaftlicher Revolutionen. Frankfurt/M.

Lasky, Melvin J. (1989): Utopie und Revolution. Über die Ursprünge einer Metapher oder Eine Geschichte des politischen Temperaments. Reinbek.

Leggewie, Claus (Hg.) (2007): Von der Politik- zur Gesellschaftsberatung. Neue Wege öffentlicher Konsultation. Frankfurt/M.

Lehmann, Günther K. (1996): Macht der Utopie. Ein Jahrhundert der Gewalt. Stuttgart.

Lenk, Elisabeth (1996): Warum retten uns die Intellektuellen nicht? Über Sinnstiftung und Selbstüberschätzung. In: W. von Bergen, W. H. Pehle (Hg.): Denken im Zwiespalt. Über den Verrat von Intellektuellen im 20. Jahrhundert. Frankfurt/M., S. 103-126.

Lepenies, Wolf (1992): Aufstieg und Fall der Intellektuellen in Europa. Frankfurt/M.

Lethen, Helmut (1994): Gefühlslehren der Kälte. Lebensversuche zwischen den Kriegen. Frankfurt/M.

Lieber, Hans-Joachim (1964): Ideologie. In: Ernst Fraenkel, Karl Dietrich Bracher (Hg.): Fischer-Lexikon Staat und Politik. Frankfurt/M. S. 136-140.

Liessmann, Konrad Paul (2006): Theorie der Unbildung. Die Irrtümer der Wissensgesellschaft, Wien.

Lietzmann, Hans (1996): Politikwissenschaft in der Bundesrepublik Deutschland. Entwicklung, Stand und Perspektiven. In: Hans Lietzmann, Wilhelm Bleek (Hg.): Politikwissenschaft. Geschichte und Entwicklung in Deutschland und Europa. München, S. 38-76.

Lübbe, Hermann (2001): Ich entschuldige mich. Das neue politische Bußritual. Berlin.

Luckner, Andreas (2005): Klugheit. Grundthemen Philosophie. Berlin.

Ludz, Peter Christian (1976): Ideologiebegriff und marxistische Theorie. Ansätze zu einer immanenten Kritik. Wiesbaden.

Luhmann, Niklas(1994): Die Ehrlichkeit der Politiker und die höhere Amoralität der Politik. In: Peter Kemper (Hg.): Opfer der Macht. Müssen Politiker ehrlich sein? Frankfurt/M. S. 27-42.

Luhmann, Niklas (1995): Die Realität der Massenmedien. Opladen.

Luhmann, Niklas (1997): Die Gesellschaft der Gesellschaft. Frankfurt/M.

Luhmann, Niklas (2000): Die Religion der Gesellschaft. Frankfurt/M.

Lyotard, Jean-Francois (1986): Das postmoderne Wissen. Ein Bericht. Graz/Wien.

Machiavelli, Niccolo (1532/1972): Der Fürst, übers. von Ernst Merian-Genast. Stuttgart.

Machiavelli, Niccolo (1513/1522): Discorsi. Gedanken über Politik und Staatsführung , übers. von Rudolf Zorn. 2 Aufl. Stuttgart 1977.

Maihofer, Andrea (1995): Geschlecht als Existenzweise. Macht, Moral, Recht und Geschlechterdifferenz. Frankfurt/M.

Mann, Michael (2007): Die dunkle Seite der Demokratie. Eine Theorie der ethnischen Säuberung. Hamburg.

Mann, Otto (1962): Der Dandy. Ein Kulturproblem der Moderne. Vom Verfasser überarbeitete Neuauflage. Heidelberg.

Mannheim, Karl (1969): Ideologie und Utopie. 5. Aufl. Frankfurt/M.

Marti, Urs (1996): Die Fallen des Paternalismus. Eine Kritik an Richard Rortys politischer Philosophie. In: Deutsche Zeitschrift für Philosophie 44. S.259-270.

McLuhan, Marshall (1995): Die Gutenberg-Galaxis. Das Ende des Buchzeitalters. Bonn.

Meier, Christian (1994): Griechische und moderne Demokratie, in: Peter Kemper (Hg.): Opfer der Macht. Müssen Politiker ehrlich sein? Frankfurt/M. S. 42-58.

Meier-Seethaler, Carola (2001): Gefühl und Urteilskraft. Ein Plädoyer für die emotionale Vernunft. 3 Aufl. München.

Meißner, Joachim, Dorothee Meyer-Kahrweg, Hans Schlüter (Hg.) (2001): Gelebte Utopien. Alternative Lebensentwürfe. Frankfurt/M.

Meyer, Gerd, Ulrich Dovermann, Siegfried Frech, Günther Gugel (Hg.) (2004): Zivilcourage lernen. Analysen-Modelle-Arbeitshilfen. Bonn.

Meyer. Martin (Hg.) (1992): Intellektuellendämmerung? Beiträge zur neuesten Zeit des Geistes. München.

Meyer, Thomas (1994): Die Transformation des Politischen. Frankfurt/M.

Minois, Georges (1998): Geschichte der Zukunft. Orakel, Prophezeiungen, Utopien, Prognosen. Düsseldorf/Zürich.

Montesquieu, Charles de (1988): Perserbriefe. Frankfurt/M. (Erstausgabe 1721).

Mouffe, Chantal (2007): Über das Politische. Wider die kosmopolitische Illusion. Frankfurt/M.

Münkler, Herfried (1997): Der kompetente Bürger. In: Ansgar Klein, Rainer Schmalz-Bruns (Hg.): Politische Beteiligung und Bürgerengagement in Deutschland. Möglichkeiten und Grenzen, Bonn, S. 153-172.

Nida-Rümelin, Julian (2004): Philosophische vs. politische Vernunft oder Demokratie und Wahrheit. http://www.nida-ruemelin.de/docs/Antrittsvorlesung.pdf (Zugriff am 16.6.2008).

Nullmeier, Frank (2006): Politik und Emotion, in: Rainer Schützeichel (Hg.): Emotionen und Sozialtheorie. Disziplinäre Ansätze. Frankfurt/M. S. 84-104.

Nozick, Robert (2006): Anarchie - Staat - Utopie. München.

Oevermann, Ulrich (2003): Der Intellektuelle - Soziologische Strukturbestimmung des Komplementär von Öffentlichkeit. In: A. Franzmann, S. Liebermann, J. Tykwer (Hg.): Die Macht des Geistes. Soziologische Fallanalysen zum Strukturtyp des Intellektuellen. 2. verb. Aufl. Frankfurt/M. 2003, S. 13-75.

Pettenkofer, Andreas (2006): Die Euphorie des Protestes: Starke Emotionen in sozialen Bewegungen. In: Rainer Schützeichel (Hg.): Emotionen und Sozialtheorie. Disziplinäre Ansätze. Frankfurt/M. S. 256-286.

Platon (1973): Der Staat, übers. von August Horneffer. Stuttgart.

Popper, Karl R. (1982): Logik der Forschung. 7. Auflage. Tübingen

Purdy, Jedediah (2003): Das Elend der Ironie. Frankfurt/M.

Rau, Johannes (2004): Vertrauen in Deutschland eine Ermutigung. www.bundespraesident.de/Reden-und-Interviews/Berliner-Reden-,12094/Berliner-Rede-2004.htm (23.8.2008)

Rawls, John: Justice as Fairness - Political not Metaphysical, in: Philosophy and Public Affairs, XVI, 1985.

Riesebrodt, Martin (2005): Was ist „religiöser" Fundamentalismus? in: Clemens Six, Martin Riesebrodt, Siegfried Haas (Hg.): Religiöser Fundamentalismus. Vom Kolonialismus zur Globalisierung. 2. Auflage Wien. S. 13-33.
Ritter, Henning (1992): Der lange Schatten. Überlegungen zwischen den Tagen. Frankfurt/M.

Rorty, Richard (1987): Der Spiegel der Natur. Eine Kritik der Philosophie. Frankfurt/ M.

Rorty, Richard (1988):Der Vorrang der Demokratie vor der Philosophie, in: derselbe, Solidarität oder Objektivität? Drei philosophische Essays. Stuttgart

Rorty, Richard (1989): Ironie, Kontingenz, Solidarität. Frankfurt/M.

Rorty, Richard (1998): Truth and Progress-Philosophical Papers. Volume 3. Cambridge/London.

Roth, Gerhard (2006): Willensfreiheit und Schuldfähigkeit aus Sicht der Hirnforschung. In: Derselbe, Klaus-Jürgen Grün (Hg.): Das Gehirn und seine Freiheit. Beiträge zur neurowissenschaftlichen Grundlegung der Philosophie. 2. Auflage. Göttingen.

Roth, Gerhard (2008): Persönlichkeit, Entscheidung und Verhalten. Warum es so schwierig ist, sich und andere zu verändern. 4. Auflage. Stuttgart.

Roth, Roland (2002): Friedensbewegung als Teil einer Protestkultur zwischen Aufbruchstimmung, Verunsicherung und Resignation. http:/www.friedenskooperative.de/themen/deeska73.htm (Zugriff 15. 10. 2008).

Rosenau, James N., Ernst-Otto Czempiel (Hg.) (1993): Governance Without Government. Order and Change in World Politics. Cambridge.

Saage, Richard (Hg.) (1992): Hat die politische Utopie eine Zukunft? Darmstadt.

Saage, Richard (1991): Politische Utopien der Neuzeit. Darmstadt.

Said, Edward S. (1997): Götter, die keine sind. Der Ort des Intellektuellen. Berlin.

Sandbothe, Mike (1998): Pragmatische Medienphilosophie und das Internet. http://www.sandbothe.net/44.html (Zugriff 25. 8. 2008).

Sattler, Martin (2004): Der Rechtsstaat als profanisierte Zivilreligion. In: Manfred Walther (Hg.): Religion und Politik. Zu Theorie und Praxis des theologisch-politischen Komplexes. Baden-Baden, S. 337-354.

Schieder, Rolf (2001): Wieviel Religion verträgt Deutschland? Frankfurt/M.

Schmitt, Carl (1923/1991): Die geistesgeschichtliche Lage des heutigen Parlamentarismus. 7. Aufl. Berlin.

Schmitt, Carl (1934): Politische Theologie. Vier Kapitel zur Lehre von der Souveränität. 2. Aufl. München/Leipzig.

Schmölders, Claudia (1997): Das Vorurteil im Leibe. Eine Einführung in die Physiognomik. 2. Aufl. Berlin.

Schnabel, Annette (2006): Sind Emotionen rational? in: Rainer Schützeichel (Hg.): Emotionen und Sozialtheorie. Disziplinäre Ansätze. Frankfurt/M. S. 175-195.

Schneider, Diethelm, Wallich, Matthias (Hg.) (2003): Terror und Theologie. Zur Aktualität der Apokalyptik. St. Ingbert.

Schneider, Manfred (1997): Der Barbar. Endzeitstimmung und Kulturrecycling. München.

Schneider, Werner (1983): Aufklärung und Vorurteilskritik. Studien zur Geschichte der Vorurteilstheorie. Stuttgart.

Schulten, Hans Walter (2003): Demokratie, Partizipation und politische Bildung. Vortrag in Münster am 5. Juni 2003. www.lzpb.nrw.de/imperia/md/content/archivdaten/5.doc. (Zugriff am 14.4. 2008).

Schultz, Uwe (Hg.) (1998): Große Verschwörungen. Staatsstreich und Tyrannensturz von der Antike bis zur Gegenwart. München.

Schumpeter. Joseph A. (1950): Kapitalismus, Sozialismus und Demokratie. 2. verb. Aufl. Bern.

Siever, Holger (2001): Kommunikation und Verstehen. Der Fall Jenninger als Beispiel einer semiotischen Kommunikationsanalyse. Frankfurt/M.

Singer, Wolf (2003): Ein neues Menschenbild? Gespräche über Hirnforschung. Frankfurt/M.

Sloterdijk, Peter (1983): Kritik der zynischen Vernunft. 2 Bände. Frankfurt/M.

Sloterdijk, Peter (2006): Zorn und Zeit. Politisch-psychologischer Versuch. Frankfurt/M.

Sutor, Bernhard (2007): Nach Regeln streiten. Leitlinien zum Umgang mit Konflikten, Macht und Gewalt. In: Das Parlament, Nr. 1-2/2007.

Trotzki, Leo (1935): Arbeiterstaat, Thermidor und Bonapartismus. Eine historisch-theoretische Untersuchung. http://www.marxists.org/deutsch/archiv/trotzki/1935/02arbstaat.htm (Zugriff am 2.6.2008).

UNESCO (1995): Erklärung von Prinzipien der Toleranz. http://www.unesco.de/447.html?&L=0 (Zugriff am 18. Juni 2008)

Vester, Heinz-Günter (1991): Emotion, Gesellschaft und Kultur. Grundzüge einer soziologischen Theorie der Emotionen. Opladen.

Vismann, Cornelia; Weitin, Thomas (2006): Urteilen / Entscheiden. München.

Vogl, Joseph (2007): Über das Zaudern. Zürich.

Vollrath, Ernst (1977): Die Rekonstruktion der politischen Urteilskraft. Stuttgart.

Weber, Max (1919/ 1988): Gesammelte politische Schriften. 5. Aufl.. Tübingen.

Weichlein, Siegfried (2005): Teilhabe und Ordnung. Zur Politisierung der Weimarer Republik. In: Kathrin Groh, Christine Weinbach (Hg.): Zur Genealogie des politischen Raums. Politische Strukturen im Wandel. Wiesbaden. S. 53-77.

Weiß, Peter (1975-1981): Die Ästhetik des Widerstands. Frankfurt/M.

Whitley Jr., Bernard E., Mary E, Kite (2006): The Psychology of Prejudice and Discrimination. Belmont.

Willke, Helmut (1992): Ironie des Staates. Grundlinien einer Staatstheorie polyzentrischer Gesellschaft. Frankfurt/ M.

Wimmer, Hannes (2000): Die Modernisierung politischer Systeme. Staat, Parteien, Öffentlichkeit. Graz/Wien.

Wimmer, Hannes (2002): Demokratie als Resultat politischer Evolution. In: Kai-Uwe Hellmann, Rainer Schmalz-Bruns (Hg.): Theorie der Politik. Niklas Luhmanns politische Soziologie. Frankfurt/M.. S. 223-260.

Wolf, Heinz E. (1979): Kritik der Vorurteilsforschung. Versuch einer Bilanz. Stuttgart.

Wolff, Robert Paul, Barrington Moore, Herbert Marcuse (1966): Kritik der reinen Toleranz. Frankfurt/M.

Neu im Programm Politikwissenschaft

Wilfried von Bredow

Die Außenpolitik der Bundesrepublik Deutschland
Eine Einführung

2., akt. Aufl. 2008. 306 S. (Studienbücher Außenpolitik und Internationale Beziehungen) Br. EUR 16,90
ISBN 978-3-531-16159-4

Dieses Studienbuch bietet eine gegenwartsbezogene Einführung in die Außenpolitik der Bundesrepublik Deutschland und ihre über fünfzigjährige Geschichte. Es behandelt systematisch die Grundlinien und Schwerpunkte dieser Außenpolitik, ihre wichtigen Institutionen und Akteure, die entscheidenden Stationen seit der Gründung der Bundesrepublik und die Einbindung des Landes in europäische und atlantische Strukturen. Neben den grundlegenden Aspekten befasst sich diese Einführung besonders mit der Entwicklung der deutschen Außenpolitik seit dem weltpolitischen Umbruch 1989/90. Die 2. Auflage wurde um die gesamte Außenpolitik der Großen Koalition seit 2005 erweitert.

Klaus Brummer

Der Europarat
Eine Einführung
2008. 285 S. Br. EUR 29,90
ISBN 978-3-531-15710-8

Nach einer Einführung in die historische Entwicklung des Europarats analysiert dieses Buch im Detail die institutionellen Strukturen der Organisation und entwickelt im Ausblick eine „Zukunftsagenda" für den Europarat.

Oscar W. Gabriel / Sabine Kropp (Hrsg.)

Die EU-Staaten im Vergleich
Strukturen, Prozesse, Politikinhalte
3., akt. und erw. Aufl. 2008. 720 S.
Br. EUR 39,90
ISBN 978-3-531-42282-4

Mit der Einrichtung des europäischen Binnenmarktes und dem Inkrafttreten des Maastrichter Vertrages hat sich die gesellschaftliche, wirtschaftliche und politische Verflechtung innerhalb der Europäischen Union intensiviert. Die Vertiefung der Zusammenarbeit zwischen den EU-Staaten wird nicht nur die europäischen Institutionen verändern, sondern auch die Abläufe in den nationalen politischen Systemen beeinflussen. Für das Verständnis der politischen Vorgänge im integrierten Europa ist eine gründliche Kenntnis der nationalen politischen Systeme erforderlich. Solche Kenntnisse vermittelt dieser Band in einer systematischen, vergleichenden Übersicht über die politischen Strukturen und Prozesse der EU-Mitgliedsstaaten sowie über ausgewählte Inhalte der staatlichen Politik.

Erhältlich im Buchhandel oder beim Verlag.
Änderungen vorbehalten. Stand: Januar 2009.

www.vs-verlag.de

VS VERLAG FÜR SOZIALWISSENSCHAFTEN

Abraham-Lincoln-Straße 46
65189 Wiesbaden
Tel. 0611.7878-722
Fax 0611.7878-400

Neu im Programm
Politikwissenschaft

Udo Kempf / Hans-Georg Merz (Hrsg.)
Kanzler und Minister
1998 – 2005
Biografisches Lexikon der deutschen
Bundesregierungen
Unter Mitarbeit von Markus Gloe
2008. 396 S. Geb. EUR 34,90
ISBN 978-3-531-14605-8

Der Nachfolgeband des Lexikons „Kanzler
und Minister 1948-1998" stellt in ausführlichen Einzelartikeln den beruflichen und
politischen Lebensweg der Regierungs-
mitglieder der rot-grünen Koalition seit
1998 dar. Dabei werden zugleich die einzelnen Politikfelder des ersten wirklichen
Machtwechsels behandelt. Mit diesem
Nachschlagewerk, das auch als spannen-
des Lesebuch benutzt werden kann, ist
ein lebendiges Gesamtbild der deutschen
Politik entstanden.

Wolfgang Wessels
Das politische System
der Europäischen Union
2008. ca. 560 S. Br. EUR 24,90
ISBN 978-3-8100-4065-7

Wer die politischen Realitäten Europas
verstehen will, muss einen beträchtlichen
Teil seiner Aufmerksamkeit dem System
der Europäischen Union und dessen institutioneller Architektur widmen. Mit wach-
sender politischer Relevanz wird das EU-
System leider aber immer unverständli-
cher. Deshalb dient dieses Buch einer umfassenden und gründlichen Einführung,
wobei es besonderen Wert auf die Vermittlung von notwendigen Grundkennt-
nissen zur Geschichte, zu einzelnen Institutionen und zu zentralen Verfahren der
EU legt. Zur Vertiefung werden wesentliche Aspekte in größere Zusammenhänge
unterschiedlicher Ansätze der „Europa-"
bzw. „Integrationswissenschaft" gestellt.

Manfred G. Schmidt
Demokratietheorien
Eine Einführung
4., überarb. u. erw. Aufl. 2008. 571 S.
Br. EUR 16,90
ISBN 978-3-531-16054-2

Dieses Buch führt in klassische und moderne Demokratietheorien ein. Es schlägt
einen Bogen von der Staatsformenlehre
des Aristoteles bis zu den Demokratietheorien der Gegenwart und erörtert dabei
auch den neuesten Stand der internatio-
nal vergleichenden Demokratieforschung.
Der Band stellt zudem die wichtigsten
Demokratietypen und die leistungsfähig-
sten Demokratiemessungen vor. Ferner
erkundet er die Funktionsvoraussetzun-
gen der Demokratie, klärt die Bedingungen für erfolgreiche und erfolglose Demo-
kratisierungsvorgänge und geht der Frage
nach, ob die Europäische Union an einem
strukturellen Demokratiedefizit laboriert.
Überdies handelt das Werk sowohl von
den Stärken der Demokratie wie auch
von ihren Schwächen.

Erhältlich im Buchhandel oder beim Verlag.
Änderungen vorbehalten. Stand: Januar 2009.

www.vs-verlag.de

VS VERLAG FÜR SOZIALWISSENSCHAFTEN

Abraham-Lincoln-Straße 46
65189 Wiesbaden
Tel. 0611.7878-722
Fax 0611.7878-400